케이팝

대한민국 대중음악과
문화 기억상실증과 경제 혁신

저자

존 리(John Lie)

UC버클리 사회학과 석좌교수. 한국인 부모에게서 태어나 만 2세까지 한국에 살다, 일본, 하와이, 미국 본토로 이주하면서 한국, 일본, 북미, 유럽 등의 문화와 사회에 대해 전환국가적 관점에서 심도 깊은 고찰을 해오고 있는 세계적으로 몇 안 되는 사회학 이론가이다. *Blue Dreams*(Harvard, 1995), *Han Unbound*(Stanford, 1998), *Multiethnic Japan*(Harvard, 2001), *Modern Peoplehood*(Harvard, 2004), *Zainichi*(Berkeley, 2008), *K-pop*(Berkeley, 2014) 등의 저서 외에도 수많은 논문을 집필하였다. 2018년부터 1년간 일본 게이오대학에서 안식년을 보내고 있다.

감수자

오인규(吳寅圭, Oh, In-gyu)

일본 관서외국어대학 교수. *Mafioso, Big Business, and the Financial Crisis*(Ashgate), *Japanese Management*(Prentice-Hall), *Business Ethics in East Asia*(Routledge) 등의 저서 외에도 다수의 논문을 집필하였다. *Asia Pacific Business Review*(SSCI), *Kritika Kultura*(A&HCI)의 에디터로 활동하고 있고, *Culture and Empathy*라는 새로운 저널을 2018년에 창간하였다. 2013년부터 세계한류학회를 설립하고 서양/일본 주도의 오리엔탈리즘식 한국학을 부정하고, 한국인에 의한 능동적 한류학을 새롭게 제시하고 있다. 현재 세계한류학회 회장을 역임하고 있다.

역자

김혜진(金惠珍, Kim, Hye-jin)

영한·한영 전문 번역가. 이화여대 영문학과를 졸업하고 동 대학원에서 미국희곡 전공으로 석사 과정을 마쳤다. 국내외 영화제 출품작 위주로 영상 번역에, 또한 다양한 분야의 출판 번역에 참여하고 있다. 옮긴 책으로는 『로마제국 쇠망사』4·5(공역), 『뒤돌아보며』 등이 있다.

케이팝 대한민국 대중음악과 문화 기억상실증과 경제 혁신

초판 인쇄 2019년 1월 5일 **초판 발행** 2019년 1월 10일
지은이 존 리 **옮긴이** 김혜진 **펴낸이** 박성모 **펴낸곳** 소명출판
출판등록 제13-522호 **주소** 서울시 서초구 서초중앙로6길 15, 1층
전화 02-585-7840 **팩스** 02-585-7848 **전자우편** somyungbooks@daum.net **홈페이지** www.somyong.co.kr

값 14,000원
ISBN 979-11-5905-375-7 03330
ⓒ 소명출판, 2019

K-Pop
Popular Music, Cultural Amnesia,
and Economic Innovation in South Korea

케이팝
대한민국 대중음악과
문화 기억상실증과 경제혁신

존 리 지음 | 김혜진 옮김

JOHN LIE

소명출판

평생 유럽 고전음악만 듣던(어릴 때는 연주도 했다) 내게 대중음악이라는 세계는 언제나 낯설었다. 유럽 고전음악이 북미나 동북 아시아 청년들에게 낯설 듯이 말이다. 그런데 왜 현대 한국 대중음악을 다룬 책을 쓰냐고?

답에 가장 가까운 두 가지 이유가 떠오르는데, 우선 나는 지난 십여 년간 여러 한국(및 외국) 대학에서 강연을 했고 대학생들에게 공감을 얻을 예를 제시하려고 애썼다. 그런데 거의 충동적으로 베를린 자유대학에서 케이팝K-Pop 강연을 하겠다는 결정을 하고 청중을 만났더니 이 청중은 규모도 매우 크고 열의도 넘쳤다. 나는 대개 자신을 위해 글을 쓴다. 해야 할 일이기도 하지만 내가 인생에서 하기로 선택한 일이기 때문이다. 그래도 독자가 없어진다면 계속 글을 쓰지는 않으리라 생각한다. 나는 내향성이라 자기애적 욕구가 매우 약한 편인 사람이니까. 둘째로 나는 한국 관련 책을 한 편 더 쓰고 싶었다. 『한 언바운드 *Han Unbound*』(1998)를 내놓고 나서 그 책의 개정판을 내놓든지 후속작을 쓰라고 한 사람이 많았다. 아무리 만족스럽지 못해도 완성품을 다시 만지기는 꺼려졌다. 그렇지만 한국에서 벌어지는 문화 변화는 어찌나 급속한지 외양은 물론 정신에서도 과거가 사라질 정도여서, 무슨 말이든 해야 한다는 생각이 계속 들었다. 한국 대중음악에서 일어난 혁명은 그때까지 내가 한국의 과거와 현재를 두고 관찰하고 고민한 내용을 제시하는 데 아주 좋은 소재가 되었다. 산업에만 집중하는 현대 한국에서 문화적 기억상실은 대개 아무도 의식하지 못하는 특징이다. 따라서 대중음악은 한국 문화 전반은 물론이고 현대 한국 사회의 핵심인 산업과 경제학을 논의할 좋은 수단이 됐다.

지금 한국의 현재와 미래 자체가 위기에 처해 있다. 경제 성장과 사회적 성공만 끈질기게 우선 순위에 두다 보니 한국인 대부분이 순순히 인정하는 폐해가 생겼다. 불평등과 빈곤이 점점 커질 뿐만 아니라 노인들은 가족이나 사회에서 지원을 받지 못하고 아이들은 꾸역꾸역 시험 공부를 하는 데 지나치게 많은 시간을 보내는 불행한 상황이다. 한국은 OECD 국가 중 청년 실업과 노인 빈곤 부문에서 최하위다. 게다가 세대 간 간극도 극심하다. 지난 대선(2012)에서 노년층 4분의 3가량이 박근혜 후보를 지지한 반면, 청년 유권자 4분의 3 정도는 야당 후보에 투표했다. 출산율은 심하게 낮고, 자살률은 걱정스러우리만치 높다. 아무리 현실에 안주하는 사람이라도 한국에 심각한 사회 문제가 연달아 벌어지고 있음을 모를 수가 없고, 아무리 한국에 관심이 많은 사람이라도 이 사회가 병들고 죽어가는 사회가 아닌지 묻지 않을 수가 없다.

케이팝은 한국인들이 상당히 자랑스러워하는 현상이다. 먼 미래를 본 사람이라면 1970년대에도 한국 기업이 40년 후에 세계를 이끄는 IT 기업이 되리라는 예측을 할 수 있었을지 모르지만, 그때 한국 대중문화가 21세기에 한반도를 넘어 인기를 끌리라고 예견할 사람은 하나도 없었을 터이다. 그런데 여기서도 어떤 대가를 치렀는지가 문제다. 사실 케이팝에는 한국적 요소가 별로 없다. 물론 한국에는 휴대 전화나 명품 자동차를 생산하는 전통도 없었다는 말을 할 수는 있다. 그러나 케이팝은 자신을 말살하는 대가를 치르고서라도 외적 성공에 거의 전부를 투자한 나라를 보여주는 결과물이다. 이제까지 치른 대가를 살펴보고 깊이 생각하며 사회 전반의 기본 가치와 방향을 고민할 때가 됐다. 이런 내용은 가볍고 즐거운 대중음악의 성격과는 거리가 멀지만, 그래도 케이팝은 한국을 아주 잘 보여주는 창이다.

차례

전주곡

2012년 안식년을 보내던 나는 주로 파리에 체류했는데, 그해 봄에는 어쩌다 바람이 몰아치는 베를린 교외에서 한동안 터덜터덜 걷게 됐다. 행인도 아주 드문 데다 날도 이상하게 춥고 어두워 더 외로운 느낌이었다. 그러다 베트남 식당에서 한숨 돌리기로 하고 주문을 했다. 들어갈 때 보니 식당은 텅 비어 있었다. 음식이 나와 먹기 시작했는데 젊은 종업원이 하나뿐인 손님인 나를 줄곧 쳐다보았다. 조금 뒤 그 젊은 여성은 내 테이블로 다가오더니 질문 세례를 퍼붓기 시작했다. 내가 어느 나라 사람인지 확인하려는 의도였다.

나는 과묵한 편이지만 그래도 한국 혈통임은 밝혔고 종업원은 그 사실이 아주 기쁜 모양이었다. 그러더니 갑자기 자기가 크게는 대한

9

전주곡

민국 대중문화, 작게는 케이팝이라고 하는 현대 한국 대중음악을 얼마나 좋아하는지 길게 열변을 토했다. 이 젊은 여성은 자기가 친구들과 정기 모임을 열어 케이팝 공연을 한다고 했다. 그러면서 자기가 따라하는 케이팝 안무가 얼마나 정확하고 진짜 같은지(echt) 말해 달라며 내 의견을 구했다.

당시 케이팝 지식이 빈약하기 그지없던 나는 그저 종업원이 열심히 보여주는 안무에 잘했다고 건성으로 미소를 짓고 옆에 객을 둔 상태로 식사를 다시 시작할 수밖에 없었다. 그래도 식사 중에 불쑥 보게 된 이 작은 공연 덕에 생각거리는 많아졌다. 사실 그때 내 머릿속에는 새뮤얼 존슨Samuel Johnson이 여성을 비하한 농담을 약간 비튼 표현밖에 떠오르지 않았다. 대한민국 밖에서 부르는 대한민국 대중음악이란 "개가 뒷다리로 걷는 거나 매한가지다. 제대로 하지도 못하지만, 애초에 하기나 한다면 놀랄 일이다".[1]

그 뒤 파리에 돌아오자 어느 지인이 나를 굉장한 스타들이 나온다는 케이팝 콘서트에 초대했다. 원래 같으면 점점 약해지는 청력을 보호하려고 안 갔겠지만, 베를린에서 본 그 즉석 공연 때문에 호기심이 생겼다. 나는 콘서트장에 한국계 프랑스인이나 프랑스에 사는 한국인들만 가득할 줄 알았기에 백인이 대다수인 청년 관객을 보고는 어안이 벙벙해졌다. 흑인도 좀 있었지만 아시아계 프랑스인이나 아시아계 유럽인은 그리 많지 않았다.[2] 사회자 소개말이나 케이팝 가수 인사말은 모두 한국어였는데, 한국어를 아는 사람이 별로 없을 텐데도 유럽 청년 관객들은 별로 신경 쓰지 않는 듯했다. 내가 청년 시절,

20세기 보스턴이나 그밖에 다른 지역 록이나 펑크 콘서트에서 본 여느 관객과 마찬가지로 이들도 열광하고 있었다. 정확한 안무와 프로다운 현란함, 매력 있는 스타, 최신 유행 의상, 머리에 맴도는 후렴구와 외우기 쉬운 선율, 강한 리듬이 나오는 공연도 있었지만 또 그 사이에 팬들도 무대에 올라 자기들이 좋아하는 노래와 안무를 따라 공연과 립싱크를 하고 엉덩이를 실룩대는 모습에 다들 즐거워했다. 집으로 돌아가는 지하철 안에서 나는 취객들을 피해가며 멍하니 혼란스러운 상태로 내가 목격한 광경을 이해하려고 애썼다.

며칠 뒤 나는 도쿄로 갔고, 거기서 걸그룹 소녀시대 새 앨범 출시를 알리는 옥외 광고 게시판을 여럿 보았다. 작은 가게 앞을 지나가면서는 한국 걸그룹 카라 때문에 유행한 '엉덩이 춤'이 텔레비전에 나오고 중년의 가게 주인이 그 춤을 따라 추는 모습도 보았다. 또 전년도 <홍백가합전紅白歌合戰>(매년 섣달 그믐날 홍백팀으로 하는 노래 대결 방송)에 한국 팀 세 그룹이 참가했다는 사실도 알게 됐다. <홍백가합전>은 시청률도 매우 높고 일본에서 가장 인기 있는 가수들이 출연하는 텔레비전 프로그램이다.

강연 일정이 몇 개 있던 나는 도쿄에서 한국행 비행기를 탔다. 비행기에는 중년 여성 한 무리가 동승했는데, 그 대화 주제에는 서울에 가서 할 쇼핑 계획과 유명 한국 텔레비전 드라마 촬영지 순례 계획은 물론 케이팝도 포함되어 있었다. 나는 서울에서 예정된 강연을 마쳤고, 이제 이웃 아시아 국가는 물론 유럽과 남미 출신이면서 대한민국 대중음악이 좋다고 하는 학생이 많아도 더는 놀라지 않게 됐다.

케이팝은 전 세계 현상이 되었다. 이 사실을 깨달은 사람이 나 혼자만은 아니다. 그런 사실은 소셜미디어와 언론 보도를 쓱 보기만 해도 곧 알게 된다. 존 카라마니카 Jon Caramanica는 매디슨 스퀘어 가든에서 열린 케이팝 콘서트를 보고 쓴 『뉴욕타임스』 기사에서 자기가 본 케이팝 팀들 모두 '어느 미국 오디션 프로그램이든, 월급 값을 제대로 하는 대형 음반사 신인 발굴 팀이든 발견한다면 흥분'할 만하다고 쓰면서 케이팝 환경은 '사람이나 스타일 면에서 끝없는 새로움'이 있는 환경이라고 설명했다.[3] 실제로 내 컴퓨터 화면에도 독일과 프랑스부터 태국과 페루에 이르는 케이팝 팬덤을 다룬 보고서가 넘치는데, 이는 작게는 세계로 뻗어나간 케이팝, 크게는 대중음악 세계화(미국화 또는 영미화와 대비해) 가능성을 시사한다.[4] 21세기 처음 10년간은 한류가 일어나 아시아 지역 대부분에 한국 드라마가 범람했다. 이제 대한민국 대중문화에서 눈에 띄는 파도는 케이팝(혹자는 한류 2.0이라고도 한다)이 됐고, 이 파도 거품이 아시아와 태평양, 그 너머 해안까지 몰아치고 있다.[5]

한편 외부에서 한국 대중문화에 매료된 데 자극을 받아 한국 내부에서는 정부 관료와 학자들이 재정 지원과 학문적 관심을 쏟으며 이 최신 연성 권력을 인정한다. 보수 이명박 정권은 심한 검열을 계속해대면서도 케이팝에 한해서는 입에 침이 마르도록 찬사를 보냈다. 이 대통령은 터키 방문 후 라디오 연설에서 '터키 젊은이들의 뜨거운 한국 사랑'을 논하며 JYJ 같은 케이팝 스타들이 '우리(한국 문화)의 큰 미래 자산'이라고 했다.[6] 어느 학계 세미나에서는 저명 역사학자가 케이팝에 개인보다 그룹이 많은 이유는 한국 전통, 또는 '국수國粹'와 관계가 있다고 열띤 주장을 펼쳤다. 국수란 제2차 세계대전 이전에 일본 파시즘(유기체설) 사상에서 자주 사용하던 용어이기도 하다. 2012년에 <강남스타일> 노래와 뮤직비디오가 전 세계에 울려 퍼지자 한강 남쪽 부유한 구역인 강남구청장은 감동해서 이렇게 한마디 했다. "싸이는 강남이 세계적 도시가 될 준비가 된 시점에 등장했다. (…중략…) 우리는 강남이 모든 면에서 맨해튼이나 베벌리 힐스에 견줄만하다고 생각한다."[7]

허풍과 과장은 다 접어두더라도 케이팝 묘사나 설명은 한국 전통과 유교 문화, 그 외 현대 대한민국 신화소mytheme를 가리키는 기성 단어에 과하게 기대는 경향이 있다. 옳지 않은 일이다. 그리고 이 책은 바로 그런 이야기를 하고자 한다.

독자에게 해둘 말이 있다. 이 책은 좋아하는 케이팝 스타나 노래를 더 알려고 하는 독자를 대상으로 하지 않는다. 그러니까 요란한 팬 잡지가 아니다. 물론 출판사만 봐도 그런 생각은 사라지겠지만 말이다.[8] 그렇다고 음악학이나 시학, 미학을 다룬 논문도 아니다. 음악 사례를 포함하지 않은 점은 유감이지만, 현명한 로저 세션즈Roger Sessions도 말했듯이 "남이 음악 작품을 기술적으로 분석한 글만큼 지루하고 힘든 독서는 없으리라".[9] 이 책에서는 가사 심층 분석도 피했다. 물론 대중가요 가사가 일상을 노래하는 시처럼 기능할 때도 있지만, 그렇다고 대중음악에서 가사를 주된 흡인력으로 보면 안 된다. 여기서는 다양한 주제와 분야(의상과 신체, 텔레비전 방송이 보여지는 모습 등)를 다루기는 해도 주된 목적은 세 가지 질문을 제기하고 답하는 데 있다(제1장과 간주곡 장, 제2장에서 세 질문을 각각 다룬다).

첫째, 케이팝은 어디에서 생겼나? 이 질문에서 우리는 한국 전통음악과 일제강점기 및 탈식민지 시대 일본 영향, 미국 대중음악이 직접 또는 점차 미친 큰 영향 등 과거 영역으로 들어가게 된다. 나는 케이팝이 한국 전통음악뿐만 아니라 앞 세대 대한민국 대중음악과도 단절을 초래했다고 본다(사실 대한민국 대중음악사 자체가 그러한 단절의 연속이다).

둘째, 케이팝은 대한민국을 어떻게 말하고 있나? 인간은 모래 한 알 속에서도 세계를 보려 하므로 케이팝이라는 현상을 볼 때도 현대 대한민국 자체를 파악하려고 한다. 어쩌면 주제가 주제이니만큼 청각이 들어간 비유를 쓰는 편이 더 적절하겠다. 케이팝 청취 행위는 대한민국 정치체를 청진하는 한 방식이다. 나는 특히 문화 기억상실증이라는 원인론과 그 증상을 강조하고자 한다.

셋째, 케이팝은 어떻게 인기를 얻었나? 이 책에서는 케이팝이 발휘하는 미학적 호소력 외에도 대한민국 안팎에서 케이팝이 어떻게 부상했고(사회 변화 및 경제 문화, 수출 지향성을 지탱하는 산업 변화의 융합) 어떻게 제작·소비되는지 분석하고자 한다.

나이 들어가는 학자가, 그것도 복고주의자가 청년 문화를 연구하다니 좀 면구스럽기도 하다. 음악을 다룬 전작에서 나는 죄르지 리게티Gyöorgy Ligeti의 오페라 <대멸망Le Grand Macabre>을 다루지 않았던가.

롤리타 콤플렉스까지는 아니어도 무슨 피터팬 증후군 아니냐는 비난을 받을지도 모르지만, 태평양과 세대를 넘나드는 내 시선은 한편으로는 독하고 거칠고 부족할지도 모른다. 그래서 게르숌 숄렘Gershom Scholem을 인용하며 으레 학계에서 나올 편견을 미연에 방지하고자 한다. 숄렘은 카발라(이 종교도 나이 들어가는 팝스타 마돈나가 추종하면서 유명세를 탔다)라는 터무니없는 일에 학식을 낭비한다는 비판을 듣자 터무니없는 일은 터무니없을지는 몰라도 그 터무니없는 일을 연구하면 그래도 학문이 된다고 답했다.[10] 무엇보다 대중음악은 바로 그 덧없음과 민족 중심 성향 때문에 함께 생각하기에 좋다. 문화와 세계화의 의미를 계속 고찰하는 데 대중음악보다 더 좋은 주제가 또 어디 있겠는가? 보에티우스Boethius가 한 말을 조금 바꾸자면, 지식으로 가는 가장 확실한 길은 귀를 통한 길일지도 모른다.

아마 특정 장르를 실천하고 확장해야 그 장르를 가장 제대로 분석하고 논평할 수 있겠지만, 그렇다고 뮤직비디오에서 연기하는 내 모습을 보고 싶은 사람이 몇이나 되겠는가? 또 다른 방법으로는(발터 벤야민을 되풀이하자면) 뮤직비디오 모음으로 케이팝을 다룬 이상적인 '책'을 만드는 가능성도 있다. 그러나 분석과 이론이 차지할 자리는 늘 있다. 대중음악은 일상에서 본질적 경험이지만, 한때 사방에 스며들고 모든 것을 파괴하기도 하던 그 기쁨을 사람들이 잊고 당황스럽게도 존재조차 기억하지 못하는 상황이 되면서 쉬이 완전한 혼란 상태에 빠진다. 대중음악을 다룬 글쓰기가 할 일이 하나 있다면 바로 대중음악을 망각에서, 그러면서 무의식적 반복에서 구하는 일이다.[11]

전주곡

그리고 아마 이 책을 읽는 행위가 이 명제를 뒷받침하는 증거이겠다. 어쨌든 내 얼마 안 되는 지식은 상당 부분 책에서 배웠으니 내가 배운 내용을 다시 책으로 옮겨도 적절한 일이다.

통상 쓰지 않는 자료 출처 이야기는 짚고 넘어가겠다. 디지털 시대에 가장 큰 혜택이라고 하면 온라인에서 접근 가능한 공개 자료가 아주 많다는 점이다. 나는 평생 서적 애호가였고 본래 "세상은 아름다운 책 한 권에 다다르도록 만들어졌다"라는 말라르메의 말을 글자 그대로 받아들이는 성향이라,[12] 책 밖에서 자료를 찾다보니 지적 불확실성 때문에 가끔 괴로워도 하고 방법론상 수렁에 빠진 기분에도 시달렸음은 고백하겠다. 지금도 나는 충실하게 인쇄물을 고집하지만 그래도 인터넷, 특히 유튜브 같은 사이트들이 없었다면 아마 이 책은 쓰지 못했을 터다. 학계 일각에서는 유튜브와 위키피디아를 비웃지만 다른 이들도 나처럼 이런 전통에서 벗어난 정보 출처에서 덕을 볼 수 있다고 본다. 윌리엄 보이드William Boyd는 냇 테이트라는 가상 인물을 만들어내어 전기 형식 소설을 냈는데,[13] 대중음악 분야 문서 자료가 빈약하다보니 그런 서술 방식을 따라할 조건도 됐지만 최근에는 오랫동안 소실됐던 영상과 녹음이 복구되면서 그런 자료를 보고 듣는 놀라운 경험도 하게 된다. 하나 예를 들자면 1961년 한명숙이 부른 <노란 샤쓰의 사나이>는 히트곡인데도 최근까지 찾기 어려웠다. 놀라우리만치 전염성 강한 음악과 기억에 남는 후렴구('어쩐지'는 '그냥'과 '물론' 중간 정도에 있는 뜻인데 이 가사에서는 '까닭은 모르지만 그 사람이 마음에 드는 느낌'을 의미한다)는 일본인과 한국인 한 세대를 사로잡았고 다른 나라 팬도 있었다. 학문 서적 중 그 정도로 저력 있는 책이 과연 몇 권이나 될까? 그런데도 국립도서관이나 대학도서관은 대중문화와 그 짧은 수명을 줄곧 무시해서, 중요 자료는 수집가 희귀 수집품이나 중고 상인들이 만든 주변 시장에서만 찾을 수 있었다(이명박 서울 시장이 재임 당시 이룬 가장 큰 업적이 청계천을 복원한 도심 하천 및 산책로 조성이었는데, 그 결과 이 사업이 청계천 주변에 늘어선 수많은 중고 서적, 중고 음반 상인들을 쓸어내면서 한국사 한 단면을 두 번째로, 동시에 최후로 망각 속에 보내버렸다. 그런 첫 번째 사업은 1960년대와 1970년대 건설 붐 시대, 한강변 제방도로 조성이었다). <노란 샤쓰의 사나이>는 여러 가수가 다시 불렀고 그중에는 프랑스 가수 이베트 지로Yvette Giraud도 있었다. 나는 유튜브 — 여기 있었다! — 에서 찾을 때까지 한명숙 원곡을 들어본 적이 없었다.[14]

책을 본격적으로 시작하기 전에 마지막으로 몇 마디 덧붙이겠다. 이 책에서 한글 영어 표기는 매큔-라이샤워 표기법을 따랐다. 단, 잘 알려진 단어나 이름(Kangnam 대신 Gangnam, Pak Chŏng-hŭi 대신 Park Chung-hee)은 예외다. 이름 영어 표기도 동아시아 방식 그대로, 이름 앞에 성을 먼저 썼다. 과학 논문 방식으로 인용을 하면 서술 흐름에 방해가 되어 그렇게 하지 않았다. 각주 출처 인용은, 각 장에서 최초일 때는 서지 정보를 넣고 두 번째부터는 축약 정보를 넣었다. 별도 참고 목록은 없다(디지털 데이터베이스 시대에 쓸모없는 짓이다). 온라인 출처 링크는 2013년 12월 현재까지 존재하는 웹페이지들이었다. 별도 설명이 없다면 다른 언어를 영어로 옮길 때 번역은 직접 했다.

우리가 어떻게
여기까지 왔을까?

대한민국을 한참 떠나 있던 나는 열네 살 때 다시 서울에서 여름을 보내게 됐다. 1974년이었다. 그때 나는 금세 미치도록 지루해졌다. 가져간 책도 금세 다 읽었고 텔레비전이나 영화관에는 재미있는 볼거리가 별로 없었다.[1] 외삼촌은 그런 나를 불쌍히 여겨 명동에서 인기 높은 이곳저곳에 데리고 다녔다. 그 시절 명동은 최신 유행 집결지로, 오늘날 강남과 같았다. 그때 강남 대부분은 아직 습지대였다. 그렇지만 좁은 명동 골목들은 패션이나 세련을 뽐내는 곳이 아니었다. 거친 행상인들을 피하거나 교복 입은 학생들 사이에서 걷다가 한숨이라도 돌리려면 좁고 어둑어둑한 식당에서 밥을 먹거나 우울할 정도로 컴컴한 데다 종업원까지 부루퉁한 찻집에 들어가야 했다. 사보이 호텔에 갔을 때는 드라이아이스 위에 아이스크림을 올려 줘서 잠깐 재미있었지만 드라이아이스가 연기를 뿜는 시간이 끝나자 내 미소도 끝났다.

외삼촌은 내가 음악에 관심이 있다는 사실을 알고 내 나이에는 맞지 않는 여러 공연에 나를 데려갔다. 희미한 기억이 맞는다면 당시 대한민국 대중음악계 여왕인 패티 김과 가객 김정호 등도 보았다. 전설인 '쎄시봉'에도 갔다. 외삼촌은 패티 김이 미국 공연도 했다고 자랑하듯 말했다.

서울에 사는 친척 몇몇은 내게 인기 있는 한국 최신 대중음악 음반을 빌려주기도 했다. 느긋한 포크 듀오, 어니언스가 부르는 <편지>를 심드렁하게 들은 기억이 난다. 그 음반들이 우스꽝스럽다거나 별달리 싫은 점이 있어서가 아니라, 그냥 내가 잘 듣지를 못했다. 말하자면 나는 '달의 뒷면'에서 온 셈이었으니까. 당시 <레드 제플린 IV> (1971) 음반을 뒤늦게 접한 나는 그 전설적인 '천국으로 가는 계단'을 오르던 중이었고, 더불어 더 후나 핑크 플로이드 음악도 들었다. 나는 부드럽고 느린 한국 가요를 들으면 두드러기가 돋았고, 사촌들은 내가 좋아하는 음악을 들으면 귀가 멍멍하다고 했다(세련된 외삼촌에게 내가 좋아하는 음악을 들려주자 외삼촌은 약을 먹으면 좀 더 좋아할 수 있겠다고 한 마디했다).

40년 가까이 흐른 지금, 최근 한국 방문에서도 확실해졌듯 모든 것이 변했다. 명동은 완전히 성형을 거쳤고 그 유명한(혹자는 추잡하다고도 하는) 과거는 거의 사라졌다. 사보이 호텔은 새로 단장한 모습으로 아직 남아 있지만 과거의 영광은 드라이아이스처럼 한참 전에 사라졌고, 이곳은 더 이상 매력이 넘치지도 유행의 최첨단을 걷지도 않는다. 교복이나 똑같은 머리 모양은 가고 이제 청바지와 짧은 치마, 다채로운 머리 모양과 색깔이 보인다. 화려한 카페가(종업원도 웃음 띤 표정이다) 어두컴컴한 찻집을 대신하고, 패스트푸드 체인점과 고급 레스토랑이 경쟁하고 있다. 그런데 대한민국의 삶을 말하는 상투어인 이 거대한 변화 속에서 가장 두드러진 점이 바로 소리풍경이다.[2] 짙은 담배 연기와 함께 명동 찻집과 술집을 뒤덮던 구슬픈 가락은 신나는 박자와 밝은 음색이 잠재웠다. 무엇보다 뚜렷한 변화는 미국식 대중음악 소리인데, 한때 한국인들이 낯설게 여기던 이 소리는 이제 텔레비전을 포함한 화면이란 화면은 모두 휩쓰는 모양새다. 그리고 이제 내게 대한민국 대중음악을 안팎으로 속속들이 알려주고 최신 뮤직 비디오를 휴대전화나 태블릿으로 보여주는 사람도 외삼촌이나 사촌들이 아니라 외국인들이다.

40년 전에도 통찰력이 대단한 분석가라면 대한민국이 제조업 강대국으로 부상한다는 예측은 내놓았겠지만, 그래도 케이팝 시대를 감지한 사람은 없었으리라고 본다. 소녀시대와 슈퍼주니어, 샤이니, 투애니원, 씨스타, 티아라, 투피엠, 투에이엠, 빅뱅, 비스트 등은 대한민국은 물론 아시아 전역에서 스타가 되었고 전 세계에서 센세이션을 일으켰다. 2012년 <강남스타일>이 얻은 폭발적 인기는 대한민국 대중음악이 미국에서 절대 성공할 수 없다던 낭설을 반박했다.[3] 모방이 인기를 보여주는 가장 진정한 척도라면, 이 곡을 따라한 모방 동

영상 확산 자체가 곧 무슨 일이 벌어지고 있었음을 시사한다.

그러면 무슨 일이 벌어졌을까? 그 무엇도 난데없이 나타나지는 않는다. 과거 한국음악과 현재 케이팝은 연이은 단절로 갈라졌지만, 이동과 변화는 인생에도 역사에도 차고 넘친다. 그러나 케이팝은 좀 다른 무엇이다. 이 무엇은 혁명에 버금가지만 그렇다고 또 한반도 소리풍경을 바꾼 유일한 존재는 절대 아니다.

다들 알다시피 미래 예측은 정말 어렵다. 그리고 과거라고 소문난 그 외국 땅을 있는 그대로 보기는 더욱 어렵다. 다음에서는 한국음악의 과거를 탐구해 케이팝 현상을 이해하고자 한다. 케이팝에 자랑스러운 계보를 만들어 주려는 의도가 아니라 케이팝 탄생은 뒤늦게 일어난 사건이고 또 한국음악 계보와 관련이 없다는 사실을 밝히려는 의도에서다.

한국 전통음악

근현대 대한민국 소리풍경에서 처음 일어난 가장 중요한 혁명은 한국 전통음악 쇠퇴이다.[4] '전통'은 편의상 범주이면서 불편하게도 다양성을 동질성으로 표현하지만, 여기서는 조선 왕조(1392~1897) 말기 서양음악이 소개되기 이전 소리 세계, 즉 전통음악을 '국악國樂'

이라고 부르는 한국 관행을 따르겠다.[5]

한반도에 살던 사람들은 처음 천 년 동안 고유한 음악 세계를 구축했다. 가야금과 거문고라는 현악기는 현존하는 가장 오래된 책 『삼국사기』(1145)에도 등장한다.[6] 서로 다른 영향력들이 고고학 축적물처럼 상호작용해서 서로 연관된 여러 장르가 생긴다. 군주와 양반은 음악을 국가 의례와 개인 수양(및 여흥)에 활용했다.[7] 여기에서는 장르가 기능을 따랐다. 제사와 연회, 군대 행진 등 기능별로 다른 음악 양식이 존재했다. 유교, 지배층음악에서 가장 중요한 범주는 정악(정통음악)이었다. 지식인들은 여러 세대에 걸쳐 음악 교육을 필수 양반 교육 과정에 집어넣었다.[8] 예술음악도 권력의 소리인 지배층음악이었다. 정악과 지배층음악 전반에 존재하는 아폴론적 미덕과는 반대로 형식과 지성보다 표현과 감정을 중시하는 디오니소스적 특징이 민속음악(민중음악)을 지배했다.[9] 절기별 축제에는 제례 북 연주와 춤이 따랐는데 그중 가장 두드러진 음악은 풍물이고 또 민속 가락(민요)도 있었다.[10] 17세기에 자리 잡은 판소리에서는 홀로 노래하는 소리꾼이 긴 구전 서사를 읊고 북재비가 반주를 한다.[11] 판소리는 시간이 흐르며 존경받는 음악이 되었고 현대 대한민국에서는 아마 가장 대표적 전통음악으로 군림할 터다.[12] 또 유랑 집단이 나라 전역을 떠돌며 가면과 곡예, 춤, 음악 공연을 하기도 했다. 광대(유랑 예인)는 백정(천민) 집단으로 유교 사회 위계질서에서 최하위에 속했는데, 이들은 직업상으로도 인간으로서도 멸시를 받았고 그런 멸시는 해방 후에도 존재했다.[13]

두 주요 음악 양식 사이에 존재하는 차이를 과장하기는 쉽다. 궁정 음악가들은 악기를 개량하고 정교한 기보법(『정간보』)를 개발한 반면 평민들은 특별히 체계 잡힌 음악 장치 없이 일반 악기를 썼다고 말이다. 음악 관점에서도 일부 경향이나 잠정적 일반화를 제시할 수 있다. 즉 양반음악은 박자가 느리고 성조가 길고 리듬이 일정하고 한 음절에 한 음이 붙는데 반해 평민음악은 더 빠르고 짧고 불규칙하며 한 음절에 여러 음이 붙는 특징이 있다. 이렇게 양반과 평민을 이분법으로 구분하면 범주 간 상호작용은 물론이고 각 범주 안에 있는 상당한 복잡성도 축소된다. 성악곡인 가사는 중간 형태였고 판소리는 양반음악 세계에 접근해 있었다. 기생은 궁과 선비를 상대로 인기음악을 공연했다.[14] 불교와 무속신앙 등 다양한 종교 및 영적 전통에서는 정악과도 민요와도 구별되는 음악을 연주하며 사회 양극화를 가로질렀다.[15] 지역 다양성도 고집스러우리만치 강했다.[16] 양반과 평민 음악은 그저 음악적 차이가 아니라 청취자와 연주자의 사회 지위, 엄격한 조선 사회 위계질서에 뿌리박힌 지위에 따라 구분되었다. 조선 시대 소리풍경에서 멀어진 지금은 신분과 소리가 사회조직상으로 일치했으며 음악이 사회생활에서 일정 기능을 수행했다고 쉽게 강조하게 된다.[17] 물론 우리는 환원주의와 결정주의라는 끊임없는 죄를 피하려고 애쓰지만, 그래도 민족 중심 음악학을 강조하느니 사회학에 근거한 이런 강조를 하는 편이 훨씬 낫다.

조선 시대 소리의 사회조직은 유럽 고전음악 사회조직과는 비교 불가능하다.[18] 유럽 낭만주의 자율음악 또는 절대음악 개념과는 반대로 한국 전통음악은 국가 제례음악이든 농경 축제용 농악이든 사회문화 배경과 얽히고설킨 상태였다.[19] 조용히 사색하며 유럽 고전음악을 듣는 종교에 가까운 행위, 이야기나 춤을 곁들이지 않은 음악 연주, 배경에 매이지 않은 자율음악 개념 같은 관행과 사상이 국악에는 하나도 없었다.[20] 한국(아시아) 음악은 5음계를 사용한다고들 하지만 그보다는 일련의 음정과 음 높이, 공연 관행과 선율 동작까지 포함하는 '조'로 이야기해야 정확하다.[21] 장단은 한국 전통음악에서 표준 리듬꼴을 구성한다. 국악에서 리듬꼴은 박자뿐만 아니라 속도와 강약법도 포함하며, 템포 루바토가 주를 이룬다.[22] 철학적으로는 화성에 높은 가치를 부여하지만 이 선형 체계에는 화성이 없고, 대신 다양한 음 높이가 자유로운 조 옮김에 따라온다.[23] 따라서 유럽 고전음악 교육을 받은 이들에게 한국 전통음악은 구조가 없어 보인다. 정교한 악보가 있는 양반음악조차도 즉흥이었는데, 얄궂게도 이는 주입식 암기에서 나온 산물이었다.[24] 음악이라는 개념 자체도 근대 유럽에서 확실히 형태가 생겼기에 조선 시대 소리 문화를 제대로 잡아내지 못한다.[25]

한국 사람이든 아니든 현대음악 청취자에게 국악에 있는 공통 속성은 명확해 보인다. 한국 전통음악을 한 곡도 일부러 찾아 들은 적 없는 사람조차 어떤 음악이 국악인지 분간한다고 생각한다. 현대 대한민국 사람 대부분에게 국악은 이상하고도 낯선 청각적 우주이기 때문이다.

서양 소리풍경이 도입되면서 조선 시대 소리풍경이 드러나고 공유됐고, 또 그러면서 서양화한 현재에는 이를 크게 무시하는 태도가 생겼다. 그리고 한국 전통음악에 존재하는 큰 다양성을 국악이라는 단순한 잔존 범주로 축소시켰다. '음악'이라는 한국어가 원래 '양악洋樂' 즉 서양음악과 동의어라는 사실도 바로 이러한 문제를 나타내는 징후다.[26] 농경생활이 쇠퇴하면서 농악이 사라졌듯, 유교 제례음악과 유교식 사회질서도 함께 쇠퇴했다. 대한민국 현대인에게 한국 전통음악은 낯선 소리풍경이다. 이들 삶에는 리듬앤블루스와 레게, 벨칸토 오페라와 피아노 소나타가 포함되어 있다. 반대로 국악은 상상 속 박물관이며 그마저도 잘 갈 일이 없는 곳이다. 바깥 세상에 고유한 한국 전통문화를 보여주려는 욕구 때문에 간혹 국악 수요가 생기기는 해도 국악 공연은 올림픽 경기만큼이나 드문 일이다.[27] 물론 국악 부흥 소식은 거듭 들려온다. 대한민국에서 민속음악은 오랫동안 망각 속에 빠져 있었지만, 1970년대와 1980년대 반정부 · 민주주의 정치를 부채질한 민중운동은 농촌에서 민중음악이 다 사라지다시피 한 시점에 농악에서 파생 및 양식화한 사물놀이 형태를 취했고, 그렇게 국악을 되살렸다.[28] 판소리나 산조 등 국악에서 가장 인기 있는 장르는 그 뿌리가 보통 사람인데, 이런 사실에도 어느 정도 민중의 보복 같은 점이 있다. 그러나 이 장르들은 거의 필연처럼 현대화하여 서양 소리풍경에 젖은 한국인들의 현대음악 역량과 취향에 맞게 국악을 바꿔놓았다.[29] 일본 부모들은 자식을 교양 있게 키우려면 (특히 딸들에게) 반드시 고토琴 같은 일본 전통악기 교육을 시켰지만, 이와는 달리 대한민국 부모들은 대개 딸들에게 한국 전통악기가 아니라 서양 것인 피아노와 바이올린을 가르쳤다. 대한민국 사람 대부분은 국악 공연의 아름다움이나 음색과 강렬한 선율, 첫소리가 나는 발성 등을 잘 이해하지 못한다. 마치 벤다 족 음악이나 그레고리오 성가 미학을 잘 이해하지 못하듯이 말이다.

담대하게 도입

제2차 세계대전 이후 세대 동아시아 학자들이 동아시아 역사가 서양 도전에 맞선 일련의 대응이라고 보면서 서양 영향력을 과장했다면, 그 전후 세대가 낳은 21세기 초반 지성인들은 서양 영향력을 과소평가하는지도 모른다. 새로운 것에서 받은 충격으로 동아시아 정치조직은 뿌리부터 흔들렸고, 속속들이 다 뒤집히거나 적어도 영향을 받았다. 이는 서양 기술 문제만이 아니라 정치경제 제도부터 복장과 종교적 틀에 이르는 서양 생활양식 문제이기도 하다. 이러한 추세는 동아시아 전역에서 현재 절정에 달했다. 지역마다 억양은 달라도 결국 공통어는 영어이며, 복장은 유럽식이고, 또 가방이든 전화든 서양 제조품은 아니어도 착상은 서양에서 한 장신구라는 사실을 누가 부인할까? 동아시아 사업가들이 모일 때는 영어를 하고 유럽식 양복을 입고 서양식 도구(주판과 붓이 아니라 노트북과 전화)를 들고 다니며 서양식 음료를 마신다. 이들이 대개 서양음악 또는 서양 영향을 받은 음악을 듣는다는 사실도 덧붙이자. 매혹과 불쾌감을 동시에 자아내던 낯선 유럽 소리풍경은 이제 자연스럽고 당연하며 피할 수 없는 것이 되었다.[30]

유럽음악을 처음 경험한 한국인은 누구였을까? 온음계든 피아노든 유럽음악이 한반도에 처음 울려 퍼진 때는 언제일까? 확실하지는 않지만 유럽음악 요소는 선교사와 찬송가를 거쳐 들어왔고 한국인 개종자들을 유럽음악 문화에 입문시켰다. 기독교 음악은 1885년 미국 개신교 선교단이 들어오면서 확실하게 한반도에 들어왔다.[31]

조선 후기 정권은 중국이 아닌 모든 영향력에 저항했고 농촌 대부분은 장대한 유럽 행진곡에 여전히 거의 영향받지 않은 상태였다. 외세는 야만인 침공에 맞서 세운 제방을 짓밟고 침략해 들어왔다. 1876년 강화도 조약은 조선을 망가뜨릴 여러 불평등 조약 중 최초였다. 빠른 서양화를 겪은 일본은 전쟁에서 당시 경쟁 관계이던 중국(1894~1895)과 러시아(1904~1905)에 승리를 거두고 한반도에서 가장 우세한 열강이 되었다. 일본은 1905년부터 조선을 보호국으로 지배했고 1910년에는 완전히 합병했다. 이후 일본은 조선 정치와 경제, 문화 수단을 통제했다. 식민지 지배 추세는 동화여서, 언어부터 이름까지 조선 것은 말살하고 일본 것을 주입했으며 음악계도 예외는 아니었다. 그런데 일본 식민 통치가 전통 일본을 제도화하지는 않았다는 점을 기억해야 한다. 일본 식민 통치는 근대 일본, 형식과 내용에서 주로 서양식이었지만 그래도 다양한 영향력이 뒤섞인 근대 일본을 제도화했다.

일본은 지배계층 음악계에서 아악雅樂(중국 영향을 받은 일본식 고전 궁정음악)이 아니라 유럽 예술음악을 강요했다.[32] 일본만 이런 강요를 하지는 않았다. 1900년 조선 왕실은 독일인 프란츠 에케르트Franz Eckert를 고용해 대한제국 군악대를 창설했고 1년 후에는(일본에 서양 관악대가 들어오기도 전이다) 서울에서 군 관악대가 공연했다.[33] 일본 국가, 적어도 그 화성을 작곡한 에케르트가 대한제국 애국가도 작곡했다.[34] 일본과 조선 지배층이 별다른 외압이 없는데도 표면상 문화 관련인 사안에서 굴복했다니 희한해 보일지도 모른다. 특히 중국 이외 세력에 줄곧 저항하던 조선 왕실을 보면 말이다. 그러나 음악, 특히 서양 군대 및 제례음악은 서양 군사·기술력을 보여주는 본질이라는 인식이 있었다.[35] 즉 일본과 조선 지배층은 음악이 전통문화보다는 문화 기술에 속한다고 보았다. 일본 교육 관료들은 이미 1870년대부터 일본 열도에 서양음악 교육을 도입했다.[36] 서양 합창음악은 근대화(서양을 따라잡고 결국에는 추월하는 데 유용한)를 나타내는 표지인데다, 윤리적이고 충성스러운 신민을 형성할 방법이기도 했다.[37] 지배층과 민중 사이에 존재하는 음악 간극을 서양 음표와 마디가 메우리라는 믿음도 있었다. 일본은 조선을 식민지로 삼으면서 서양음악 교육을 포함한 교육과정도 가져왔다. 오르간 연주와 합창은 이제 조선 학교 교육에서 필수 요소였다.[38] 서양 민요와 동요가 확산되면서 서양음악 교육을 보강했다.[39] 간단히 말해 조선과 일본 지배층은 일치단결하여 서양, 즉 기술 및 (좀 더 양가적 의미에서) 사회에서 우월한 세력의 음악을 포용했고 그 과정에서 원래 인정받던 전통음악을 무시하고 비난하기까지 했다. 국악은 서양음악 문화에 맞춰갔다. 예를 들면 판소리는 여전히 고유 장르였지만 1900년대에는 창극(합창 가극)이 생겼고 그러면서 뮤지컬이나 오페라로 이어졌다.[40] 점점 커가는 서양음악 패권은 20세기 동북아 소리풍경에서 '고집저음固執低音'이었다.

그러나 일본(과 조선) 교육 관료들이 고집하고 강요한 서양음악 교육 때문에 조선(이나 일본) 시민 모두가 유럽 고전음악 애호가로 바뀌었다고 해도 과장이다. 오히려 서양식인 정식 교육은 대개 부유층 영역이었다. 적어도 반세기 동안은 하향식 정부 주도 서양음악과 상향식 다양한 전통 토속음악이라는 뚜렷한 두 음악 문화가 일본과 한반도를 지배했다. 군대 행진곡으로 단순하게 발화한 형태든 벨칸토 양식 아리아로 정교하게 발전한 형태든, 유럽음악은 적어도 처음에는 동북아 청취자 대부분에게 듣기 싫고 이상한 소리로 들렸다. 몇몇은 신비하고 매혹적이라고 생각했지만 말이다.[41] 어쨌든 새로운 세대는 유럽 소리풍경으로 교육을 받았고 그 세대가 성년이 되면서(이는 우연히도 도시화, 그리고 흔히 '근대화'라고 하는 여러 사회 변화와 동시에 일어났다) 서양식으로 변형한 대중음악이 생길 전제 조건 하나가 완성되었다. 새로운 소리풍경에 익숙한 사람들, 새로운 음악 역량을 알고 습득한 사람들이 생겼다는 말이다.[42] 서양식이 된 대중음악은 이때부터 지배층 유럽음악은 물론 토착음악도 대체했다. 다시 말하지만 20세기 초 조선인들에게 생경한 음악은 유럽음악이었어도 결국 한반도에서 주변부로 밀려난 음악은 국악이었다. 그리고 규범이 된 음악은 대중음악이었다.

막간
대중음악의 부상

대중음악이란 무엇인가? '엘리트, 고급, 세련' 대 '대중, 저급, 세속'이라는 다양한 이분법에서 '대중'이라는 단어에는 거의 늘 일류가 아니라는 의미가 있다.[43] 물론 대중음악이라는 한국어도 엘리트음악이나 고전음악, 예술음악이 아니라는 의미를 함축한다. 유럽에서 이러한 구분은 19세기에야 뚜렷해졌다. 모차르트는 관객 인정을 열렬히 수용했지만 쇤베르크는 관객 인정, 보다 정확히 말하면 관객 자체를 경멸했음을 생각해 보라.[44] 진지함과 자율성과 절대성이 있는 예술음악은 대중음악 확산과 동시에 일어났고 대중음악은 여흥이자 대화와 축제, 춤에 곁들이는 반주 기능을 유지했다. D. H. 로렌스가 춤을 '그저 음악과 사랑을 나누는 행위'라고 설명했다는 생각만 해도 저속하고 신성모독 같다.[45] 현대 고전음악 공연은 신성할 정도로 엄숙해서 어쩌다 울리는 휴대전화 소리도 침묵을 뚫고 집중을 깨는데, 이런 신성한 엄숙함은 헤드폰이나 이어폰을 끼고 음악을 듣는 반쯤 사적인 소리 세계는 물론 소비를 조장하는 쇼핑몰 음악부터 쿵쿵대는 콘서트음악에 이르기까지 대중음악 확산의 비격식성과는 정반대이다.[46] 폭넓은 대중음악 청중 역시 대중음악이 단순하고 수명이 짧고 열등하다는 증거인 듯도 하다. 마찬가지로 현대에 어떤 고전음악곡이 널리 방송되면 그 곡은 오염되는 듯하고 마치 '팝클래식'이라는 불행한 혼종 범주에 속하는 모양새가 된다(팝송 지위가 올라가면 '클래식팝'으로 탈바꿈하지만, 정반대 사례도 간혹 생긴다). 절대음악과 절대음악가들은 '고전음악'을 감소 일로에 있는 권위자와 전문가 세계로 몰아버렸고, 그외 모든 것(그러니까 대중음악)이 순수하고 단순한 '음악'이 됐다.[47]

대중음악은 음악 산업화 및 상업화와도 얽히고설켜 있다. 틴 팬 앨리 음악 — 곡 규범 길이(약 3분)[48]나 짧은 서사 구조, 단순한 화성 진행 등 여러 대중음악 관행을 확립했다 — 이 확산할 때 악보 대량 인쇄가 중요했다면, 현대 대중음악 형성 과정은 기술 재생산 능력이 진보한 양상(레코드, 라디오, MP3 플레이어)과 그 사회 배경(카페와 댄스홀, 콘서트장)을 떠나서는 이해 불가능하다.[49] 대중음악 생산 방식은 새로운 사회 관계 및 제도(음악 전문 제작자와 홍보 전문가, 전문 음악가와 작곡가), 물질적 생산 현실의 확실한 변화(무엇보다 소리 증폭 및 재생산 신기술)로 이루어져 있다. 비지배층 청취자도 빠른 기술 진보 덕에 음악 접근성이 대폭 늘었다. 레코드와 휴대용 라디오부터 워크맨과 아이팟까지 사적 영역으로 진입을 계속한 대중음악은 소비사회를 나타내는 본질적 표현으로 군림했다. 개인성과 정체성을 표현하고 자기만의 생활과 고독을 즐기게도 해주고 동반자도 되어주면서 말이다. 이제 원할 때 불러내는 배경 음악이 없는 삶을 상상하기란 불가능하다. 그러나 20세기까지만 해도 음악은 대다수 사람에게 흔치 않은 선물이었다.[50] 레코드가 나오기 전 음악을 마음대로 들을 사람이 몇이나 있었을까? 극소수였다. 부유층과 권력자들(상설 음악단을 부릴 수 있는), 본인이 연주할 수 있는 사람들뿐이었다.[51] 20세기, 적어도 부유층 지역에서는 음악 접근성이 꾸준히 늘었는데 이는 주로 상업을 통해서였다. 대중음악이 도처에 존재하게 된 원인은 쉬운 재생산성과 접근성이었다. '진보'란 가치 상정과 희망적 예측이 가득한 문제투성이 단어지만, 대중음악 등장 이후 비용이나 휴대성 면에서 이루어진 향상(음질이 꼭 좋지는 않지만)을 이보다 더 잘 설명할 단어도 없다.[52]

대중음악 가능성을 만든 기반은 근현대 경제·문화생활과 동시에 출발했고, 또 도시 현상이기도 하다. 밤 시간 식민화나 여가 확대 등 도시가 성장하면서 제법 빠르게 많은 인구에 도달하는 능력도 훨씬 커졌다.[53] 극장 무대와 영화관, 나이트클럽과 (심야) 술집 — 모두 청각을 끌어올리려는 듯 어둡게 한 곳이다 — 이 아무 이유 없이 주요 대중음악 공연 중심지가 되지는 않았다.[54] 19세기 말 미국(상업문화와 문화라는 상업에서 진정한 초강대국)에서는 보드빌과 댄스홀, 카바레 등 대중오락이 정확히 틴 팬 앨리 음악 절정기와 맞물리면서 상업성과 도시적 형태가 크게 발전했다.[55] 대중음악과 영화 — 소위 무성영화 시대에도 대중음악을 발전시킨 매체 — 는 사이좋게 근대성 특공대가 되었다.[56]

근현대 도시 생활은 음악 소비를 진작했고 음악 유행 변화도 가속화했다.[57] 계획적 구식화와 의도적 망각은 음악업계에서 존재 이유까지는 아니어도 핵심이었다. 명곡이 되는 음악도 물론 있었지만 대다수는 청취자들이 특정 인기곡이나 스타에 질리면 사라질 운명이었고, 신세대가 성년이 되는 사건이 최대 치명타가 됐다. 특히 인기곡 제조 주기 가속화에서 가장 핵심은 젊은 청취자들이었는데, 이들은 특정 곡이나 장르를 차별화와 정체성을 드러내는 증표로 받아들였고 게다가 재량 소득이 있어 선호도를 표출할 능력도 있었다.[58] 그렇게 청년은 주요 인생 단계(예를 들어 '십대'라는 새 범주처럼)를 구현하게 되었을 뿐만 아니라 음악 소비 경제에서 주요 부문이 되었다.[59] 게다가 청취에서 자율성을 기대하고 달성할 가능성 때문에 중요한 순간도 왔다. 1950년대 십대들은 주크박스에 동전을 넣었고 오늘날 젊은이들은 노래를 휴대전화에 다운로드하지만, 어떤 방식이든 장치(주크박스든 휴대전화든)와 노래(음반 녹음이든 디지털 파일 압축이든)가 결합해 기술 문화와 청년 문화를 모두 표현한다. 그렇게 소비 수단으로 무장한 젊은이들은 부모나 이전 세대와 자신들이 별개임을 표출하는 특정 대중음악 브랜드에서 정체성을 형성한다. 이때 개별 가수와 곡만이 아니라 형식(LP판에서 카세트로, 또 CD와 디지털 파일로)과 기술(악보에서 휴대용 레코드에서 MP3 플레이어로)은 물론 음악 양식과 장르까지 변화한다. 부모 자식 관계라는 변증법이 음악 선호도라는 정지점 주변에서 소용돌이치며, 나탈리 사로트Nathalie Sarraute가 책에서 들뜬 젊은이들과 분개한 어른들을 인상 깊게 묘사했듯이 세대 간 오해를 불러일으킨다.[60] 나이든 성인에게 새로운 음악은 이해하기 어려울 때가 많다. 예를 들어 대체로 예리한 언론인 앤드루 콥카인드가 디스코 음악을 놓고 쓴 글을 보자.

> 록은 역사의 물결을 탄 '우리 음악'이었다. (…중략…) 70년대 디스코는 60년대 록에 반기를 든다. 디스코는 '자연스러운' 모습과 정반대이다. (…중략…) 디스코는 '현실과 너무 다르고' 인위적이며 과장됐다. (…중략…) [디스코는] 부자연스럽고 통제됐다. (…중략…) 디스코는 어떤 의미에서도 자연스러운 현상이 아니다. 이 음악은 오로지 도시 환경에 뿌리박힌 정교하고 상업적이며 조종된 문화이다. (…중략…) 이 음악은 엔터테인먼트 산업에서 상당히 큰 자본이 현재 디스코 엘리트 손에 들어가 있다는 의미이다.[61]

대중문화 비평 문헌 전반에서도 이와 유사한 불만을 찾아볼 수 있다. 이 싸움에서는 구스타프 말러가 했다는 말처럼 "젊은 세대가 언제나 옳다."[62] 지금을 즐기려는 욕구는 현재와 새로움에는 가치를 부여하고 그러면서 부모와 노인 세대를 연상시키므로 어차피 미심쩍은 과거와 전통에서는 가치를 깎아내린다.[63] 대중음악 규준에 존재하는 영원한 현대성은 끊임없는 과거 망각과 발맞추어 간다.[64] 청년층 재량소비력과 부단한 세대 전이 덕택에 대중음악은 계속 이어지며 멈추지 않고 미래로 나아간다.

그렇다면 특정 조건들이 대중음악이 나아갈 길을 닦은 셈이다. 산업기술혁명과 도시 소비자 혁명(공연으로든 기술 재생산 능력을 통해서든 음악 소비 가능 인구 증가)은 대중음악에서 필수조건이 되었다. 1920년대 중반 조선에는 이미 대중음악을 형성할 기본과 필수 전제조건이 상당수 있었다. 따라서 조선이 서양과 일본에 뒤졌다는 거듭된(대한민국 사람들도 매우 자주 되풀이하는) 주장에도 불구하고 최소한 대중음악 영역에서 그런 시간차는 그리 크지 않았다.

일제강점기

일제강점은 서양식 생활에서 오는 축복과 저주는 물론 그런 생활을 할 환경과 장비도 도입했다. 조선 후기에도 주로 중국과 일본을 중개인으로 조금씩 스며든 서양 영향이 없지 않았지만, 일제강점기 서울 일부 지역에서 그런 밀물은 돌이킬 수 없는 지경이었다. 전신과 철도부터 의복과 음식까지 서양 기술과 문화가 일괄 포장으로 들어왔다. 최소한 도시에서 대중문화와 대중음악은 무시무시한 속도로 풀려나왔고 새로움이라는 경험을 규정했다.[65]

일제강점기에는 유교 교육기관에서든 일본 등 여러 나라 서양식 대학에서든 주로 조선 지식인들이 일반 신분 위계질서와 그 편견을 재생산했다. 따라서 민요는 그저 천한 농민 노래에 불과했고 광대라고 부른 유랑 예인들은 거지나 매춘부와 다름없었다. 공자는 음악을 칭송했지만 공자에 심취한 양반들은 격식 있고 세련된 특정한 음악만 연주하거나 들었고, 무지한 농민들이 내는, 거의 인간이 아닌 듯한 곡성과 소음은 무시했다(기생을 대동하고서라지만 더 우아하고 세련된 배경에서 양반들도 그 똑같은 천한 음악을 즐겼는데 말이다). 따라서 일제강점이 확고해지면서 양반들은 점점 교육받은 일본인들이 좋다고 하는 음악을 들었다.

그래도 피지배층 민요나 농악은 시골은 물론 특정 마을에까지 굳게 뿌리박고 있었다. 그러나 지역별 변형이나 지역 다양성 때문에 이들은 연대하는 음악이라기보다 구분하는 음악이 되었다.[66] 규범 형태인 민요는 근대 음악 형식으로 바뀌면서 지역 다양성을 배제한다. 남한(과 북한)에서 논쟁할 여지없는 민족 민요는 <아리랑>이지만, 이 노래도 지역별 변형이 수없이 많았다.[67] 사실 <아리랑>은 원래 비교적 새로운 노래 취급을 받았고 1926년 영화 <아리랑> 주제가로 쓰인 이후에야 민족적 지위를 얻었다. 그 이후 유럽식 기보법으로 규준이 되고 널리 퍼졌으며 연주도 대개 유럽식 악기로 했다.[68] 역설이지만 현대 민족주의 관점에서 조선 설화와 민요 수집을 장려한 주체는 조선 지배층이 아니라 일본 식민지 정부였다.[69] 그러나 한일 양국 학자들이 한국 민요를 찾아 법석을 떨 때쯤 민요는 이미 쇠퇴한 상황이었다.[70] 20세기 전반 한반도를 뒤흔든 대규모 이농 현상은 한민족을 한반도 저 너머로 흩어놓았다.

도시 생활이 내는 소리는 뒤죽박죽이었지만 서양 영향을 받은 새 소리풍경이 곧 그 소음 위로 떠올랐다. 유럽 예술음악은 학교에서 널리 가르치고 공식 행사에서 연주했지만 한정된 시공간 틈새를 차지했다. 이 음악은 권력의 소리, 권위의 음악이었다. 기독교 전파도 한반도에서 서양음악 범위를 확장했다. 선교사들은 조선인에게, 초기 기독교학교 다수가 여학교였으므로 특히 조선 소녀들에게 서양식 화음으로 합창하는 법을 가르쳤다. 20세기에 접어들자 갓 태어난 대중음악계는 평양과 서울에서 특히 크게 울렸다. 창가(합창)는 미국 찬송과 유럽 성가, 서양 민요 가락, 일본 합창음악唱歌(일본어는 '쇼카'라고 읽지만 한국어와 한자는 같다)이 뒤섞인 음악이었다.[71] 그런데 창가를 합창음악choral music이라고 번역하면 오해의 소지가 있다. 여러가지가 합쳐진 장르인 창가는 전통과 다르다는 데 주요 특징이 있었다. 예를 들어 미국에서는 대개 민요곡과 합창곡을 구분하겠지만 조선에서 <나의 사랑 클레멘타인>은 아주 인기 있는 창가였다. 노래는 서양 곡이었지만 가사는 한글이었고 내용도 아버지와 딸 이야기로 원래 서사와 전혀 달랐다. 창가는 교육받은 도시인, 그러니까 학교에서 새로운 소리풍경에 노출된 사람들 사이에서 새로운 소리 세계였다(1945년에 학령기 아동 3분의 1은 초등학교에 다녔다). 창가 기원은 1880년대까지 거슬러 올라갈 수 있지만, 창가는 20세기 들어서야 기독교인과 근대화 민족주의자, 기타 서양 영향을 받은 도시인 음악으로 들리게 됐다.[72] 다시 말해 창가는 새롭고 전통 한국 소리풍경과 뚜렷하게 달랐고 게다가 교육받은 지배층이 수용했다. 이 교육받은 지식인은 강력한 두 집단, 즉 기독교 선교사(서양)와 일본 당국 양편으로 성향이 나뉘었다. 시간이 흐르자 창가는 악기를 연주하며 창가집을 팔고 다니는 상인들을

통해 시골까지 전파되었다.[73]

　역설이겠지만 조선 지배층이 받아들이면서 창가는 저항 음악으로 변모했다. 창가는 지식인 음악이었지만 일제강점기 초기에 조선 독립 운동을 이끈 사람들은 바로 지식인 집단이었고, 근대 조선에서 반일 독립 정치와 창가는 계속 주제로 남았다. 1900년대부터 이미 창가는 정치음악 또는 운동가 개념과 떼려야 뗄 수 없었다.[74] 일제 통치를 비판하는 감정들은 조선 민요 가락이 아니라 창가로 표현했다(조선 지식인들이 농악을 폄하했으므로 그리 의외도 아니다). 1896년에는 대한민국 애국가를 <올드 랭 사인> 곡조에 맞춰 불렀는데, 이 곡 5음계가 전통 소리풍경에 젖은 사람들에게 훨씬 더 다가가기 쉽다는 이유도 있었다.[75] 이렇게 한글 가사를 서양 선율에 붙이는 양식이 시작됐다. 원래는 기존 곡조에 한글 가사를 붙였지만, 1905년 김인식을 필두로 조선인들도 새 곡을 쓰기 시작했다.[76] 국가를 스코틀랜드 민요 가락에 붙였다는 모순 때문에 해방 전 서양에서 가장 유명한 조선인 음악가였을 안익태가 새로운 애국가가 될 곡을 썼다. 그러나 대한민국 국민 모두가 안익태 곡에만 맞춰 애국가를 부르게 된 때는 1948년 이후다.[77] 일제 당국은 1908년부터 당연히 '불량한 창가不良唱歌'를 금지했다. 또 1911년에는 악보를 불태우고 일부 학교를 폐쇄하기도 했다. 일본은 강점기 내내 조선음악을 검열했다.[78] 식민지 당국은 금지곡 대신 정치적으로 올바른 합창곡을 장려했다.[79] 일본이 억압한 결과 1910년대 이후 조선인들이 가르치고 노래한 창가 대부분은 유럽 예술음악에서 흔한 온음계보다 일본식 5음계로 작곡되었다.

　|　제1장_ 우리가 어떻게 여기까지 왔을까?

서양 성악곡도 가곡lieder, 리트으로 자리를 잡았는데, 창가와 마찬가지로 대개 합창보다는 독창곡이었다. 1920년대에는 서양식 근대 가곡이 전통 조선 가곡을 대신했다(그렇기 때문에 현대 대한민국 사람들은 가곡이라고 하면 대개 서양 노래를 떠올린다).[80] 특히 주목할 만한 노래가 홍영후(홍난파로 더 잘 알려져 있다) 작곡 <봉선화>이다.[81] 홍난파는 <고향의 봄> 등 오랜 인기곡을 다수 썼다. <고향의 봄>은 동요로 보는데 당시에는 동요도 크게 유행한 장르였다. 방정환이 1921년 『사랑의 선물』을 내고 1923년 유력 잡지 『어린이』를 출간하면서 아동 문학은 아동 이상 세대에서도 독자층을 확보했다.[82] 최초의 동요라고 보는 1924년 윤극영 작곡 <반달>은 오늘날까지도 불린다. 윤극영은 도쿄에서 유럽 예술음악을 공부했는데, 이 곡은 일견 유럽풍이지만 5음계를 사용하고 8분의 6박자로 연주해 조선식 소리풍경에 젖어있는 사람들에게도 편안하게 다가간다. <반달>은 1930년대 동요 황금기로 접어드는 데 일조했다.[83] 역시 영향력 있는 작곡가 김동진은 브람스와 벨칸토 아리아를 종합해 <가고파>, <나의 마음>, 그리고 김소월 시를 가사로 붙인 <진달래 꽃> 등 해방 후까지 계속 불린 곡을 여럿 지었다. 가곡과 동요도 창가처럼 주로 독립 정치를 지향하는 도시 지식인 영역에 남았고, 이 장르들 모두 해방 후까지 대학 교육을 받은 사람들의 문화에 남았다.[84] 그렇기 때문에 가곡과 동요, 연관된 새로운 음악을 작곡한 선구자들이 거의 다 일본에서 유럽 예술음악 교육을 받았고, 또 이들이 당시 일본에 널리 퍼진 음악 관행을 채택했다는 사실은 참으로 역설이다.[85]

대중음악은 1920년대 중반 유행가流行歌(일본어 발음 '류코카'로 말 그대로 '유행하는 노래', 인기 있는 노래를 뜻했다)나 신가요新歌謠로 조선 도시 일상에 들어왔다. 유행가는 자생적 문화 난입이 아니라 사업 또는 산업이었다. 당시에는 아주 큰 사업이나 문화 산업이 아니었지만 말이다.[86] 유행가 기원으로는 1916년 일본 신극新劇 <부활復活>에 삽입된 <카츄샤의 노래カチューシャの歌>가 있다.[87] 1920년대 일제강점기 조선인들은 극장에 다니고 영화를 보았으며 일본에서 20여 년 먼저 등장한 다양한 카페에도 잘 다녔다. 대중음악은 이 모든 곳에 등장했다.[88] '모보モボ, 모던 보이'와 '모가モガ, 모던 걸'가 일본 도시에 반드시 있는 존재였듯, 서울에도 신여자(신여성)와 청년 등 새로운 조선인이 나타나기 시작했다.[89] 시인 이석훈은 1932년 시에서 "페이브멘트엔 모던껄이 / 어쩌케하면 '그레이타 가르보'가 될까를 / 생각하며 헤매고"라고 노래했다.[90] 그리고 (무성) 영화는 물론(대개 막간에 여배우들이 노래했다) 연극에도 나오고 또 잡지나 다방에서 대화 주제가 된 유행가는 '신' 또는 '모던'에서 핵심 요소였다.[91] 이렇게 도시 유흥의 새로운 중심지들이 음악을 퍼뜨리면서 애호가도, 따라다니는 극성팬도 생겼다.[92]

이 이국풍 새 매체와 황홀한 새 소리풍경은 서로 잘 맞물렸다. 새로운 연예인도 갑자기 생겨 사회에서 인정받지 못하는 평판 나쁜 사람들과 어울렸다. 일본 야쿠자(모리배 또는 폭력단)는 비슷한 부류 조선인들과 함께 연예 산업에서 큰 부분을 차지했다.[93] 대중문화 산업이 이렇게 불법에 가까운 사업가들과 연루되는 일이 일제강점기 조선에서만 벌어지지는 않았다. 유랑 예인들은 일제강점기 전에도, 일제강점기 중에도 성매매 노동자로 부업할 때가 많았으니 말이다.[94] 대중음악이라고 하면 성(매매)과 마약(거래), 또 조직폭력배(연루)를 흔히 떠올리는데, 이런 연상이 꼭 과잉보호하는 부모가 상상력으로 빚은 허구만은 아니다. 어쨌거나 대중음악은 지위와 교육 수준이 낮은 사람들이 돈을 내고 찾는 대상이었다.

게다가 소리를 재생산하는 기계적 수단은 비록 초기 단계에 불과했지만(대개 소리 증폭과 후일 조선에서 레코드를 일컬은 '소리판' 정도였다) 그래도 새로운 음악을 널리 퍼뜨렸다. 물론 제법 부유한 도시인구가 주요 대상이었지만 말이다.[95] 판소리 명창 이동백이 낸 첫 한국어 음반은 1907년부터 판매됐지만 쉽게 재생 가능한 SP판은 일본 음반회사들이 일제강점기 조선에 뿌리를 내린 1920년대 후반에나 널리 퍼졌다.[96] 이 회사들은 그 시절 대세이던 일본식으로 운영해서 전속 작사가와 작곡가, 연주가, 가수를 두는 스튜디오 체제였다. 축음기와 영사기는 당시 새로운 도시문화의 첨병으로 전통과 시골인 것을 모두 없애버리겠다고 위협했다.[97] 1927년 라디오 방송이 생기면서 유행가가 퍼질 기술 전제조건도 확립되었다.[98] 그 뒤 곧 서울 도심부에서 새로운 소리풍경이 도시 공기를 채웠다. 이 소리풍경은 궁정이나 종교음악 운율 및 음색과는 뚜렷하게 다르고 조선 농촌음악 리듬 및 음계와는 천지차이였다. 도시인들이 대중가요를 콧노래로 목소리로 따라 부르기 시작한 시기도 아마 이 즈음이겠다.[99]

유행가는 동시에 조선과 일본, 서양이기도 한 소리 세계였다. 새로운 도시 청중이 이 노래에 매력을 느꼈기 때문에 그런 혼합물에 일관성이 생겼다. 시간이 흐르면서 청중은 물론 가수와 작곡가, 제작자까지 서로 다른 음악 유형을 쉽게 넘나들게 되었다.[100] 당시 대중음악 범주는 새로운 가곡과 동요만이 아니라 오늘날이라면 대중음악과 구분될 찬송가와 창가, 판소리 등도 포함했다.

1926년 동명 영화에서 <아리랑>을 노래한 이경석은 1927년 히트곡 <낙화유수>를 불렀는데, 그러면서 동요도 불렀다. <강남 달>로도 알려진 <낙화유수>는 조선에서 제작한 첫 음반이었다.[101] 이경석은 레퍼토리가 다양해서 민요와 동요, 대중음악 등 아예 다른 장르를 여럿 섭렵했고, 이를 보면 장르 구분이란 얼마나 피상적인지 알게 된다. 1935년에는 일제강점기 조선 최초로 조선인이 운영한 회사 오케 레코드가 유럽 예술음악(〈아베 마리아〉 등)과 동요, 신민요를 포함한 대중음악 광고를 냈다.[102] 현대에 우리가 하는 분류로는 일제강점기 조선 대중음악 세계를 제대로 평가하지 못한다.

일제강점에 맞선 저항은 거셌지만 제국에 힘이 있어서든, 일본 문화에 명성이 있고 일본 정치가 지배력을 발휘해서든, 혹은 조선 독립 가능성이 없어 보여서든, 1920년대가 되자 일본 영향력을 피할 수는 없었다. 이전에도 조선인 담화 공동체와 민족 소리풍경에서는 두 언어를 사용하는 특징이 있었지만, 이 두 표현 방식이 식민지 후반기처럼 밀접하게 얽힌 적은 없었다. 일본과 조선이 도시 대중음악 영역에서 만나 똑같지는 않아도 공유된 소리풍경을 만들었다.[103] 일본은 유행가 소리풍경 형성에 아주 큰 영향을 미쳤다. 초창기 유행가 상당수는 한글로 번역한 일본 노래이거나 직수입한 일본곡이었다. 우즈베

키스탄에 사는 어느 디아스포라 한국인 3세가 '한국' 노래를 부르는데 알고 보니 이 노래가 일본어 유행가더라는 가슴 아픈 일화도 있다.[104] 그러나 이 소리풍경에서 일본 선율만 듣는다면 잘못이다. 중국 등 다른 영역권도 그랬지만 조선도 일본음악에 상당한 영향을 미쳤다. 가장 잘 알려진 사례를 보면 일본 유명 대중음악 작곡가 고가 마사오는 일제강점기 조선에서 자라 3박자 등 조선음악 요소를 많이 집어넣었고, 조선 영향을 받은 '고가 선율'을 확립했다.[105] 특히 조선인 작곡가와 가수들은 일본에서 이름을 떨쳤다. 비록 일본식 가명을 쓰고 일본인 행세를 했지만 말이다.[106] 예를 들면 1932년 일본에서 채규엽(일본에서는 하세가와 이치로)은 이미 스타였다.[107] 사실 스타라는 존재 자체가 대중음악을 포함한 대중문화를 보여주는 뚜렷한 특징이다.[108]

창가나 가곡은 대개 교육받은 도시인에 한정되었지만 유행가는 더 큰 청중에게 인기를 끌며 다른 장르들을 압도했다. 쉽게 말하면 유행가는 조선의 전통 소리풍경에 맞게 변형했기 때문에 더 널리 인기를 끌었다. 이러한 변화는 두 곡에서 뚜렷하게 나타난다.

첫 번째는 1926년 윤심덕(짧은 머리를 한 윤심덕은 '신여성'를 대표했다)이 부른 <사의 찬미>인데, 이 노래는 한국 최초의 히트곡으로 볼 때가 많다.[109] 이 음반 단 한 장이 새로운 산업에 진보를 가져온 셈인데, 어느 정도는 추문 덕도 있었다. 윤심덕이 노래를 녹음한 뒤 유부남 애인과 동반 자살해 언론에서 난리가 났기 때문이다.[110] <사의 찬미> 음악은 완전히 서양식이었고 선율은 이오시프 이바노비치Iosif Ivanovici

곡 <도나우강의 잔물결>(1880)에서 차용했다. 죽음을 찬미하는 주제는 창가와 가곡 영역인데, 창가와 가곡은 서양 가락에 맞춰 잃어버린 고향을 그리는 향수를 표현할(따라서 조선 독립을 은밀히 부르짖는 기능을 할) 때가 많았다. 윤심덕은 '대중'음악 녹음을 꺼렸고 자신이 오페라 가수라고 생각했기 때문에 이 노래를 가곡, 즉 리트 형식으로 불렀다.[111] 원곡 선율은 3박자(왈츠 곡)였지만 윤심덕은 통상 수용하는 창가나 가곡식 4박자로 불렀다. 간단히 말해 이 노래는 당시 조선 전통 소리풍경에서 확실히 벗어나 있었다.

<사의 찬미>와는 반대로 1932년 이애리수(앨리스 리, 이보전, 리 아리수라고도 한다)가 부른 <황성 옛터(황성의 적)>는 조선인 곡에 한글 가사를 붙여 최초로 성공한 곡이라고 한다.[112] 이 음반이 거둔 엄청난 성공—5만 장 판매—은 도시 지식인보다 많은 인구를 사로잡을 음악이 등장한다는 전조였다. 이애리수와 윤심덕 사이에는 어느 정도 유사성과 연속성이 있다. 두 가수 모두 연극 막간에 공연을 하면서 명성을 얻었다.[113] 그러나 둘 다 자살하려고 했다. 각자 애인이 유부남이기도 했고, 또 당시에는 신분 간 결혼이 금지였는데 이 애인들이 모두 지주 계급이었던 까닭이다.[114] 그러나 이러한 유사성 때문에 중요한 변화 요소를 제대로 못 보기도 한다. 이애리수 곡은 5음계와 3박자를 사용했다. 그렇게 조선 전통 소리풍경에 익숙하게 연결되어서 이 노래가 서구화한 도시 지식인이라는 좁은 계층을 넘어 쉽게 받아들여졌다는 뜻이다. 말하자면 유행가는 새로운 서양음악 세계에 머무르는 대신 조선 청중이 편안하게 느끼는 지점으로, 완전히 복귀

했다고는 못해도 화해하며 나아갔다. 유행가는 전통 조선 노래와 아주 달랐지만 이애리수와 그 추종자들은 일제강점기 조선, 변화하는 소리풍경에서 가교 역할을 했다.

이렇게 국내 시장이 도시 지식인을 넘어서고 일본 대중음악과 상호작용(또한 일본 시장 접근성)이 커지면서 유행가가 태어났고, 이는 해방 후 대중음악과도 유기적으로 이어졌다. 현대 대한민국 음악에서는 일제강점기 유행가를 일제강점기 이후 장르인 '트로트'와 같다고 보는 경향이 있는데, 이 장르는 '폭스 트로트'라고 알려진 볼룸 댄스에서 이름을 따왔다.[115] 그러나 음악 양식이 정형화하기 전에는 뚜렷한 차이와 가족 유사성이 모두 보이게 마련이다. 예를 들어 오늘날 우리는 베토벤 피아노 소나타를 듣지만 소나타라는 형식 자체는 베토벤 사망 한참 후인 1840년대에나 확립되었다. 마찬가지로 현대 청중은 1930년대 노래에서 트로트 요소를 쉽게 찾아내지만, 트로트 장르 자체는 해방 후에나 확실해졌다. 이때 트로트는 '뽕짝'이라고도 불렀는데, 이는 전통 3박자와 확실히 대비된 2박자(혹은 4박자) 리듬을 표현하는 한글 의성어에서 나온 말이다.[116] 실제로 '뽕'은 해방 후 대한민국 대중음악에서 아주 두드러진 리듬이다.[117] 1930년대 유행가는 거의 늘 일본 5음계인 '요나누키ㅋナ拔き' 음계로 작곡했고, 시각과 청각 면에서도 뚜렷한 특징이 아주 많았다.[118] 가수와 음악가들은 일제강점기에도 아직 흔치 않던 서양식 옷을 입었고 반주도 서양 악기로 했다. 대개 서양식 방이나 건물에서 무대에 올린 광경 너머에는 낯선 소리풍경이 있었는데, 이 음악은 전통 가곡이나 판소리 노래와

는 확연히 달랐다. 가수들은 이국풍 장소와 밤 유흥부터 고향을 그리는 향수와 곡절 많은 사랑까지 새로운 감정과 주제를 부드럽게 노래했다.[119] 또 곡이 눈물과 작별을 노래할 때도 과거나 시골을 향한 그리움을 확실하게 현재 도시 관점에서 표현했다. 노래 가락은 대개 기억하기 쉬웠고 콧노래로 따라할 수 있거나 호감 가는 선율이었다. 이들은 음악을 즐기는 새 중심지, 즉 다방이나 술집과 잘 어울렸고 또 이 노래들이 춤곡이 될 때도 많았음을 기억해야 한다. 유행가는 슬픔에는 위안을, 고통에는 기쁨을 주는 마력이 있었고 자칭 도시인들은 이 마력에 취했다.

노래방은 현대 대한민국에서는 피할 수 없는 곳인데, 이 새 장르를 상징하는 노래 두 곡이 오늘날까지도 노래방 애창곡으로 불린다. 1935년 이난영이 부른 <목포의 눈물>은 지금은 전형적 트로트 곡이라고 보지만 원래는 지방 신민요라고 홍보했다. 곡 제목에 나오는 목포는 항구이므로 부단히 이탈과 디아스포라를 겪는 나라에서 떠남과 작별이 일어나는 장소였다. 그리고 과거("삼백 년" 원한)도 과거지만, 현재 새신부와 작별해야 하므로 쏟는 눈물은 대놓고 사랑이라는 근대 감정을 표현한다.[120] 고작 3년 전 나온 <황성 옛터>와 비교해도 이 노래는 근대적으로 들린다. 반대로 3박자인 <황성 옛터> 리듬은 4박자인 <목포의 눈물> 리듬과 확연히 다르다. 또 <목포의 눈물> 녹음 기술이 훨씬 뛰어나 밝은 음색이 한층 두드러진다. 두 노래 가사 모두 애수에 차 있지만, 서양식 편곡은 <목포의 눈물>에서 더 확실하다. 이난영 가창 방식에는 단음 방식 가창과 명확한 악구 구분, 두성 등 유럽 고전 성악 창법이 어느 정도 있지만, 그래도 낮은 음조와 꾸미지 않은 표현으로 이난영은 노래를 그야말로 서민 영역으로 끌어 내렸다. 거의 말하듯 노래하는 그 방식이 창가나 가곡에서 사용되던 리트풍 가창을 대체한다. 후일 큰 인기로 '황제' 칭호를 얻은 남인수 역시 1938년 <애수의 소야곡>에서 눈물과 슬픔을 노래하지만 이 곡은 오롯이 사랑 노래로, 별빛을 보며 한숨을 쉬고 눈을 감고 흘러간 사랑을 한탄한다. 기타를 퉁기는 연주는 물론이고 제목 자체가 세레나데를 뜻하다 보니 노래는 근대곡이 되며, 또 감정이나 소리 면에서 판소리와도 가곡과도 뚜렷하게 거리가 있다. 이런 노래는 그럴 수밖에 없는 이유, 선율뿐만 아니라 가사로도 일제강점기 전후를 잇는 완전한 연속성 덕분에 해방 후까지 널리 불렸다.

유행가라고 창가에서 두드러진 반식민 감정이 아예 없지는 않았다. 유행가는 겉으로는 실연 같은 정치와 무관한 주제를 다루면서 사적이고 감상적인 문제를 다뤘지만, 청취자들은 작사가나 가수 의도와는 상관없이, 당시에도 일본음악 장르로 보던 이 장르에서조차 반일 감정을 인식했다. 예를 들면 장세정이 1937년에 부른 <연락선은 떠난다>는 부산―시모노세키선(수많은 조선인들을 일본 열도로 실어 보내 지옥선이라고도 했다)을 다룬 노래였지만 듣는 사람들은 개인 이별을 다룬 이 노래 주제를 착취당한 조선인 노동자 대이동으로 바꿔 생각했다. 일본 당국은 원래 이난영의 <목포의 눈물>이나 김정구의 <눈물 젖은 두만강> 등 물가에서 눈물을 쏟는 노래들을 보면 반일 암시가 있는지 의심부터 했고, 당연히 이 노래 가사도 똑같이 의심했다.[121] 시대정신을 반영한 이 노래들은 도시 조선인 사이에 널리 울려 퍼졌고, 도시 조선인들은 그 아래 숨은 반일 정서와 공명했다. 또 근대화한 기생 가수들은 판소리와 민요 등 조선 전통음악을 개작하고 활성화하려는 노력도 기울였다. 그중에서도 특히 전통 민요와 유행가를 이으려는 의식적 노력으로 1930년대에 부상한 신민요 또는 지방 신민요 장르는 의미가 있었다.[122] 1930년대 중반 음반 판매가 보통 4, 5만장에 달하면서 음반사들, 도시 생활과 대중음악 모두가 새로운 청중을 양성하느라 열심이었다. 자칭 신민요라는 노래들은 사실 상당히 다양했지만, 공통점이 하나 있다면 시골과 연결됐다는 점이다. 1938년 이화자가 부른 <꼴망태 목동>과 김정구가 부른 <눈물 젖은 두만강>은 신민요로 분류하지만 사실 이 두 곡은 유행가나 신가요 표본으로 보아야 옳다.[123] 이들은 향수와 농촌이라는 요소(이화자 노래에서 전통 3박자에 맞춰 소리를 내며 소를 모는 등) 때문에 '민요' 음악이 되었다. 신민요가 토착 대중음악의 첫 형태라고 강조하는 학자도 일부 있지만, 이 장르는 서양과 일본 음악에서 깊이 영향을 받았고 거의 유럽식 악기에만 의존했으며 당대 다른 유행가와 대체로 비슷했다.[124]

유행가는 단일한 세계가 아니었다. 조선, 일본, 미국 등 여러 영향이 뒤섞여 일제강점기 조선에 스며들었고, 그 결과 예를 들면 1938년 박향림이 부른 <오빠는 풍각쟁이> 같은 인기곡이 나왔다.[125] 비음 섞인 재즈 창법과 불협화음은 아니어도 꽤 시끄러운 반주가 딸린 이 곡에서 박향림은 심술쟁이에 주정뱅이인 풍각쟁이 오빠를 욕한다. 전통과는 거리가 먼 노랫말은 현대 대한민국 사람이 듣기에도 좀 놀라울 정도다. 가수가 끈 원피스를 입은 모습을 찍은 당시 사진도 적어도 한 장은 남아 있다.[126] 대한민국 현대인들은 그 시대를 끊임없는 억압과 문화(와 여성) 예속 시대로 기억하지만, 이 노래는 그 기억과는 아주 다른 무질서한 과거 밤 문화를 보여준다. 부드럽고 선율이 화려한 1960년대 트로트 곡과 이 곡을 나란히 놓고 보면 일제강점기 조선 대중음악도 전혀 단조롭지 않고 아주 고지식하지도 않고 유교풍도 아니었음이 확실하게 보인다. 재즈는 1930년 조선에 첫 선을 보였다. 물론 이 장르에는 미국 재즈만이 아니라 프랑스 샹송과 라틴 음악이 섞여 있었지만 말이다.[127] 미국 등 다른 나라에서처럼 '재즈'라는 단어는 경멸하는 의미로, 음악인지 아닌지는 의심스럽지만 확실히 시끄럽기는 한 낯선 음악이라는 뜻으로 사용하기도 했다.[128] 1930년대에는 고루한 장르인 동요에도 업비트 음조가 생겼다.

1930년대 중반에는 대중음악 문화가 이미 서울에 자리 잡았다. 극장이나 영화관, 카페, 술집 등 새로운 통로를 통한 대중음악 전파는 물론 음반 판매고와 스타 탄생 이야기도 앞서 언급했다. 도시인들은 쉽게 유행가를 받아들였다. 유행가는 금세 사라지더라도 즐길 만한 노래와 가수 때문에 유행했다. 조선 최초로 대중음악 공연이 열린 때는 채규엽이 하세가와 이치로라는 이름으로 일본 순회공연을 성공리에 마치고 돌아온 1933년이었다. 1935년에는 최고 인기가수를 뽑는 조사도 있었다(채규엽이 1위였다).[129] 역시 1935년에는 오케레코드를 운영하던 뛰어난 흥행가 이철이 가수들을 모아 공연 활동을 개시했다. 그 흥행 능력으로 대중음악 확산도 일보 전진했는데, 이철이 일군 혁신 중에는 신인 가수 선발 경연도 있었다.[130] 동시에, 그러니까 일제강점기 후반에 조선인 음악가들은 일본 제국을 돌며 중국과 만주 등지로 퍼져나가 음악 수출에서 최초의 한류를 만들었다.[131] 1930년대 중반 서울에는 오늘날 대한민국 대중음악 특징 대부분이 아무리 초창기 형태라도 어쨌든 존재했다.

일본은 전쟁 준비를 강화하면서 수단과 방법을 가리지 않고 백성을 동원하려 했다. 그 결과 식민 강대국 일본은 극단적 황민화 정책(1937년 학교 조선어 사용 금지, 1940년 창씨개명 강요)을 시행했고, 게다가 대중가요 영역에서도 통제를 강화하고 혹시라도 체제 전복 성격을 띨 법한 표현은 더 심하게 검열했다.[132] 그러나 정부 시책이 그저 부정만 강요하지는 않았다. 1930년대부터 일본 당국은 조선을 비롯한 일본 식민지는 물론 일본 본토에서도 유행가 음악으로 일제강점을 칭송하는 '국민가요国民歌謠'를 장려했다.[133] <복 받은 땅 만리福地万里>도 그 예인데, 이 노래는 1941년 조선인 만주 이주를 다룬 동명 영화 주제곡이었다. 1930년대 후반에는 국민이 군사로 탈바꿈해 '군국가요軍国歌謠'가 부상했다.[134] 두말할 나위 없이 일본 애국주의 노래는 1930년대 유행가만큼 인기를 끌지 못했다. 그럼에도 불구하고 김영길 등 여러 유행가 가수는 국민가요나 군국가요를 부르는 데 동참했다.[135] 조선인 가수들이 한 광범위한 친일 부역 행위는 아직까지 제대로 연구가 안 된 상황이지만 일제강점기 대중음악에서 피할 수 없는 단면이기도 하다.

쉽게 말해 그렇다면 유행가라는 도시 세계는 양반이든 서민이든,

도시든 농촌이든 조선 소리풍경과는 깊은 단절을 의미했다. 유럽식 악기와 복장, 장식, 유행은 뚜렷하게 다른 청각 경험뿐만 아니라 아주 새로운 감각, 새로움과 서양과 근대를 투영했다. 이 새로운 음악 세계나 그 세계가 압축해 보여준 새로운 생활양식의 마력에 저항할 사람은 거의 없었으리라. 그러나 이런 단절도 완전하지는 않아서 조선 소리풍경은 서양식 옷을 걸치고 살아남았다. 앞서 보았듯 조선 곡들은 5음계로 작곡할 때가 많았고(국악은 서양 음계로 작곡하지 않았는데도 5음계로 바꿀 수 있는 작품이 많았고), 이 곡들에는 3박자 비슷한 장단이 들어 있었다(그리고 대개 8분의 6박자로 연주했다). 물론 조선 유행가나 일본 유행가나 모두 서양 소리풍경에 적응하고 그에 따라 표현했으므로 구분이 거의 불가능했다.

해방 이후

1945년 일본이 제2차 세계대전에서 패배하면서 조선은 해방되었지만 한반도는 분단되고 말았다.[136] 해방 이후 탈식민 대한민국은 또 다른 혁명을 경험한다. 음악에서 일본 지배가 끝나면서 미국이 패권을 차지하기 시작한 것이다.

시대 구분에는 대개 급격한 변화가 있다고들 생각하겠지만 현실은 훨씬 복잡할 것이다. 개개인은 서로 다른 시대를 건너고, 살아남아 성공하는 사람들은 대개 새로운 유행과 새로운 돈줄에 적응한다. 이난영이 가수 생활을 하며 겪은 격동은 훨씬 큰 변화와 복잡성을 시사한다. 1916년 목포에서 가난하게 태어난 이난영은 유행가가 처음 유행한 시기에 영화관 막간 가수가 되었다.[137] <목포의 눈물>로 유명해진 이난영은 인기곡을 다수 냈는데 그중에는 '황제' 남인수와 함께 부른 듀엣곡도 있었고 또 부른 곡도 블루스에서 경음악까지 범위가 다양했다. 1936년 이난영은 오카 란코岡蘭子라는 이름으로 공연을 시작하며 일본에서도 명성을 얻었고, 1940년대에는 일본 전쟁총력운동에도 참여했다. 해방 후에는 남편(김해송), 앞서 언급한 장세정과 함께 K. P. K. 악단 일원으로도 활동했는데 이 악단은 주로 미군을 상대로 '재즈'(미국 대중음악)를 연주했다. 다시 말해 이난영은 소리풍경과 청중을 또다시 바꿨다.[138] 그러나 한국전쟁 중 남편 김해송이 납북당하면서 K. P. K. 악단도 해산했다. 전후 혼란기에 이난영은 자기 아이들을 가수로 키워 김 시스터즈와 김 브라더즈를 결성했다. 김 시스터즈는 후일 주한미군 사이에서 큰 인기를 얻었고 그 결과 라스베이거스(1959년부터 선더버드 호텔에서 '차이나 돌 레뷰'로)와 <에드 설리번 쇼Ed Sullivan Show>까지 진출했다. 김 시스터즈는 미국 1960년대 버라이어티 쇼를 대표하던 <에드 설리번 쇼>에 25회나 출연했다(설명을 덧붙이자면 코니 프랜시스는 26회, 패티 페이지와 루이 암스트롱은 각각 18회 출연했다).[139] 이난영도 다시 노래를 시작해 1962년 남인수가 사망할 때까지 함께 공연했다(둘은 연인 사이로도 발전했다). 그러나 대한민국에서 월북자(남편 김해송 같은 강제 납북자와 그 직계 가족까지 광범위하게 포함하던 딸)음악을 법으로 금지하면서 그런 가수 생활도 1961년에 사실상 끝장이 났다. 실의에 빠진 이난영은 1965년 49세로 사망했다.

대한민국 국민은 민주주의 국가 미국을 따라하려 했지만 오랜 세월 신분 탓에 둘로 갈린 음악 취향은 남아 있었다. 지배층은 1950년대 초반 토지개혁 와중에 부와 권력의 원천을 잃었고, 교육으로 눈을 돌려 계급 재생산 수단을 찾았다. 이 변화에서 핵심 요소는 미국(과 서양) 문화 옹호, 그리고 한중일 문화 거부였다. 전통 한국음악은 오랜 기간에 걸쳐 점점 세련이나 문명, 품위와는 아무 관련도 없게 됐다.[140] 그 자리를 유럽 예술음악이 지배했다. 1970년대가 되면서 대한민국 지배층이 쏟은 이런 열정 덕에 바이올린 연주자 정경화나 그 동생 정명훈 지휘자 같은 대단한 스타도 나왔다. 이러한 전개는 일제강점기를 놓고 볼 때 단절이 아니라 연속성을 말한다. 당시에도 야심 많은 조선인들은 유럽 고전음악을 배우러 일본에 갔으니 말이다. 사실 윤이상이나 진은숙 같은 세계적 작곡가들도 그냥 불쑥 나타나지는 않았고, 백남준 같은 유명 디아스포라 한국인도 유럽 고전음악으로 예술을 처음 경험했다.[141] 전통 지배층 문화가 기존 사회구조와 함께 무너진 와중에도 유럽 예술음악은 몇 안 되는 연속성 있는 음으로 남아 21세기에도 계속 울리고 있다.[142]

유럽 고전음악은 위세와 권력, 세련과 교양을 내뿜었다. 그 영향력은 교육받은 지배층을 넘어 멀리 미쳤다. 대한민국 중산층 아이, 그리고 부모가 찬란한 미래를 기대한 아이(그러니까 대한민국 아동 대부분)

중 무시무시한 피아노, 바이올린 수업을 피한 아이는 거의 없으리라. 대한민국 교육 관료들은 일본 교육 관료들을 따라 유럽 고전음악을 학교 음악 교육에 기본으로 넣었다. 19세기 조선 사람이라면 아무리 흔한, 말하자면 피아노 같은 유럽 악기도 무엇인지 몰랐겠지만 20세기 말 대한민국 사람 중 그렇게까지 무지한 사람을 찾으려면 한참을 열심히 찾아야 했을 터다. 기보법부터 명곡과 그 작곡가까지 유럽 고전음악은 대한민국에서 상식이 되었다. 역시 서양 영향을 받은 기독교 신자들이 주말마다 찬송을 부르거나 기독교 음악을 들으면서 대한민국 국민은 서양 소리풍경에 더욱 노출됐다. 그리고 이윽고 멘델스존의 결혼행진곡이나 바그너의 결혼행진곡에 맞춰 결혼식을 올리기에 이르렀다. 게다가 미군도 서양 군대 행진곡 리듬을(알코올과 니코틴 중독과 함께) 서서히 주입했다.

미국음악 — 대표 악기(색소폰과 트럼본 등)와 더 밝은 음색, 신나는 가사 — 은 유럽 예술음악보다 더 즉시, 완전하게 대한민국 국민을 식민화했다. 1945년 이후 우후죽순 생긴 미군 기지와 부대가 있는, 제한적이지만 매우 넓은 여러 마을에서 말이다('기지촌'이라는 말은 결국 부대가 있는 마을을 뜻한다). 일제강점이 끝나면서 일본이 지배하던 음악산업도 한반도에서 대거 빠져나갔고 그 이후 일본음악은 남한(과 북한)에서 금지였다.[143] 한국전쟁(1950~1953)으로 모든 것이 파괴되고 그러면서 나라가 빈곤해지자 1950년대 남한에서 대중음악 주요 소비자는 미국인들이 되었다. 격오지 해외근무를 하게 된 젊은 미국 군인들은 성性부터 음악에 이르기까지 공식, 비공식으로 주어지는 휴식과 휴양을 탐욕스럽게 받아들였다.[144] 미군이 한국을 일본에서 해방시켜 얻은 명성도 있었지만 그저 미군 경제력 때문에도 나이를 불문한 남한 음악가들은 미군이 듣겠다는 곡이면 뭐든 열심히 연주하게 됐다.[145] 1950년대 말에는 미군 대상 공연 수입이 아마 남한 총 수출 이익보다 많았을지도 모른다.[146] 당시 서울 남부에 위치한 미8군 주둔지 용산과 이태원은 미국 대중음악이 침공한 시작점이 되었다 (그런 이유로 '8군'이라는 별칭은 미군 전체를 지칭하는 단어가 되었다). 그리고 주한미연합봉사기구United Service Organizations, USO가 라이브 공연을 마련하면서 국영방송 KBS가 대한민국 최초 음악 프로그램 <쇼쇼쇼>를 만들 기본 틀도 생겼다.[147] 미국 대중음악을 전달한 다른 매체로는 미군 방송도 있었는데, 처음에는 라디오(1950년 송출 시작)였고 나중에는 텔레비전(1957)이었다. 대한민국에 라디오나 텔레비전 자체가 없던 때 주한미군방송Armed Forces Korean Network, AFKN은 미국 대중음악을 포함한 미국 풍물을 꾸준하게 전파로 쏟아냈다.

남한 음악가들은 장교 클럽이나 댄스 홀 등 여러 곳에서 미군 음악 세계에 젖어들었다. 개중에는 일제강점기에 유럽 고전음악 오케스트라에서 연주했거나 유행가를 불렀거나 재즈를 연주한 사람도 있었다. 빅밴드와 스윙음악 등 오케스트라와 유사한 작품부터 더 쉽고 따라 부르기 좋은 조용한 사랑 노래 — 전부 묶어서 흔히 '재즈'라고 했다 — 까지 남한 사람들은 미군을 상대로 공연하는 법을 배웠고 시간이 흐르면서 동포 대상으로도 공연하는 법을 배웠다.[148] 이들은 미국인들이 기대하는 대로 옷을 입고 행동했다.[149] 그리고 앞서 본 사례에서 선대 음악가들이 일본 제국을 다녔듯 남한 사람들도 미국은 물론 비공식적 미국 제국, 그러니까 일본과 베트남(특히 1960년대 전쟁 기간) 등 미국 영향권을 순회하게 되었다.[150] 그러나 해방 직후 나온 가수들은 대부분 대놓고 모방을 했고, 이름부터 모방으로 시작했다. 우선 미국 앤드류스 시스터즈를 따라 여러 대한민국 '시스터즈'들이 나오더니 결국 미국까지 갔다. 앞서 본 김 시스터즈 외에도 아리랑 시스터즈, 리 시스터즈, 펄 시스터즈 등 꽤 여럿 있었다. 일본이 태평양전쟁 발발과 동시에 사실상 자국 영토를 미국 문화 영향에서 차단했으므로 1945년 이전 미국 대중음악을 잘 아는 조선인은 거의 없었을 터다. 그러나 1960년대 대한민국 도시인 중에는 팻 분이나 패티 페이지, 도리스 데이, 냇 킹 콜 등을 대충이라도 아는 사람이 꽤 있었다. 휘황찬란한 미국 대중음악계에 빠져 빅밴드 재즈나 가슴 아픈 발라드를 듣는 청년들도 있었다. 예를 들어 우리 아버지는 농촌에서 엄하게 자랐지만 해방 직후 재즈 트럼본 연주자가 되겠다는 꿈을 품었는데, 할아버지가 생애 처음이자 마지막으로 노발대발하면서 이러한 양반답지 못한 감정을 제압하셨다고 한다. 그렇지만 이미 죽을 날을 받아둔 거나 마찬가지인 양반 지배에는 일제강점보다 더 강력하고 한국 전통 사회질서를 훨씬 크게 전복한 이런 힘에 맞설 능력이 없었던 모양이다.

그런데 미국음악 지배력을 한정하는 매우 중요한 사실이 있다. 바로 음악이 기지촌, 출입하는 한국인이 없다시피 하던 그곳에만 주로 머물렀다는 사실이다.[151] 음악이 쉽게 재생산되기 전 시대를 기억하기는 어렵겠지만, 1950년대 남한에서 음악은 일상도 아니었고 어디에나 있지도 않았다. 앞서 언급했다시피 일제강점이 끝나면서 일본 음악 산업도 철수했는데, 남한이 빈곤하다보니 자국 음반사와 제작 설비가 발전하기는 어려웠다.[152] 음반 수입은 제한되었다. 그렇다고 해서 불법 음반이나 해적판 유통이 막히지는 않았지만, 1950년대 대한민국 국민 중 축음기를 가질 능력이 되는 사람은 별로 없었다는(능력이 되는 사람은 문화 엘리트로 유럽 고전음악과 당대 유행한 미국음악 장르를 선호했다는) 사실도 기억해야 한다. 1960년대 우리 친할아버지 시골집에는 음악이 없었는데 이는 도시 출신인 외할아버지 댁과 확실한 대조를 이뤘다. 외할아버지 댁에서는 구식 창가나 가곡뿐이더라도 대중음악을 따라 부르거나 콧노래로 흥얼거리는 일이 매우 흔했다.

뒤를 돌아보면, 특히 대충 돌아보면 장르와 형식이 떴다가 지고 사라지는 변화를 시기별로 찾고자 하는 유혹이 생긴다. 그러나 해방 후 살아남거나 심지어 흥한 장르도 많으므로 오래된 장르라고 해서 무조건 역사의 쓰레기통에 던져 넣어서는 안 된다. 일제강점기 이전 민중음악이던 판소리와 농악은 1950년대와 1960년대까지 시골에서 꽤 존재감이 컸다. 대한민국에 아직 전기도, 당연히 라디오와 텔레비전도 없던 시절에는 판소리 공연을 많이 넣은 유랑 악단들이 주로 여흥을 제공했다. 농어민, 빨래하는 여인네들, 노인들 사이에서는 일상에서 부르는 노래나 계절 의례도 계속 이어졌다. 이러한 맥락에서 신민요와 동요를 듣는 청중이 해방 이후까지 꾸준히 존재했다는 사실도 그리 의외는 아니다. 1930년대가 동요 황금기였다면 1950년대는 동요 전성기였다.[153] 그런데 가곡과 동요는 철저히 서양식이었지만 미국 대중음악에 있는 새로운 호소력은 없었다. 농촌에 울려 퍼지던 신민요도 점차 좋아하는 사람이 줄면서 한쪽에서는 시골 전통 농경음악, 또 한쪽에서는 빠른 도회풍 음악과 비슷해지라는 압력을 받게 됐다. 어쨌든 대한민국 농촌에서 나이 든 사람들은 미국음악이 시끄럽고 이상하다고 생각했다. 새로운 것은 의심받는 법이고, 1950년대까지도 농민이 대부분이던 남한 사람들은 여전히 조선 또는 일본에 영향을 받은 한국 소리풍경 안에 머물렀다. 쾅쾅거리는 트럼펫과 흔들리는 바이올린 선율은 전혀 다른 음계와 리듬으로 연주하는 전통 목관·현악기에 익숙한 귀에 아주 이상하게 들렸다. 드뷔시가 일본 영향을 받아 작곡한 작품들을 처음 들은 사람에게는 동양풍 음악이 낯설었겠지만, 해방 후 10년 동안 한국인 대부분에게는 그 외 드뷔시 작품들이 낯선 나라 음악으로 들렸을 것이다.[154]

해방 직후 한국전쟁 이전, 미국 존재감이 커지던 시기에는 1930년대식 유행가가 부활했다. 대놓고 당당하게 한국적 외피를 뒤집어썼지만 말이다. 남인수가 부른 <가거라 삼팔선>은 1945년 처음 나왔지만 1948년 재발매로 엄청난 인기를 끌었다. 장세정이 1948년 내놓은 인기곡 <울어라 은방울>은 '은마차 금마차에 태극기를 날리며 사랑을 싣고 가는' 서울 거리를 노래한다. 1949년 나온 <귀국선>은 여러 가수가 불렀지만 이인권이 부른 노래를 가장 흔히 떠올리게 된다. 그런데 이 세 곡 모두 애국심이 넘치며 그 시대 관심사를 말한다.[155] 물론 대중음악이라고 다 민족주의는 아니었지만(1949년에 현인이 부른

<신라의 달밤>도 있다) 한국전쟁 시기 국내 대중음악은 정치색이 휩쓸었고 피난민과 전쟁 과부, 군인이 등장하는 노래가 널리 퍼졌다.[156] 예를 들면 1950년에는 <승리의 노래>와 <전우야 잘 가거라>가 유행했는데(<전우야 잘 가거라>는 1951년 현인이 취입해 큰 인기를 얻었다), 이런 노래 중에는 1940년대 군국가요와 적잖이 닮은 곡이 많았다. 작곡가와 작사가, 가수 중 일본 전쟁총력운동에 동원된 사람이 많았으니 놀랄 일도 아니다. 그러나 나라를 쑥대밭으로 만든 3년이 지나고 남은 노래는 힘찬 군가가 아니라 고난과 고통을 말하는 노래였다. 비록 1956년에 나왔지만 그 대표주자는 이해연이 부른 <단장의 미아리 고개>이다. 이해연이 눈물과 작별을 노래하는 이 곡을 들으면 <아리랑>이 생각나는데, "뒤돌아보고 또 돌아보고 / 맨발로 절며 절며 / 끌려가신 이 고개"를 넘은 사람은 아마 남편이리라. 이렇게 1950년대 중반 대중가요는 여전히 한국민요 장르에서 나온 울림이 있었고 대중과 개인이 겪는 비극을 말했다.

그러나 미군 점령은 대한민국이 공식 독립을 한 후까지 깊이 여파를 미쳤고 따라서 해방 이후 유행가를 압도했다. 이승만 정권(1948~1960)은 경멸하는 의미로 '통역 정부'라고도 불렸는데, 미국인들이 들여온 물질 — 지프차, 초콜릿, 코카콜라 — 은 확실히 눈에 띄었고 금세 누구나 욕망하는 대상이 되었다. 마찬가지로 할리우드 영화부터 대중음악까지 미국 문화상품도 중요했다.[157] 음반을 들을 때든 미국 인기곡 모음 악보를 볼 때든 남한 음악가들은 미국 소리풍경에 젖어들었다. 이 소리풍경이 미친 여파는 처음에는 제한되었지만 그래도

서울과 몇몇 대도시에서는 단순히 노래뿐만이 아니라 생활 방식에서 대중문화를 형성하게 된다. 1940년대와 1950년대에 대한민국에서 유행한 인기 가요 몇 곡만 봐도 미국이 노랫말부터 유행하는 춤에 이르기까지 피할 수 없는 영향력을 행사했음을 알 수 있다(탱고나 차차차, 맘보, 부기 같은 단어를 제목에 넣은 곡도 있고 1948년 <무정 부르스>, 1952년 <샌프란시스코>, 1955년 <아리조나 카우보이>, 1956년 <대전 부르스>도 있다).[158] 그러나 기지촌이라는 한정된 영역을 벗어나면 일본 영향이 여전히 강했다. 1940년대 후반 부기우기나 1950년대 중반 라틴음악이 인기를 끈 흔적을 뒤지다 보면 남한 유행은 몇 년 차이를 두고 일본 유행을 따랐음을 알 수 있다. 그러나 일본 영향이라는 말은 감히 입 밖으로 꺼낼 수 없었다. 1952년까지는 일본도 미군 점령하에 있었고 일본 음악가들이 미국음악을 대한민국 국민에게 중개한 셈인데, 이런 중개는 주로 일제강점기에 맺은 유대나 그 이후 생긴 디아스포라 관계망을 통해서 이루어졌고 그중에는 일본어 인쇄 악보 전파도 있었다.[159]

1950년대는 대한민국에서 잊혔다고도 볼 만한 시대다. 그 시절을 설명하라고 끈덕지게 요구하면 국민 대부분은 아마 한국전쟁으로 모든 것이 파괴되었다거나 이승만 정권이 부패했다거나 나라가 가난했다고 몇 마디 웅얼거릴 터다. 그러면서 그 시대는 당연히 트로트음악이 지배했다고 생각할 것이다. 그러나 트로트음악은 지배한 적이 없고, 현실도 무조건 암담하지만은 않았다. 사실 대중가요 재킷이나 가사, 대중음악을 다룬 광고나 잡지를 쓱 훑어만 봐도 훨씬 활기찬 모습,

미국 문화가 주는 무한한 낙관(이는 소위 '미국의 세기'라는 자만에서 나왔다)
에 들뜬 장면들이 보이고, 무엇보다 반세기도 넘는 시간을 가로질러
여성들이 유교 영향이라고는 보이지 않는 옷을 입고 짓는 꾸밈없는
미소는 오늘날 보기에 더욱 놀랍다. 다채로운 나일론 옷에 맨살을 내
놓은 이 대한민국 여성들은 그로부터 20년 뒤 몸을 꽁꽁 싸맨 대한민
국 여성들과는 아예 다른 종족처럼 보인다. 다른 각도에서 상황을 고
찰하자면 박재홍이 1955년 내놓은 인기곡 <물방아 도는 내력>은 세
속적 성공을 대놓고 풍자하며 이승만 정권을 비판했지만, 1960년대
와 1970년대 박정희가 실시한 억압적 문화정책으로 이전 시대에 존
재하던 낙관주의와 개방성은 억눌리고 그 세계관은 망각 속으로 몰려
났다. 1961년 손석우가 작곡하고 한명숙이 노래한 저 유명한 <노란 샤
쓰의 사나이>는 기억하기도 쉽고 신나서 대한민국 밖에서도 인기를 끌
만한 노래였고, 실제로도 인기를 끌었다.[160] 특히 한명숙이 또렷하게 음
절형 스타카토 창법으로 노래할 때는 조금은 달라도 발랄한 1950년대
미국 팝송과도 꽤 비슷했다. 예를 들면 1956년 도리스 데이가 부른 <왓
에버 윌 비 윌 비Whatever Will Be, Will Be>(문법은 틀렸지만 부제는 '케 세라 세라Que
Sera Sera'이다)나 1959년 코니 프랜시스가 부른 <립스틱 온 유어 칼라
Lipstick on Your Collar>와도 비슷하다. 한명숙은 당대 대한민국 여성들과
는 다르게, 오히려 도리스 데이나 코니 프랜시스와 비슷하게 짧은 머
리를 하고 짧은 치마를 입었다. 더 놀랍게도 이 노래는 한국 여성과 흑
인 미군이 연애한다는 암시를 했는데, 만일 이를 가사에 명확하게 표
현했더라면 대쪽 같은 한국 사람들은 그 만남에 분개했을지도 모른

다.[161] 1950년대에는 다른 미국발 유행(록 뮤직 등)은 주변부에 있었고 대한민국 도시에서는 오로지 경음악만 미국 주류 음악 취향과 비슷한 취향을 반영하며 큰 인기를 끌었다는 사실은 중요하다. 전주곡 장에서도 언급했지만 우리가 한국전쟁 이후, 박정희 정권 이전 시대를 잊었음을 보여주는 징후 하나가 있다. 대한민국 음악사 중 최고 인기곡에 포함될 한명숙 음반을 1980년대까지 찾을 수 없었다는 사실 말이다.[162]

이런 사회 역학은 1956년 한형모 감독 영화 <자유부인>에서도 이미 엿보인다.[163] 이 영화에 등장하는 전통적 교수 남편은 빚에 시달리고(그로 인해 아내가 집밖에서 일을 구하는데, 이는 당대 중산층 부인에게는 파격이라 할 행보였다) 또 축음기로 노상 대중음악을 듣는 이웃 때문에도 괴롭다. 이 이웃이 결국에는 교수 부인과 사귀고, 그 과정에서 우리는 1950년대 술집과 댄스홀을 둘러볼 수 있다. 영화 말미에는 자유를 얻으려던 부인이 집에서 쫓겨난다. 이제 수치스러운 여자가 된 부인은 남편과 아들이 따뜻한 집안에서 편안하게 지켜보는 동안 살포시 내리는 눈에 뒤덮인다. 한국전쟁 이후 대한민국 대중음악이 얻은 해방의 순간은 군사 통치로 지워지고 말았다.

트로트

길고도 갈수록 독해진 박정희 시대(1963~1979)에는 어떤 장르가 대한민국을 지배했을까? 대다수 대한민국 국민은 아마 트로트라고 답하겠다.

이제는 전통이자 대한민국 대표 음악 장르라고들 보는 트로트는 사실 근현대 혼종이다. 트로트는 착상과 편곡에서 유럽식이다. 창가와 가곡에서 파생됐지만 트로트는 늘 서양 오케스트라 반주를 대동했다. 표현도 거의 언제나 도시와 현대를 나타내서, 트로트 가수와 음악가들은 양복을 많이 입었다.[164] 트로트음악가 전형도 일본에서 유럽 고전음악 교육을 받았거나 일제강점기에는 재즈 등 서양 영향을 받은 대중음악을 연주하고(대개 일본이나 만주에서) 해방 후에는 미군 상대로 연주한 사람들이었다.[165] 트로트 기원에 가장 가까운 장르는 일본 영향을 받은 유행가이다. 트로트 곡은 일본식 5음계(요나누키) 단조에 2박자나 4박자 리듬으로 작곡할 때가 많았다. 차이점이라고는 가사를 쓴 언어뿐이었다(물론 번역하면 언어 장벽도 쉽게 넘을 수 있었고 일제강점기에 교육받은 사람들에게는 그나마 언어 장벽도 없었지만). 트로트는 판소리에서 멜리스마 창법을 모방하여 강한 감정을 표현했기 때문에 한국적이었다. 물론 창법은 시골 민요와 신민요에 뿌리를 둔 창법부터 미국 장르, 특히 재즈와 블루스에 영향을 받은 창법까지 매우 다양했다. (일본에서는 '무드가요'라는 별도 형식이 있어 1960년대에 특히 인기를 끌었는데, 대한민국에서는 이 또한 대개 트로트라고 분류한다.) 이 구슬픈 음악은 대한민국 사람들의 심금을 울렸지만 전통과는 거리가 멀었고, 또 트로트는 일본 엔카보다 훨씬 밝은 음색에 높은 음조, 신나는 박자가 특징이었다. 트로트 애호가에게 경음악과 록 등 다른 미국 대중음악은 무미건조하고 인간미 없게 들렸다. 반대로 미국음악을 선호하는 사람에게 트로트는 너무 감상적이었다.

트로트에는 논쟁할 여지없는 도시성과 심지어 세계성까지 있는데도 빠른 도시화 시대에 성인이 된 대한민국 국민에게는 혼이 담긴 음악처럼 되었다는 점이 모순이다. 영혼의 음악이라는 연상 작용에는 같은 경험을 말하는 가사(시골에서 도시로 와 소외당하는 이야기, 영원한 우정과 사랑, 끔찍한 이별, 가족의 연애나 고통 등), 즉 한국전쟁 이후 격동기를 살아낸 남한 사람들에게 흔하디흔한 서사를 말하던 가사도 한몫했다. 트로트 가사에서 묘사하는 인간 희비극을 알아차리는 데는 꼭 반영론(음악이 사회 실상을 반영하고 재생산한다는 생각)을 신봉할 필요도 없다. 트로트 노래에서 하는 이야기는 주로 도시 이야기로, 최근 화자가 시골을 떠났다는 서술 배경이 있다. 시골 생활을 다루는 트로트 가요는 거의 없으며 하나같이 시골인 '고향'을 부를 때는 향수 속에 그리는 대상으로 불러낸다. 시골은 음악 등 모든 전통을 담은 보고였다. 농민들에게는 1950년대와 1960년대까지 농경 가락이 있었고, 유랑 판소리 가수들은 몰락하는 한국 소리풍경을 나타냈다.[166] 그러나 서울 소리풍경은 지나치게 도회풍에 미국풍이고 낯설어서 인위요

제1장_ 우리가 어떻게 여기까지 왔을까?

피상 같았다. 새로운 도시인들은 시골을 회상하면서도 그랬지만 어떤 중간지점을 찾으면서도 한숨 돌릴 여유를 찾았다. 완전히 미국도 서양도 일본도 아니지만 흥미로울 만큼 새롭고 다르면서 또 위안이 될 만큼 오래되고 친근한 무엇 말이다. 트로트는 이주한 도시인들에게 비밀 정원이었다.

트로트에는 확실한 근현대 차원이 있는데, 바로 트로트 장르 발전이 신기술 확산과 동시에 이루어졌다는 점이다. 대한민국이 78rpm SP에서 33rpm LP로 이행하면서 청취 경험을 해방하는 변화가 생겼다.[167] 비슷한 시기에 라디오 보유와 송출도 전국으로 확대됐다. 텔레비전은 기술상으로는 대한민국에서 1956년에 출범했지만, 전면 방송은 1961년이었다. 이러한 신기술 시기는 1960년대 중반 통일된 대한민국 대중문화 창출과 맞물렸고 또 이에 기여했다. 대중음악은 여전히 주로 공공 영역, 그러니까 영화관과 다방, 술집, 나이트클럽 등에서 소비되었다. 전국에서 청중이 늘면서 트로트는 국가적 대중음악이 되었고 이미자는 트로트 장르를 대표하는 인물이 되었다.[168] 이미자 본인은 "1964년 <동백아가씨>는 대한민국 대중음악 역사상 최초로 십만 장의 음반 매출을 올린 큰 히트였다. (…중략…) 일 년 만에 열 장 넘는 앨범을 발표했다. 특히 1964년에서 1965년까지는 내 음반만 팔리는 상황이 됐다"라고 했다.[169]

트로트는 한국인 영혼을 어느 정도 잡아냈지만 그러면서도 적국인, 즉 일본 것이라는 의심도 받았다.[170] 유행가는 당연히 일본 제국주의 문화와 얽혀 있었고 이를 계승한 트로트는 그 근원 때문에 낙인

이 찍혔다. 제작자도 작곡가도 가수도 음악가도 청중도 일제강점기 영향에 물든 상태였고, 아무리 미국 대중음악에 10년 넘게 젖어 있었어도 대한민국 대중음악에서 일본성을 완전히 벗겨내기란 아마 불가능했을 터다. 한국 근대음악의 아버지라는 홍난파와 남인수는 특히 일제강점기 이후 오랫동안, 박정희 독재 시대 이후까지도 반일 비판의 대상이었다.[171] 그러나 1950년대 미국 영향을 말하면서 언급했듯, 일본은 긴 시간 외부 영향과 유행을 전하는 매개자 역할을 했다. 또한 확실한 법령보다는 정부 시책과 대중 적대감으로 눈에 띄는 일본 영향을 없애다 보니 1950년대에는 오히려 일본 대중가요를 모방하고 때에 따라 표절하기가 쉬워졌다. 1957년 제정된 첫 저작권법은 일본음악 해적판을 근절하거나 일본 영향을 인정하는 데에는 아무런 효과도 없었다.[172]

대한민국 초대 대통령 이승만은 성인 시절 대부분을 미국에서 보냈고 반일 감정이 매우 강했다. 그러나 1961년 군사 쿠데타로 정권을 잡고 1979년 암살 당시까지 대한민국을 지배한 박정희 대통령이 일본을 대한 태도는 이보다 훨씬 모호하고 불안정했다. 박정희는 일본 군사학교에서 교육을 받았고 암살당할 때까지 일본 대중문화를 자주 즐겼으며 실제로 암살 순간에도 그 취향을 즐기는 중이었다고들한다.[173] 따라서 박정희는 이승만과 달리 반일 정통성이 필요했고, 엄청난 반발을 불러일으킨 1965년 한일 국교정상화 협정 이후에는 더욱 그러했다. 박정희는 반공과 반일 수사학과 정책으로 민족주의를 증명하려고 했다. 박정희식 민족주의에서 주적은 대한민국과 문화가 가장 가까운 두 나라, 북한과 일본이었다.

박정희 문화정책은 군인 출신답게 스파르타에 청교도 방식이었고, 이승만 정권 유산을 근절하고자 했다. 반부패 시책은 정치(부정 선거)와 기업(정경 유착)은 물론이고 한국전쟁 이후 생긴 문화 및 사회 퇴폐풍조도 표적으로 삼았다. 여기서 퇴폐풍조는 성 산업부터 여성 복장 해방까지 다양하게 나타났다. 박정희 정권은 미국 대중문화에도 썩 열광하는 태도를 보이지는 않았지만 반일 성향을 증명하고자 트로트 곡을 쭉 금지했다. 이미자가 불러 1964년 큰 인기를 누린 <동백 아가씨>는 '왜색倭色, (특색이나 양식이 일본풍)' 판정을 받았고, 그 이듬해 정부에서 음반 판매를 막았다가 1987년에야 금지 해제되었다.[174] 음악에서 왜색 정의는 정확하게 나온 적이 없다. 백영호는 작곡에 일본식 5음계를 사용했지만 그렇다고 <동백 아가씨>가 그 시절 대한민국 가요들과 다르지는 않았다. 금지한 음악상 근거는 이 곡이 멜리스마에 레가토 창법을, 그리고 흉성('복식'이라고 하고 싶기도 하지만) 성역을 사용했다는 사실 정도인 모양이었다. 저음역에서 터지는 포효하는 소리 때문에 일부 엔카 가수들이 쓰던 독특한 흐느낌도 있었지만(멜리스마 창법이라 볼 수 있는 이 일본식 창법을 고부시小節라고 한다), 이런 형식은 한국 판소리 창법에도 있었다.[175] 소울 형식에 구슬프기까지 한 이런 창법은 왜색 트로트가 전하던 도처에 있는 한恨 — 분노와 슬픔, 후회, 억울함이 섞인, 건드리면 쉽게 터지는 감정 — 을 똑같이 표현하는 듯했다.[176] 사실 앞꾸밈음이 많고 당김음을 쓰는 이미자 창법은 블루스와 소울 음악과 비슷한 반면 왜색이 없다는 가수(하춘화, 송대관

등)들은 신민요나 미국 팝, 록에 가까워 검열을 피했다(10여 년 후 조용
필도 마찬가지였다). 우리는 트로트음악을 물화하고 본질화하는 데 익
숙하지만 그래도 트로트음악이 어느 정도는 다양성, 따라서 여러 취
향을 맞출 수 있는 능력 덕택에 인기를 얻었음은 기억해야 한다. 이
미자 발성법은 천박하고 한국적이 아니라는 시선을 받았다(이미자가
노래를 못한다는 말은 지배층이나 할 수 있었지만 말이다). 남인수와 이난영이
보여준 원형 트로트 창법은 가곡 혹은 리트 창법에 훨씬 가까웠는데,
아마 이 두 가수가 선보인 이런 창법 덕택에 나중에 미국식 팝 가창
으로 더 쉽게 이행할 수 있었겠다.[177] 어쨌든 대한민국 정부에 음악을
검열할 이유는 많았다. 나중에 나온 이미자 히트곡 <기러기 아빠>는
겉으로는 왜색 성향 때문에 금지당했지만 실제 금지 이유는 노랫말
에서 대한민국 남성들을 베트남전쟁이나 중동 건설 현장으로 보내
는 정부 정책을 비판한다는 주장이었다.[178] 그리 놀랍지도 않은 역설
이지만, 남들이 이미자 노래를 듣지 못하게 금지한 박정희는 정작 이
가수를 청와대로 초청해 자신과 가신들 앞에서 노래하게 했다.[179] 이
미자 노래 중 총 27곡이 금지곡이 됐다. 일본 대중문화 금지는 1990
년대에 들어서 느슨해졌고 2004년에야 거의 완전히 풀렸다.[180]

　트로트는 실제로 일본 청중에게 호감을 얻었으니 박정희가 트로
트음악을 일본풍으로 여긴 것 자체는 틀리지 않았다. 사실 제2차 세
계대전 이후 일본인들은 대체로 한국과 한국인을 쉽게 경멸하는 태
도를 보였다. 이러한 무례함을 낳은 원인은 몇 가지 있었다. 우선 한
국은 한때 일본 식민지였고(그러므로 제국이 한 가족이라는 사상에도 불구하

　　　　　　　　　　　　　　제1장_ 우리가 어떻게 여기까지 왔을까?

고 열등했고), 남한은 여전히 빈곤국에 군사 독재자가 있는 나라였으며
(뚜렷하게 민주주의이고 빠르게 부유해지던 일본과는 정반대였으며), 북한은 공
산주의 독재였고(이런 비판에서는 공산주의를 열렬히 지지한 일본 좌파 움직임
은 무시했고), 일본에 사는 한민족在日, 자이니치은 가난하고 반항적이며
동화 불가능하다는 인식이 있었다.[181] 그런데 이렇게 반한 감정이 만
연했는데도 대한민국 가수 음반을 열심히 사들이는 일본인도 있었
다. 예를 들어 장세정은 1961년 <아리랑 항구アリラン波止場>를 발매했
고 1967년에는 1937년 인기곡을 일본어로 번안해 <연락선의 노래連
絡船の唄>로 재발매했다.[182] 제2차 세계대전 이후 대한민국 음악 수출
이 성공한 첫 사례는 이성애가 1977년에 부른 <가슴 아프게>였다. 한
국 가요 붐은 이 히트곡으로 시작되었고 1982년 조용필 노래 <돌아
와요 부산항에釜山港へ帰れ>로 정점을 찍었다. 조용필은 장기간 일본
최고 시청률을 기록한 섣달그믐날 프로그램 <홍백가합전>에 한국
가수임을 밝히고 출연한 첫 번째 가수였다.[183] 1988년에는 계은숙桂銀
淑, ケイウンスク도 일본 데뷔 3년 만에 <홍백가합전>에 출연했다. 이렇
게 대한민국 트로트 가수들은 20세기 마지막 반세기 동안 일본에 꾸
준히 발자취를 남겼다.

무엇보다 일본에 한국계 가수가 많았다는 사실이 눈에 띈다. 체제
상 고용 차별이 존재하다 보니, 제2차 세계대전 직후 자이니치 사이
에서는 일본에 사는 한민족 남자 아이는 야구 선수가(야구는 인기도 가
장 많고 돈도 가장 많이 버는 운동이었다), 여자 아이는 가수가 되어야 한다
는 생각이 상식이었다.[184] 그렇지만 사실은 남자들도 여자들처럼 대

중음악 산업에서 부와 명예를 쫓았다. 이들 대부분은 일본민족 행세를 하면서 한민족 출신임을 숨겼다. 그러나 미야코 하루미都はるみ가 1965년에 부른 <눈물의 연락선涙の連絡船>은 가사 주제도 1930년대 조선 유행가와 닮았고, 판소리 소리꾼이 부르는 노래처럼 거칠게 터지는 소리는 마치 한국계임을 확인해달라는 듯하다. 가수보다 눈에 띄지 않은 사람들로는 주로 대한민국과 일본을 오가며 작업한 연주가와 작곡가, 제작자 등이 있었는데 이들은 양국 대중가요 소리풍경을 비슷하게 유지했다. 그러나 유사성이 완전한 동일성을 의미하지는 않는다. 이 원칙을 가장 잘 보여주는 사례가 <카스바의 여인カスバの女>일 것이다. 작곡가 손목인은 1935년 인기곡 <목포의 눈물> 등 수많은 곡을 썼는데, <카스바의 여인>은 1955년에 처음 발매됐다. 이 노래 한국어판은 1967년에 저 대단한 패티 김이 다시 불렀는데도(음반 재킷에서 가슴 파인 검은 드레스를 입고 있다) 결과는 흐지부지했다.[185] 그런데 역시 1967년에 미도리카와 아코緑川アコ가 내놓은 리메이크 곡은 일본에서 어마어마한 인기를 얻었다.[186] 이국풍 배경과 그에 따른 민족 전통을 보여주는 주제, 말하자면 블루스와 탱고 관련 주제 등은 일본 노래, 특히 무드가요에서는 오랜 특징이었지만 대한민국 트로트 가요는 대체로 한국을 다뤘다.[187]

트로트는 1970년대 대한민국에서 확실한 인기 음악으로 자리 잡았다. 이미자 외에도 두 남성 가수, 각각 1967년과 1969년에 데뷔한 남진과 나훈아도 1970년대 중반에는 이미 초대형 가수였다.[188] 1960년대까지도 트로트는 나이 든 사람들이 듣는 음악이라고 생각했지만 시골에서 도시로 사람들이 떼로 몰려들면서 도시 팬층도 두터워졌다. 이 팬들은 한국 전통음악은 기피했지만 그렇다고 미국 대중음악이나 미국 영향을 받은 대중음악도 잘 받아들이지 못했다. 그러므로 트로트는 사실상 새로운 대한민국과 이제 막 피어나는 국가 대중문화가 입은 문화 외피였다. 대한민국에서 여전히 강력한 신분 구분을 뚫은 일차적 문화 장르는 영화였지만, 이제 트로트도 지위 고하 간 깊은 간극을 메우기 시작했다.[189] 트로트 황금기는 경제 성장 가속화, 급속한 농촌 이탈, 국가 문화 통합 시기였을 뿐만 아니라 급속한 텔레비전 수상기 보급 시기이기도 했다. 1970년대에는 6%를 조금 웃도는 대한민국 가구만 텔레비전을 보유했지만, 이 비율은 1975년 30% 이상, 그 5년 뒤에는 98% 가까이로 증가했다. 1970년 텔레비전 수상기 보유는 대개 도시 현상이라 보유 가정 95%가 도시 가구였지만, 1980년에는 대한민국 가정 대부분에 텔레비전이 있었다.[190] 그러자 도시에 먼저 자리를 잡은 트로트가 방송 전파를 타고 대한민국 전역으로 퍼져나갔다. KBS가 처음 내놓은 <쇼쇼쇼>에는 경음악과 가요가 나왔지만 시청자 층이 넓어지면서 후대 가요 프로그램에는 트로트가 더 많이 나왔다.[191] 영화관과 카페, 술집 등 여타 대중음악 소비 중심지도 여전히 중요했지만 1970년대 중반에는 텔레비전이 주요 매체였다.[192] 텔레비전이 대한민국이라는 국가를 한데 모이게 한 버팀목이었다고 해도 과장은 아닐 테고, 현실에서도 말 그대로 온 가족이 함께 모여 텔레비전을 보는 일이 많았다.[193] 1970년대에는 가요 프로그램이 아주 인기였고 최고 인기 장르는 트로트였다. 따라서 박정희 시대 배경음악은 트로트였다.

트로트 이외의 대중음악

그런데 해방 이후부터 케이팝이 부상하기 전까지 트로트가 패권을 장악했다고 말하면 1950년대부터 1990년대까지 대한민국 대중음악에 존재한 엄청난 활력과 다양성을 가리는 셈이다. 일본에서 <돌아와요 부산항에>로 명성을 얻은 조용필은 1975년부터 큰 성공을 거뒀지만 그 전에는 원래 록 밴드에서 전자기타를 연주했다. 사실 1982년 일본 번안곡이 나오기 전에 대한민국에서 낸 원곡은 새로운 트로트여서 당대 사람들은 이를 '트로트 고고'('고고'는 일본어로는 록음악을 의미)나 '록 뽕'('록 뽕짝', 즉 트로트라는 의미)라고 부르기도 했는데, 이런 명칭들은 결국 록 영향을 받은 음악이라는 뜻이었다.[194] 트로트가 통상 2박자나 4박자 리듬이다 보니, 록에서 영향을 받은 8박자 리듬을 사용한 조용필 곡은 사실상 자전거에서 오토바이로 갈아탄 셈이었다. 조용필이 가수 생활에서 대성공에 휩쓸리면서 원래 음악에 존재하던 록음악이라는 핵심은 가려졌다가 시간이 흐른 뒤에야 드러났다.[195] 어쨌든 1960년대와 1970년대 대한민국 대중음악을 트로트와 동일시한다면, 또 트로트가 단순하고 정적이었다고 가정한다

제1장_ 우리가 어떻게 여기까지 왔을까?

면 잘못된 단순화라고 봐야 한다.

1970년대에 트로트 인기가 시골까지 퍼지면서 도시인들, 특히 청년들은 다른 대중음악에 귀를 기울였다. 1967년 최고 인기가요 12곡을 다룬 특집 방송을 보면 시사하는 바가 크다.[196] 이 특집 방송은 최희준이 부른 신민요로 시작해 트로트 가요 두 곡을 내보냈지만 그 뒤 여섯 곡은 경음악을 선보였다. 1960년대에 이미 트로트는 젊은 도시인들에게 구식으로 보였다. 큰 윤곽이 일제강점기에 형성되었으니 그리 놀랄 일도 아니다. 넘쳐나는 기지촌 음악가 외에도 AFKN 라디오와 나중에는 텔레비전 덕택에 미국식 대중음악이 널리 퍼졌다. 가요와 트로트라는 두 단어는 동의어로 취급할 때도 많았지만 가요에는 대개 경음악이라는 뜻이 숨어 있었다. 현미는 <테네시 왈츠Tennessee Waltz>, 박채란은 <펄리 셸Pearly Shells> 같은 미국 대중음악을 번안해 불렀고 이런 노래를 좋아하는 대한민국 사람도 있었다. 듣기 편한 소위 라운지 음악은 도시성과 세련을 연상시켰고 록 세대는 곧 이를 '시시한 음악muzak'으로 치부했지만 그래도 한동안 현대적 장소들, 그러니까 호텔 로비나 라운지, 다방, 서양식 술집 등 한국식도 아니지만 완전히 미국식도 아닌 장소들에서는 이런 음악이 흘렀다.[197] 한명숙이 부른 전염성 강한 노래 외에도 1961년 최희준이 부른 <내사랑 쥬리안>이나 1964년 조애희가 부른 <내 이름은 소녀> 등 기억에 쉽게 남는 유쾌한 노래가 도시 소리풍경을 채웠다. 1967년 특집 방송에서 신민요를 부른 최희준 사례에서도 보이겠지만 가수들은 시간이 지나면서 여러 장르를 소화할 때가 많았다.

음악 배경에서는 미국음악 영향도 있지만 제2차 세계대전 이후 지하로 수입한 일본 대중음악(이 또한 미국음악에서 영향을 받았다)도 간과하면 안 된다.[198] 반일 정치 분위기에도 남한 음악계, 특히 서울에서는 일본에서 벌어지는 추이를 바짝 따랐다. 특히 일제강점기에 생긴 유대관계와 일제강점기 이후 일어난 상호작용 덕에 일본음악은 꾸준하게 남한에 들어왔다. 그러니까 한국인 남성 사업가(1960년대에 사업가는 대개 남자였다)와 학생, 음악가들이 일본 음반과 가요를 들여왔다는 말이다. 명동에는 금지여야 할 일본 간행물과 음반이 가득했다. 트로트는 늘여 부르는 멜리스마 창법이 특징이지만 가요는 훨씬 분명한 음절형 창법이 특징이었다. 역설적으로 이 스타카토 창법은 아주 낯선 취급을 받아 노래를 못한다는 증거로 취급됐다. 그러나 취향이나 기질 면에서 대한민국 도시인들은 일본 도시인들과 그리 다르지 않았다. 국내화(또는 일본화)를 거친 팝 음악을 주로 한국인들이 작곡하고 연주하면서 지역 음악 소리풍경을 만들었는데, 이 풍경은 유럽식 악기와 기법을 일본식 5음계와 결합한 혼종이었다.[199]

미8군은 여전히 음악 공연의 중심지였고 규모나 영향력에서 세계 최대인 음악 시장에 이어져 있었다. 음악가 수가 많다 보니 미국인 구역을 벗어나 동포 앞에서 공연하려는 사람들도 있었다. 대표 사례가 패티 김이다. 1959년 미8군 가수로 데뷔한 패티 김은 크게 인기를 끌었고 라스베이거스와 도쿄, 동남아에서도 공연했다.[200] 원래는 뛰어난 미8군 흥행사 베니 김이 기획하고 관리했지만 나중에는 유명 재즈 음악가이자 대한민국 대중음악 주요 인사인 최치정(길옥윤, 요시야 준吉屋潤이라고도 한다)과 작업하고 결혼도 했다.[201] 패티 김은 경음악부터 라운지음악까지 다양한 레퍼토리로 노래했다. 후일 깔보는 뜻에서 '이지 리스닝'으로 분류된 음악 팬들은 패티 김도 김 시스터즈도 좋아했다. 패티 김은 텔레비전 출연도 했지만 콘서트와 나이트클럽 등 나이가 좀 있는 부유층 관객 앞에서 주로 공연했다. 이 시대에 수출된 가수로 코리안 키튼스도 있는데, 이들은 1960년대 중반 해외 공연을 하고 1964년에는 BBC <투나잇Tonight> 쇼에도 출연해 한국어와 영어로 <캔트 바이 미 러브Can't Buy Me Love>를 불렀다.[202] 그룹에서 중심인물이던 윤복희는 뮤지컬로도 성공했는데, 1967년 서울 김포 공항에 내리면서 미니스커트를 입고 찍힌 사진으로 하룻밤 사이에 엄청난 주목을 끌었다.[203]

1960년대에는 미국 등지에서 록이 부상 중이었고 이런 최신 유행을 받아들인 한국인도 있었다. 비록 대개 미국과 일본이 중개하기는 했지만 대한민국에도 '영국의 침공'은 있었고, 이는 '그룹사운드'(일본어에서 나온 표현)라고 하는 첫 번째 록음악 부흥기를 낳았다.[204] 이 움직임을 이끈 가장 주목할 만한 힘은 신중현(재키 신)이었다.[205] 기지촌에서 기타 연주를 연마한 신중현은 작곡과 프로듀싱을 하고 1960년대 미국 음악계에 데려다 놓아도 어울릴 가수들을 배출했다. 1964년 데뷔 앨범 <빗속의 여인>에는 연주자 네 명, 즉 기타 연주자 세 명과 드럼 연주자 한 명(그룹 '애드 포Add 4')이 나와 초기 비틀스가 연상되는 가벼운 록음악을 연주한다. 비틀즈 악기 구성과 동일하고 가사는 한국어지만 빠르고 신나는 음 높이와 박자로 노래한다. 드럼과 베이스가 매우 두드러진 음악은 (당시로서는) 아주 시끄러웠다. 한국 전통음악과 전혀 다른 이 음계와 리듬, 형식은 명백히 서양식이었다. 신중현이 이룬 업적을 보면 후일 얻은 존경과 명예도 당연하다. 특히 주목할 곡은 1974년 곡 <미인>인데, 이 노래는 농악의 혼에 에릭 클랩튼 방식을 결합한 독특한 혼종이다. 솔로 전자 기타가 5음계를 연주할 때면 마치 쨍그렁 울리는 한국 농악 소리가 들리는 듯하다.

이보다 혁신적이고 훨씬 인기를 끈 음악이 있다면 아마 신중현이 작곡하고 안무를 곁들인 경음악이었겠다. 1968년 펄 시스터즈 히트곡 <님아>를 필두로 신중현은 다양한 작곡 활동을 이어갔는데, 특히 김추자나 김정미 등 여성 솔로 가수들에게 곡을 주었다.[206] 1960년대 후반에서 1970년대 초반에 신중현은 창작력이 폭발했고, 그러면서 경음악부터 구슬픈 발라드, 사이키델릭과 펑크, 애시드 록까지 진보적 미국음악도 대한민국에 들어왔다. 지금은 고전이 된 1971년 김추자 노래 <거짓말이야>에서 도입부 기타 솔로와 강한 록 비트, 쉽고 기억에 남는 가사는 트로트나 경음악(신민요와 판소리는 물론)과는 완전히 다른 음악적 순간을 한 번에 보여주면서 새로운 소리풍경이 도래했음을 알렸다. 1971년 김추자가 부른 <거짓말이야>나 1973년 김정미가 부른 <나우NOW> 등은 음반 재킷에서도 혁신적 글자체와 색상 조합을 선보였는데, 여기서는 비틀즈 1965년 음반 <러버 소울Rubber Soul> 재킷이 대변하는 영미 록 느낌이 났다. 패션도 유교와는 거리가 멀어서 1960년대 후반과 1970년대 초반 서양을 상징하던 짧은 치마와 짧은 반바지가 보인다. 소녀시대보다 30년도 더 전에 나온 펄 시스터즈는 맨다리가 트레이드마크였다. 1968년 <커피 한 잔>에서도 드러나듯이 펄 시스터즈 같은 가수들은 커피를 포함하는 새로운 도시 소비문화를 대변했다.[207] 노래에 팔과 몸을 크게 흔드는 안무를 곁들이는 등 이들이 한국음악 전통과 얼마나 달랐는지는 김추자가 북한에 비밀 신호를 보냈다는 루머만 봐도 알 수 있다.[208] 하지만 1971년 영화 <내일의 팔도강산>에는 김추자가 신나게 공연하는 장면이 나오는데, 여기서 상류층 청중도 비교적 얌전한 초기 록음악에 맞춰 춤추는 모습을 볼 수 있다. 1960년대 말에는 서울 중심부 명동에서 뉴월드, 세시봉, 디 쉐네 등 새로운 음악 감상실에 모여든 청년들이나 호기심 많은 사람들로 '명동족'이 생긴다.[209] 박정희가 급격히 독재 정치로 선회하는 와중에도 한국전쟁 이후 1950년대에 가속화하며 정치와 문화, 성적 자유를 모방한 미국화 정신은 전혀 근절되지 않았다.

트로트가 지나치게 일본풍이었다면 록은 지나치게 미국풍이었고, 따라서 역설이지만 훨씬 더 수상했다. 록에는 당연히 섹스와 마약, 정치(즉 학생운동과 공산주의라는 망령) 등이 결부됐고 그래서 박정희 정권은 신중현과 동료들을 엄중히 감시했다. 대한민국 록은 1973년과 1974년에 짧게 만개했는데, 사실 편집증 환자들이라고 꼭 틀리지만은 않는다. 기지촌 음악계와 이어졌던 대한민국 초기 록 음악가들은 섹스와 마약을 높이 사는 생활양식을 개척한 사람들이었다.[210] (물론 술과 여자, 음악이라는 말도 있듯이 이 세 가지를 좋아하는 기성세대라고 육체나 약물 면에서 일탈을 안 하지는 않았지만 말이다.) 1970년 장발 금지, 1973년 짧은 치마 금지 등 정부 탄압은 점점 강하게, 크레센도로 연주하더니 1975년에 대통령 긴급조치 9호로 정점을 찍었다. 이 1975년 대통령령은 '국가 안보에 부정적 영향'부터 '비관적 내용'까지 온갖 이유를 달아 국내 가요 222곡, 외국 곡 261곡을 금지했다. 그해 12월에는 세상을 떠들썩하게 한 대마초 파동으로 신중현이 구속되었다.[211] 그 뒤 1980년대 중반까지 록음악은 섹시한 의상 등 초기 록음악 문화와 함께 한국 소리풍경에서 사라졌다. 10년 전만 해도 트로트에서 왜색을 근절하려던 박정희 정권은 이렇게 1970년대 중반부터 말까지 의도치 않게 대한민국 대중음악에서 트로트 입지를 강화했다.

그러나 1970년대 중반 대한민국 록음악의 죽음을 정부 탄압 탓으로만 돌리면 지나친 단순화이다. 도시 청년층을 제외하고는 신중현 등이 연주하던 음악을 경멸하는 의미로 '딴따라'(꽝꽝 치고 부는, 혹은 시끄러운 소음이라는 뜻에서)라고 불렀다. 물론 이런 '꽝꽝 치고 부는'이라는 수식어는 반항 세대 음악에서는 문화 보편이라고 볼 수 있지만 말이다. 그러나 젊고 호기심 많고 대항문화 성향인 도시인 사이에서조차 록음악은 다수 취향이 아니었고, 록음악 문화, 적어도 서양에 널리 퍼진 1960년대 청년 문화는 대한민국에서는 꽃을 피우지 못했다.[212] 표준 거주 방식에서도 시끄러운 음악을 들을 사생활이 거의 없었고, '딴따라'를 창작하거나 흡수하는 데 필요한 도구나 공간을 확보할 만한 사람도 거의 없었다. 라디오조차 비교적 희귀해서 1970년에도 대한민국 국민 열 명 중 한 명만 라디오를 보유했고, 그러므로 미국과 일본 등지에서 이 새로운 청년 지향성 음악을 대중화하던 라디오도 한국에서는 그 기능을 수행할 수 없었다.[213] 그리고 서양과 일본에서 록 세대가 되었을 베이비부머들(한국전쟁으로 인구 패턴이 단절·왜곡되어 대한민국에서는 록 세대가 되지 못했다)은 다른 곳에서 주제가를 찾았다.[214] 1960년대도 록음악도 대체로 대한민국을 건너뛰었다.

미국 프로그레시브록이 대한민국에서 정부 탄압과 대중 무관심이라는 두 장애물에 걸려 실패했다면, 포크음악(포크 록음악)은 1970년대 반정부 도시 청년들을 규합한 대안 장르가 되었다. 대한민국에서 포크음악은 종종 '통기타' 음악이라고 하는데, 어디에나 있던 이 악기를 통 위에 앉아 연주한다는 의미가 들어 있었다.[215] 미국 학생운동 활동가들처럼 대한민국 대학생들도 정치화한 청년들이 선호하는 포크음악을 듣게 됐다. 대한민국에는 자의식이 강하고 전설적인 학생운동 전통이 있다. 이승만 축출은 대개 4월 학생혁명이라고 하며, 박정희 장기 집권으로 수많은 학생들이 격랑에 휩쓸리고 공격적 반정부 화법이 들끓었고, 이는 또 박정희 정권에서 한층 과격한 반학생 화법과 반작용을 이끌어냈다. 1960년대 후반과 1970년대 내내 반대와 탄압이라는 변증법이 심해지면서 <아리랑>이 아니라 밥 딜런이 중심인 이 시대 민족 음악에도 추종자가 생겼다.

현대 포크음악은 전 세계 신세대만이 향유한 음악은 아니었다. 이 음악은 단순성과 본래성을 표현하는 소리 그 자체에 가까웠다. 폭넓은 노동 분업으로 상업화한 대중음악과는 달리 포크음악은 가수 겸 작곡가라는 특성으로 전체성과 완전성이라는 이상을 구현했다. 다가가기 쉬운 선율을 구슬프기보다 대개 담백하게 노래했고, 반주도 기타 한두 대만 곁들였다. 록음악과는 반대로 공연 수단도 제법 저렴했다. 1970년대에 대항문화 또는 언더그라운드가 된 포크음악은 대한민국 반정부 학생운동과는 떼려야 뗄 수 없이 얽히게 됐다. 음악도 조용하고 부드러웠지만 음악 외적 차원도 조용하고 부드러웠다. 약이라고 해야 담배와 술이지 미국 등지에서 선호하던 향정신성 약물은 아니었다. 1969년 대한민국 포크음악 선구자라고 하면 트윈 폴리오였겠지만 가장 걸출한 포크 음악가는 김민기였고, 대표적 포크 가요는 1971년 김민기가 내놓은 <아침 이슬>이었다. 이 노래는 1972년 독재 유신헌법 공포 이전에 나왔지만 김민기는 반정부 메시지 때문에 곤란을 겪었고 노래도 금지곡이 되었는데, 그래서 오히려 이 노래는 반정부 운동 주제가가 되었다.[216] 1974년 한대수 노래 <행복의 나라로>는 당연히 청년·신세대 주제가로 이해한다. 밝은 음색과 젊은 가사로 초창기 밥 딜런 노래를 연상시키는 이 노래는 어둡고 우울한 유신 통치 시대에 비친 한 줄기 빛이었다.[217] 포크음악은 1980년대까지 반정부 학생운동과 선택적 친화력을 유지했다. 그러나 한대수와 달리 양희은과 김광석 등 뛰어난 여러 음악가들은 소박하고 느린 선율로 노래했고 이런 면에서 창법이 현대 발라드 가수들과 유사했다.

박정희 사망 즈음 대한민국 대중음악은 이미 20년 가까이 시민 탄압을 받은 상태였다. 국가 감시와 규율 흔적이 사방에 있었고 야간 통행금지는 자유주의 한 사회에 가한 가장 터무니없는 타격이었다. 청년들은 장발(남자)도 짧은 치마(여자)도 금지 당했고 영화 상영 전이나 매일 저녁 6시에 애국가가 울려 퍼지면 누구든 무슨 일이든 멈추고 기립해 국기에 경례해야 했다. 여러 면에서 남한 독재는 이렇게 북한 독재와 같은 얼굴을 하고 있었다.[218] 트로트는 너무 일본풍이었고 일본 곡은 제국주의였으며 록은 섹스와 마약으로 점철되었고 포크음악은 반정부였다. 윤이상 같은 고전음악 작곡가조차 정치 견해로 포화를 맞았다. 정부는 그 많은 '불건전'가요를 탄압한 뒤 일제강점기(와 북한) 문화 정책을 연상하게 하는 조치로 '건전가요'를 장려해서 제멋대로 가려는 대중음악계를 통제하고자 했다.[219] 소위 건전가요를 대표하는 <새마을의 노래>는 박정희가 직접 작사, 작곡했다고 한다. 놀랍지도 않게 일본식 5음계였지만, 그래도 다행히 노래는 전문 가수들이 불렀다.[220] 박정희가 만들었다는 다른 노래로 <나의 조국>도 있는데 일제강점기 전시 군국가요를 되살린 곡이었다. 정부가 승인한 건전가요는 가사와 선율이 밝았고 최고 인기곡은 대한민국을 대놓고 찬양하는 노래였으며 모든 음반마다 적어도 한 곡은 들어 있었다.[221] (밥 딜런 음반을 듣다가 마지막 곡으로 팻 분 노래가 나온다고 상상해 보라!) 과장이 아니라 1970년대 말 대한민국은 대놓고 독재 사회였고 검열 문화가 활발했다. 그러나 정부 탄압으로도 개인 음악 취향을 표준화하거나 억누르지는 못했다. 정수라가 1984년에 내놓은 조국찬가 <아! 대한민국> 등 건전가요를 진심으로 좋아한 사람도 있었지만 대다수는 다양한 장르를 들었다. 라디오와 재생산 가능한 녹음 음악이 도입되면서 청취 가능성도 한층 커졌다. 앞서 강조했지만 1970년대를 뒤돌아볼 때는 트로트 인기를 과장할 위험이 있다. 박정희 탄압 통치가 극에 달한 1970년대 중반에도 간혹 다방이나 가정에 일본

음악은 흘렀다. 록과 반정부 음악도 공공장소에서는 들을 수 없었지만 기지촌과 도시 여러 곳에서 들을 수 있었다.

박정희 독재 말기에는 트로트 다음 세대인 새로운 대중음악이 등장했다. 이때는 대통령 긴급조치 시대였을 뿐만 아니라 트로트계 양대 산맥인 남진과 나훈아가 스캔들로 명성에 흠집이 난 시기이기도 했다. 이때 두 가수가 극적으로 등장했다. 한 사람은 이미 언급한 조용필로, 록 영향을 받은 트로트를 불러 초대형 가수가 되었다(그러나 조용필도 1975년 신중현이 그랬듯 대마초 흡연으로 1977년에 구속당했고 3년간 공연 금지 처분을 받았다).²²² 또 다른 신예 가수는 혜은이였다. 1976년 데뷔곡 <당신은 모르실 거야>와 그 이듬해 부른 <당신만을 사랑해>로 혜은이는 단숨에 스타덤에 올랐다.²²³ 트로트 곡도 몇 곡 불렀지만 그렇다고 혜은이를 트로트 가수라고 하면 안 된다. 재즈 음악가 최치정(요시야 준, 길옥윤)이 작곡한 이 두 곡은 팝 발라드였다.²²⁴ 혜은이는 쥐꼬리만 한 돈을 받는 나이트클럽 가수로 시작했지만 어째서인지 묘하게 신선한 느낌을 주었다. 사실 가수도 곡도 상반되는 느낌을 불안하게 뒤섞어 보여준다. 혜은이는 순수하고 처녀처럼 보이기도 하지만 세속적으로, 어쩌면 과하게 세속적으로 보이기도 했다. 노랫말은 우수에 차고 비극적인데 곡과 외모는 형언할 수 없이 발랄하다. 곡은 느린 발라드처럼 들려도 재즈 느낌을 가한 편곡이 되어 있다(<당신만을 사랑해> 도입부 색소폰에는 블루스 느낌도 있다). 무대에서 혜은이는 어리고 여자답기도 하지만 한편으로는 카리스마와 역동성도 보인다. 그리고 트로트 시대 대한민국을 상징하는 가수라고들 하지만 혜은이

제1장_ 우리가 어떻게 여기까지 왔을까?

노래는 크게 인기를 얻은 <제3한강교>처럼 사실 포크나 디스코 시대에 더 가까웠다.[225] 혜은이는 운 좋게도 매력이 있었다. 대중음악은 늘 외모를 높이 샀지만 텔레비전 때문에 가수 외모가 훨씬 중요해졌고, 20여 년만에 전 가정이 텔레비전을 보유하는 시대가 오면서 음악 공연에서 시각 요소가 청각 요소만큼 중요해졌다.

요약하자면 박정희 시대 탄압은 막 피어나던 미국 팝을 지워버렸고 1960년대 대한민국에서는 트로트 인기를 식혔으며 1970년대 초반에는 록음악이 부상하지 못하게 잠재웠다. 트로트음악은 탈농촌 도시 유입이 가속화하던 시기에 크게 인기를 끌었다. 새로운 가요는 대한민국에서 사회·문화 통합이 어느 정도 완료된 시기에 주도권을 쥐었다. 트로트나 가요나 모두 이전 한국 소리풍경과 어느 정도 연결고리를 유지한 혼종 장르였다. 지금은 조용필과 혜은이가 트로트만 부른 듯 보일지 모르지만, 당대에는 이 두 사람도 새롭고 미래지향성으로 보였음을 무시하거나 또 이들이 인기를 얻은 이유를 잊는다면 역사를 과소평가하는 셈이다. 이 두 가수는 가창력도 있었지만 대한민국 대중음악에 흐르던 다른 모티브, 미국부터 일본, 록부터 재즈까지 다양한 요소를 흡수해서 인기를 얻었다. 대한민국 고유 가요는 통합된 전국 청중이 탄생한 바로 그때 태어났다고 해도 과장이 아니다.

최고지도자 공백기
1980년대 대한민국 대중음악

1980년 '서울의 봄'에 충분히 드러났듯이 박정희 사망은 억눌린 민주주의 참여 욕구를 풀어놓았다. 정권 잔당은 같은 해 5월 계엄령을 선포하고 며칠 뒤 광주 시위자들을 진압했다. 전두환이 이끈 제5공화국은 즉시 대중매체 정부 통제를 강화했고 그해 말 기존 언론사 64개 중 44개를 해체했다.[226] 그러나 전두환은 박정희가 아니었다. 무엇보다 대한민국은 돌이킬 수 없이 변모했다. 전두환 정권은 무력 통치를 계속하지 못하고 영화screen와 성sex, 스포츠sports를 장려하는 소위 3S 정책을 취했다. 1980년에는 이미 전 가정이 텔레비전을 보유했다는 언급은 앞서 했다. 1981년에는 컬러텔레비전 방송이 시작됐다. 다음해에는 야간 통행금지가 해제되었고 대한민국 최초 에로영화로 기억되는 <애마부인>이 폭발적 인기를 끌었다(속편도 10편까지 나왔다). 그 이듬해에는 정부가 중·고등학교 복장 및 두발 자유화를 실시하면서 칙칙한 복장과 '바가지' 머리도 독재를 끝냈다. 대중오락도 장려됐고 제약도 전보다 심하지 않았다(예를 들면 연애 묘사 등에서). 이제 대중음악은 정부가 승인하는 대중오락이었다. 정부에서 장려하는 건전가요도 발랄하고 신나서 주류 가요와 구분하기 어려울 정도였다. 1982년에는 프로야구가 시작됐다. 간단히 말해 제5공화국은 대중문화에서 정치색을 없앴다는 점에서 신마르크스주의 처방을 따랐다.

1980년대 중반 대한민국은 변화와 상극이 들끓는 늪이었다. 부와 빈곤이 극명한 대조를 보이며 끝없이 감시와 규율을 이어가는 군사 정권과 공존했다. 학생과 노동자들은 시위를 했고, 전투경찰들은 이들을 두드려 패서 무릎 꿇렸다. 확고하게 뿌리를 내린 투쟁에서 대중음악은 핵심이었다.[227] 그러나 표면상 대한민국은 평온한 곳이었고 1980년대 대중음악계는 정적으로 보였다. 이러한 인상은 텔레비전이 주도권을 잡아서 생겼다. 방송국들은 영화관을 주요 유흥지라는 왕좌에서 끌어내리고 명백하게 정치색을 지운 고루한 프로그램들을 내보냈는데, 음악 방송도 마찬가지였다. 텔레비전이 전국으로 뻗어나가려고 하다 보니, 방송 내용은 최소공통분모를 지향했고 노래 선곡도 마찬가지였다. 평범에서 벗어나면 무엇이든 대한민국 정부가 신속하게 검열했는데 당시 방송국이 단 두 곳인데다 하나는 국영이라 이 일은 매우 쉽게 처리됐다. (세 번째 방송국은 명목상 검열을 피했지만 미군 AFKN이 대중 불만을 선동할 곳은 아니지 않은가.)

유신헌법 이후 탄압 정권은 표면에서, 그리고 간혹 내면에서 순응을 이끌어냈다. 음악에서는 대개 5음계로 만든 곡을 뛰어난 기교로 느리게 부르는 창법을 선호했다. 그러니까 1980년대 대한민국에는 일제강점기 유행가가 희미한 울림을 남겼다. 몰락을 경험한 조용필이 이런 현상을 잘 보여주는데, 조용필은 1980년 대히트곡 <창밖의 여자>로 되살아났다. 이제 8박자 록 리듬도 사라졌고, 얌전해진 조용필은 느리게 노래하며 '한민족의 피'에 이어지려고 3년간 산속에 들어가 판소리를 배웠다고 했다.[228] 허풍은 제쳐두더라도, 조용필 같은 초대형 스타가 바람 부는 방향을 무시하고 슈퍼스타 자리에 머물지는 않는 법이다.

유기적 연속성 혹은 반전조차도 동질성이나 변화 부족을 뜻하지는 않는다. 혜은이 음악이 트로트와 뚜렷하게 달라졌듯 1980년대 발라드 가수들은 혜은이와 명확하게 달랐다. 이들은 포크음악에 있던 소박함과 일상 표현을 트로트 이후 음악에 불어넣었고 그 음악은 1970년대, 1980년대 일본 발라드음악과 비슷했다. 그렇다고 놀랄 일은 아니다. 대한민국 음악가들이 국가를 넘나들고 영향력을 발휘하기도 했지만, 또 오랜 식민지 지배와 일제강점기 이후 미국 영향으로 공통된 지역 소리풍경이 생겼기 때문이다. 정부는 계속해서 바람직하지 못한 음악을 검열했고 대한민국 대중음악 전체가 그런 음악 취급을 받았다. 그러나 고루한 트로트계에도 새로운 얼굴과 형식은 등장했다. 1980년대에 등장한 대형 가수로는 대한민국에서 자란 화교 주현미가 있다. 주현미도 혜은이처럼 가창력이 뛰어났고 매력 있는 외모 덕도 보았다.

트로트가 다시 생기를 얻었다지만 이 장르를 거부한 젊은이들은 발라드를 선택했다. 이문세 노래는 1978년부터 좋은 반응을 얻기 시작했고 특히 1981년에 <나는 행복한 사람>이 인기를 얻었다. 이문세는 1988년 <광화문 연가>, 1991년 <옛사랑>으로 인기 절정에 도달했다. 이 두 곡은 달콤한, 달콤 쌉쌀한 사랑노래지만 이문세는 포크와

록 등 다른 장르 요소도 넣었다. 또 다른 남성 발라드 가수로 김현식도 있었는데, 김현식은 자작곡으로 두드러졌다. 1986년 나온 대표곡 <내 사랑 내 곁에>는 이문세보다 훨씬 강하고 우수에 찬 모습을 보여준다. 김현식이 내는 거친 목소리는 판소리 소리꾼 같기도 했지만 확실하게 팝 감수성에 젖어 있어 현대적으로 들렸다.

이선희는 연령 불문하고 인기를 끈 가수로 1984년 히트곡 <J에게>로 스타덤에 올랐다. 이 가수가 등장한 시대에는 청중이 로맨스를 갈구하고 가창력을 높이 평가했으며 팝 음악 스타가 되는 요건 중 소위 미모도 아직 필수 요소가 아니었는데, 안경을 쓰고 중성적 옷차림을 한 이선희는 기회를 움켜잡았다. 이선희는 바지 정장을 자주 입었고 이는 보수성(몸을 감추어서)과 진보성(옷으로 남성성을 보여주며 여성 대부분이 치마를 입던 때 남성 주도권에 도전해서)을 동시에 투영했다. 음악도 이문세보다 훨씬 많은 장르를 불러 트로트와 포크, 록까지 기교와 감정을 담아 불렀다. 텔레비전이 어디에나 있는 보편 오락 형식이 된 그때 이선희가 무대 맨 앞 중앙에 나와 아이부터 할머니까지 모두에게 사랑을 받는 듯했다. 동질감이 드는 대한민국 보통 사람이 어쩌다 노래를 잘하는데, 그러면서 1980년대 혼종인 한국 소리풍경을 잘 아우르는 현상이 바로 이선희가 부린 마법이었다. 취향도 장르도 제각각인 집안에 텔레비전은 딱 한 대였고, 그런 시절에 이선희는 완벽한 타협점이었다.[229]

그러나 텔레비전에서 시선을 돌리면(그리고 음을 소거하면) 대중음악이 표현하는 1980년대 대한민국 속 갈등과 모순을 또렷하게 인식할 수 있다. 1980년대에는 대학생 수가 급증했는데 교육받은 대한민국 사람들이 창가와 가곡에서 멀어지면서 합창단에서 노래하던 가수들은 민중음악으로 돌아섰다. 독재 정권과 그 사회 배경에 저항을 표현하는 포크와 대중가요를 섞은 음악이었다.[230] 반정부 활동이 들끓던 대학 캠퍼스 여기저기에 노래하는 그룹이 생겼고, 처음에는 명문대 중심이다가 나중에는 더 확산됐다. 이를 '민중' 운동에 속하는 '노래 운동'이라고 한다.[231] 당연히 이런 그룹들은 '민중가요'라고도 하는 음악 장르를 공연했다.[232] 1980년대 후반에는 신촌블루스나 동물원 등 일부가 가수로 데뷔하면서 포크 록 요소를 반영하게 된다. 물론 개인으로든 음악으로든 모든 가수가 반정부 사상을 드러내지는 않았고, 외양이나 생활양식에서 명백하게 반체제인 사람도 그리 많지 않았다. MBC는 1977년 <대학가요제>를 시작하여 매년 대학 가요 축제를 열면서 대학생이 얼마나 중요한 음악 동력인지 보여주었다.[233] 그 결과 대한민국 대중음악에 스며들어 주류 취향에 영향을 끼친 그 세대 음악가도 많아졌다.

대학 캠퍼스가 아닌 곳에서도 선율이 잔잔한 포크나 부드러운 팝 발라드 이상을 갈구하는 젊은 청취자들은 있었다. 신중현이 연루된 1975년 마약 파동 이후 정부와 학교 당국은 부모, 기성세대와 손잡고 딴따라와 그 문화 징후를 근절하려는 합동 공세를 펼쳤다. 그러나 이런 기성세대 억압도 록을 완전히 죽이지는 못했다. 최신 서양음악을 즐길 라디오 방송(필요하면 단파 송수신기를 통해)과 레코드판은 언제나 있었다. 1970년대에 나타난 '그룹 사운드'는 대체로 기지촌에서 나왔다. 이 새로운 소프트 록 그룹 세대는 앞선 록음악가 세대가 잠시 침묵한 끝에 확산됐고 대학가요제에서 최초로 대상을 수상한 샌드 페블즈처럼 대개 대학 밴드였다. 1977년 곡 <나 어떡해>는 진폭이나 베이스는 말할 것도 없고 힘과 카리스마도 신중현 음악보다 약하며 전자 기타 사용을 제외하면 주류 팝 발라드와 크게 다르지도 않다.[234] 이러한 특징은 1970년대 후반 산울림이나 송골매 등 자칭 록 밴드들에게도 적용할 수 있다. 록은 1980년대 중반에야 다시 도전적으로 영향력을 발휘했다. 1985년 들국화 곡 <행진>과 헤비메탈을 표방하며 제목도 적절하게 <크게 라디오를 켜고>라고 붙인 1986년 시나위 곡은 선배들에게 없던 귀청 터지는 소리 세계가 도래했음을 알렸다.

1980년대 중반을 좀 더 면밀히 깊게 들여다보면 서울에서 음악이 흐르던 수많은 장소들은 뉴욕이나 로스앤젤레스에 가져다 놓아도 이상하지 않았음을 알 수 있다. 서울 도심부, 이태원과 강남에 있던 전위적 디스코텍이나 술집은 기지촌 업소들과 함께 디스코며 포스트 디스코, 댄스 팝, 스무드 재즈와 알앤비R&B, 테크노와 뉴웨이브까지 미국에서 방송되는 음악을 똑같이 틀었다. 그런 곳에서 음악을 듣고 춤추는 사람들도 새로워져서, 부유한 청년(부모 명령이나 지배 규준 때문에 이런 업소에 오지 못하던)이나 디아스포라 한국인(특히 미국, 그 외 일본 등 타지에서 돌아온 교포), 군사도 선교사도 아니면서 조금씩 늘어난 외국인 등이 들어왔다. 음악이 있는 이런 장소는 미국 대중음악과 미국 대중음악에서 가장 귀하게 여긴 최신 혁신, 즉 뮤직비디오도 들여왔다. 서울 소리풍경은 마치 도시 스카이라인과 발맞추듯 또 완전한 변모를 겪었다. 트로트가 지배하던 시기 서울에는 식민지 시대 건축물과 전통에 새로움을 더한 몇몇 건물밖에 없었다. 그런데 혜은이와 새로운 가요가 등장하자 대량 생산해 서로 구분도 안 되는 아파트 단지가 건축 환경을 점령했고, 고층 건물들이 계속 들어차면서 옛 건물들은 가차 없이 부서졌다. 그러나 새로운 가요도 옛 건축물처럼 결국 다른 장르에 가려 곧 빛을 잃을 터였다.

변동 원인은 고유한 사회 범주로 부상하고 재량소비력이 있는 청년이었다. 대중음악이라는 사회중력은 오랫동안 대한민국 청소년 사이에서 고려할 가치도 없는 문제였다. 이들에게는 대중음악을 소비할 기술이나 사회, 경제 수단이 없었기 때문이다. 언급했다시피 1980년에는 집집마다 텔레비전 한 대는 있었지만 한 대 이상 보유한 가구는 거의 없었고, 그 한 대로 하는 텔레비전 시청은 집단 활동이었다. 노인이 주로 지배하던 환경을 고려하면 젊은이 취향이 영향력을 행사할 리가 없었다. 사적 영역 밖에서는 대중음악 유료 청중이라고 하면 미군과 한국인 사업가를 손님으로 맞던 카페와 술집이 큰 몫을 했다. 콘서트는 흔치 않았다. 무엇보다 1980년대 이전에는 전축은커녕 음반 살 돈도 없는 청년이 대부분이었다. 새로운 청년 주도 소비는 대한민국이 부유해지고 청년층 구매력이 커진 1980년대에 들어서야 생겼다.

대한민국 청년은 1980년대 중반 이전에도 뚜렷한 사회 범주였지만 이 청년층 자체가 록음악이나 십대 소녀 대상 노래를 좋아하는 성향이 아니었다. 거센 학생운동도 해방하는 대항문화를 만들기보다는 진지한 집단을 앞에 내세웠고 그러면서 섹스와 마약, 로큰롤이라는, 퇴폐일지도 모를 문화에 타격을 가했다. 고압적인 군사 정권이 지배하던 시절, 대한민국 대중음악은 물론 정치에서도 친정부와 반정부 집단 사이에 아주 뚜렷한 간극이 존재했지만, 극단적 민족주의라는 지점에서는 두 집단이 한데 모였다. 독재 정부와 학생운동 사이에서 추던 춤이 멈췄다. 일본식 5음계 음악에 맞춰 연주하는, 웃음기 없는 유교에 정지했다는 말이다. 즉 음악 안에서나 밖에서나(옷이나 태도 등) 진정성과 진지함이 일치하는 가치이자 미덕으로 지배했는데, 대중음악이 어떤 식으로든 개화하려면 이런 상황은 좋지 않았다. 1950년대 말 대중음악가 사진, 영상을 1970년대 말 대중음악가 사진, 영상과 비교하면 웃음기도 드러난 어깨도 분명히 사라졌다. 그 20년간 재미는 경박함이 되었고 섹시함은 추문이 되었다. 대중가요와 가수들은 친정부 성향이든 반정부 성향이든 진지함과 진정성이라는 좁은 문화 경계 안으로 들어갔다. 그러나 끈질기게 청교도적이고 경건한 체하는 사람들에도 아랑곳하지 않고 좀 더 재미를 즐기는 대한민국 청년들이 1980년대에 등장했다.

1980년대 중반에는 케이팝을, 현대 대한민국 대중음악가들과 유사한 음악가들을 알리는 전조들이 보이기 시작한다. 주요 배경은 1970년대 말, 1980년대 초 미국에서 일어난 음악과 춤의 결합이었다. 음악과 춤은 여러 제의나 여흥에서 밀접하게 연결되지만, 지금 돌아보면 R&B와 디스코는 그저 춤에서 팝 혁명이 일어날 무대를 마련한 듯도 하다. 여기서 부드러움과 강함이 얽힌다. 1979년 마이클 잭슨 앨범 <오프 더 월Off the Wall>에는 몸을 흔들게 하는 음악이 있지만 마이클 잭슨 춤 실력은 공연장이나 간혹 출연하는 텔레비전에서만 볼 수 있었다. 그런데 1981년 개국한 MTV는 음악 청취와 비디오 시청을 상승 작용하는 동시 경험으로 만들었고 그러면서 대중문화에서 가장 강력한 두 가지 흐름, 즉 음악과 영상을 결합했다. 노래와 춤(적어도 어느 정도의 시각적 서사)을 섞은 뮤직비디오는 팝에서 총체예술 작품이 되어 빠르게 미국 대중문화 속 당당한 존재감을 차지한다.[235] 마이클 잭슨과 MTV는 케이팝이 주로 속하게 될 장르를 가장 잘 대변했다. 이 새로운 혼합 장르에서 핵심 작품은 아마 <빌리 진Billie Jean> 뮤직비디오겠다. 1982년 마이클 잭슨 앨범 <스릴러Thriller> 수록곡인 이 노래는 어마어마한 인기를 끌었고, 뮤직비디오는 거의 모든 대중음악에 대단한 영향을 미쳤다.[236]

1986년 데뷔한 김완선은 신나는 노래에 역동적 안무를 더한 선구자였다. '한국의 마돈나'라던(미국 스타와 비교한 점을 보면 미국 대중음악이 얼마나 중요했는지 알 수 있다) 김완선은 짧은 기간 슈퍼스타로 군림했다. 꼿꼿하게 움직임 없이 서 있던 당대 가수들과 달리 김완선은 격렬하게 몸을 움직였고, 그러다 보니 정부 당국에서 의심을 사고 더 얌전하게 움직이라는 경고를 계속 받았다.[237] 1970년대 초반 펄 시스터즈와 김추자 이래로 대한민국 국민은 자기 나라 사람이 그렇게 기운차게 노래하고 춤추는 모습을 본 적이 없었다. 김완선은 큰 성공을 거두면서 일본에서 싱글을 냈고 짧은 대만 활동도 성공했다. 실제로는 온전히 매니저가 만들어낸 젊은 스타 김완선은 성공을 누렸고 이 성공은 후일 케이팝이 갈 길을 예고했다.[238] 한국의 마돈나가 있었다면 한국의 마이클 잭슨도 있었다. 빠른 춤으로 유명해진 박남정 말이다. 대한민국 청년문화에 분명 멋지다는 감각이 들어오고 있었다. 동시에 어리고 매력 있는 소년소녀들이 부모 세대 음악과는 확연히 다른 음악에 맞춰 노래하고 춤췄고, 1987년에는 소위 아이돌 그룹이 첫 선을 보였다. 바로 <어젯밤 이야기>라는 노래를 부른 소방차다.[239] 소방차는 현대 케이팝 가수들처럼 완벽하지도 않았고 서커스 공연자처럼 보이기도 했다. 멤버들은 요란하고 번쩍이는 옷을 입고 의미 없는 가사를 열창했으며 무대에서 기운차게 점프하면서 그야말로 소방 훈련이라도 재연하듯 뛰어다녔다. 바보 같고 여자 같다는 조롱도 많이 들었지만 소방차에 열광하는 팬도 많았고, 이 그룹은 앞으로 올 미래를 어느 정도 맛보여 주었다.

서태지 혁명

1987년 대규모 시위는 대학생이나 공장노동자 등 늘 참여하던 사람들뿐만 아니라 화이트칼라 직장인과 중산층 주부까지 거리로 끌어냈고 대한민국 정치 민주주의에 공식적으로 변화를 이끌어냈다. 1988년 서울 올림픽은 그 변화를 상징적, 시각적으로 공고히 했다.

이제껏 언급된 내용들은 어떤 면에서는 사실 글자 그대로 역사이다. 성형외과 선전에 잘 등장하는 전후 비교 사진과 달리 변화란 불연속성이 아니다. 당대를 살아가는 사람에게는 점진적이며 실상 인식하기 불가능하기 때문이다. 그런데 1992년에는 대중음악 혁명이 난데없이 툭 튀어나온 느낌이었다. 다시 말해 대한민국 대중음악 역사에서 서태지와 아이들 이전과 이후 시대를 콕 집어 말할 수 있다는 뜻이다.[240]

이 혁명은 텔레비전으로 방송됐다. 서태지와 아이들이 처음으로 전국 주요 방송 프로그램에 나왔을 때 여러 심사위원이 출연해 이 새로운 노래를 평가했다. 투표만 안 했다 뿐이지 거의 <엑스 팩터The X Factor>나 다름없었다. 에둘러 말하자면 중년 심사위원들은 이 삼인조 데뷔곡인 <난 알아요>를 이해하지 못하고 불편하게 생각했으며 가혹했다.[241] 이들은 노래 실력이나 선율이 약하고 음악성도 떨어진다고 일축하면서 서태지와 아이들에게 프로그램 사상 최하점을 주었다. 만일 이 방송이 <엑스 팩터>였다면 세 사람은 첫 화에 잘리고 말았을 터다. 하지만 이 심사위원들이 틀렸다는 사실은 굳이 말하자면 역사가 증명했다. 이 곡을 수록한 음반은 170만 장 팔렸고(당시 대한민국 인구는 총 약 4천만 명이었다) 17주 연속 1위를 차지했다. 서태지와 아이들이 무대에 설 때는 랩과 브레이크댄스가 들어갔는데, 지금 돌아보면 의상이나 창법, 춤 등에서 딱 그 시대를 대표하는 노래였다. 무엇보다 1992년 대한민국 최고 인기곡이 마치 당대 미국 대중음악처럼 들렸다는 점이 놀랍다. 마이클 잭슨과 마돈나가 한반도를 제외한

제1장_ 우리가 어떻게 여기까지 왔을까?

전역에서 대중음악을 지배하던 1980년대 초반에도 대한민국 사람들은 한국 대표 가수라고 하면 이미자, 조용필, 나훈아 등 최고 트로트 가수 세 사람을 지목했을 텐데 말이다.[242]

문화 영역에서 위협이 되는 수많은 존재와 마찬가지로 서태지와 아이들도 예언자 같았고 그때까지 대한민국 대중음악을 형성한 모든 것을 파괴했다. 우선 이 그룹은 청년이 대한민국 대중음악에서 주된 청중으로 도래했음을 알렸다. 음악 면에서는 랩과 힙합을 이 나라에 정식으로 들여왔고 게다가 한미 대중음악 사이에 존재하던 시간차를 좁히거나 아예 지웠다. 서태지는 클래시Clash부터 소닉 유스Sonic Youth, 레드 핫 칠리 페퍼스Red Hot Chili Peppers, 레이지 어게인스트 더 머신Rage Against the Machine까지 1980년대와 1990년대 영미권 대중음악을 많이 들었다.[243] 해방 이후 대한민국 사람들은 일본이나 미국에 몇 년, 몇십 년 뒤진 상황을 자주 언급했다. 그리고 일본이나 미국 대중음악과는 비교가 불가능한 상황인데도 대한민국 대중음악 일부 부문에서도 그런 말이 많이 나왔다. 2003년 데뷔한 가수 세븐이 가장 크게 영향 받은 가수를 언급한 점에서도 드러나지만, 서태지와 아이들은 엄청난 영향을 미쳤다. "와, 이거다. (…중략…) 세상에 이런 음악도 있구나, 했어요."[244] 민주주의 대한민국에서 젊은 세대는 새로운 것을 받아들였고, 그러면서 대중음악에서 청년이 차지하는 중심성을 주장했을 뿐만 아니라 대한민국 음악 후진성이라는 문제는 고려할 가치도 없게 했다.

서태지와 아이들은 수많은 대한민국 대중음악 전통에 도전했고 결국은 이를 파괴했다. 의외로 많은 발라드, 포크, 게다가 트로트 곡들까지 일본식 5음계를 썼지만 서태지와 아이들이 폭발적 영향력을 미친 뒤 5음계 사용도 점차 줄었다. 대한민국 대중음악이 일본에 큰 영향을 받던 기나긴 악장은 이제 끝을 향해 가고 있었다.[245] 이 새롭고 강력한 미국식 소리풍경 때문에 1990년대 이전 대한민국 대중음악은 대부분 트로트나 노인 음악처럼 들리게 됐다. 서태지 이후에 익숙한 귀에는 이선희나 이문세도 케이팝 선사시대에 두어야 마땅할 트로트처럼 들릴지도 모른다. 부드럽게 이어지는 레가토에서 짧고 날카로운 스타카토 창법으로, 멜리스마에서 음절형, 읊조림에서 내뱉는 창법으로 바뀌면서 또 단절이 생겼다. 가사 역시 더는 구슬프게 떨리는 소리로 읊지 않고 말하듯, 랩을 하듯 똑똑하게 표현했다. 한글 노랫말조차 영어처럼 들렸다. 진지함과 진정성이라는 새 유교 기풍도 보수적 의상이나 조신한 태도와 함께 더 새로운 도시성과 멋에 자리를 내줬다. 의상 기호도 부지런하고 복종하는 직장인에서 도전적(아마도 무직이거나 좋은 직장이 없을) 도시 청년으로 바뀌었다. 서태지는 화려한 장신구와 헐렁한 옷을 걸치는 힙합 미학을 대표하는 얼굴이 되었다. 그러면서 남성 미학에서 어떤 전환점이 되었다. 농촌에서 이상으로 여기던 달덩이 같은 얼굴에 다부지고 탄탄한 몸보다 이제는 양성성 있는 도회적 외모, 갸름하고 예쁜 얼굴에 키가 크고 마른 체형을 더 좋아하게 됐다. 적어도 젊은 남성들이나 어른들이 보기에는 당황스럽게도 젊은 여성들은 서태지가 멋지다고 생각했다. 서태지가 폭발하듯 등장하기 전 공연에서 자기표현이란 보통 가수가 꽂

꼿하게, 거의 미동도 없이 서 있는 자세였지만, 이제 공연에서 몸짓과 춤은 새로운 규준으로 필수 요소가 될 터였다. 게다가 서태지와 아이들은 당시 대한민국 국민이 춤이라고 믿던 방식(사교춤이나 고고, 허슬 등)으로 몸을 흔들거나 움직이지 않고 브레이크 댄스라는 곡예 같은 춤을 추었다.[246] 1996년에 서태지와 아이들은 정부 검열에도 제대로 맞섰다. 공식·비공식적인 정부 개입이 아직 완전히 끝나지 않은 때였지만 그래도 전처럼 정부 감시가 심하거나 잦지는 않았고, 진보 성향인 김대중, 노무현 정권이 연이어 들어서면서 이런 변화도 쉽게 일어났다. 마지막으로 서태지와 아이들은 프로듀싱과 홍보를 직접 한 그룹이라는 희귀 사례였다. 상업적 자율성 덕택에 음악 혁신과 정치 독립성도 더 눈에 띄었다. 서태지와 아이들은 주류 시장도 잡으려 했고 텔레비전에도 자주 출연했지만, 동시에 대한민국 인디음악의 선봉이기도 했다.

물론 서태지와 아이들이 오롯이 홀로 이런 완전한 변화를 이끌어냈다는 말은 아니다. 대한민국 경제 발전과 정치 민주화, 재량 소득을 쓸 수 있는 청년층 등장 등이 아니었다면 첫 방송 심사위원들이 바란 대로 이 그룹은 그냥 사라졌을 테니까. 일본 영향력 약화와 미국 영향력 강화는 불가피한 결론이기도 했지만 때늦은 전개이기도 했다. 1990년대 초 대한민국에는 일제강점기를 직접 경험한 사람이 그리 많지 않았다. 일제강점기 이후 한일 양국 간 담론은 일본어가 아니라 영어로 이루어졌다. 게다가 한미 음악 감수성 및 취향 수렴은 양국 간 깊은 문화 접촉을 반영했다. 미군과 함께 미국 대중문화도 착착 도입되었다는 말은 앞에서 했다. 해방 이후 오랫동안 미국은 대한민국이 가장 감탄하며 바라보는 나라였고, 간혹 양가감정은 느꼈어도 대한민국 국민 상당수는 미국식 생활 방식을 우러러보았다. 1980년대 초반 해외 유학 자유화로 미국 유학을 떠난 공부벌레 청년도 많아졌다. 한국인 디아스포라에 들어간 사람 수는 훨씬 많았다. 한국계 미국인과 해외 거주 한국인들은 뉴욕과 로스앤젤레스에 많이 살았는데, 이들은 여러 대중음악 장르와 춤이 탄생하는 모습을 목격하고 이에 관여했으며 해당 장르나 춤을 가지고 대한민국에 돌아왔다. 유력 기업 SM엔터테인먼트(이하 SM)를 세운 이수만도 그렇게 했는데 SM 초기 스타 중 현진영은 한국계 미국인이었다. 특히 1990년대에는 강수지, 솔리드, 유승준(스티브 유), 박정현(레나 박) 등 가수가 되려는 한국계 미국인들이 꾸준히 대한민국에 돌아왔다. 작곡가부터 안무가, 패션 디자이너나 비디오 예술가 등 미국 대중음악 산업 어떤 분야에든 훈련이 잘 된 한국인이나 한국계 미국인들이 존재했다.[247]

명성과 성공을 얻는 오랜 공식을 되풀이하자면 서태지와 아이들은 적절한 때에 적절한 곳에 있었다. 민주화 이후 대한민국은 새로운 음악 팬과 새로운 음악을 선호했고 부모나 손위 형제들이 듣던 음악을 버리는 신세대가 생길 시기가 무르익었다. 젊은이들은 이제 음악과 음악 소비를 할 수 있는 기술(텔레비전 등)에 돈을 쓸 수 있었다. 민주주의에 부유한 대한민국은 과거 음악 성향을 어느 정도, 아니, 결과적으로 거의 다 떨쳐 낼 준비가 된 상태였다. 번득이는 사회 변화로 확실히 한국인들은 전 세계에서 들어온 새로운 음악 영향력에 휩

쏠렸다. 그런데 힙합은 사실 그 이전에 벌써 들어왔다. 현진영은 <슬픈 마네킹>에 힙합 리듬을 차용했고 당시 꽤 긴 유명세를 누리던 바비 브라운처럼 토끼 춤을 선보였다.[248] 1993년 데뷔한 듀스와 1995년 데뷔한 터보는 대한민국 대중음악에 힙합 음악과 춤이 확실히 자리 잡게 했고, 룰라와 쿨, 특히 코요테는 각각 1994년, 1994년, 1999년 데뷔하면서 포스트 디스코 힙합 영향을 받은 댄스음악 장르에 생기를 불어넣었다. 리쌍과 유승준을 통해 랩도 주류에 들어왔다. 이제 누군가 신기하고 신나는 음악을 찾는 신세대에 맞춰가며 랩과 힙합, 음악과 춤을 잘 버무려 한 묶음으로 내놓기만 하면 됐다.

1990년대 초반은 서울에 큰 소요가 일어난 시기였다. 민주화와 민중운동이 도시 전체를 휩쓸고 지나갔고, 혁신적이고 개성 있는 음악가들도 훨씬 많아졌다. 대한민국 가수들은 미국음악 외에도 제이팝 곡을 다수 리메이크했다.[249] 언급했다시피 기나긴 일본 영향력은 약해졌지만 일본 인기곡, 즉 1980년대 후반 제이팝으로 혁신기에 접어든 음악을 추종하는 새로운 세대는 아직 남아 있었다. 일본 아이돌 가수와 그룹 사례나 영향력을 고려하지 않고는 케이팝 아이돌 그룹 등장도 이해할 수 없는데, 1990년대에는 안전지대安全地帶나 서던 올스타즈サザンオールスターズ 같은 그룹이 최신 미국음악을 능숙하게 표현했다. 유감스럽지만 대한민국 음악가들이 제이팝 저작권을 불법 침해하는 일도 많았다.[250]

1990년대에는 한국 전통음악을 현대 대중음악에 접합하려는 시도도 생겼다. 유럽 고전음악 영역에서는 윤이상이 한국 선율을 에둘러 사용하고 한국 악기를 활용하기도 했지만, 록 기타리스트 김수철과 포크 음악가 이상은Lee Tzsche(리채라고도 한다)은 이 정치·문화 격동기에 접어들어서야 한국 전통음악이라는 풍요로운 영역을 탐구했다.[251] 특히 1993년 앨범 <이상은>은 산조와 재즈 즉흥 연주를 결합해 고유한 음악 세계를 만들어냈다. 그러나 이 길을 걷는 사람은 지금도 거의 없다.

그보다 훨씬 대중성 있는 길은 대한민국 인디음악 탄생과 도입 과정에서 볼 수 있다. 윤도현, 델리 스파이스 등 소프트 록 음악가들이 나타내듯 이 분야 최대 장르는 록이었고, 록 음악가들은 현대 서양U2식 록을 대한민국에 소개했다. 1990년대 중반부터 펑크(크라잉넛 1995년 데뷔, 노브레인 1996년 데뷔), 그런지(삐삐밴드, 1995년), 포스트모던 록(네메시스, 1997년), 애시드 재즈(롤러코스터, 1999년) 등 포스트 록 장르들이 연달아 빠르게 나타났다.[252] 삐삐밴드는 대한민국 최초 인디밴드로 볼 때도 있는데, 반박할 여지도 없이 '괴상한' 이 밴드는 처음 등장하면서 음정을 맞추지 않거나 맞추지 못하는 리드 보컬과 화려하게 관습을 거스르는 의상 및 춤을 선보였다. 이 시대 주목할 만한 특징 하나는 은밀하게, 가끔은 대놓고 하는 사회·정치 비판이었고 그 대표 사례는 1996년 패닉의 앨범 <밑>이다. 1990년대 중반에는 홍대(홍대 인근 지역)가 대한민국 인디음악 중심지로 떠올랐다. 1997년에는 자우림(자줏빛 비가 내리는 숲이라는 뜻)이 첫 앨범을 냈고, 지금까지도 인디록 장르에서 선구적 존재이자 대표 그룹으로 남아 있다.

인디음악은 흥미롭고 매력도 있지만 대한민국에서는 여전히 주변

현상이다. 서태지 이후 음악계는 대한민국 대중음악 주류가 된 R&B
가 더 확실히 주름잡았다. 일본 라디오 DJ 후루야 마사유키古家正亨는
1990년대 후반 생동감에 찬 대한민국 음악계를 회상하면서 R&B를
케이팝이라고 부르며 열변을 토한다.[253] 서태지와 아이들이 나온 해
에 데뷔한 김건모는 훨씬 많은 음반 판매고를 올렸다. 1995년 김건모
3집 앨범은 3백만 장 가까이 팔렸다. 김건모는 음역대가 아주 넓지는
않았지만 새로운 영향을 흡수하여 R&B 영향을 받은 음악과 팝 발라
드를 계속 만들어냈다. 1992년 <잠 못 드는 밤 비는 내리고>는 랩으
로 시작하고, 1993년 엄청난 인기를 끈 <핑계>는 뚜렷한 레게 영향을
보인다. 1996년 히트곡 <잘못된 만남>은 대한민국에 레이브 음악을
소개했다. 여러 양식을 이렇게 능숙하게 버무린 김건모 음악은 새로
운 대한민국 대중음악 표현을 나타냈다. 대한민국에는 자기 나라 인
물을 비슷한 미국 주요 인물과 비교하는 경향이 있다 보니 김건모도
'한국의 스티비 원더'라는 별칭을 얻었다. 그밖에도 솔리드와 브라운
아이즈 역시 대한민국 R&B계에서 확고한 위치를 차지했다. 무엇보
다 이 나라에서 R&B는 1992년 이전 부재하다시피 했지만 그 뒤부터
새로운 청년 중심 도시음악에서 주류에 가까운 자리에 올랐다.

　서태지와 아이들은 대한민국 인디음악을 낳지도, R&B나 힙합 인
기를 이끌어내지도 않았다. 폭발적 인기로 다양한 새로운 음악 양식
이 걸을 길을 다지기는 했지만, 이 그룹이 거둔 성공은 그저 나중에
올 미래를 암시했을 뿐이다. 물론 한국의 마돈나(김완선)나 펄 시스터
즈가 대한민국 최초로 댄스 음악을 시작했다고 볼 수도 있고, 유행가

와 트로트가 춤곡으로 자주 깔렸다는 사실도 잊어서는 안 된다. 그러나 서태지와 아이들 때문에 댄스 음악은 그 시대 새로운 기준이 되었다. 또 미국 도시 흑인음악 역시 R&B나 랩, 힙합 같은 형태로 녹아들면서 새로운 기준이 되었다.

케이팝 관점에서 서태지 혁명이 미친 가장 중요한 영향은 아이돌 그룹 양산이다. 1996년에 H.O.T^{High Five of Teenagers}가 큰 성공을 거두면서 결정적 순간이 왔다. 데뷔곡 <전사의 후예>는 청소년 학생들 사이에 널리 퍼진 관점, 즉 학교 폭력이나 공감이 부족한 부모와 선생님을 비판하는 관점을 표현했다. 그러나 H.O.T 특징을 더 잘 보여주는 곡은 <캔디>이다. 뮤직 비디오 배경은 디즈니월드와 비슷한 롯데월드였고, 가수들은 광대 같은 의상과 헐렁하게 늘어진 티셔츠를 입고 말도 안 되는 가사를 순진하고 명랑하게 부르며 행복하게 여기저기 뛰어다녔다. 익살스러운 행동에 안무는 곁들였지만 말이다. 이 곡에 강렬함은 전혀 없었다고 해도 아마 무방하겠다. H.O.T는 디즈니 영화에 어울리지 않을 만한 것은 다 지워버렸다. <캔디> 뮤직비디오를 아무리 좋아하면서 본 사람일지라도 그 안에서 대단한 음악성을 찾기란 곤란할 터다.[254] 이 그룹은 남성 댄스 그룹 선구자인 소방차와 같은 시기에 일본 연예기획사 자니스 사무소ジャニーズ事務所가 길러내던 수많은 그룹들과 좀 비슷하다. H.O.T는 미국음악 문화를 빗대어 표현하기도 하는 등 철저히 미국풍이었지만 그래도 이 그룹이 내는 소리는 당시 서울 표준 거주지가 되어 가던 중산층 아파트에 편안하게 진입할 수 있었다. 이 버블검 팝(그런데 영원할 듯한)에서 흐르는 머

리 쓸 필요 없는 선율은 4년 앞서 서태지와 아이들이 내놓은 음악보다 훨씬 부드럽고 친절하고 상냥했다. H.O.T는 서태지 혁명에서 야성과 날카로움을 덜어냈다. 그러면서 박정희 독재 정권과 그 정권에서 부득불 강조하던 진지함이 쇠락했음을 알렸다.

H.O.T는 사회에서 일대 선풍을 일으켰다. 공연장에는 괴성을 지르는 소녀들이 몰려들었다. 젊은이들도 'H.O.T 머리'라는 머리 모양(앞머리는 길고 뒷머리는 짧은)을 하고 비보이처럼(헐렁한 티셔츠와 바지를) 입고 다녔다. H.O.T 관련 상품은 사탕부터 향수까지 다양했으며 잘 팔렸다. 어떤 팬은 그룹 해체 당시 자살 시도도 했다.[255] 이 그룹이 성공하면서 1997년에는 젝스키스, NRG, 베이비복스, S.E.S, 핑클 등 새로운 소년, 소녀 그룹이 계속 뒤를 이어 생겨났다. 이 현상에서는 각 그룹이 내놓은 발랄하고 머리 쓸 필요 없는 선율에 밝고 금속성이며 신나는 곡들이 앞 세대의 구슬픈 트로트나 더 진지한 발라드에 도전했고, 결국에는 압도했다는 점이 새로웠다. 수출 관점에서 이들은 10년쯤 뒤에 케이팝 그룹들이 누릴 성공과는 아직 거리가 멀었지만, 그래도 1990년대 후반에 뚜렷한 흔적을 남겼고 이들이 성공을 거두면서 외국 팬덤이 최초로 생길 조짐도 보였다.

이 장 전반에서 계속 강조했다시피 노래와 스타, 스타일은 서서히 쇠퇴한다. 트로트나 포크, 발라드가 완전히 사라지지도 않았다. 이 장은 짧은 개관이라 새롭고 특이한 대상으로 서사 중심이 향하게 되어 있다. 따라서 미래와 연결점을 강조한다는 의미에서 이 장은 현재 기준에서 과거를 볼 수밖에 없다. 그러나 살아남아 계속 영향력을 발휘할 대상에만 집중하는 서사를 전개하면, 나이 든 기성세대는 여전히 젊을 때 좋아하던 노래와 장르를 들었고 또 주류 청중은 여전히 고집스러우리만치 보수적이었다는 현실을 놓치게 된다. 트로트가 죽었다는 말은 지나친 과장이다. 태진아처럼 1970년대부터 활동한 사람도 있고 장윤정처럼 새롭게 선풍을 일으킨 사람도 있지만 어쨌든 상당히 많은 가수들이 여전히 텔레비전에 나와 향수를 자극한다. 그러나 현대 리메이크나 새로운 트로트 곡은 최신 편곡으로 1970년대 딴따라 음악보다 훨씬 더 크고 빠르게 연주한다. 작곡가 모튼 펠드먼이 남긴 불후의 명언은 다른 맥락에서 나왔지만 그래도 이런 새로운 트로트음악을 설명하기에 적절하다. "우라지게 시끄럽고 우라지게 빠르다."[256]

1990년대에 가장 인기 있는 가요 형식은 아마 1980년대 및 그 이전 시대와도 연결되는 사랑 노래, 발라드였겠다. 1990년대에는 발라드 가수 신승훈이 가장 많은 음반 판매고를 올렸다. 언론은 신승훈을 발라드 황제라고 불렀고, 그러므로 1990년 <미소 속에 비친 그대>부터 2001년 <아이 빌리브 Believe>까지 부드럽고 느리고 달콤하고 잠을 부르는 신승훈표 사랑 노래가 한국인 대다수에게는 대중음악 최고봉이었다. 신승훈 뒤에는 이승환도 등장했다. 대한민국 발라드 전통은 21세기까지 이어져 조성모나 백지영, 가수 겸 작곡가인 김동률 등 뛰어난 가수들이 많이 나왔다. 사방에서 들려온다는 점에서도 발라드 인기는 짐작 가능하다. 대한민국 드라마에 이런 가수들이 부르는 사랑 노래가 나오지 않을 때는 별로 없다.

1996년 선풍을 일으킨 H.O.T <캔디>가 그 난리법석에도 불구하고 그해 판매고 4위에 그친 이유도 아마 여기에 있겠다. 앨범 판매고는 신승훈과 김건모가 훨씬 높았다. 그러나 바람이 부는 방향을 부정하기란 아마 어려웠을 테고, 2010년대 초반에 모든 사실을 명확하게 알고 뒤돌아보면 그 방향은 자명했다. 가장 급속히 커진 음악 구매 대중은 예전에는 돈이 없던 10대 청소년이었다. 이는 앨범 판매고보다 괴성을 질러대는 팬들 소리로 더 잘 가늠할 수 있는 세대 변화였다.

늘임표

이 장에서는 길고 다채로운 한국 음악사를 정제해 보여주고자 했다. 설명을 압축하고 축약했지만, 어쨌든 한국 전통음악과 20세기 이후를 지배한 서양 소리풍경을 가른 단절에서 시작하면서 다양한 불연속성을 강조했다. 서태지 혁명은 대한민국 대중음악이 과거와 단절한 가장 최근 사례이고 케이팝은 서태지 유행 이후 탄생했다. 제2장에서는 케이팝 시대를 상세히 설명하며 케이팝 제작과 수출을 탐구한다. 단, 그에 앞서 '간주곡' 장에서는 지금까지 간략히 설명한 역사적 대변화가 대한민국에 어떤 더 큰 의미인지 잠시 들여다보려 한다.

간주곡

—

몇 년 전 내가 서울에서 강의를 할 때 어느 저명한 사회학자가 검은 한복 차림으로 왔다. 현대에는 한복 차림 자체가 극히 드물기에 나는 왜 그렇게 차려 입었는지 물었다. 그랬더니 장례식장에서 오는 길이라는 답이 돌아왔다.

나는 당황해서 "한국 사람들이 언제부터 장례식장에서 검은 한복을 입었어요?"라고 물었다. 한국인들은 먼 옛날부터 장례 때 흰 소복을 입었고, 아시아 전역에서도 장례 의식에는 보통 흰 옷을 입었다.[1] 한국 전통의상에서는 어쨌든 검은 염색도 흔하지 않았다.[2] 무엇보다 이 여성이 한국 의례와 풍속을 연구하는 저명 학자였다는 사실이 더 의미심장하다. 교양 수준이 아주 높은 여성, 성인이 되고서는 한국 문화 연구에 인생 대부분을 바친 여성도 전통 상복이 흰색이었음을 잊어버렸다. 이 사실은 치매가 서서히 진행 중이라는 증거일 수도 있 겠지만 그보다는 아마 대한민국이 겪은 대변화와 그에 따른 문화 기 억상실증을 나타내는 징후겠다. 대한민국은 민족주의를 우렁차게 공언하지만 그럴 때마다 한국 전통문화 요소가 나라에서 하나씩 증 발하는 듯하다. 한국 드라마에서는 조선 시대 장면을 끝도 없이 재연 해도 현대 대한민국 생활에서 전통 한국과 참다운 유기적 연대는 사 라졌다. 한국 전통 소리풍경의 종말과 케이팝의 등장은 대한민국이 겪는 문화 대변화와 기억상실증을 가장 잘 보여준다.

이 '간주곡' 장은 카덴차 기능을 한다. 이 장은 케이팝 자체가 아니 라 케이팝이 현대 대한민국에서 어떤 면을 알려주는지 생각하는 고 찰이고, 그런 면에서는 어쩌면 손으로 현을 퉁기는 피치카토, 보다 정확하게는 활대로 현을 때리는 콜레뇨 바투토에 더 가까울지도 모 른다. 퉁기거나 쳐서 소리가 나는 논의, 논쟁 말이다.

조선왕조 그리고 유교가 만든 신기루

대한민국 현대인 아무나 붙잡고 한국 전통이 뭐냐고 물어보면 아 마 조선 시대와 유교 유산에 관련된 내용을 말할 테고, 그 말은 아마 대체로 맞겠다. 현대 남한 사람들이 한국 문화와 전통이라고 보는 상당 부분이 실제로 그 기나긴 왕조에서 비롯되었으니 말이다. 일부는 기원이 그보다 더 오래되기도 하겠지만, 대한민국 현대인들이 '한국적'이라고 일컫는 대부분은 17세기나 그 직후에 뿌리를 두고 있다.[3]

그러나 유교 유산을 논하는 현대 담론은 거의 늘 오해할 소지가 있다. 무엇보다 심란하게도 조선 시대 유교 지식인들은 자기 계보도(조선 문물이 원천을 중국에 두었다고 보고) 위치도 전혀 의심하지 않았다. 다시 말해 자신들이 정확히 중국 중심 세계 질서 속에 있다고 믿었다. 그 유교 세계관 속에는 물론 원형민족적 영토 정체성도 있었지만 그렇다고 이 친중국 유교 관료와 지주들에게 강한 조선 정체성이 존재했다고 하면 과장이다. 세계질서에서 지배 원칙은 사대주의, 그러니까 위대한 것, 중국 문명 지배를 고이 모시던 조공 체제였다. 조선 고유성을 강력하게 주장하게 된 원인은 명나라 몰락과 청나라 부흥이었다. 동쪽에 있는 일본의 존재와 활동처럼 야만족 청나라의 존재와 활동도 조선인 지배층에서 진정한 유교·중국 전통 수호자라는 자아개념이 깊어지는 계기가 됐다.[4]

유교가 지배 이데올로기가 되면서 지배계층 — 왕족과 귀족, 지주계층(양반) — 은 조선인성이 손상됐고, 동시에 보통 사람이라 할 만한 사람들 위에 자리하게 되었다. 조선은 신분 구분에 기초를 두고 있었다. 조선이라는 국가가 지배층 대상 남성적 유교와 일반인 대상 여성적 무속이라는 이원적 사회구조로 이루어졌다고 하면 지나친 단순화겠지만, 이는 조선에 존재하던 근본적 분열을 정확하게 묘사한다.[5] 인구 3분의 1 가까이가 천민 — 양민良民보다 아래로, 양민은 또 양반과 중인中人, 상민常民으로 구분됐다 — 일 때도 있었던 나라에서 공통된 조선 정체성이란 기껏해야 막 생겨난 단계였다.[6] 어쨌든 유교 통치도 대체로 명목뿐이었다. 중앙 정부에 인구 전체를 규율할 관리도 거의 없었지만 기반시설도 전무한 실정이었기 때문이다.[7] 강력한 통합력이 부재하던 조선에서는 강력한 지역 다양성이 드러났다. 인구 대부분은 문맹이었고, 게다가 대다수는 유교 원칙과 기풍으로 이루어진 체제 바깥에서 무속 민간 전통과 비非유교 신앙 및 관행에 따르며 살았다. 물론 조선왕조가 길어지고 농민들도 위세와 권력을 누리는 지배층 신념과 제례를 따르려고 하면서 유교 원칙과 관행도 널리 퍼졌지만, 그렇다고 대다수를 구성한 농민에게 지배층과 같은 유교 모체가 있었다거나 지배층과 비지배층 사이에 동형 정체성이 있었다고 지금 와서 상정해도 안 된다.[8]

과거가 통일된 문화가 있는 실재였다는 신기루는 현재완료 진행형인 환상을 지탱한다. 하지만 여러 면에서 다행스럽게도 과거는 지나갔다. 조선 시대 유교는 지배층 지식인에게는 문화를 도야하라고 설파하면서 대중(유교를 믿지 않으니 조선인이지만 수상쩍은)에게는 무지한 상태로 열심히 일하라고 했다. 그런데도 현대 대한민국에서는 흔히들 근면과 시간 엄수 등 일상 기풍부터 가족 가치와 낮은 범죄율까지 모든 것 뒤에 유교가 있다고 믿는다. 이러한 논리에서는 조선 과거제도(조선 시대 정부 관리 선발에만 준용한)와 현대에 생긴 '학위 병', 높은 시험 점수와 대학 합격을 미친 듯 강조하는 행태, 한밤중까지 어린 학생들을 가둬 놓고 공부를 강요하는 '학원'을 낳은 집착 등을 직선으로 연결한다. 그러나 현대에 이런 투사를 하면 과거 실상, 그러니까 교육은 그저 지주와 정부 관리가 될 사람들만 받았다는 실상을 무시하게 된다.[9] 그 실상이 남긴 유산은 자명하다. 일제강점기 말에는 인구 75% 이상이 문맹이었고, 대한민국 문자 해득률은 1960년대까지도 태국이나 필리핀 수준이었다.[10] 일제강점기 조선에든 대한민국에든 보편적 초등 교육 제도는 있었지만 동기를 부여한 힘은 외부에서, 그러니까 1945년 이전에는 일본 식민지 정부에서, 1945년 이후에는 미군에서 나왔다. 1960년대 이후에 대한민국 국민은 분명 학업 경쟁에 매진했지만 이는 야망과 신분 상승 가능성이라는 문화에서 태어난 현대적 추세이다. 다시 말해 인구 전체를 '학위 병' 늪에 몰아넣고 학원 천국을 탄생시킨 나라는 전통 유교 국가가 아니라 민주화 과정 중이던 보통 사람들의 대한민국이었다.[11]

또한 조선 시대 유교 기풍이 현대 대한민국 노동관과 직선으로 이어진다는 말도 맞지 않다. 유교식 삶에서 핵심은 지배층을 위해 유한 사회를 만들고 유지하는 일이었다. 20세기 중반까지도 어느 미국 인류학자는 한국 마을을 이렇게 묘사했다. "(양반)은 아무 일도 하지 않고 말총으로 만든 갓을 쓰고 소작농 노동이나 다른 양반을 뜯어먹고 살았다. 그 지방에서 양반이 누리는 권세는 대단했고 때로 절대적이기도 했으며, 그 정도로 보면 아주 전형적 족벌주의 제도를 행했다."[12] 19세기 말에는 초기 자본주의 산업화 조짐과 함께 자본주의 노동관 조짐도 보였지만, 그래도 일제강점기 이전 조선은 경제 전통주의가 지배했다.[13] 현대 대한민국 노동관은 조선 시대 유교 기풍이 아니라 자본주의 산업화가 주는 보상, 신분 상승이라는 새로운 문화, 군대 및 군사조직화 등 근현대 대한민국 생활에서 뚜렷하게 드러난 여러 다른 원동력에 뿌리를 두고 있다.

최근 대한민국에서 유교 재평가가 이루어졌는데, 이 또한 실제로는 비유교적 현재와 유교적 과거 사이 메울 수 없는 거리를 보여주는 징후다. 유교가 훨씬 뚜렷한 존재감이 있을 때 한국인들은 그 불용不用과 역기능을 놓고 달변을 토했다. 허균의『홍길동전』이나 박지원의『양반전』등 활발한 비판에서도 알 수 있듯, 조선 시대 정점에도 분명히 그랬다.[14] 20세기 한국인들도 대개 한국 병폐(일본에 뒤지고 또 일본 식민지가 되었던 사실)를 낳은 주범으로 유교를 지목했다. 예를 들면 1908년 신채호는「독사신론」에서 유교가 '혼돈과 혼란을 낳고 열등의식을 주입'한다고 비판했다.[15] 해방 이후 꽃핀 친미주의도 민주주의와 과학, 진보 등 서양식 이상으로 기울면서 전통과 유교를 멸시했다. 박정희 대통령은 대한민국 후진성이 유교 탓이라고 거듭 비난하면서 반동분자 지주계층이나 신분 제도 등 유교가 남긴 해악을 근절하고자 했다.[16]

한 가지는 분명하다. 유교가 대한민국에서 살아남아 번성했다면 케이팝은 불가능했을 터다. 제1장에서도 정치 검열과 문화 금기를 언급했지만 케이팝은 유교 계율을 거의 전부 깨뜨린다. 곡도 물론 유교 소리풍경이나 국악 음악 문화에 속하지 않는다. 케이팝 가수들은 아마 멸시를 당하고 매춘부 수준으로 불가촉천민 취급을 받았으리

케이팝
대한민국 대중음악과 문화 기억상실증과 경제 혁신

John Lie | 112

라. 옷과 춤은 단정하게 하고(맨살을 드러내거나 성적 암시가 있는 동작을 하지 말고) 부모님이 주신 얼굴과 몸에 손을 대서도(성형수술을 해서도) 안 되었을 테고 말이다.[17] 케이팝 주요 주제에 속하는 연애도 유교 도덕에 반하는 개념이며, 전통을 벗어난 현대 한국인들이 하는 사랑 이야기는 유교 전통이 가하는 구속과 정반대이다.[18] 어떤 의미에서 케이팝 노래와 춤에서는, 한국 전통이 조금이라도 생각난다면 말이지만, 유교 지식인들이 그렇게도 격노하던 모습, 즉 무당이 격렬하게 빙빙 돌며 짐승처럼 울부짖던 모습도 생각난다.[19] 다시 말해 유교문화의 죽음은 케이팝 전제 조건 중 하나였다.

현대 대한민국에서 조선 시대 유교가 사라졌다는 이 주장이 옳다면 한국 문화와 사회 면면을 설명할 때 선뜻 유교를 언급하는 대한민국 사람은 왜 그렇게 많을까? 사회학적 상상력 빈곤도 큰 이유다. 대한민국에는 전통(유교)과 민족주의를 제외하면 고유한 한국적 요소를 알 만한 풍부한 담론이 없다. 유교는 남한(또는 북한)을 이해할 때 쉽게 쓸 수 있는 거의 유일한 종차種差인데, 여기서도 남북 유교전통에서 차별점 있는 길을 찾아내기 어렵다는 문제는 있다. 대한민국에서는 수십 년간 독재 정치와 시험 중심 교육제도로 자기이해와 자기성찰이 빈약해졌다. 몇 세대에 걸쳐 한국인들은 한국 역사와 문화, 전통을 진지하게 고찰하는 대신 억지로 이름과 날짜를 암기하고 반복해야 했고, 또 그런 역사와 문화, 전통도 정치적으로 올바른 반공 민족주의 역사기술 영역에 속해 있었다. 1980년대에 활발하던 학생 및 노동 운동에 맞선 반동으로 한국 역사와 문화가 유교 기반이라는 생각을 되살리려던 한국인도 몇 있었다.[20] 예를 들어 어느 경영대학 교수는 평생 미국과 서양 학문을 흡수해놓고는 교실과 직장에서 조화를 되살리려고 유교 고전을 폭넓게 공부하기 시작했다고 한다. 그렇지만 이 교수는 유교 윤리가 양반을 위한 유한 생활 유지를 목적으로 했고 따라서 널리 퍼진 현대 자본주의 정신에 반한다는 사실은 잊고 있었다. 어쨌든 유교는 거의 한 세기 동안 끊임없이 맹비난을 받다가 한국 전통과 문화 저변에 깔린 기풍으로 복귀했다. 달리 뾰족한 대안이 없다 보니 교육 광풍부터 케이팝까지 모든 것의 기반으로 다들 쉽사리 유교를 내놓는데, 이는 유교가 얼마나 제대로 소생했는지 보여주는 증거이다.

일제강점기와 시대유감

한국 역사 기술에서 일제강점기만큼 논쟁 많은 시대도 없다. 현대에는 관행처럼 근대 한국이 겪은 모든 문제를 일본 탓으로 돌리고 일제강점으로 잘 된 일은 하나도 없다고 한다. 물론 서양과 서양이 이룬 업적은 일제강점 이전에도 한반도에 들어왔고 조선 시대 이후 일본이 없었더라도 한국이 고유한 근대성이나 자본주의 산업화를 달성했을지 모르겠지만, 거의 모든 한국인이 서양이라고 생각하는 것

대부분은 일제강점기에 일본어와 일본 문화라는 여과 장치를 통해 들어왔다.[21] 유행가 역시 일본 '류코카'를 변형한 음악임은 이미 보았다. 완전히 똑같지는 않지만 조선 유행가는 일본 유행가를 기반으로 했다.[22]

새로운 것이 주는 여파는 조직과 기술 혁신 형태로 가장 깊숙하게 미쳤다. 대중 교육과 군대·파괴 무기, 담론과 제복을 갖춘 서양식 관료주의, 자본주의 공장과 백화점 외에도 훨씬 많은 것들이 일제강점기 전반에 빠르게 압축되어 조선에 들어왔다. 그러면서 도시 지역은 신문물이 모인 도가니가 되었고 대개 일본을 거쳐 들어온 외국 사상과 예술 형식, 생활양식이 조선을 관통했다. 감수성 예민하고 이상주의인 청년들의 상상력을 사로잡은 새로운 단어와 사상은 주로 일본어 번역으로 들어왔다.[23] 그리고 일본 영향을 받은 새로운 소리풍경, 창가와 유행가가 도시 공기를 가득 채웠다. 그러므로 소위 식민지 근대성은 번역한 근대성이었고 대체로 일본 근대성을 번안한 형태였는데, 그렇다고 꼭 조선에 있던 특수성과 고유성을 부정한다는 말은 아니다.

지금 뒤돌아보면 식민지 사람들이 대체로 마지못해 식민지 지배자와 그 문명을 따라잡으려 애쓴 사실도 그리 놀랍지 않다. 그런데 일제강점기 조선에서는 일제강점에 무조건 항복한 그 정도가 눈에 띈다. 당대 가장 영향력 있던 소설가 이광수가 한글을 버리고 일본어를 쓰자고 한 사례는 이런 현상을 가장 상징적으로 보여준다.[24] 어느 식민지 통치 상황에서나 부역은 불가피한 문제다. 식민지 사람들에게 일정한 협조를 받지 않으면 식민지 통치는 불가능하니까. 그러나 정치나 경제 결정·실행에 협조하는 문제와 문명 유산을 저버리고 새로운 지배 세력에 전적으로 적극 동화하는 문제는 다르다. 근대국가 건설 초기에는 흔히 문인들이 상징적 민족 작가 구실을 하기 때문에 조선 상황은 더욱 특이했다. 독일 작가 괴테, 러시아 작가 푸시킨, 일본 작가 나쓰메 소세키를 생각해 보자. 다들 언어는 다르지만 괴테가 독일 문화 공통어로 프랑스어를 쓰자고 했다거나 푸시킨이 러시아 문화에서 독일어를 지지했다거나 나쓰메 소세키가 일본 문화에서 영어 사용을 추진했다고 하면 믿기 어려울 터다.[25] 물론 이 작가들 중 식민 세력에서 압력을 받은 사람은 없었지만, 어쨌든 이광수는 조선 언어와 문화를 자멸로 몰고 간 셈이었다.[26]

문화적 항복을 한 사람은 이광수만이 아니다. 대한민국 민족주의자들은 분하겠지만, 유교 지배층은 조선 문물 보호나 정치독립 지지 면에서는 완전히 무너졌다. 이런 문화 패배를 보여주는 한 징후로 위대한 초기 민족주의 지식인 서재필은 미국 시민이 되어 필립 제이슨으로 죽었다. 옛 지배층 후손들은 일제강점에 반대한 독립 정치에 참여한다고 해도 대개 기독교와 공산주의 등 해외 신념체계에 영향을 받아서 했다. 1919년 3·1운동 이후 조선에서 일제강점에 맞선 노골적 저항은 멈췄다. 일본이 효율적이었거나 잔인했다고 하기야 쉽겠지만 사실은 일제 통치가 패권을 장악했다(따라서 아마도 찬성과 반대, 문화 변용과 억압이 뒤섞인 상태였겠다). 조선인 신세대들이 일본 교과과정으로 학교 교육을 받으면서 신세대 구성원들은 근대(특이한 독립체이지만 실상은 서양과 일본을 뒤섞은 혼합물)를 배웠고, 근대는 매력이 넘쳤다. 특히 유교식 조선 문물에서 나온 전통, 말하자면 서양·일본 근대성에 패배한 그런 전통보다는 훨씬 매력이 있었다. 조선 민요를 다룬 선구적 책을 쓴 시인 김소운마저도 일제가 들인 공을 옹호할 수밖에 없었다.[27]

조선 지배층은 일본 근대를 받아들였고 자국 유산, 즉 유교식 조선 문물을 피했다. 흔히 개종자가 더 열성이라고들 하는데 그 말대로 부끄러울 만큼 많은 지배층이 조선 황민화 정책에서 암묵이 아니라 적극 가담자가 되었다.[28] 제1장에서도 조선 지식인이 아니라 일본 식민지 정부가 조선 민담과 민요를 수집하고 따라서 보존하는 데 중요한 활약을 했다고 언급했다. 또 조선 역사와 인류학 연구 역시 조선 지식인들이 아니라 일본 지식인들이 개척하기도 했다.[29] 일본 오리엔탈리즘(열등한 타자 연구) 형성은 지식이 권력을 향한 의지임을 보여주는 사례였을지도 모르지만, 어쨌든 조선 풍속과 관습을 보존하거나 회복하고자 힘쓴 조선인은 거의 없었다. 조선인들이 서양과 일본을 본뜨느라 중국 고전을 포기한 점도 그런 징후이다. 이광수는 민족주의를 가장하면서 조선 문화와 문학이 파멸한 탓을 유교와 중국 문화에 돌렸다.[30] 그리고 새로운 조선 문학을 만들겠다며 일본 자료에 기대고 일본에서 활동했는데, 그렇다고 조선 문화유산 가치를 낮춘 사람이 이광수 하나만은 아니었다.[31] 야나기 무네요시柳宗悅가 도자기와 한국 전통 공예품을 높이 평가한 사실은 잘 알려져 있지만 그런 일을 한 저명 조선인은 없다.[32] 마찬가지로 무용가 최승희가 조선 동포들은 전통 춤을 무시한다며 개탄할 때 최승희 춤에 찬사를 보낸 일본인들도 있었다.[33] 또 1921년에 일본 음악학자 다나베 히사오田辺尚雄는 조선음악을 '국제 문화재'라고 했지만 식민지 시대 교육받은 조선인들은 국악과 일반 민요를 배척했다.[34]

물론 조선 지배층이 전부 친일파가 되지는 않았지만 반식민 독립 투쟁은 거의 조선 밖에서 벌어졌다. 당시 한민족에 공산주의가 과연 어떤 의미였는지는 확실하지 않으나(물론 일본 제국주의 지배를 벗어난 정치 독립을 의미했겠지만, 국가와 민족을 위축시킨다는 의미도 있었을까?) 적어도 북한 지도자들은 만주 등지에서 일제강점에 저항했다는 영웅주의를 주장할 수는 있었다.[35] 공산주의가 민족 독립과 불가피하게 연결되다보니 김일성과 동지들은 해방 이후 인기가 치솟았다.[36] 반대로 독립한 남한에는 정당성을 얻을 명확한 근거가 부족했다. 전통 지배층은 일제강점 기구에 긴밀하게 부역했고 그 오명이 어찌나 심했는지 전쟁(따라서 일제강점)이 끝났을 때 통치할 만한 사람은 하나도 없을 정도였다.[37] 일제강점기 조선에서 일본이 얼마나 패권을 장악했는지 다시 그려보기는 어렵지만, 어쨌든 다른 면에서는 정신 멀쩡하던 이광수가 한글을 포기했고, 또 일부 지나치게 이상적인 조선 청년들은 가미카제 특공대 합류가 소원이었음도 기억해야 한다.[38] 대한민국 현대인 대부분이 당연히 일제강점기를 끝없는 암흑기로 볼 만도 하다. 현대에는 문화 기억상실증이 편리하니까.

미국의 세기는 승리했을까?

남한은 1948년 독립했다. 새로운 지배층은 한반도에서 30년 이상 떨어져 살던 반공 민족주의자 이승만이 이끌었다. 이승만 정권 첫 내각은 일제강점기에 기껏해야 침묵을 지킨 양반 계급이 지배했다. 눈에 띄는 예외는 김구였지만 곧 암살당했다. 이승만 정권은 경쟁 정치인과 지식인을 제거하고 농민 반란을 진압하면서 정권 비판가들이 품은 최악의 의심이 옳았음을 증명했다.[39] 근대 민족국가를 세운 사람 중에 이렇게 사랑받지 못한 인물을 찾기도 어렵다. 지금 이승만은 악명조차 높지 않고 그저 잊혔을 뿐이지만 말이다.[40] 어쨌든 이승만과 함께 권력을 장악한 동지들은 식민지 예속 상태를 끝내는 데 아무런 기여도 하지 않았다. 움직이지 않는 지정학 현실은 미국과 연합국이 일본을 물리쳤다는 사실이다. 1949년 중국이 '몰락'할 때쯤 명백한 현실은 냉전이었고, 한반도 분단은 불가피하고 당연한 귀결이었다. 제2차 세계대전 이후 새로운 현실 속에서는 패망한 식민지 세력 대신 반란을 일으키는 공산주의자들이 주적 자리에 올랐다. 즉 이제 대한민국에 가장 큰 적, 남한 사람들이 좋은 감정을 보일 수 없고 한동안 사진으로조차 볼 수 없게 된 불구대천의 원수는 같은 민족인 북한이었다.[41] 그러니까 일본은 물론 북한도 대한민국 상상계 속에서 지워지거나 어떤 전형으로만 남았고, 대한민국 현실에는 미국이 어렴풋이 알파요, 오메가로 등장하게 됐다.

대한민국 지배층은 빠르고 철저하게 미국 문화를 받아들였다. 사대주의라는 망령이 또 한 번, 이번에는 20세기 중반 미국식 옷을 입고 대한민국을 사로잡았다. 지배층 조부모 세대는 중국 중심 문화에, 부모 세대는(자식 세대와 마찬가지로) 유럽, 특히 독일 문물을 경외하는 일본 중심 문화에 젖어 있었다. 이제 짧은 '미국의 세기' 정점에서 새로운 실력자들은 야심만만한 청년들과 함께 미국으로 돌아서고 있었다. 외국어 선택에서 하룻밤 새 영어가 일본어를 대신했다(물론 일본어도 과거 중국어를 대신했다). 이승만 정권은 미군이 구상한 내용을 번역하고 실행했다.[42] 미국화 정도는 정치인과 고위 관료 사이에서 미국식 이름이 널리 퍼진 데서도 가늠이 된다. 예를 들면 대한민국 2대 대통령은 '장면'이 아니라 '존 M. 장John M. Chang'이었다. 도시 중산층에서는 디자인과 패션과 건축은 물론이고 (처음에는 좀 더뎠지만) 음식과 유흥에서도 미국식 과시 요소를 취하는 유행이 생겼다. 남한에서는 미국, 특히 미군이 권력과 부의 원천이다 보니 대한민국 도시에서는 음식과 옷부터 음악이든 성性이든 유흥이든 뭐든지 미군 비위를 맞추게 됐다. 아예 가난하고 불안한 고향을 떠나 미국에 가서 살고 싶어한 대한민국 사람도 많았다. 1952년부터 1985년까지 대한민국 최고 의대를 졸업한 의사 절반 이상이 미국으로 가기도 했다.[43] 한국에서 의사가 누리는 특권층 신분을 생각하면 충격적 비율이다. 대한민국에서 특권층 엘리트 구성원이 되느니 미국에 가서 일반 개업의나 상점 주인이 되는 편이 낫다는 뜻이다. 이러한 태도가 금세 나라 전역에 퍼지면서 대한민국이라는 나라는 디아스포라 출발지가 되었다.

　현대 대한민국에서 이승만 정권은 정체기, 부패 시대로 기억한다. 이승만과 그 패거리는 대놓고 선거 부정을, 확실하게 부패를, 닥치는 대로 폭력을 자행했다.[44] 대한민국 초대 대통령을 기리는 사람이 거의 없는 데는 다 이유가 있다. 다시 말해 이승만은 양반 지배에서 내용물은 그대로 보존하고 형태만 미국식 민주주의로 바꿨다.[45] 그 영향은 혼란을 초래하고 모순을 일으켰다. 일제강점기 말에 교육받은 대한민국 국민(주로 남성) 대다수는 한글과 일본어를 다 쓸 수 있었고 해방 이후에도 한동안 정보 전달 매체는 일본어 서적(대개 외국 서적 번역서)이었다.[46] 그러나 일본은 금지와 비난을 동시에 당하는 대상이었다. 이승만 정권은 일본 식민지 기관에서 일한 고위 관료 대부분은 숙청했지만 일본식 제도는 유지했다.[47] 이승만은 남한에서 일본을 몰아내려고 최선을 다했지만 일본이 끼친 깊은 영향력을 근절하는 데는 수십 년에 걸친 반일 문화 시책과 미국 영향이 필요했다. 동시에 국민들도 그저 영어 회화를 배우거나 미국 팝송을 듣는 데 그치지 않고 미국 생활방식에 있는 사상 교리, 정치 민주주의는 물론이고 진보와 신분 이동이라는 신념에 동화하기 시작했다. 4월 학생혁명에서 승리를 거둔 초기 학생운동은 종종 유교풍 민족주의 외형을 취했지만 남한 신지식인들이 이상적인 미국에 자신을 비추어 보았다는 사실도 무시하면 안 된다. 그 미국에서는 민주주의가 당연히 우월했고, 부패는 부단히 배척했으며 신분 평등과 개인 존엄이라는 주장을 옹호했고 부와 행복 추구는 정당했다.[48] 그러니까 이 남한 국민은 유교식 또는 일본식 과거가 아니라 미국식 미래를 보았다. 소원을 말하는 할리우드 영화와 미국 팝송에 나오는 세계, 신분 상승 및 더 나은 삶을 약속하는 물질적 풍요와 격식 없는 평등주의 세계는 새로운 대한민국 세계관에 테를 두르고 색을 칠했다. 제1장에서도 잠시 언급했지만 1950년대 일부 남한 대중음악에 존재하던 달콤함과 빛은 일제강점기 대중가요 특징이던 눈물 쏟는 이별이나 말없이 깔린 한의 표현과는 전혀 다른 세계였다.

간단히 말하자면 이승만 정권은 과거(한 세대에 걸친 일본 영향력)를 말살하고 미래(미국 문화)를 들여오려고 했고, 그러면서 양반 계급이라는 사회 지위를 유지하고자 했다. 결국에는 미국 영향이 일본 영향보다 널리 퍼졌지만, 그래도 엘리트 지배를 지속하려는 시도를 더 직접 좌절시킨 요인은 한국전쟁이었다.

한국전쟁

한국전쟁은 그 파괴력만으로도 남북한에서 한 세대를 쑥대밭으로 만들었다.[49] 인구 약 10분의 1이 죽었고, 다치고 쫓겨난 사람도 많았다. 전쟁으로 상처를 입지 않은 사람은 거의 없었다. 동족상잔의 전쟁은 감정적 비난을 극도로 키운다. 폐부를 찌르는 고통과 분노는 남한에서 반공 민족주의를 부채질했고(북한에서는 같은 힘이 반제국주의 민족주의를 지탱했다) 초강대국들이 유지하던 계산된 냉전 논리에 긴급성을 부여했다.

전쟁이 끼치는 감정적 영향은 생존자들에게는 명확해도 타인에게 전달하기는 어렵다. 외상 후 스트레스 증후군은 개인 전투원과 희생자에게 적용되는 증상이지 집단기억에 적용 가능한 증상이 아니다. 그러나 전쟁이 일으킨 엄청난 파괴는 논쟁할 여지가 없다. 한반도 전역에 계속된 폭격에서 살아남은 건물이나 기념물은 거의 없었다. 죽지 않고 살아남은 사람들도 사랑하는 이들을 잃었고, 신체와 정신이 불구가 된 사람들이 나라 전체에 넘쳐났다. 눈에 잘 띄지는 않지만 책과 원고는 물론 사진과 서한, 일기 등 문화 기억도 사라졌다. 지주계급 후손들도 고향을 떠나든가 부르주아 계급 타도를 외치는 공산군을 마주하든가 양자택일을 해야 했고, 결국 자신들이 누린 특권의 징표와 증거, 따라서 기억을 남겨두고(때로는 불태워 버리고) 떠났다. 한국전쟁 이후 개인과 가족, 단체는 깜짝 놀랄 만큼 문서화가 안 된 상태다.

기억상실과 역사 상실은 사람들을 묶어두던 줄을 풀어버렸고 한국전쟁으로 고향이라는 의식도 약해졌다. 이러한 상황에는 일제강점기 사회변화를 이어가는 측면도 있었다. 농민은 계속 마을을 떠나 도시에서 한 재산 잡아보려 했다. 그러나 전쟁은 한국이라는 국가가 통일된 고향이라는 믿음을 깨버렸다. 그러한 믿음도 사실 생긴 지 얼마 안 됐지만 그래도 그 생각은 식민지 국민이던 사람들을 뭉치게는 할 수 있는 이상이었다. 고향은 확실히 대한민국 의식에서 사라지기 시작했다. 지금은 자기가 서울 출신이라고 자신 있게 말하는 사람들이 많은데, 이 말은 곧 가족사를 일부러 왜곡하든가 한량없이 가족사에 무지하다는 뜻이다. 마치 한국전쟁이 끝나면서 생존자들이 새로운 삶을 시작할 출발점을 찾기라도 한 모양새다. 종전 후 반세기가 지났어도 대한민국은 여전히 쫓겨나고 떠나는 땅이며, 이는 대한민국이 형식주의에 정형화한 민족주의를 수용하는 데 일조한다.[50] 구체적 지역이 불에 타거나 버려지자 향수와 갈망, 희망이 주로 향하는 대상은 추상적 국가가 되었다.

한국전쟁은 유교 조선이 죽었다는 부고를 전했다. 전쟁은 무사와 상인, 기술자보다 지식인을 높게 평가하던 새로운 유교 정설이 부적절하다고 다시 깨우쳐줬다. 앞선 일제강점이 강력한 군대 필요성을 역설하지 않았다면 한국전쟁은 확실히 그 필요성을 역설했다. 군대는 위세를 얻었고, 일제강점기인 1942년 조선에서 시작한 보편적 남성 징병은 이제 남한에서는 당연한 일이었다.[51] 대한민국을 구한 미국의 힘도 미국 생활방식이 우월하며 한국 전통은 쓸모없다는 또 다른 증거가 됐다. 그러나 한국전쟁은 지배계층에 사상 공격보다 훨씬 파괴력 있는 부수적 손상, 즉 토지 개혁을 가져왔다.[52] 토지 소유와 장자 상속은 양반 가부장제를 지탱하는 양대 물질 기반이었는데 대대적 토지 재분배로 둘 다 결딴이 났다. 이제 토지 소유는 더 이상 위세와 권력을 나타내는 증표가 아니었고, 토지 주인도 임대료를 징수하거나 계속 소작을 주지 못하니 재산을 지키거나 늘리려면 다른 방법을 강구해야 했다. 사실 땅은 가지고 갈 수 없다는 사실을 전쟁이 이미 증명하지 않았던가. 부동산보다 일류 학위가 훨씬 더 나았다. 이러한 변화는 조선이라는 '전'과 자본주의 대한민국이라는 '후' 사이에 존재하는 근본 단절을 알렸다. 조선에서 일제강점기로 이행하는 과정에서도 대체로 그대로 남은 농경사회 지배층이 이제 전복된 상황이었다.[53] 자본주의 산업화, 그에 따른 도시화라는 상호 연관된 추진력 때문에 농경사회를 떠받치던 양대 기둥, 즉 대가족 또는 마을이라는 제도와 농경사회 질서도 가차없이 꾸준하게 몰락했다.[54]

전통 쇠퇴를 양반 지배층·농경사회 질서 몰락과 연결하면 환원주의처럼 보일지 모르지만 그 상관관계를 부정하기란 불가능하다. 양반 지배의 몰락은 분명 토지 개혁 이전부터 시작되었지만, 토지 개혁 이후 속도를 더했다. 교육받은 대한민국 국민은 이제 미국 경영서를 읽었지 『논어』 등 유교 고전을 읽지 않았고, 유교와 무속, 기타 토속 신앙과 가치체계보다 기독교와 민주주주의, 서양 신조 전반을 믿는다고 했다. 그리고 제1장에서 말했듯이 전통음악을 버리고 유럽음악을 취했다. 남한 지배층은 이제 고서나 족자, 병풍, 그리고 그 유명한 도자기와 한지까지도 모으지 않았다. 1500년 이전 초기 고판본이나 그 이전 원고까지 구할 수 있는 서양 애서가에게는 대한민국에서 고서란 1959년 이전 나온 책으로 정의한다는 사실이 가장 충격적이다.[55] 이는 분명 일제강점기부터 내려온 경향이다. 처음에는 일본인 감정가들, 나중에는 미국인 감정가들이 버려진 양반 보물들을 푼돈을 주고 열심히 낚아채 갔다. 대한민국에서 아직까지도 자국 고서나 고가구 애호는 놀라우리만치 약한 편이다.[56] 수집가 활동과 과시적 소비는 표면상 무관해 보이지만 전통 유산은 양쪽에서 확실히 몰락했다.

박정희 혁명

1960년 4월 학생혁명 이후 생긴 민주적 최고지도자 공백기는 1961년 군사 쿠데타로 끝났다. 쿠데타를 지지한 젊은 장교들이 어떤 의도였든(소위 제3세계에서는 군사 쿠데타가 흔해빠진 정치 변화에 불과한데, 그런 나라 장교들이 품는 의도와 달랐다고 볼 특별한 이유는 없다), 이 장교들은 부패 종식과 더 공정하고 역동성 있는 사회 출범을 요구했다. 함께 음모를 꾸민 자들에게서 금세 권력을 빼앗은 박정희는 지배 초기에 개인 도덕성과 사회질서, 순수와 진보를 거듭 강조했다.[57]

박정희 정권은 기나긴 양반 정치 지배를 끝냈다. 이 정권은 특별한 혁명보다는 마지막 일격으로 권력을 움켜쥐었다. 조선왕조 몰락과 일제강점기, 해방 이후 미군 지배, 한국전쟁, 토지 개혁이 각각 한몫한 결과였다. 그런데 학생 혁명가들이나 이승만을 대신한 장면 대통령은 대부분 양반계급 출신이라는 점에서 조선 시대와 그래도 어느 정도 연속성이 있었다. 반면 박정희는 출신이 미천했다.[58] 박정희가 취한 첫 조치에는 정부 고위관료는 물론 재벌 총수들을 잡아들여 전통 지배층 영향력을 축소하는 작업도 있었다. 무엇보다 박정희는 보통 집안 출신인 젊은 과학기술 전문가들이 대한민국 정부를 이끌도록 장려했다.

박정희가 취한 가장 중요한 조치는 대한민국 군사화였다. 언급했다시피 전통 조선 유교 사고방식에서는 군대를 경시했지만 박정희 정권은 군대를 격상시켰다. 군대는 이제 한국 남성성이 거쳐야 하는 최종 학교 기능을 했다. 대한민국 남자들은 질서에 복종하고 시간을 엄수하며 살았고, 담배를 피우고 술을 마시며 남성끼리 교제하는 존재 방식을 배웠다. 군대는 여러 세대 대한민국 남성을 비슷한 모습으로 훈련하여 농촌에 둔 뿌리를 벗겨내고 반공 민족주의 한국인이자 현대 노동자로 만들었다.[59] 일본 군사학교에서 교육을 받으며 세계관을 형성한 박정희는 정치경제에서 철근 콘크리트 중심 산업주의를 강조하던 전쟁 전 일본식 비전을 고취했고 게다가 군대를 조직 표준 겸 이상으로, 심지어 생활 방식으로 장려했다. 대한민국 사람들은 조직 구조라고 하면 군대를 생각한다. 그 이후로 군대식 규율, 독재적이고 위계질서가 강하며 성과주의에 효율적인 규율이 한국식 삶에서 제도화되었다. (제2장에서 보겠지만 케이팝 제작마저도 군사훈련 체제에 기반을 둔다.) 대한민국 조직생활에서 '빨리 빨리'만큼 흔한 표현도 없다. 유교나 농경사회와는 전혀 다른 이 군사적 이상은 박정희가 대한민국에 남긴 여러 지울 수 없는 흔적 중 하나다.

그러나 박정희는 정통성 인정 면에서 끈질기게 위기를 겪었다. 북한 김일성처럼 진정한 반식민주의 독립 영웅이라는 자격도 없는데다 일본 군대에서 훈련 받고 웃음기라고는 없던 박정희는 카리스마도 인기도 없었다. 그렇다고 지배층 출신이라거나 뛰어난 교육 성취라는 기존 정통성 근거를 주장할 수도 없었다. 그랬기 때문에 박정희는 반공(반북한) 민족주의와 경제 성장 낙수효과를 강조했다. 반공 민족주의는 그리 큰 열의를 불러일으키지 못했다. 억압과 고문으로 충성을 이끌어내기란 어려운 법이니까.[60] 따라서 박정희는 자신이 계속 통치해야 하는 존재이유로 경제 성장을 택했다. 그러면서 경제 성공이라는 반反양반 이데올로기를 대한민국 삶에서 최고선으로 자리 잡게 했다. 이러한 문화 변화는 더디게 모습을 나타냈다. 조선 시대 유교 지식인들이 경멸하던 물질도 그렇게 경멸당하지는 않게 됐지만, 박정희 시대 문화 성취 또한 21세기에 생각하는 만큼 무의미하거나 피상적이지는 않았다. 어쨌든 세속·물질적 성공이 대한민국 생활에서 최고선으로, 코리안 드림으로 부상했음은 명백하다. 유교를 추종하던 과거에 이상으로 여긴 삶은 금전을 쫓아가는 모래톱에 좌초했다.

유교 지배층에 박정희가 가한 마지막 일격은 자본주의 원칙 제도화였다. 현대에는 유교 문화와 자본주의 성공 연결이 유행이지만, 역사상 유교 정치체는 상업적 추구를 비판했다. 유교 고전에서도 직업 위계질서는 매우 명확해서, 양반이 걸어야 할 길은 이익 추구가 아니라 명상하는 삶이다.[61] 대체로 농경사회 기반이기 때문이라고는 해도 유교 문화는 무역과 생산을 우선시하는 세계에 끝까지 반대했다.

그러나 박정희는 유교가 대한민국 정치경제 침체를 낳은 원인이라며 부단히 비판했다. 이런 면에서는 친미 성향이던 1950년대 및 1960년대 주류 사상가들과 같은 생각이라고도 볼 수 있다.[62] 다만 여기서 결정적 요소는 박정희가 생각하거나 말한 내용이 아니라 박정희 정권이 취한 행동이다.

박정희가 1960년대 말 수출제일주의 산업화를 승격시키면서 대한민국은 오로지 수출과 경제 성장에 전념하는 국가로 변했다. 당시 대한민국에서 새로운 기본 문화 논리는 아직 정해지지 않은 상태였다.[63] 제1차 경제개발 5개년 계획은 수입 대체 공업화 전략을 취했다. 수출 논의가 있었다 해도 쌀과 김 등 농산물 수출 정도였다. 그러나 박정희가 재벌 독점에 가한 일격이 활발한 단순 공산품 수요(미국이 베트남 전쟁에 개입하며 생긴 수요)와 맞물리면서 대한민국 경제에 한 가지 가능성, 즉 공산품 수출이라는 길을 제시했다. 한국전쟁 시기 미국 수요가 늘어나면서 제2차 세계대전 이후 일본 경제 부흥이 일어났듯이, 대한민국도 미국 베트남전 파병과 군복, 군화 등 끝없는 단순 공산품 수요로 엄청난 이익을 얻었다.[64]

그러나 대한민국 경제 성장은 매우 부적절했다. 경제 성장에서 비롯된 모순, 즉 빈부 격차, 노동 착취, 지역 간 불균형, 농촌 이탈 등이 동시에 발생하면서 대한민국은 기형이 되었다.[65] 게다가 박정희는 경제 성장 때문에 또 다른 사상적 기둥인 반공 민족주의에 기대야 했다. 박정희 통치는 한국전쟁으로 시작된 일을 완성했다. 적을 악인화하는 일은 범국민 운동이 됐고, 북한은 늘 '북괴'(북한 괴뢰 정권)라고 불렸다. 적이 가까이 존재하며 어쩌면 내부에도 존재할지 모른다는 사실 때문에 검열과 감시부터 임의 연행과 고문, 협박과 요주의인물 명부 작성까지 모든 남용은 정당한 일이 됐고, 대한민국은 위험하리만치 전체주의국가에 가까워졌다. 대중음악 검열과 통제도 기나긴 박정희 재임 기간, 특히 후반기에 대한민국을 어둡게 물들인 여러 독재 정치 요소 중 하나에 불과했다.

반공 민족주의는 한민족 통합을 갈라놓는 기묘한 영향력도 발휘했다. '하나의 한국'이라는 수사는 남한이 진정하고 유일한 한국이라는 의미였다. 60년 넘는 분단으로 이제 38선 너머 혈족 유대나 지역 애착도 약해졌고, 이는 언어 차이나 외모 차이에서도 뚜렷하다.[66] 남한으로 온 탈북자들은 말과 복장, 행동으로도 쉽게 구분 가능하다. 더 뚜렷한 차이는 15센티미터에 달하는 남북한 국민 평균 신장 차이다. 이제는 남북한 국민 사이에 당연히 인종·민족 동질성을 상정할 수 없다. 조선왕조 시대에 문화·민족 통합이 얼마나 되었는지는 의심스럽지만, 정치 통일만은 부정할 수 없었다. 그러나 반공 민족주의 세월이 수십 년 흐르고 게다가 북한이라는 국가가 실패하면서 남북한 사이에서 이상화한 통일성은 끊어진 듯하다.

민족주의에는 반공주의 외에 혁명성도 있었다. 박정희가 대한민국에서 벗겨내려던 대상은 유교식 옷만이 아니라 대한민국에 썬 일본식 외피이기도 했다.[67] 박정희 본인도 전쟁 전 일본 군사문화에 물들었지만 그래도 이승만이 사용한 강력한 반일 수사법과 정책을 더욱 강화했다. 혁명적 민족주의가 미친 영향은 한자 폐기, 특히 1970

년 대통령령으로 한자 병기를 폐지하고 한글 전용 사용을 권장한 데서 가장 뚜렷하게 드러났다.[68] 흥미롭게도 박정희가 벌인 이 사업은 1970년대와 1980년대 학생 및 급진파 운동이 완성했다. 좌파 성향 일간지 『한겨레 신문』은 처음에는 숫자까지 한글로 표기할 정도였다. 한글 표기로 전환한 교육 또는 문화 근거가 무엇이었든, 그 결과 이전 한국 문명과는 엄청난 단절이 생겼다. 단순하게 설명하자면 1980년대 이후 새로운 한글세대에게 과거 한국 저작물 중 상당수는 접근 불가능해졌다. 1960년대 한국 학자가 내놓는 저작물은 18세기 조선 학자나 중국, 일본 동시대 학자들에게도 읽혔을 테지만, 대한민국 청년들이 유교 고전과 한국어 주해는 물론 1970년대 이전에 쓰인 신문기사와 순수문학 소설까지 예전 글을 못 읽게 되면서 동아시아 문명에 존재하던 전통적 통일성은 불가능이 됐다. 따라서 전통에 느끼던 유대는 완전히 단절되지는 않았어도 민족주의 명목으로 느슨해졌다.[69] 민족주의를 거드는 시녀였어야 할 전통은 타자가 되고 말았다.

민족주의 사상은 전통을 소중히 여겼어야 하지만 형식상으로만 그랬지 실질상으로는 그러지 않았다. 게다가 이 사상은 대한민국이 미래에 이룩할 위대함(대체로 미국에 영향을 받은 다가올 위대함)만 바라보는 현대화 신념·관행으로 바뀌었다. 대한민국 민족주의 술어들이 일반 민족주의 원칙과 상충할 때가 많았으므로(예를 들어 북한 동포를 주적으로 본다든가) 결국 민족주의 실체가 아닌 형식만이, 한국적인 것과 대한민국이 이룬 성취를 칭송하고 미화하는 서사 구조만이 번성했다. 역설이지만 또 예측 가능하게도 찬양하는 내용이 아무리 빨리 바뀌어도 찬양하는 정도는 약해지지 않았다. 민족주의 담론은 공허한 기표 기능을 했다. 대한민국은 1960년대에는 유교에 반대해야 했지만 1990년대에는 유교를 옹호해야 했다. 한국인성에서는 인종·민족 순수성이 한동안 주요 술어였지만, 그러다 세계화와 다문화 대한민국이 새로운 표준이 되었다.[70] 어쨌든 대한민국은 찬양하고 사랑할 만한 대상이었다. 과잉 민족주의는 열렬했고 그 열렬함은 전통과 민족의 공허함과 발을 맞춰 갔다.

과거 말살과 새로운 것의 수용

한국인 일상을 바꾼 힘은 어떤 법령 제정이나 정책이 아니라 자본주의 산업화가 일으킨 거대한 변화였다. 1960년대 초반에서 2010년대 초반까지 반세기 동안 한국인 삶과 생활양식은 획기적 대변화를 겪었다. 1960년 4월 학생혁명 즈음 평론가라면 대한민국이 전통에 매인 농업 국가, 시골이 대부분인 유교 국가라고 쉽게 묘사했다. 그러나 2010년대 초반, 아니 1988년 서울 올림픽 때만 해도 그렇게 말할 사람은 없었다.

통계 자료만 봐도 알 수 있다.[71] 박정희가 처음 집권한 1961년에는 인구 70% 이상이 농촌에 살았지만 집권 말기인 1971년에는 60% 이상이 도시에 거주했다. 1970년까지도 노동력 절반 이상이 1차 부문에 종사하고 있었으나 1995년 그 수치는 11%로 줄어들었다. 평균 출산율은 1960년대 초반까지도 여성 1인당 6명이었지만, 2012년 수치는 1.2명도 넘지 못해 전 세계 최저에 속한다. (원래는 인구 증가 제어를 담당했다가 결국에는 출산율 증가 방안을 연구하게 된 인구학자나 가족계획 전문가도 있다.) 1960년대 초반에는 텔레비전을 보유하거나 본 적이라도 있는 한국인이 거의 없었다. 2010년대 초반에는 광대역 연결이 되지 않은 대한민국 가구는 샅샅이 뒤져야 겨우 찾을 정도다. 대학교는 일제 강점기 1924년에 최초로 생겼는데 2010년대 초반에는 대학 재학 연령인 청년 80% 이상이 3차 교육기관에 등록한 상황이었다. 1인당 국민총생산은 1960년대 초반 1백 달러도 안 됐지만 2010년 초반에는 2만 달러를 웃돌았다.

다시 말해 생활 모든 면면이 바뀔 수 있었고 실제로 바뀌었다. 1950년대 남한 아이들은 종종 미군을 따라다니며 초콜릿과 캔디를 구걸했지만 그 아이들이 낳은 아이들은 저개발국가 빈곤층 생활 개선 방법을 고민한다. 서울 한강 남쪽은 거대한 습지와 밭이었지만, 오늘날 강남은 싸이 뮤직 비디오 덕에 세계에서도 가장 활기찬 곳이라는 인식이 널리 퍼져 있다. 1960년대 서울 거리는 차보다 사람이나 소가 끄는 달구지가, 외제 차보다 거지가 훨씬 많은 흙길이었고, 거리를 다니는 여성 대다수는 여전히 한복을 입었다. 이제 훨씬 부유해진 대한민국 청년들에게 서울 한복판에 소달구지나 흙길이 있었다고 하면 믿기지 않는 이야기일 뿐이다. 1960년대 이전에는 국민 대부분이 단독 주택(부자들은 마당이 딸린 중국풍 저택, 가난한 소작농은 초가집)에 살았다. 2010년대에 도시인 대부분은(이제는 농촌도 확실히 도시화했다) 고층 아파트에 산다. 넓고 화려한 아파트에 사는 사람도 있고 좁고 지저분한 원룸에 사는 사람도 있지만, 수도와 가전제품이 있는 부엌이며 양변기가(샤워기도) 딸린 실내 화장실, 소파나 테이블, 의자, 책상 등의 서양식 가구, 텔레비전과 노트북 같은 전자 제품 등 1960년대에는 희귀품이던 다양한 중산층 편의가 2010년에는 필수품이다. 과거에는 바깥 변소에 쪼그리고 앉아야 했지만 지금 도시 청년들에게 따뜻한 비데가 아닌 곳에 주저앉아 일을 보라고 하면 끔찍한 일이다. 1960년대에는 주택 거주가 일반이었을 뿐만 아니라 식구 수도 많아서, 단순히 대가족이 아니라 먼 친척이나 그냥 좀 아는 사람, 세입자와도 함께 살았다. 2010년대에 아파트는 대개 핵가족이 사는 성이다. 반세기 전 가족이라고 하면 친족 혈통과 장황한 이야기가 흘러나왔다. 지금 가족이란 훨씬 작은 존재로 서양 핵가족 단위 표준에 급속히 가까워졌다. 1960년대 초반에는 '주부' 개념도 명확하게 확립되지 않았는데, 논밭이나 공장에서 일하는 여성이 많았기에 주부는 중산층의 이상에 가까웠다. 포부가 있는 2010년대 중산층 가정에는 자식을 시험 경쟁에서 승자로 만드는 일이 주 업무인 전업주부들이 존재한다. 1960년대에는 '청소년'이 존재하지 않았고 세대 간 갈등도 겉으로 드러나지 않았다. 지금은 대중문화가 부상하면서 젊은이들에게 힘을 주고 세대를 갈라놓았다. 1960년대 초반까지도 대한민국은 농업 국가였고 국민은 조선 시대 물질 기반을 공유했다. 하지만 대한민국은 빠른 산업화 과정에서 역사상 가장 급속한 농촌 이탈을 경험했다. 마을이 말 그대로 사라졌고 농촌은 완전히 무너지고 말았다. 그 결과 생활 리듬도 농사를 짓던 일상이나 계절 주기에서 공장과 사무실 시계에 맞게 바뀌었다. 앞서 언급했지만 토지 자체도 가치가 떨어졌다. 시골은 이제 팔거나 파괴해 현금을 얻을 도구에 불과했고, 그 우수성은 부동산 투기 열풍 속에서나 다시 주장할 수 있었다.

수출제일주의 산업화로 대한민국은 거대 시장으로 탈바꿈했다. 국가에 천연 자원이 빈약하다면(텅스텐과 김, 인삼은 현대 자본주의 세계 경제에서는 가능성이 별로 없다) 국민은 자신을 상품으로 만들 터였다. 공장이든 사무실이든 공식 부문에서 일자리를 얻은 사람들은 운이 좋았지만, 1980년대 후반 대한민국은 최저 임금과 산업재해 건수 최다 등, 선진 사회 중 노동 조건이 가장 열악하다는 불미스러운 칭호를 얻었다.[72] 1970년대와 1980년대 고도 경제 성장은 대한민국 노동자 한 세대를 극도로 착취해 가능해졌다. 그런데 착취조차 당하지 않는 것은 착취보다 더 나쁜 일이었다. 농촌 이탈로 셀 수 없이 많은 농부들이 도시로 쏟아져 나오면서 비공식 부문이 활발해졌다. 이들은 생계를 유지하고자 노점상으로, 구두닦이로, 가정부로, 매춘부로 일했다. 청소년이든 성인이든 여자들은 머리카락을 잘라서 팔아(1960년대 상위 수출품목 5위 중 가발이 늘 들어 있었다) 푼돈을 받고 그 돈을 살림에 보탰다. 무엇보다 젊은 여성 사이에서 매춘이 최대 직업군이 되어 현금 많은 미군이나 일본인 관광객, 대한민국 사업가 들의 욕구를 충족시켰다. 조선 시대에도 매춘이 없지는 않았지만 유교 원칙보다 상업 원칙이 지배하는 대한민국에서 매춘은 이제 주요 산업이 되었다.[73]

간단히 말해 오늘날, 2010년대 초반 대한민국 생활양식은 반세기 전 대한민국 사람들이 몰라볼 만큼 변했다. 변화란 점점 커지면서 양적으로도 경험되지만 그 순효과는 질적 변화로 이어진다. 대한민국에서 일어난 대변화는 아마 남한에 사는 탈북자와 연결해 생각해 보면 가장 잘 이해되겠다. 남한은 1948년부터 독립 정부가 통치했지만 경제 지표상 1970년대 초반에 들어서야 북한보다 잘살게 되었다.[74] 그 뒤 탈북자 대부분이 동포라고 믿던 남쪽 사람 생활양식에 적응 못하겠다고 생각하기까지는 불과 40년이 걸렸다. 앞서 평균 신장 차이가 크다고 언급했지만, 그 차이는 근로 기풍과 사회관계부터 시장과 미디어 기술 활용까지 뻗어나간다. 이런 분야에서 남한 사람들은 한반도에 존재하던 오랜 규준을 이미 벗어났다.

자본주의와 소비문화, 대중문화가 유교와 농경 생활, 민속 문화를 대체했다. 1960년 4월 학생운동과 1961년 군사 쿠데타 시기에는 지배층이 미국식 힘과 가치를 숭배했어도 대한민국 지배 사상에는 여전히 유교 색채가 짙었다. 조상 숭배 신성화와 나이에 따른 위계, 성불평등 외에도 소유권 집중과 불평등한 교육으로 생긴 명백한 신분 질서가 대한민국에 존재했다. 카스트에 준하는 이 사회에서 신분 정체성, 특히 양반과 지주 계급에 속하는 신분 정체성은 결혼과 직장, 사회 지위를 정하는 주된 기표였다. 1950년대 대한민국 핵심 권력자들은 대개 양반 출신이었다. 이승만 내각도 거의 전원 양반 출신이었고, 재벌도 마찬가지였다. 앞서 주장했듯이 한국전쟁 때 토지 개혁은 북한과 공산주의의 매력에 맞서려는 의도이기도 했지만 수세기에 걸쳐 내려온 부와 위세의 원천을 그야말로 하룻밤 새에 제거했다. 1961년 군사 쿠데타는 하급 간부 후보들이 주도했고 일본과 미국식 성과주의 가치에 근거해 아래에서 일어난 혁명으로 이해할 수도 있다. 마지막 일격은 자본주의 산업화로, 대한민국에서 권력과 위세, 신분이 솟아나는 샘을 확실하게 바꿔놓았다. 1980년대 중반에는 이미 결혼 적령기 딸을 둔 부모들도 신랑감을 볼 때 출신 집안보다 교육 수준과 앞으로 벌 수입을 더 보기 시작했다. 전통 신분에서 경제 지위와 교육 성취도로 초점을 돌린 이 대변화는 유교 사상 쇠퇴 덕에 나타났다. 이제는 최고선도 여유롭게 명상을 하는 삶이 아니므로 벌고 쓰는 문화가 크게 재평가됐고, 따라서 사람들도 현대식 삶을 추구하고 그 생활양식을 따르게 되었다. 코리안 드림에서 학위부터 좋은 직업으로 이어지는 길 외에 또 다른 핵심 요소는 삶의 질과 결, 그러니까 풍부한 물질뿐만 아니라 도락·여흥과도 관계가 있었다. 핵심은 경제적 풍요였다. 1960년대 후반기만 해도 평균 가구 소득 50% 이상은 식료품에 썼지만, 1980년대 후반 그 수치는 30% 정도로 떨어졌다.[75] 1980년대는 대한민국 중산층이 여가와 여가 추구를 받아들인 시대이기도 하다. 이 시대에는 골프 열풍이 시작되고 중산층 자동차 소유 욕구나 여행·관광(1982년에야 자유화가 되었다) 욕구 등이 생겼고, 또 가장 접근성 좋은 대중오락인 영화, 텔레비전, 음악까지 인기를 더하던 때였다. 그리고 이제는 지배층에서도 경멸당하지 않고 농

촌에서도 무관심하지 않은 대중음악도 점점 인기를 얻었다.[76]

대한민국 집단의식에 찾아온 또 다른 큰 단절도 강조할 만하다. 1997년 IMF 위기(다른 나라에서는 단순히 아시아 경제 위기라고 하지만 대한민국에서는 국제통화기금 개입을 가리켜 흔히 이렇게 부른다)에서 받은 충격 말이다. 1988년 서울 올림픽 즈음부터 외부 평론가들은 경제 역동성이나 정치 민주주의, 문화 번영 등 대한민국을 볼 때 모든 일을 끝없는 상승 서사로 보려고 했다. 1990년대 중반에는 한국인 대부분도 이러한 발전 서사를 믿게 됐다. 민주 정치 체제에서 풍요롭게 자란 청년 세대, 서태지와 아이들을 받아들이는 그런 젊은이들이 등장하면서 경제든 정치든 미발전 상태에 관한 기억은 흐려졌다. 경제 강국 반열에 올라선 증거로 대한민국은 1996년 경제협력개발기구OECD에도 가입했다. 다음 해에는 김대중 대통령이 당선됐다. 야당이고 한때 사형 선고도 받은 김대중 대통령이 취임하자 대한민국이 진정한 정치 민주주의국가가 되었다는 주장도 공고해졌다. 그러나 경제 풍요와 정치 민주주의, 계속된 발전을 태평하게 찬양하던 와중에 1996년 아시아 통화 위기라는 난관이 닥쳤고 대한민국은 1997년에 그 타격을 입었다. 경제 위기는 재벌 지배에도 도전이 되었지만 그보다도 오래 지속된 영향은 널리 퍼진 불확실성이다. 그런데 1991년 부동산 거품이 꺼진 뒤 자기 성찰을 하며 안으로 향한 일본과는 정반대로 대한민국에서는 줄곧 수출과 세계화 필요성을 강조하는 경향이 있었다. 그렇다면 역설적으로 IMF 위기가 대한민국 성장·혁신 성향과 수출 의존성, 대외 지향성을 심화했다는 의미이다. 다시 말해 IMF 위기 여파로 대한민국은 과거와 기억, 전통을 향하는 대신 미래와 창조적 파괴, 문화 기억상실을 향해 나아가는 추진력을 더욱 강조한 모양새다.

그렇다고 전통이 다 자취를 감추지는 않았다. 가족은 여전히 중요하고, 아이들은 지금도 부모와 교사, 연장자들에게 존경을 표한다(물론 가족이나 나이에 따르는 위계를 완전히 지워낸 문화가 과연 있는지 모르겠지만 말이다). 그래도 결혼 성사에서 중요한 사상이 부모나 재산보다는 진정한 사랑임을 누가 부정하겠는가? 일제강점기 여성 가수들이 지주 계급 남자들과 결혼하려다가 남자 쪽 가족들에게서 신분 탓에 편견과 반대를 겪어야 했음을 제1장에서 본 바 있다. 1980년대까지도 배우자감 가족이나 신분을 꼬치꼬치 캐묻는 일은 사회 관습상 필요한 일이었다. 21세기에는 그러한 전통 관행도 사라졌다. 가족 배경을 논한다고 하더라도 주로 상대방 부모의 경제나 교육 수준 중심으로 묻지, 배우자감 조상이 어떤 신분이었는지 묻는다면 끔찍하게 구식이라는 뜻이 된다. 1980년대에는 결혼할 때 반드시 처녀여야 했지만, 2010년대에 그런 언급을 하는 사람은 거의 없다.[77] 이혼도 점차 흔해졌고 용인되는 일이다. 전에는 대세이던 단정한 옷차림도 다 사라졌다. 윤복희가 1960년대에 짧은 치마를 입어 소동을 일으켰다지만, 오늘날 서울 거리에서는 그런 차림에 누구도 눈 하나 까딱하지 않을 터다. 1990년대까지도 짙은 색 양복에 흰 셔츠, 어두운 넥타이를 매던 반듯한 남자들도 이제는 다채로운 색상을 즐긴다.[78] 유교 자리에는 기독교가 들어섰다.[79] 이제 유교 도덕성이나 과거 경제 관행 대신 미국식 자본주의와 상업이 현대 대한민국을 지배한다.

이렇게 대한민국 국민은 전통을 상실하고 각자 새로운 유행의 물결을 탔다. 사실 현대 대한민국에 있는 특수성과 고유성은 일상을 형성하는 최신 상업주의 혁신 속에 존재한다. 예를 들어 1980년 서울 롯데백화점 일본인 관리자가 밸런타인데이 초콜릿 판촉 행사를 했을 때 전 세계에서 2월 14일에 기념하는 이 낭만적인 날을 아는 한국인은 거의 없었다.[80] 그러나 머지않아 3월 14일은 화이트 데이, 4월 14일은 블랙 데이, 5월 14일은 로즈 데이, 6월 14일은 키스 데이, 7월 14일은 실버 데이가 됐다. 대한민국 청년들은 이 최신식 의례가 마치 한국 문화에서 무슨 깊은 요소라도 표현한다는 듯 자랑스럽게 들먹인다. 케이팝은 바로 이런 문화적 태도 안에서, 과거 소리풍경에서 기꺼이 벗어났으면서도 '한국' 음악으로서 사랑받는 이런 상황 속에서 군림하게 됐다. 다시 말해 영원한 현재형으로 경험하게 되는 한국 문화는 바로 소비문화이다.

영웅과 기념비

한국과 남한 역사를 서술하면서 나는 불연속성과 전통 말살을 강조했다. 거듭 강조했지만 사람들은 전기와 역사에 연속성이 있다고 개념화하기 때문에, 내 해석이 특이하거나 심지어 삐딱해 보일지도 모른다. 그렇다면 이 주장을 달리 보는 방법으로 현대 대한민국에 존재하는 기묘한 특징, 즉 근현대 영웅과 기념비 부재를 관찰하는 방법도 있겠다.

민족주의 담론은 대개 아주 먼 옛날부터 시작하려고 하지만 근대 민족국가 대부분은 비교적 신생이다. 미국은 대체로 젊은 나라로 보지만 실제로는 '최초의 신생 국가'이면서 민족국가 중에는 가장 오랜 축에 속한다.[81] 독일은 문화 및 언어권으로서 수천 년간 존재했을지 몰라도 독일 통일 정치체는 1871년에나 등장했다. 유럽 민족국가 대부분은 문화 및 언어 통일체로서는(문화나 언어가 실제로 통일이 되거나 했다면) 산업혁명과 민주주의 혁명 이후에 등장했다. 민족국가에는 그런 식으로 근대성이 있기 때문에 원형 민족영웅은 물론 근대 민족영웅도 기념한다. 프랑스에서는 아이들에게 갈리아 영웅도 가르치겠지만, 근대 프랑스는 확고한 기반을 프랑스혁명에 두고 있다. 마찬가지로 앞서 시사했듯이 민족국가에는 대개 문호들이 있어 상상 문학을 뒷받침하는 근거로 근대 언어, 따라서 근대 민족언어를 내놓는다. 보다 직접적으로 민족국가에서는 근대 민족국가를 세운 정치 영웅들을 기린다. 미국은 조지 워싱턴과 미합중국 헌법 제정자들을, 중국은 마오쩌둥과 그 동지들을, 인도는 간디와 네루를 말이다. 이런 영웅들은 대개 수도나 여러 도시에 조각상이나 그 이름을 딴 건축물이 있게 마련이고, 화폐나 우표에 초상이 그려 있기도 하고 온 나라 국민이 때로는 신성에 가깝게 경외하며 중요성을 인정한다.

그러나 대한민국은 다르다. 앞서 언급한 초대 대통령은 부패와 무능으로 대개 무시당한다. 1956년 서울 한복판 남산에 이승만 동상이 들어섰지만(나이와 같은 81척(25미터)으로 만들었다) 4년 후 4월 학생혁명 때 철거되었다.[82] 현재 대한민국 공공 공간에는 대형 전직 대통령 동상이 들어선 곳이 없다. 북한에는 김일성 조각상이 어디에나 있고, 대형 조각상은 500개가 넘는다는 말도 있다.[83] 반대로 '장면'이라는 이름은 역사 일반상식 질문에 답으로나 나올 법하다. 박정희가 중요하다는 사실은 부정하기 어렵지만 대한민국은 박정희 자체를 놓고 극과 극으로 의견이 엇갈린다. 박정희가 현대 대한민국 정치경제를 만든 설계자이자 기관사라고 찬양하는 사람이 한 명 있다면 박정희를 잔혹한 독재자로 기억하는 사람도 한두 명은 있다. 전두환, 노태우, 김영삼, 김대중, 노무현, 이명박, 박근혜 대통령도 각자 추종하는 무리가 있지만 좋아하는 사람만큼 폄하하는 사람도 많다. 적어도 2010년대 초반 현재, 지금부터 반세기 뒤에 누가 진정한 국민 영웅으로 떠오를지 예측하기는 어렵다. 문학에서도 뛰어난 근대작가 이광수는 앞서 본 대로 반역자였고 지금도 민족의 수치로 남아 있다. 도자기나 한지 등 전통 공예도 전통 회화와 음악, 춤과 마찬가지로 체제상 어찌나 평가절하를 당했는지 현재 이 분야 예술가 중 전국적 지명도라고 할 만큼 이름 있는 사람은 거의 없다. 현대 대한민국 예술가 중에는 행위예술가 백남준이나 고전음악 작곡가 윤이상처럼 큰 성공을 거두고 세계에서 명성을 누리는 사람들도 있지만, 이들은 반정부 성향을 공언하고 오명을 얻었다. 유력 월간지 『월간 조선』은 대한민국 50주년을 맞이하여 국가에 가장 기여도가 높은 인물을 뽑으면서 유럽 고전음악 지휘자인 정명훈을 학술·문화·예술 부문 1위에 올렸다.[84] 안익태(3위), 백남준(4위), 이미자(5위) 등 상위 5위 중 4명은 음악인이었다. 한국인들이 음악을 애호한다기보다 다른 영역에는 적절한 민족 영웅이 없다는 뜻이다.

그렇다면 대한민국에서 민족 영웅은 누가 있나? 서울 한복판에는 15세기 초 한글을 창제한 세종대왕과 16세기 말 거북선을 만들어 왜군을 무찌른 이순신 장군 대형 조각상이 있다. 현대 대한민국 화폐 4종에 올라온 역사적 인물 중 이황, 이이, 신사임당 등 세 명이 16세기 인물이다. 세종대왕은 세 살이 지나고부터는 15세기에 살았다.[85] 그러니까 거의 반세기 동안 누구도 화폐에 실릴 자격을 얻지 못했다는 뜻이다. (앞서 언급한 위인 중 가장 최근 사람인 이이도 사망한 해가 1584년이다.) 달리 말하면 이 위인 중 김치를 맛본 사람은 없다(매워진 근대식 김치 말이다).[86] 황우석 박사는 한때 노벨상 수상이 유력하다고도 했지만 연구 사기가 들통 나면서 불명예스럽게 경력이 끝장났는데, 이런 민족 영웅 부재를 보면 당시 전국에 분 황우석 열풍도 어느 정도 설명 가능하다.[87] 피겨 스케이팅 선수 김연아나 케이팝 그룹들을 온 나라에서 과하게 칭송하는 이유도 과잉 민족주의자들이 들끓는 나라에서 아무리 찾아도 도대체 민족 영웅을 찾을 수가 없어서다.

간단히 말해 대한민국에는 근현대 민족 영웅이 없다. 그리고 이러한 부재는 한국 역사에 존재하는 불연속성이나 국가 전통 파괴와 마찬가지로 우연이 아니다.

전통

'태고 때부터'란 전통에서 나무랄 데 없는 기반이 된다. 우리는 시간이라는 안개에 휘감겨 특정 관행이나 유물이 언제 생겨났는지 정확히 추적하지 못한다. 인사할 때 악수나 절하기는 언제부터 시작했을까? 망자를 묻거나 태우는 일은? 사실 인사나 장례를 어떤 방식으로 왜, 언제부터 했는지 알기보다는 그런 관습 의례가 우리를 어떤 내집단 구성원으로서 외부인과 구별한다는 인정이 더 중요하다. 따라서 사회 귀속의식은 시간 차원, 즉 우리가 어디에서든 왔다는 인정을 포함할 수밖에 없다. 그리고 전통이란 우리 앞에 지나갔고 그러므로 우리를 특징짓는 모든 것을 일컫는 약칭이다. 과거를 두고 공유하는 개념이 있을 때는 집단에서 연대의식 주장이 강해진다.

현대 대한민국 민족주의 담론을 진지하게 들여다보면 꺼림칙하지 않은 면이 하나도 없지만, 공통된 민족 감수성이라는 개념(적어도 그 개념을 알거나 인정한다는 사실)을 두고 불신을 자발적으로 유예하면 한국인들에게 종교에 가까운 공감을 불러일으킬 수 있다. 현대 대한민국 연설에서는 도처에서 '우리'라는 표현을 쓰는데, 이는 한국인성 계보와 사회학을 공유한다는 믿음에 근거한다. 현대에 단군신화를 해석할 때는 하늘의 신(환인)과 마늘을 먹고 여자가 된 곰이 결혼해서 한민족이 생겼다고 하지만 이러한 해석에서는 우리가 오늘날 한반도로 아는 이 땅에 한민족 이전에도 인간이 존재했다는 사실을 무시한다. 한민족 기원을 말하는 일부 민족주의 설명에서는 현대 남한은 물론 북한 영토 너머까지 가서 한민족 기원을 찾는데, 이러한 설명에서는 현재 남북한 국경선 안팎으로 움직인 인구 이동을 무시한다. 한민족과 그 문화가 자생성과 자율성을 유지하며 내려왔다는 주장은 현대 역사기술이 제시하는 논리와 증거에 꿈쩍도 않는 민족주의자쯤 되어야 할 수 있다. 우리는 느슨하고 푹 퍼진 '전통'이라는 괴물에 근대 민족국가라는 옷을 입히고, 그러면서 조상과 국가 외적 또는 초국가적일 수밖에 없는 영향력들을 놓친다.[88]

요리법 같은 기본을 한번 생각해보자. 한국인들은 김치가 한국인성을 나타내는 본질이라고 자주 강조하지만, 사실 현대 대한민국 음식은 고춧가루, 담배 등 여러가지가 들어온 17세기 이후에나 그 기본 윤곽을 찾을 수 있다.[89] 허문이 17세기 초 내놓은 조선 요리 개관을 보면 곰발바닥, 사슴 혀는 있어도 후손들이 잘 먹는 쇠고기나 돼지고기는 없다.[90] 21세기 초 현재에도 백김치에 가까운 함경도식 김치부터 전형적으로 빨갛고 매운 경상도식 김치까지 김치는 지역별로 다양하다. 무엇보다 농경 사회에서는 대다수가 늘 빈곤했고 그러다 보니 이 대다수가 먹던 식단은 지주계급, 즉 우리가 아는 한국요리를 규정한 계급이 먹던 식단과는 확연히 달랐다. 어쨌든 넘치는 동물성 단백질부터 사방에 보이는 라면과 콜라, 사이다, 맥주까지 오늘날 대한민국 국민이 열심히 먹는 음식 대부분은 해방 이후 취향과 유행을 반영하며, 게다가 기원도 한국이 아니다.[91] 현대 대한민국에는 다방과 커피숍이 널리 퍼져 있지만 사실 이웃한 중국이나 일본에 비하면 다도 문화가 별로 없던 이 나라에 1902년에야 다방이 처음 생겼다는 사실을 알면 정신이 번쩍 드는 느낌이다.[92]

다양한 근대성 혁명은 지방 농촌 생활 방식을 포함하여 여러 세기에 걸쳐 제법 견고하게 존재했을 생활 방식을 착착 공격했다. 이러한 파괴는 20세기 대한민국 역사와 그 모습이 거의 같다. 창조적 파괴라고 하든, 자본주의의 문화적 모순이라고 하든, 민담과 민요뿐만 아니라 겉보기에 확고하던 한국식 의례와 가치도 도처에서 퇴보한다. 물론 특별 행사가 있으면 전통의상을 꺼내 입고 가끔 민요 가락을 부르거나 그에 맞춰 춤을 출지도 모른다. 한성을 찍은 현존하는 가장 오랜 사진과 그 뒤를 이은 현대 서울 사진을 비교해 보거나 조선 말기 관료들을 찍은 은판 사진과 현대 관료들을 찍은 사진을 비교해 보면 분명 대변화가 있었다. 그러나 이 대변화라는 명확한 현실이 어째서인지 불변하는(적어도 느리게 변하는) 한국, 불변하거나 느리게 변하는 한국인이라는 사상과 공존한다. 소위 '세계화'로 인한 동질화 효과를 말할 때는 지난 세기에 생활양식, 즉 우리가 살고, 입고, 먹고, 듣는 것들이 눈에 띄게 확실히 수렴해서, 현대 한국인이든 (예를 들면) 현대 미국인이든 각각 한 세기 전 조상보다는 차라리 서로와 더 가깝다고 해도 과장은 아니다.

그렇다고 대한민국이 독특한 사례도 아니다. 차라리 탈전통 산업사회가 실제로 전통주택 양식이나 전통의상, 전통음악을 유지했다면 그거야말로 이상한 일이다. 그러나 과거와 현재 한국·한국인 사이에 본질적 동형성이 있다는 한국인들의 굳건한 믿음도 그렇지만 대한민국이라는 나라가 변화한 속도와 정도에도 놀라운 면이 있다. 파괴된 전통은 상상해낸 미완료 과거시제로 재구성되고, 과거와 이어지는 실질적, 유기적 연결고리가 대개 사라졌는데도 전통과 연속성이라는 수사학은 현대 대한민국에 강력한 주문을 건다. 사실 어떤 목적으로든 어디서든 전통을 쉽게 불러낼 수 있는 이유는 전통이 공허해서다.

대한민국 민족주의 담론은 지난 세기에 한국 전통(유기적 연속성이라는 외관)이 완전히 파괴당했기 때문에 공허하다. 명백한 민족주의 정책(일본 문화 금지나 한글 전용 교육 강조 등)이 사실상 대한민국을 과거에서 멀어지게 했지만, 군부 독재 시대에는 공산주의를 향한 맹렬한 비난이 그 민족주의를 대체했다. 자본주의 산업화라는 끊임없는 역동성은 이런 틈을 더 벌렸을 뿐이다. 21세기 초 대한민국이라는 나라를 설명하는 술어에는 한국 역사와 문화를 말하는 공식 선언도 있겠지만 한국인과 전 세계에 대한민국을 대표하는 얼굴이 된 문화 산업도 있다.

한국 전통 중 어떤 면이 생존했는지 판단하는 쉬운 시험이 있다. 예를 들어 조선 시대 어느 요소가 살아남았는지 가늠하고 싶다면 한국인들이 유교 고전이나 그 가르침을 얼마나 잘 아는지 보면 된다. 그러면 아마 성경 지식이나 특정 기독교 교파 교리를 잘 아는 한국인과는 흔히 만나도 『논어』를 한 장이라도 읽었거나 유교 기본 원칙과 계율을 읊을 줄 아는 사람은 그리 흔히 만날 수 없다는 사실을 곧 깨닫게 될 터다.[93] 사실 이런저런 한국인 특수성을 설명하면서 무작위로 유교를 들먹이는 이유는 유교 책과 이론에 무지해서다. 실제로는 다양한 북한 특수성을 설명할 때 유교를 적용하는 편이 훨씬 적절한데 말이다.[94] 마찬가지로 앞서 언급했다시피 국악은 일상에서 찾는 대상으로는 별로 인기가 없다. 대한민국 청년이 국악 악기를 하나라도 배우기는 매우 희귀한 반면, 피아노나 바이올린 교습은 그냥 필수이다. 건축 환경을 봐도 그렇다. 조선 시대 건축 양식은 아무리 찾아야 헛수고다. 서울에는 아주 일부 지역에만 전통 지붕(한옥)이 있다. 제사 등 전통 의례가 살아남았다고 해도 그런 의례도 확실히 시들해지는 상황이다. 전통 요리법만 해도 그렇다. 오늘날 쇠고기와 돼지고기, 그리고 쌀이 풍부하다보니 그 이유만으로도 현대 음식은 몇 세기 전은 고사하고 농민들이 가난하게 살던 한 세대 전 음식과도 전혀 다르다. 게다가 대한민국에서(세계에서도 그렇지만) 혈족 간 유대가 여전히 강하다고 해도 그 구성과 운영 방식이 벌써 얼마나 많이 변했는지는 앞서 설명한 바 있다.

노파심에서 강조하자면, 나는 전통주의자가 아니다. 나는 과거 중 상당 부분은 그냥 잠들어 있어도 괜찮다고 본다. 잊으면 좋을 때도 많다. 예를 들어 현대 대한민국에서는 사회에서 배척하던 이들(천민, 백정)이나 그 후손에게 아예 관심이 없다는 점을 생각해 보자. 1894년 갑오개혁으로 공식 신분제도가 없어진 뒤에도 신분을 중시하던 조선인들은 물려받은 편견을 계속 유지했고, 천민들은 조직적 사회 운동에 참여했다.[95] 그런데 한국 역사에서 일어난 모든 격동과 대변화 때문에 과거에 존재하던 그 굉장한 신분 불평등을 기억하는 이는 지금 아무도 없는 듯하다. 현대 인도에는 카스트 제도가 아직 뚜렷하게 존재하고 일본에도 부락민 문제가 계속된다는 사실을 고려하면 대한민국에서 일어난 문화 기억상실을 슬퍼하기는 어렵다. 결국 이 나라가 문화 산업과 케이팝 등 냉혹한 세계 자본주의 경쟁에서 성공할 능력을 갖추게 된 것도 어느 정도는 20세기 대한민국의 창조적 파괴 역사나 이를 둘러싼 문화 기억상실 덕택 아니겠는가. 다만 문제는 변화라는 실상에 연속성이라는 수사법을 덧입힌 데 있다. 그리고 역사나 문서상으로 근거가 거의 없기 때문에 이는 종종 무작위적이고 반동적인 개입을 낳는다.

대한민국에서는 대중문화가 전통을 대신했다. 연속성과 일관성이라는 감각을 제공하는 기능도 함께 말이다. 흔히 상상 속에 존재하는 한국인 공동체 유대감은 공통 문화 주제를 전파하고 전국적 토론이 벌어지는 텔레비전 방송 또는 사이버 공간에서나 찾을 수 있다. 제1장에서도 언급했지만 대중가요를 듣고 부르는 일은 한국인들이 하는 일상 여흥 방식이 되었다. 크게는 문화 산업, 작게는 대중음악은 연속성이나 역사 자체에는 아무 관심도 없다. 궁극적 원칙은 시장 수요와 대중 소비이고, 이익을 추구하고자 진부화를 계획하며 뒤에서 다음 히트작을 만들어내는 일에 가치를 두게 된다. 문화 산업이 실체와 내용 면에서는 자동차 산업이나 휴대전화 산업과 전혀 다를지 몰라도, 이런 의미에서는 세 산업이 다 같은 방식으로 작용하며 각 산업은 나름대로 부단한 전통 파괴에 기여한다.

더 쉽게 설명하자면 대한민국이 하는 일은 한국식 사업이고, 케이팝이나 기타 대중음악 장르 형성도 현대 자동차나 삼성 휴대전화 생산과 크게 다르지 않다. 오늘날 대한민국 제조업에서 사용하는 원재료나 기술력은 전통 한국에 거의 없었겠지만 그래도 별로 상관없다.[96] 바로 앞에 말했다시피 문화 기억상실과 전통 파괴는 판매와 이익 극대화를 추구하는 자본주의 기업에 아주 유리하다. 그러나 전통 몰락과 문화 기억상실이 있다고 해서 반드시 한국 전통이나 한민족 관련 사상이 강한 감정을 자아내지 못한다는 뜻은 아니다. 공자를 읽어본 적 없고 일제강점기에 일어난 일을 잘 모르는(유교나 일제강점기 관련 지식이 있어도 아마 왜곡된 이해를 보여줄 가능성이 높은) 대한민국 사람들도 강한 애국심을 표방한다. '좌파든 우파든 내 나라요, 나는 한국과 한국 것은 모두 사랑한다.' 그러나 이런 민족적 공상 속에 북한을 넣는 사람은 거의 없을 테고, 대한민국인성South Koreanness이 정확히 무엇인지 설명 가능한 사람은 더구나 없을 터다. 그렇다면 케이팝이 대한민국과 한국 문화 전체를 전형으로 보여주게 되었다니 그나마 다행인 셈이다.

서울이 부른다

케이팝이란 무엇인가? 많은 이에게 케이팝은 단순히 남한 대중음악이다.[1] 그 결과 일제강점기 유행가도 군부 독재 시대에 나온 트로트 가요도 전부 2000년대 초반에야 생겨난 이 범주에 소급해서 넣어버린다.[2] 물론 케이팝 영역을 확장해 창극이나 창가 같은 20세기 한국음악 장르, 아니면 유행가 대가 남인수나 트로트 디바 이미지까지 포함한다고 하면 대한민국 사람 대다수는 아마 말이 안 된다고 생각할 터다. 하지만 케이팝 스타처럼 공연하는 트로트 가수 장윤정은 어떤가? 장윤정이 케이팝에 속하지 않는다면 인디 밴드 버스커버스커가 부르는 감성 풍부한 발라드는 어째서 케이팝에 속할까? 일본 케이팝 팬들은 싸이가 케이팝에 속하지 않는다고 우긴다. 멋지지도 잘생

기지도 않았다는 이유에서다. '케이팝'이라는 말을 처음 사용한 일본 DJ는 이 용어로 R&B 가수들을 지칭했지만, 케이팝이라는 하늘에서 김건모와 솔리드는 빛나는 별이 아니다. 초자연계에도 인간계에도 이 범주를 제대로 구분할 판결을 내릴 권위자는 없어 보이므로(사실 권위 부재 역시 대중음악 특징 중 하나다), 케이팝 영역은 논쟁할 여지도 있고 본질상 논쟁 대상이다.

문헌학은 이제 한물간 분야지만 어떤 조사에서든 출발점으로 삼기에는 나쁘지 않다. '케이팝K-Pop'이 '제이팝J-Pop'에서 앞글자만 케이로 바꿔 만든 개념이라는 말에는 다들 동의한다. 제이팝 또한 새로운 음악 형식을 지칭하고자 1998년에 만들어낸 용어이다. 그러면 케이팝은 시기상, 그리고 음악상으로 서태지와 아이들 이후 현상이라고 해도 무방하겠다. 케이팝은 21세기 첫 10년 동안 명확해진 음악 브랜드이자 양식이며, 제이팝뿐만 아니라 앞 세대 대한민국 대중음악 장르·양식에서도 분리되어 있다. 그리고 1990년대 후반부터 대한민국 대중음악 산업을 장악한 수출제일주의와도 밀접하게 엮여 있다. 케이팝은 수출품으로 포장돼 다양한 변형을 거치는데, 2000년대 중반쯤 어떤 공식이 자리 잡기 전까지는 제이팝 변종이라는 존재감이 가장 컸다. 그리고 이 시기 이후 케이팝 브랜드는 아시아 전역과 아시아 너머에서까지 성공을 거뒀다. 케이팝은 서태지와 아이들 이후 다양한 유행, 특히 아이돌과 댄스 가요를 종합해 갈고 닦고, 완벽주의를 더해 윤과 광을 냈다.

이 장에서는 케이팝을 간략하게 돌아보고 제작 과정을 설명하겠다. 그 뒤 정치경제와 국제 문화라는 문화 외부 영역을 탐구하여 케이팝이 어떻게 수출용으로 제작되기에 이르렀고 왜 한국인이 아닌 사람들까지 이 음악을 소비하게 되었는지 설명하고자 한다. 마지막으로 케이팝을 미학적 실체로서 논하면서 이 장을 마무리하겠다.

케이팝 시대

2000년은 대한민국 음반 판매고를 집계한 신뢰할 만한 통계가 처음 나온 때이다.[3] 당시 판매고 1백만 장 이상을 올린 음반은 네 장 있었다. 1, 2위는 발라드 가수 조성모 음반이었고, 지오디god, groove over dose와 서태지가 그 뒤를 이었다. 그해 KBS 가요대상은 전년도와 마찬가지로 조성모에게 돌아갔다. 조성모가 부른 <아시나요>는 분명 부드럽고 느린 감상적 발라드에 속했다. 조성모는 이문세나 그 이전 가수들과 일직선으로 이어진다고 보아도 무방했다. 반면 서태지 음반에는 프로그레시브 록 장르가 뒤섞여 있었다. 가장 인기를 끈 <울트라 맨이야>는 록이면서 메탈이고 펑크였다.[4] 조성모는 단정하고 보수적으로 옷을 입고 상냥해 보이는(눈이 번쩍 뜨이게 멋지지는 않아도) 청년이었다. 서태지는 빨간 레게 머리를 길게 늘어뜨리고 2000년다운 움직임과 물건(스케이트보드 등)을 선보였지만 사실 그 시대 서울 중산층 아파트에서 환대받을 만한 청년은 아니었다. 당대 드넓은 대중음악 계에서 조성모와 서태지는 가장 멀리 떨어진 사이였다. 그해 최고 인기곡 중 그나마 현대 케이팝에 가장 가까운 곡은 지오디가 부른 <사랑해 그리고 기억해>일 텐데, 이 곡은 랩과 R&B, 가스펠 등 여러 장르를 다 때려 넣어 흥미롭기는 하지만 본바탕은 사랑을 노래하는 발라드이다.[5]

10년 뒤에는 새로운 현실이 지배한다. 디지털 음원이 밀리언셀러 CD 시대를 끝냈다. 하지만 더 눈에 띄는 변화는 상위권을 차지한 음악 유형이었는데, 소녀시대, 슈퍼주니어Super Junior, 샤이니SHINee, 제이와이제이JYJ, 비스트BEAST, 투피엠2PM, 투에이엠2AM, 투애니원2NE1, 보아BoA, 카라KARA 등 상위 10위권 가수 이름만 봐도 변화가 쉽게 읽힌다. 보아를 제외하고는 모두 그룹이며, 이 그룹 중에도 하나를 빼면 한글로 보일 만한 이름은 아예 없고 표기도 영어 알파벳으로 한다. 예외는 소녀시대지만, 그 이름도 SNSD로 축약해서 쓸 때가 많다. 이런 이름이 나오게 된 데는 제이팝 그룹 작명 방식을 따른 이유도 있지만 한편으로는 이름 철자를 창조적으로 쓰는 아프리카계 미국인 관행을 따른 이유도 있다. 그런 면에서는 씨엘CL이나 민지Minzy, 다라Dara, 봄Bom 등 더 최근 케이팝 스타들과도 유사하다. 디아스포라 한국인이나 외국인 구성원을 포함하는 면에서도 그렇다. 지나친 보편화라는 위험을 무릅쓰고 말하자면(앨범 한 장에는 다양한 음악 양식이 들어 있고 또 혼종이거나 퓨전인 곡도 많으므로), 이 가수들 앨범에 실린 곡들은(물론 랩에서 힙합, 재즈, R&B까지 매우 다양한 음악에서 영향을 받았지만) 대체로 포스트디스코, 마이클 잭슨 이후 댄스 음악이라고 설명할 수 있다. 그리고 거의 다 기억하기 쉬운 후렴구를 반복하면서 업비트에 고음, 밝은 선율과 리드믹 베이스와 힙합 또는 테크노 비트를 곁들인다. 주관적 평가일지는 몰라도 그룹에 속한 가수 모두 케이팝 미학으로 칠해져 있다. 모습을 보면 다들 키가 크고 마르고, 남자들은 탄탄한 복부에 여자들은 긴 다리, 모두 갸름한 얼굴이라는 뜻이다. 성 이형태성도 만연해서, 여자들은 귀엽거나 섹시하고 남자들은 남자답고 근육질이다. 그룹마다 잘 짜인 안무를 힘 있게 보여주고 정확한 안무에 맞춰 춤을 춘다. 가수로서, 댄서로서, 신체 견본으로서 그룹 구성원 모두 세련과 전문성을 보여준다. 의상은 다양하지만 대개 최신 유행을 반영한다. 뮤직비디오에는 영상 분야 최신 기술과 유행이 들어가 있다. 간단히 말해 이 가수들은 스타일과 자신감을 뿜어내며, 흡사 비싼 자동차나 최신 휴대전화처럼 완전하고 잘 조정된 포장 상품이라는 느낌을 준다. 무엇보다 이 포장 상품은 쉽게 인식이 된다. 최근에 내가 케이팝 뮤직비디오를 보고 있자니 세 살짜리 독일 여자아이가 다가와 내 컴퓨터 화면을 가리키며 독일어로 "이거 케이팝이야"라고 했다.

서태지와 아이들은 데뷔와 동시에 유행 확산에서 주도권을 쥔 이들이 새로이 등장했음을, 즉 십대와 청년이 등장했음을 알렸다. 앞서 말했지만 이 삼인조는 대한민국 대중음악을 지배하던 여러 관행을 깨뜨렸고 청년층 소리 세계를 중장년층 소리 세계와 확실히 갈라놓았다. 서태지와 아이들 등장 시기는 대한민국 대중음악이 미국 유행과 동시대에 존재하게 된 때이기도 하다(그렇다고 미국 유행이 한국 유행을 앞질렀다거나 두 유행이 합해졌다는 뜻은 아니다). 이러한 변화로 다양한 음악 양식이 한국에 들어왔고, 그러면서 한국 대중음악계에서 크게 성공했다. 그 성공을 입증되지 않은 일화로 판단하든 판매고로 판단하든 말이다. 김건모는 R&B와 레게, 레이브, 이소라는 재즈 퓨전, 서태지는 헤비메탈과 펑크, 신승훈은 부드러운 발라드, 보아는 제이팝, H.O.T는 남성 댄스 그룹으로 버블검 팝을 부르는 등 21세기 전환기에는 수많은 눈에 띄는 가수들이 존재했다. 거듭 말했지만, 노래나 가수나 장르는 하룻밤 새에 사라지지 않으며 지금 말한 유행들에는 2010년대까지도 추종자가 있다. 트로트도 조용히 사라지지는 않았다. 앞서 언급한 장윤정은 케이팝화한 트로트에 화려한 외양과 가창력을 더한다.[6] 또 21세기 첫 10년 동안에도 혁신과 재미를 더하는 가수들은 계속 나타났다. 예를 들면 클래지콰이 프로젝트는 보사노바와 삼바 등 라틴 음악에 활기찬 일렉트로닉 음악을 더한다. 그렇다고 클래지콰이 프로젝트가 한국에서 높은 판매량을 기록하거나 해외 케이팝에서 중요한 요소는 아니다.[7] '케이팝'이라는 용어는 특정한 대중음악 양식 또는 장르, 아까 말한 독일 꼬마까지도 쉽게 알아볼 수 있는 양식이나 장르를 의미하며, 그 양식은 21세기에 들어서 명확해졌다.

나는 케이팝 범위가 모호하다고 했는데, 그러면 서태지와 아이들이 케이팝을 만들어냈다고 해도 무방하다. 어쩌면 김완선이나 소방차에게서도 케이팝을 예견하는 순간들을 포착 가능할지 모른다. 그러나 패러다임 변화라고 볼 만한 현상은 서태지와 아이들이 등장한 시기와 2000년대 후반 수출 지향성 케이팝이 나타난 시기, 그 사이에 일어났다. 2010년 엠넷 차트 순위에 오른 케이팝 가수들을 보면 서태지와 아이들과 비교해도 그렇지만 1990년대 후반 아이돌 가수들과 비교해도 차이와 가족 유사성이 모두 보인다. H.O.T나 S.E.S 등 원조 아이돌 그룹들은 결성도 빨랐고 노래나 춤, 뮤직비디오 등은 좋게 봐줘도 아마추어 같고 바보스러웠다. 이들은 일본 쇼넨타이^{少年隊}(1981)나 미국 뉴 키즈 온 더 블록^{New Kids on the Block}(1984) 등 남성 댄스 그룹을 모방해 잘생긴 청년들을 모으고 발랄한 노래와 안무를 맡겼다. H.O.T나 그 뒤를 이은 그룹들은 내수용으로 기획했고 똑같은 단순한 공식을 성실하게 적용했다. 여기서 H.O.T 기획사인 SM이 전혀 예상하지 못한 부분은 이 그룹이 한국 밖에서 거둔 성공이었다.

SM이 해외에서 예기치 못한 성공을 거둔 초기, 그리고 1997년에 희미하게 다가온 수출 강박(이 장 뒷부분에서 다시 논의한다) 초기에 처음으로 양식이 바뀌었다. 1996년에는 서태지와 아이들이 강렬한 데뷔 4년 만에 해체하면서 청년 음악에 큰 공백을 남겼다. 이 시대에는 또 MP3 기기가 처음 나왔고 음반 산업은 서서히 고사했다. SM 등 기획사들은 동아시아 음악 취향 변화 — 자신들도 기여한 변화지만 — 를 예상하고 한국 밖에서 소속 가수들을 띄우려고 했다. 따라서 1990년 말에는 가벼운 버블검 팝에서 다양한 장르 혼합으로 이행하면서 안무와 영상도 훨씬 세련되어졌다. 2000년에는 H.O.T나 S.E.S도 순진하고 아이 같은 모습은 벗어버렸다. H.O.T 5집 앨범 <아웃사이드 캐

슬<Outside Castle>은 2000년 엠넷 차트 5위에 올랐는데, 이 앨범 동명 싱글 곡은 오케스트라 같은 전주로 시작하며, 정교하게 연출한 뮤직비디오는 영화 <트와일라잇> 시리즈The Twilight Saga가 나오기 8년도 더 전이지만 그와 비슷한 영상 미학을 보여주면서 예술에 가까운 경지에 오르려 시도한다.[8] 마찬가지로 1999년 S.E.S 동명 앨범 수록곡 <러브Love>는 2000년 차트에서 6위를 기록했는데, 이 곡은 스캣 랩으로 시작하면서 전에는 없던 세련미를 보인다. 아이돌 그룹들은 이렇게 새로운 주류 대중음악과 수렴했고 대중음악은 이미 서로 다른 음악 영향을 포함하면서 혁신적 혼합물과 융합물을 만들어내는 흥미로운 시기에 접어들고 있었다.

그런데 어디로 수출해야 하나? H.O.T가 예상치 못하게 해외에서 성공을 거두었다고 했는데, 이미 중국 연안 지역 대도시에도 이 그룹 열성 팬들이 있었다. 중국에는 부유한 인구가 상당히 많고 또 그 부도 증가 일로인 데 반해 자국 대중음악 산업은 비교적 취약했으니 중국이나 중국어권 전역으로 확장한다는 전망에는 단순한 매력 이상이 있었다. 그러나 SM이 내딛은 첫발은 재앙이었다.[9] 물론 지금 뒤돌아보면 21세기 전환기에 중국이 수익성 측면에서 작은 시장임은 물론이고 저작권 침해 난무 때문에 수익을 내기란 사실상 불가능한 나라였음은 명백하다.

게다가 에베레스트와 같은 산도 버티고 있었다. 미국은 아주 어려운 시장이다. 대중음악을 이끌어나가는 위치에 있고 청중 수준이 높고 또 대중음악 업계에는 아시아인이 드물기 때문이다. 미국 공략에서는 DR 뮤직이 개척자였다. 1997년 아이돌 그룹으로 시작한 이 기획사 소속 베이비복스는 힙합 등 미국음악 유행을 빠르게 흡수해 강렬한 춤과 섹시한 모습을 표현했다. 베이비복스는 동아시아(일본 제외)에서 팬층을 쌓았고 2004년에는 <라이드 웨스트Ride West>라는 앨범을 내면서 영어와 중국어, 일본어, 한국어 노래를 넣고 제니퍼 로페즈Jennifer Lopez와 고故 투팍 샤커Tupac Shakur도 참여한다고 했다. 이 앨범 싱글 <엑스터시Xcstasy>는 긴 서사와 선명한 영상, 도회풍 뮤직비디오를 보여준다.[10] 하지만 베이비복스에게 별 특출한 점은 없었다고, 그러니까 당시 주요 미국 가수와 아무런 차별화 지점도 없었다고 해도 무방하리라. 2004년 서울에서는 비싼 스포츠카와 황폐한 도시 거리, 섹시한 근육질 몸매 등을 합하면 불타오를 만한 조합이었을지 몰라도, 이런 데 이미 싫증난 미국 청중에게는 하품만 연신 나올 장면이었을 테니까. DR 뮤직이 품은 야망, 분명 세계를 향했지만 아마도 시기 상조였을 그 야망은 실패로 끝났다.

당시 세계 2위 최대 시장이던 일본은 음악과 문화 감수성에서 대한민국과 아주 비슷했다. 그러나 한국음악은(가끔 트로트음악이 거둔 성공을 제외하면) 일본 대상으로는 수출이 아니라 수입을 했다. 사실 1990년대 후반은 제이팝이 대한민국에서 깊은 존재감과 영향력을 드러냈고, 또 트로트를 제외한 대중음악 가수들은 일본에서 경쟁력이 없다는 믿음이 널리 퍼진 시기였다. 제1장에서 언급했지만, 널리 퍼진 편견에 따르면 일본은 단순히 대한민국에 '앞서' 있을 뿐만 아니라 한민족 차별도 여전히 남아 있는 상태였다. 그리고 일본에 음악을 수출하면서 대한민국이 성공한 요인도 케이팝이 아니라 제이팝이었다. SM은 보아를 어쩌다보니 한국 사람인 제이팝 가수로 선전했다. 이 회사는 가수에게 노래와 춤을 가르칠 유명 일본 강사들을 구했고 데뷔에 3백만 달러를 투자했다. 2002년 데뷔 싱글 <리슨 투 마이 하트Listen to My Heart>는 일본에서 1위에 올랐다.[11] 제이팝은 거의 모두 서양식 이름과 곡 제목을 쓰고, 발음도 서양식으로 들리게 하는 (그러니까 일본어도 영어를 말하듯 발음하는) 특징이 있었다. 따라서 서양식으로 들리는 보아 이름과 영어 곡 제목은 1980년대부터 일본 대중음악 시장을 지배한 주류 제이팝 영역에 속해 있었다.[12] 게다가 보아는 청소년 아이돌이라는 특히 전도유망한 일본 틈새시장에 들어갔다. 즉 보아는 혼종 현상, 단순히 10대 소녀가 대상인 노래가 아니라 제이팝을 제대로 노래하는 귀여운 소녀였고, 보아가 좋은 반응을 얻으면서 뒤이어 다른 가수들도 나왔다. 무엇보다 보아가 일본에서 살지 않았는데도 원어민처럼 일본어로 말하고 노래하는 법을 배웠다는 사실이 눈에 띈다.[13] 비결은 집중 언어 훈련으로, 일본인 가정에서 장기 홈스테이도 했다고 한다. SM은 그 정도로 준비해서 보아를 제이팝 가수로 내놓을 수 있었다.

이 현지화 전략 정점에는 동방신기(DBSK, TVXQ 등으로도 표기한다)가 있었고, 이들은 제이팝 그룹 '도호신키'(이 일본어 이름도 한국어 이름과 같은 한자로 쓴다)로 변신했다. SM은 1993년 데뷔해 큰 성공을 거둔 미국 그룹 백스트리트보이즈를 이 소중한 남성 댄스 그룹이 지향할 모델로 점찍었다. (뉴 키즈 온 더 블록과 같은 부류지만 더 발전한 백스트리트보이즈는 아름다운 선율과 느린 안무에 화음까지 더했다.) 동방신기는 2003년 한국에서 데뷔했지만 2005년 이후 활동 지역은 주로 일본이었다. 보아처럼 이들도 출신 국적을 숨기지는 않았지만 제이팝 가수로 행세했다. '도호신키'일 때 이들은 아카펠라 그룹이었고, 대개 사랑 노래에 느리고 달콤한 화음을 넣어 불렀다. 이 그룹은 예의바르고 팬에게 친절하고 일본어로 노래하면서 제이팝 가수처럼 행동했고, 히트곡도 연달아 냈다. 다시 말해 보아와 동방신기(도호신키)는 대놓고 대한민국 출신인 조용필 등 트로트 가수들보다는 일본인으로 행세하려던 자이니치 가수들과 더 닮았다. 게다가 보아나 동방신기(도호신키)는 제이팝 공식을 따를 때 별다른 혁신을 보여주지도 않았고, 고유한 음악성이나 정체성을 내놓지도 않았다. 둘 다 주류 제이팝에 편하게 들어맞는 느리고 음조 높은 발라드를 불렀다. 2000년에서 2005년 사이에 SM이 내놓은 신화 등 다른 가수들도 한일 양국에서 전부 이 공식을 따랐다. 그렇지 않을 때도 있었지만 일본에서 성공하면 동남아시아는 물론 중국 문화권(특히 대만과 홍콩, 중국 대도시)까지 파급효과가 미쳤다. 실제로 동방신기 추종자들은 자기들 팬클럽이 세계 최대라고 종종 주장한다.[14]

베이비복스는 세계화 전략으로 미국 대중음악 가수와 구분되지 않던 대표주자이고 '도호신키'는 현지화 전략으로 완전히 현지(여기서는 제이팝) 가수가 된 대표주자라고 한다면, 대한민국 대중음악에서 정확히 한국(남한)적인 것이 도대체 무엇인지는 불확실하다. 내가 보기에 현재 두드러진 그 양식은 누구도 의식하며 만들어낸 적이 없고,

대한민국에서 가장 강력한 두 가지 흐름, 즉 아이돌과 댄스 가요가 융합하며 생겨났다. 21세기 초반에는 아이돌 가요에서도 미숙함과 순진함이 사라졌다. 그때 이미 매력 있는 스타라든가 청소년을 겨냥한 가사, 음악 장르 혼종, 군무, 눈을 사로잡는 영상 등 현재 케이팝 양식을 구성하는 여러 요소가 존재하고 있었다. 그리고 모타운에서 디스코, 힙합, 라틴, 일렉트로닉까지 다양한 뿌리를 둔 댄스 가요가 흥미롭게 표현되면서 음악적 외피를 밀고 나갔다. 예를 들어 코요테는 포스트디스코 댄스음악에 테크노를 섞어 케이팝 원형 비슷한 음악을 내놓았는데 그 음악은 2000년 인기를 끈 <패션Passion>을 발매할 즈음 완성되었다.[15] 박진영이 세운 JYP엔터테인먼트(이하 JYP) 역시 같은 길을 걸었고 이는 아마 현재 케이팝 양식과 가장 가까운 바탕이겠다. 한국의 마이클 잭슨이라고 할 때도 있는 박진영은 꾸준하게 미국 인기 양식을 모방하고 미국에서 영감을 찾았다.

대한민국 대중음악이라는 작은 세계에서 주요 제작자들은 미국과 일본 등 다른 나라는 물론 주요 경쟁사 유행이나 혁신에도 민감하게 주목했다. 다양한 양식이 통합하고 관행이 변화하는 속도를 보면 정신이 번쩍 들 정도다. 여기서 최고 장수 아이돌 그룹이라고 하는 신화가 진화한 모습을 보자. 1998년 데뷔 당시에는 신화도 그 시대 여느 남자 아이돌 같았다. 힙합풍이 들어가기는 했지만, 1998년 <으쌰! 으쌰!>를 보면 가벼운 버블검 팝 같은 가사와 작곡을 그대로 따랐다.[16] 1964년 맨프레드 맨Manfred Mann 히트곡 <두 와 디디Do Wah Diddy>를 리메이크한 신화 곡에서는 단순한 바보스러움도 보이지만 몽키스Monkees도 연상된다. 이 노래도 1996년 H.O.T 히트곡 <캔디>처럼 넌더리날 만큼 달콤함이 흘러넘친다. 그러나 <온리 원Only One>(2000)에서 <퍼펙트 맨Perfect Man>(2002), <브랜드 뉴Brand New>(2004)에 이르는 동안 신화는 얼굴과 몸에서 젖살을 빼고 안무 구성과 난이도까지 높였다. 2006년 뮤직비디오 <하우 두 아이 세이How Do I Say>에서 신화는 의식해서 예술성을 넣은 듯한 흑백 첫 화면에 기타 연주를 배경으로 울리면서 1998년 히트곡에는 전혀 없던 세련미를 보인다.[17] 가수들이 하는 몸짓도 미국 도회풍 흐름을 따르며, 춤은 아주 역동적이거나 난이도가 높거나 완벽하지는 않지만 확실히 상당한 연습량이 보인다. 그러나 노래 자체는 제이팝 팬들이 좋아할 발라드에 가깝다. 이런 점에서 신화는 일본에서 이미 슈퍼스타 자리에 오른 도호신키와 닮았다. 신화는 독특한 스타일을 다양하게 선보였지만 당대 최고 댄스 그룹이라는 평판에도 불구하고 강한 테크노 댄스음악이나 힘차고 정확한 안무는 없었다. 신화는 군 복무로 3년(2008~2011) 공백기를 거친 뒤 다시 노래하기 시작했고, 그때서야 현대 케이팝 공식을 뚜렷하게 표현했다. 2012년 신화 뮤직비디오 <비너스Venus>는 전형적 테크노 음악에 맞춰 흠잡을 데 없는 안무를 선보인다.[18] 이 그룹이 거친 진화는 가수들이 아이돌 그룹으로 나타나 제이팝의 일종으로 마케팅을 하다가 케이팝이라는 뚜렷한 브랜드를 가지게 될 때까지 움직인 큰 케이팝 흐름을 한눈에 보여준다.

신화 사례가 시사하듯 음악 역점은 2000년대 중반쯤 크게 변했다. 그 두 가지 핵심 요소는 음악 공연에서 춤이 필수로 승격하고 힙합이든 테크노든 박자가 더 강하게 변한 데 있다. 이러한 면에서 동방신기를 보자. 2003년 데뷔곡 <허그Hug>는 백스트리트보이즈 식으로 춤이 약간 들어간 발라드였고, 이들은 제이팝 가수 도호신키로 데뷔할 때도 가창력을 강조했다. 그러나 2006년 <오-정반합O-正反合>(피히테 정반합일지도 모른다)이 인기를 끌 때 이 그룹 안무는 이미 갈고 닦여 세련된 상태였고, 이는 2008년 <미로틱Mirotic>에서도 확인 가능하다. 물론 1990년대 한국 뮤직비디오도 브레이크 댄스 등 곡예 같은 움직임을 보인 바 있다. 21세기 초 인기를 끈 코요테나 다른 혼합 장르 댄스 그룹도 비보이 춤을 집어넣을 때가 있었다. 그러나 가수들은 노래도 동시에 불러야 했으므로 주로 빠른 발놀림과 안무를 넣은 몸짓 정도만 했을 뿐이다. 마찬가지로 일반 케이팝 안무는 팔다리를 움직이면서 파도타기나 복잡한 스텝 등 군무 효과에 기대지 푸에테나 그랑주테 같은 기본 발레 동작으로라도 크게 극적인 동작을 사용하는 법은 없었다.

그렇지만 제이팝 가수나 이전 아이돌 그룹 세대와 비교해 케이팝 가수가 다른 점은 정교한 군무가 차지하는 중심성만이 아니다. 서태지와 아이들로 대한민국 음악에 힙합이 끼어든 뒤 10여 년간 제이팝 영향과 발라드 인기 때문에 힙합 범위는 줄곧 한정되었다. 케이팝 가수 대다수에게 힙합은 부속물이었지 중심은 아니었다. 제이팝이나 이전 세대 한국 댄스 가요에는 대개 뚜렷한 다운비트가 들어갔고 이런 점에서 이 두 장르는 트로트음악과 크게 다르지 않다(물론 트로트는 주로 2 또는 4박을 사용하는 반면 제이팝과 초기 한국 댄스 가요는 8박을 사용했지만 말이다). 그러나 힙합은 다르다. 힙합에는 강세를 백비트(대개 2, 4번째에)로 주면서 춤을 유도하는 그 유명한 마법이 걸린다. 특히 케이팝에서는 16박자 힙합(랩이나 스크래치, 비트박스보다는 백비트) 덕에 새로 강조하는 군무가 두드러진다.[19] 그렇지 않으면 신시사이저를 주로 사용하는 4박자 테크노나 트랜스 리듬을 사용하는 케이팝 곡도 있다. 여기서는 다프트 펑크Daft Punk가 대표하는 프랑스 일렉트로닉 댄스 음악 영향이 미국과 일본을 거쳐 들어와 2000년대 중반 케이팝 곡조에서 두드러지게 됐다.[20] 어쨌든 케이팝은 전형적 제이팝 곡조와는 완전히 다른 느낌을 만들어냈다. 2005년 도호신키 일본 데뷔 싱글 <스테이 위드 미 투나잇Stay with Me Tonight>과 2008년 싱글 <퍼플 라인 Purple Line>을 비교하면 이 그룹도 부드러운 제이팝 화음이나 오케스트라 형식에서 현대 케이팝에 가까운 음악으로 향하고 있음이 보인다. 빠르고 힙합 기반인 강한 비트와 현보다 신시사이저를 더 많이 쓰는 음악 말이다. 그러나 이들조차도 소녀시대 등 더 뒤에 나온 케이팝 가수들만큼 16박자 힙합 리듬을 편하게 사용하지는 않았다.

중요한 전환점 하나가 더 있었다. 2007년 원더걸스Wonder Girls <텔미Tell Me> 뮤직비디오에 나오는 전염성 강한 테크노 비트와 기억하기 쉬운 후렴구("텔 미"), 안무를 보면 현대 케이팝 양식을 보여주는 원형 같다. 그런데 여기서 진정한 진보는 이 노래 후크hook가 단순히 기억에 남는 소리 단위에 그치지 않고 독특한 안무까지 곁들인 데 있다. 다시 말해 노래를 들을 때 끌리는(대개 의미는 없으나) 가사와 음악에 사로잡힌 사람은 노래를 볼 때도 잘 짜이고 정확하고 재미있는 동작과 움직임에 사로잡힌다는 뜻이다. 원더걸스는 강하고 생동감 있는 안무를 넘어서 가사와 음악 후크에 독특한 안무를 최초로 결합했고, 그렇게 현대 케이팝 공식을 담은 틀을 만들어냈다.[21]

<텔 미> 신드롬은 대한민국을 뒤흔들었고 학생이나 경찰관, 군인들까지도 이 춤을 따라한 영상을 만들었다. 이 영상은 의도한 복고풍은 물론이고 원더우먼이라는 형태로(미국 대중문화에 빗댄 표현도 케이팝 양식에서는 한 요소이다) '여성의 힘'을 투영했다는 점에서 흥미롭다. <텔 미>는 카라 <미스터Mr.>(2009)나 소녀시대 <지Gee>(2009) 등, 뒤이어 나온 걸그룹 히트곡들이 원형으로 삼는 노래가 됐다. 이 두 노래에는 여성의 힘은 빠졌지만 말이다. 그 증거로 <지>는 후크를 단순화할 뿐만 아니라 가수들도 마네킹처럼(더 정확히 말하자면 아무 생각 없이 춤추는 인형처럼) 움직인다. <텔 미>에 있는 끌리는 후렴구와 독특한 안무는 남성 그룹인 슈퍼주니어 히트곡 <쏘리 쏘리Sorry Sorry>에서도 나타난다. 이 음악은 레이브에 속하지만 조명을 제대로 비추고 마약은 뺀 레이브였다. 특정 안무(카라는 엉덩이 춤, 소녀시대는 게다리 춤)와 결합한 단순한 후렴구("미스터"나 "지")는 원더걸스 성공 공식을 더 단단히 했고 능가했으며 그렇게 케이팝을 정의했다.

마지막으로 대한민국 대중음악은 시각 면에서도 크게 변했다. 텔레비전이 없을 때조차 미는 언제나 중요했다. 최초 한국 대중 가수들은 연극배우들이었고, 이들이 호감을 얻은 요소 중에는 미모도 분명 있었다. 그러나 뮤직비디오 시대에 시각 요소는 한층 중요해졌다. 어느 그룹이든 통통함을 벗고 조각 같은 외모에 도달한다(예외는 단 하나

도 생각나지 않는다). 얼굴은 깎아놓은 듯 변하고 몸에서는 점점 지방이 사라진다. 이는 1980년대 이전 얼굴이나 신체 표준, 즉 풍요를 상징하는 둥근 얼굴과 다부진 몸과는 완전한 대조를 이룬다. 북한 국민 대부분은 땅딸막하고 얼굴도 달덩이 같은 김정은을 미남이라고 생각하는데, 그렇게 생각하게 되려면 세뇌만으로는 부족한 법이다. 성숙이든 남자다워진 것이든 1990년대 남성 그룹은 대개 귀엽고 동그란 얼굴이 전형이었던 반면, 현대 남성 그룹은 탄탄한 복근과 날렵한 턱선이 필수인 모양이다. 깎아놓은 얼굴과 조각 같은 몸을 한 케이팝 가수들을 보면 앞 세대 남성 그룹 가수(껴안고 싶은 H.O.T)들과는 아예 다른 인종처럼 보일 정도다. 갸름한 얼굴에 큰 눈, 두드러진 광대뼈, 곧은 콧날, 키가 크고 잘 다듬은 몸에 긴 다리 등, 이 새로운 외모는 도회풍이고 세계에도 통한다. 그리고 시청자는 그 복근과 다리를 눈으로 보게 된다.

앞서 언급한 성 이형태성은 케이팝을 보여줄 때 두드러진 특징이다. 혼성 그룹도 존재는 하지만(1990년대 말 쿨과 롤라는 팬이 많았다) 성 원형을 강조하게 되면서 단일 성별 그룹을 만드는 관행이 굳어졌다.[22] 걸그룹은 귀엽든 섹시하든 모두 여성적이다. 소년들, 아니, 남자들은 아주 남성적이고 근육질이 됐는데, 투피엠과 비스트가 그런 경향을 아주 잘 보여준다. 사실 비스트 이름에서도 알 수 있듯이 '짐 승' 미학, 미국식 근육질 남성이 주는 성적 매력이 성공을 거뒀다.[23] 이런 근육질 남성 미학은 21세기 초에 키 180센티미터가 넘고 몸도 좋은 비(레인)가 처음 개척할 때만 해도 대한민국에서는 낯선 개념이었다. 자기표현에도 독특한 멋이 생겼다. 염색 머리나 문신, 성적 암시 등은 전에는 신성불가침이던 12세 이상 시청 가능 기준을 명백히 어겼다. 이를 잘 보여주는 사례가 이효리이다. 1998년부터 2002년까지 아이돌 그룹 핑클에 속해 있던 이효리는 얌전하게 옷을 입었다. 그런데 2003년 <텐 미닛10 Minutes>으로 솔로 활동을 시작하면서 머리는 황금색으로 물들이고 어깨와 배와 허벅지를 드러내고 성적 암시를 하는 방식으로 몸을 흔들었다.[24] 그 여파는 즉각 미쳤다. 언론은 청년(과 중장년)들이 이효리의 화끈한 무대를 보고 나면 일에 집중하지 못한다며 이 현상에 '이효리 신드롬'이라는 이름을 붙였다. 2003년은 가수 비가 인기를 얻은 해이기도 했지만 아름다운 몸이 한국 가수들에게 표준이 된 전환점이기도 했다.

아름다움과 멋은 냉철한 분석 범위 너머에 존재하는 듯 보이지만 케이팝에 있는 매력을 이해하려면 이 두 가지를 알아야 한다. 슈퍼주니어 멤버 한 명이 폭발적 인기 비결을 묻는 질문에 내놓은 대답처럼 "잘 생겨서?"일지도 모른다.[25] 어떤 중년 일본 여성은 도호신키에 열광해서 "신神일까……? 그들이 있다면 아시아는 평화롭지 않을까?"라고 하는 친구 때문에 당황했다고 한다.[26] 도호신키를 아예 모르던 이 여성은 제발 뮤직비디오를 보라는 친구 말에 따랐다고 한다. "그날 밤에 느낀 감동은 잊을 수 없다. 도호신키. 키 180센티미터가 넘는 남자 다섯 명. (…중략…) 섹스를, 아니, 섹스밖에 연상시키지 않는 허리 움직임. (…중략…) 나는 그 멋진 몸에 압도당했다."[27] 성적 매력이라는 케이팝 브랜드에 반응한 사람은 이 여성만이 아니며 동방신기

등 케이팝 그룹이 뜰 때 그 기저에 성적 투영과 섭취가 흘렀다는 사실을 놓쳐서는 안 된다.

그러나 2007년에 어느 정도 완성 상태에 이른 케이팝 공식도 미국에서는 큰 성공을 거두지 못했다. JYP는 국내 성공에 들뜬 나머지 2000년대 후반 원더걸스와 비를 앞세워 미국 시장으로 진입하려 했다. 2004년 데뷔 1년 만에 가수 비는 한국 드라마 <풀 하우스>에서 주역을 맡았고, 같은 해 <잇츠 레이닝It's Raining> 앨범을 발매하면서 아시아 전역에서 선풍을 일으켰다. 이 앨범은 중국에서 50만 장, 태국과 한국에서는 15만 장가량 팔렸다. 그러나 비는 미국 땅에 그리 눈에 띄게 내리지 못했다.[28] 원더걸스가 2009년 빌보드 탑 100 차트에서 76위를 기록하기는 했지만, 비도 원더걸스도 첫 미국 시장 공략에서 제대로 성공을 거두지는 못했다.

반면 <텔 미> 공식은 2010년 카라와 소녀시대(쇼죠지다이)로 일본 시장에서 대단한 돌파구를 찾았다. 두 그룹 모두 일본 앨범에서는 일본어로 노래했지만 대한민국 그룹이라고, 즉 케이팝이라는 새로운 현상에 속한다고 분명히 밝혔다. 가장 두드러진 차이는 제이 대신 케이가 들어갔다는 사실이 아니라 '케이팝'이라는 명칭 자체가 브랜드 정체성을 투영했다는 점이었다. 한류가 성공을 거두면서 일본 국민도 대한민국 대중문화, 특히 텔레비전 드라마를 훨씬 높이 평가하게 됐다. 그런데 케이팝은 새로웠다. 멋지고 몸도 매력적이고 섹시한 가수들이 노래도 잘 부르고 춤도 잘 췄다(제이팝 공연은 유럽 고전음악 콘서트 같기도 했다). 대한민국에서 온 이 가수들은 미국 등 서양 가수들과 비슷한 자극과 멋으로 빛이 났다. 그러면서 문신이나 피어싱도 그리 많이 하지 않고 성과 마약을 대놓고 언급하는 일도 훨씬 적었기에 눈과 귀에 더 편안하게 다가오면서도 성적 매력은 전혀 덜하지 않았다.

해외 성공 소식으로 수출 지향성 케이팝이 대한민국 시장을 점령하게 됐다. 불가피한 요소들도 여럿 작용했다. 10대가 대중음악 소비 지배층으로 떠오르면서 업계 역시 아이돌 그룹 음악을 듣는 그 취향을 맞추고 생산하고 또 따라가야 했다. 청년층이 비교적 저렴한 음악 재생산 기술뿐만 아니라 가처분 소득에 더 접근하게 되다 보니 청소년 소비자 성장은 더욱 두드러진다. 동시에 2005년 유튜브 등 동영상 공유 웹사이트가 등장하고 같은 시기쯤 소셜 미디어가 성장하고 또 영상 시청이 가능한 휴대전화 등 휴대용 기기를 거의 누구나 갖게 되면서 대중음악에서 시각은 청각만큼 중요해졌다. 가수가 귀는 물론이고 눈까지 즐겁게 해야 하니 춤이나 다른 시각 요소도 그렇고 매력 있는 외모도 더욱 중요해졌다. 시각 요소 중시는 외국인이나 청소년 이상인 한국인 경험에서도 한 가지 요소가 됐다. 특히 힙합과 R&B 등 새로운 장르를 접하고 자란 서태지 이후 세대는 케이팝 가수들이 구미에도 맞고 실제로 마음에 든다고 생각하게 됐다. 2012년 갤럽 조사 응답자 중 대한민국 30대와 40대가 가장 좋아하는 양대 가수는 싸이와 소녀시대였다.[29] 해외에서 거둔 성공은 단순히 케이팝 그룹 또는 솔로 가수 하나만 이미지와 평판이 좋아진다는 뜻이 아니었다. 예를 들면 싸이는 그 전에는 평범한 가수였다가 2012년 <강남 스타일>이 전 세계에서 대성공을 거두면서 갑자기 대한민국 대표 스타로 탈바꿈했다. 2009년 이후 대한민국 언론을 보면 확실히 이런 저런 케이팝 그룹 영웅담이 머리기사를 도배한다.

그러니까 케이팝은 2000년대에 그 양식을 형성하고 완성했다. 2010년대에 접어들자 케이팝은 대한민국 안 지배력과 대한민국 밖 편재성 때문에 대한민국 음악계에 케이팝밖에 없다는 듯, 마치 독점이라도 하는 모양새다. 물론 한국 내 케이팝 기반은 크고 열렬하다. 그러나 예전 장르나 오래된 스타들도 히트곡을 내놓으며 팬 부대도 있다. 유럽 고전음악도 그렇지만 대중음악 영역에서도 테크노에서 펑크, 랩, 힙합까지 대한민국 음악 장르 다양성은 성장을 멈춘 적이 없다. 예를 들면 한국 레게 가수인 스컬은 2000년대 후반에 미국 등지에서 성공했다.[30] 사실 케이팝은 다양한 영향을 빨아들이는 대한민국 가수와 작곡가, 안무가들이 존재하는 덕택에 생명력을 얻으며, 그러한 이유로 현재 케이팝 공식도 가까운 미래에 변화할 가능성이 있다. 예를 들어 투애니원 2009년 곡 <파이어Fire>와 2011년 곡 <내가 제일 잘 나가>는 발리우드식 음악, 안무에서 영향과 요소를 받아들여 케이팝 미학과 기풍을 미묘하게 전복한다. 그렇지만 케이팝 등장을 내부 또는 내생적 역사만으로 말해도 불완전하다. 케이팝이 선택한 미학이나 음악 발전을 부정하거나 과소평가하지는 않지만, 케이팝 양식은 대한민국 수출 강박과 떼어놓고 볼 수 없다고 해야 정확하겠다. 그리고 이 발언으로 우리는 정치경제 영역에 들어가게 된다.

수출 강박

유럽식 음악 교육과 서양, 일본 영향을 받은 대중음악 확산은 일제 강점기에 이미 새로운 소리풍경을 이식하고 조선 도시인들에게 새로운 음악 역량을 주입했다. 해방 직후 남한 음악가들은 미국 대중음악과 문화에 적응했다. 온음계가 이미 5음계를 대신하기 시작했고, 음절형 창법이 멜리스마 창법을 따라잡았으며 가만히 서 있는 대신 춤을 추게 되었다. 일본 영향을 받은 대중음악과 진지함·진정성이라는 군사독재 문화를 서양 소리풍경과 미국 대중문화 속 자연스러움이 대체했다. 이제 대한민국 청년들도 사랑이나 사랑의 환희, 슬픔 등 미국(이제는 세계) 대중음악에 있는 모든 전통 주제를 쉽게 읽을 수 있었다. 쉽게 말해 (부유한) 세계 젊은이들은 일상생활 기반 시설은 물론 감정 구조에서도 하나가 되었다. 1980년대 말에는 대한민국 젊은이들도 미국 대중음악 곡은 다 이해했고 즐기기도 했다.

이러한 음악적 변모는 크게는 여가 사회 등장, 작게는 부유한 청년 시장과 떼려야 뗄 수 없는 관계였다. 이 모든 변화는 서태지 혁명으로 전면에 나왔다. 당대에는 충격이었지만 그 혁명은 대한민국과 미국 대중음악 사이에 존재하던 시간차를 좁히고 지워버리기까지 했으며 양국 청년 문화 차이가 극복 불가능하지 않음을 보여주었다. 다시 말해 1990년대에는 대한민국 청년들이 최신 미국 대중음악을 받아들일 준비도 되어 있었지만, 미국음악 유행을 확장은 아니어도 모방할 능력이 있는 사람까지 생겼다. 여기에서 미국 등 여러 나라에서 제법 커진 한민족 디아스포라 존재 역시 인력과 다양한 유행까지 잇는 편리한 가교 노릇을 했다. 부유해지고 독재에서 벗어난 대한민국이 고품질에 최신 기술을 사용하고, 따라서 대한민국 밖에 있는 청중에게도 흥미를 끌 만한 대중음악을 제작하는 일은 그저 시간 문제였을 뿐이다.

그래도 질문은 남는다. 왜 이 음악을 수출하는가? 부와 명성은 대한민국 음악가와 기획사에게만 강력한 이유로 작용하지 않는다. 누구나 화려함과 명예를 누리고 싶어 하지는 않을지라도 부와 명성을 갈망하는 한국인은 그만큼 많다. 이 나라가 20세기 절반을 일본과 미국 그늘에 가려 보냈음을 고려하면 한국인 집단의식에서 그런 울화를 없애려는 욕구를 부정하기는 어렵다. 또 아무리 역사에 무지한 대한민국 청년이라도 미국이 권력과 위세를 표현하는 표준이라는 데이의를 제기하려면 억지를 부려야만 할 터다. 보편 측면에서 대한민국은 야망과 유명세, 명성의 문화가 되었다. 1980년대에 어느 저명한국 언론인은 어느 프랑스 빵집 아들이 그냥 아버지처럼 빵 만드는 사람이 되고 싶다고 하자 충격을 받았다고 한다. 이 기자는 한국 빵집 아들이라면 분명히 대통령은 아니어도 대기업 총수 정도가 되겠다는 포부는 품으리라고 생각했다.[31] 명성보다 더 강력하고 도처에 존재하는 동기는 이익이다. 대한민국은 오래 전 OECD 회원국이 되었지만 짧은 역사에서 눈에 띄는 빈곤 만연과 빠른 산업화도, 그에

제2장_ 서울이 부른다

따라 물질적 안락을 추구하고 축적한 부를 누리려는 열망도 아직 집단 기억에서 떨쳐내지 못했다. 전 세계에서 대중문화가 내보내는 주요 메시지는 과시성 소비를 찬양하고 장려한다.[32] 부자가 되면 영예로운 일이다. 부를 추구하든 명성을 추구하든 그 여정은 한가지다.

그런데도 전 세계 음악 산업이 국경선에 크게 종속당한다는 사실이 눈에 띈다. 즉 스타덤과 부를 추구해도 가수들은 대개 국내 영역에 머물렀다. 이러한 현상을 낳은 이유 몇몇은 쉽게 머리에 떠오른다. 음악 청취자들이 동포 가수, 그리고 공통 자국어로 부른 노래를 선호할 수도 있다. 또 가수들이 외모와 행동과 품행에서 통용되는 국가 관습을 존중하면 훨씬 쉽게 이해하고 좋아할지도 모른다.[33] 그렇지만 해외시장에 존재하는 음악 외적 장벽들은 이런 청취 선호도보다 훨씬 까다롭다. 각국 정부는 정치 또는 경제상 이유로 해외 가수와 곡을 제약한다. 국내 사업자들도 당연히 경쟁 심화를 경계하게 된다. 어떤 요인들이 연쇄작용을 일으켜서든, 20세기 대중음악은 대체로 국경선을 따라 발전했다. 2012년에 어느 프랑스 잡지에서 최고 수입을 올린 가수 열 명을 선정했는데 나는 그중 단 두 명밖에 몰라서 조금 창피하다는 생각이 들었다. 미국인 전문 기획자도 셋밖에 모른다는 사실을 알고는 그나마 부끄러움이 덜했지만 말이다.[34] 음악에는 국경이 없을지 몰라도, 대중음악은 특정 국가 음악일 때가 많다.

어떤 음악 전통이나 양식, 장르 등은 대개 특정 문명이나 제국, 국가 확장과 동일한 공간에 걸쳐 존재한다.[35] 미학에 자율성이 있다고 (음악이 물질적 이해관계뿐만 아니라 사회 배경에서도 독립했다고) 아무리 칭송하고 싶어도, 음악 지지자들이 아무리 그렇게 믿고 싶어도 음악이 무조건 언제 어디서나 인기를 얻지는 않는다. 시간과 문화에 있는 다양한 한계는 음악 인기에 필요한 필수 요건 또는 가능 조건, 즉 일련의 관습과 기반 시설을 나타낸다. 소리풍경이나 음악 역량 같은 여러 개념은 동일한 기대라는 점에서 가장 기본인 범위를 제시한다. 음악이란(소음과 대비해) 무엇인가? 어떤 소리가 이해 가능하고 즐길 만한가? 누가 또는 무엇이 새롭고 멋지고 가장 인기 있나? 역으로 누가 또는 무엇이 우스꽝스럽거나 비웃을 만한가?[36] 앞서 제1장에서는 대한민국에서 유럽 또는 일본 영향을 받은 대중음악이 존재할 몇몇 가능 조건 개요를 서술했다. 그 조건 중에는 1세기 넘게 서양 소리풍경을 전파한 초등 음악 교육도 있고, 거의 같은 기간 적어도 도시 지역에서 서양(과 일본) 대중음악에 노출된 경험도 있었다. 그러나 이런 조건들만으로는 부족하다. 그 조건과 함께 일정한 부와 여가(1980년대까지 대한민국에서 외국 음반은 비싸고 대개 구하기 어려웠다), 취미로 미학을 즐기는데 시간과 힘을 들이려는 경향(이러한 취미 추구 자체가 부유한 사회를 말하는 특징이기도 하다), 직접 고른 음악을 재생산할 기술 수단 접근(1980년대까지 한국에서 그러한 수단은 잘 구할 수 없었다) 등도 중요하다. 1980년대 이전에는 미국이나 세계 대중음악 유행을 잘 아는 대한민국 사람은 거의 만날 수 없었다. 당시 한국인들은 주로 일본을 통해 세계를 알게 됐다. 이런 면에서 서태지 혁명은 1차 외부 준거점을 분명히 일본에서 미국으로 돌려놓았다.

물론 예외가 규칙을 증명할 뿐만 아니라 예외가 규칙 자체가 되기도 한다. 여기저기서 등장한 초국가적 선풍을 일으킨 노래들은 대중음악 역사와 시대를 같이 한다. 게다가 그러한 예외들이 냉전 후 확실히 증가하면서 훨씬 강력해진 세계화를 나타냈다. '월드 뮤직'이라는 새 범주가 나오면서도 그랬지만 전 세계에서 뚜렷하게 다른 음악 전통들이 상호침투하면서도 말이다.[37] 장르나 발생국가 측면에서 전 세계 팝 음악은 조금도 동질성이 없다. 물론 비틀즈나 롤링 스톤즈 같은 영국인 침공 세력이나 아바 같은 스웨덴 슈퍼스타 그룹도 있었지만 그래도 전 세계 팝을 가장 압도한 국가 세력은 미국이었다.[38] 전 세계 팝과 미국 팝이 동일하다고 하면 틀리지만 그래도 전 세계, 특히 부유국가 청년 사이에 공통된 소리풍경을 형성하는 데 빌리 홀리데이나 프랭크 시나트라, 엘비스 프레슬리, 밥 딜런, 마이클 잭슨, 마돈나 등이 미친 영향을 부정할 사람은 거의 없으리라. 전 세계에서와 마찬가지로 대중음악에서도 공통어는 (미국) 영어였다. 그러나 세계화는 단순히 미국화나 동질화가 아니다. 반세계화, 현지화, 이종 교배 등은 크게는 세계, 작게는 대중음악을 형성한 역학에서 매우 중요했다. 이 장에서 현대 대한민국 청년 관련해서는 미국이 대중음악 표준을 세우게 된 점이 가장 눈에 띈다.

초국가 지역 스타 등장은 전 세계 음악 산업이 대체로 국경 안에 한정된다는 규칙에 또 다른 예외가 된다. 예를 들어 EU 팝음악 보좌역을 하는 유로비전Eurovision은 유럽 전역에서 통하는 스타들을 배출한다.[39] 이들을 보면 가사에 쓰인 언어나 음악 양식이 종종 세계성을 띤다. 즉 노래 가사는 영어이고 세계·미국 팝 음악 대표 장르와 유사하다. 그런데 초국가 방식에는 외국 가수와 노래를 현지화하는 방법도 있다. 대한민국 대중음악 사례에서는 언어나 행동 면에서 자국 가수를 일본 표준에 맞춰 문화 동화하는 방식으로 이런 이식이 일어났다. 채규엽 (하세가와 이치로)과 이난영(오카 란코)은 일본에서 성공한 한국계 가수 계보에서 가장 유명하다. 그러나 일본식 이름을 보아도 자명하듯이 출신 국가를 제외하면 이들은 일본인 가수들과 구분 불가능했다. 식민지 시대 이후 양국이 같은 음악을 선호할 때도 이런 일은 반복됐다. 일본어로는 엔카, 한국어로는 트로트는 이름은 달라도 음악은 비슷하다. 트로트 음악가든 팝 음악가든 다들 바다 건너 같은 장르 음악가들을 따라 했고 가수들과 작곡가들도 바다를 건넜다.[40] 자이니치 가수들을 제외하더라도 이성애, 조용필, 계은숙 등 1970년대 후반부터 1980년대 초반까지 한국 노래 붐이 일어난 시절에는 일본 가정에서도 잘 아는 대한민국 트로트 가수가 몇 있었다(물론 이들은 대한민국 사람들이 일본풍으로 보던 장르를 일본어로 노래했지만 말이다).[41] 게다가 1980년대 초반 가라오케 붐으로(가라오케 기기는 1971년 발명됐다) 일본 사업가 사이에서는 한국 트로트 부르기가 유행이 되었다.[42]

앞서 보았듯 한국 대중음악 생성기부터 한국인 음악가들은 일본에서 성공을 거뒀다. 제2차 세계대전 이후 암흑기, 일본에서 여전히 한국과 한국인을 경멸하는 식민주의 태도가 한창일 때도 일본에서 놀라운 성공을 거둔 한국인이 몇몇 있었다. 그리고 초기 대중음악 열광은 양국에서 때로 같은 노래와 같은 가수를 향했다. 일본과 한국이 지리와 문화상으로 가깝다는 점도 다시 한번 강조해두겠다. 35년 넘는 일제강점기, 특히 극단적 동화 정책이 강하게 울려 퍼진 후반기에는 적어도 문화 수렴이 일어날 수밖에 없었다.[43] 일본 국민이나 대한민국 국민이나 비슷한 현대 일본식 음악 교과 과정으로 교육을 받았고 이로 인해 서양 합창 음악과 동요를 각색한 음악이 퍼져나갔다. 일본인도 한국인도 미군 점령기를 거쳤고 그중에는(전 세계 많은 이들처럼) 미국 대중음악을 적극 받아들인 사람도 많았다. 간단히 말해 일본과 대한민국에는 비슷한 소리풍경이 있었지만 21세기에 각국 내부에 생긴 상당한 이질성을 고려하면 양국 간 거리보다 오히려 각국 내 다양성이 더 두드러져 보인다.

트로트음악도 일본에서 성공했지만 그 외에 김 시스터즈는 미국에서 큰 인기를 끌었고 패티 김 등 라스베이거스 등지에서 어느 정도 팬을 확보한 대한민국 가수들도 있었다. 이들은 영어로, 미국 가수들처럼 노래하면서 미국 표준에 맞추고 문화에 동화하려 했다. 1980년대 중반 김완선은 일본에서는 큰 인기를 끌지 못했지만 그 뒤 대만을 뒤흔들었다. 그러나 대형 미국 팝 가수들이 만들어낸 전 세계 팬층, 아시아 등지에서 제이팝 가수들이 확보한 팬층과 비교하면 그런 성공은 미미해 보인다. 이 장 뒷부분에서 설명하겠지만 제이팝이 해외에서 거둔 성공은 수요 주도형이었다. 열렬하고 예리한 청중들이 재미있고 매력 있는 선율을 찾으면서 동아시아 전역(과 그 너머)에서 하위문화를 형성했다.[44] 어느 한국 음악업계 임원도 케이팝을 두고 내게 비슷한 이야기를 한 적이 있다. 전 세계 청년들이 대한민국 대중음악을 발견했다고 말이다. 그러나 그 설명은 왜곡이다. 사실 케이팝은 수요 주도형, 즉 유기성에 가까운 발전을 하지 않았다. 케이팝은 오히려 합심한 전략 수출품이었다. 다시 말해 케이팝이 수출품으로 거둔 성공은 대한민국 가수들을 특정 수출 시장에 맞춰 적응하게 한 긴 역사를 반영한다.[45]

그러면 앞에서 한 질문을 이번에는 좀 더 힘주어 해보자. 왜 이 음악을 수출하는가? 대한민국 대중음악업계 외부는 물론 내부에서도 흔히 한국 내수 시장은 수익성을 유지하기에 너무 작다고 가정한다. 그러나 2013년 현재 인구 5천만에 달하는 이 OECD 회원국은 전혀 작은 시장이 아니다. 사실 대한민국은 세계에서도 꽤 큰 내수 시장에 속한다(게다가 문화와 언어도 통일된 시장이다). 이미 보았듯이 대한민국 대중음악 산업이 해방 이후 수십 년간 번성한 데다 대한민국 자체도 풍요한 사회가 되었고 크게는 대중문화, 작게는 대중음악을 소비할 준비와 의지와 능력을 갖춘 청년 시장도 존재했다. 내수 시장이 작다는 이 일반적 믿음과 함께 내가 대한민국 수출 강박이라고 부른 태도는 어떤 객관적 조건이라기보다 1960년대에 시작한 빠른 산업화 시기에 생긴 굳은 믿음을 반영하는 듯하다.[46] 박정희 정권 시절, 경제 성장이 대중 불만에 잘 듣는 만병통치약이 되면서 굳어진 수출 지향성 산업화 전략이 바로 그런 믿음을 구현했다. 이런 수출 강박은 곧 대한민국 정치체 기본 신화가 되어 현대 대한민국에 존재하는 모든 경제 문제를 단순한 생각, 즉 의심스러우면 수출하라는 생각으로 푸는 문화 반사작용을 낳았다.

수출 강박 이면에는 마찬가지로 강력한 경제 · 문화 보호주의가 있었다. 국내 생산에 쓸 해외 원자재 구매 때문에라도 수출 지향성 산업화에는 외화 보유고 확보와 유지가 반드시 필요했다. 대한민국은 자원이 빈곤해 산업화 기본 연료가 부족했고, 비교 경제 우위라고는 숙련 수준은 제법 높지만 보상은 열악한 노동력뿐이었다. 그러나 핵심 전술이 또 하나 있었으니 바로 유출을 제한해 외환 보유고를 극대화하는 방법이었다. 관련 국가 경제 기관은 외환 보유고 고갈을 방지하고자 불철주야 노력했을 뿐만 아니라 소비재 수입을 최소화하려 했다. (앞서 보았다시피 이 정책 때문에 1980년대까지 대한민국에는 해적판을 제외한 외국 음반이 매우 적었다.) 수입을 억제하고 외환 보유고를 유지하는 외에도 정부는 국산 제품 소비를 장려했고 그러면서 수요를 제고하고 생산에서 규모의 경제를 달성했다. 보호주의라는 경제 논리는 모든 외국산, 즉 공산주의, 자본주의, 유교로 인한 오염과 부패에 대항하여 싸우겠다는 박정희 노력과 발을 맞췄다. 그 결과 1960년대 대한민국 문화정책은 외국 혐오와 보호주의 색채를 띠었다. 예를 들어 외국 영화는 엄격한 규제를 받았고, 이 정책은 대한민국 외환 보유고를 유지했을 뿐만 아니라 민중이 정치 급진주의나 성적 일탈 등 외국 사상과 관행에 노출되지 않게 막았다. 제1장에서 논의했듯이 박정희 정권이 적극 시행한 규제는 대중음악에도 미쳤다. 그 동기에는 순수한 정치만이 아니라 경제 측면도 있었다.

그러나 대한민국 대중음악 산업은 21세기까지 그런 국가 수출 지향성으로도 문화 보호주의로도 혜택을 보지 못했다. 박정희 정권은 대중문화에 적대감은 아니어도 무관심을 유지했고(레슬링 등 일부 눈에 떠는 예외는 있었지만) 그 수출 지향성 경제 정책은 오로지 산업 생산에만 집중했다(중공업에 기술 집약일수록 더 좋았다). 즉 대중음악 산업은 경제 지원을 거의 기대할 수도 없었고 더군다나 통제와 검열에서 자유로워질 수는 없었다. 경제학이 공장과 기계에만 집중했다면 정치학은 오로지 힘, 군사력과 국가 안보, 국내 억압에만 집중했다. 대중이든 뭐든 문화는 주변으로 내몰렸고 국수주의와 관련될 때만 불려나왔다. 1980년대 초반 전두환 정권이 내건 그 유명한 3S 정책도 당시에 영화와 성, 스포츠와는 별 관련 없던 대중음악을 발전시키지 못했다. 박정희 정권이나 전두환 정권이나 대중문화를 논의할 때는 연예산업을 경시하면서 예전부터 단순한 '대량 문화mass culture'에 지배층이 품던 경멸을 한층 더했다.

정부가 대중문화에 보인 무관심이나 반감 외에도 수익성에 장애가 되는 중요한 요인 하나가 더 있었다. 바로 정부에 저작권을 보호할 생각이 없었다는 사실이다. 정부 규제 당국은 다른 부문에서는 치밀하고 열성이면서도 책이나 영화, 음반 해적판과 불법 복제는 못 본척했다. 어쨌든 1960년대와 1970년대 대한민국 경제는 대한민국 기업들이 다른 나라에서 만든 발전된 결과물들을 (관점에 따라) 빌리거나 배우거나 대놓고 훔쳐서 한국에서 엄청난 혜택을 보았으니까 말이다.[47] 얄궂게도 그러면서 작은 내수 시장이라는 신화가 한국 대중음악 산업에는 현실이 되고 말았다. 2002년 대중음악 시장 가치는 미국 126억 달러, 일본 54억 달러였지만 대한민국은 2억 9천 6백만 달러에 불과했다.[48] 이런 엄청난 불균형은 단순히 미국과 일본 인구가 더 많다든가 이 두 나라 1인당 소득이 더 높아 가격이 더 높게 책정되었다든가 하는 사실로는 설명 불가능하다. 원인은 취약한 대한민국 저작권 보호, 그에 따른 해적판 활성화, 합법 생산한 음반 가격 하락 압박에서 찾을 수 있었다. 1980년대에는 서울을 그냥 찾아온 사람도 고품질 해적판 CD와 DVD를 파는 도처에 있는 노점상들을 눈치 채지 않을 수가 없었다(이런 노점상은 지금도 존재한다). 이런 면에서 일본과 대조도 두드러진다. 일본 시장은 저작권법에 세심하게 신경 쓸 뿐만 아니라 일반 음악 CD 가격도 미국 소매시장 평균보다 4배쯤 높은 정가에 팔린다.

대한민국 정부와 대중음악 산업이 저작권 관련 대중 감수성을 형성하는 데 이미 실패하지 않았다 해도, 설령 뒤늦은 노력을 했다 해도 1996년 큰 기술 혁명, 즉 디지털 음악과 MP3 플레이어 도입으로 그런 노력은 어차피 실패할 운명이었다.[49] 그 뒤 거의 즉시 대한민국은 물론 전 세계 음반 산업이 곤두박질쳤다.[50] 게다가 대한민국 정부가 이제 경제·문화 자유화 정책을 내세우면서 외국 경쟁에도 문이 열렸다. 1996년 서태지와 아이들이 갑자기 해체한 뒤 팝을 부르는 일본·미국 스타들이 물밀 듯 들어오자 국내 가수들에게 해를 끼칠 만한 상황이 된 듯했다. 1998년 김대중 대통령 방일과 제이팝 유입이 맞물리면서 엑스 재팬X Japan이나 아무로 나미에安室奈美恵, 스맙SMAP 등 일본 스타들도 한국에서 유명해졌다.[51] 결정타는 1997년 IMF위기였다. 1996년 아시아 통화 위기에 이은 불황은 IMF가 대한민국에 요구한 긴축 조치로 더 심각해졌다.[52] 전주곡 장에서 언급했지만

IMF 개입 영향은 경제 불황 이상이었다. 이 사건은 대한민국 사회 전체에 울리며 오랜 상처를 남긴 충격파였고, 단순히 실업이나 불황 경제로만 설명할 수는 없다. IMF 위기는 고도 지속 성장이라는 널리 퍼진 믿음을 산산조각 냈다. 타격을 받은 음악 산업에는 새로운 청중과 새로운 시장을 긴급히 양성할 필요가 있다는 의미였다. 요약하자면 대한민국 대중음악 산업은 1990년 말 격동에 휩싸였다.

그러나 대한민국 수출 지향 경제·문화 성향과 꾸준한 이익을 확보하지 못한 시장, 그리고 1990년대 말 경제 불황 등 바로 앞에서 설명한 경제 조건과 제약만 가지고 대한민국 음악 수출품의 성격과 방향을 다 설명하지는 못한다. 어쨌든 경제 작용은 아무리 사회 구조에 뿌리 박혀 있어도 주의주의主意主義 성향이 있고(많지는 않지만 여러 선택과 방향이 가능하다는 의미에서) 또 예측 불가능하기 때문에 오히려 성공을 거둔다(결과가 자명하다면 다른 사람들도 같은 행동을 취할 테니 말이다).[53] 대한민국에서 새로운 대중음악 흥행가들이나 기업가들이 자의로 전진해 성공할 만한 특정 결과물을 놓고 도박을 할지 안 할지는 적어도 지금 뒤돌아보면 연속된 배경 요소들에, 어느 정도 일관성 있는 위험 감수 성향에 달려 있었다. 그런 자의가 일관성 있는 전략과 비전 수준에 이르지는 못했지만 말이다.

그리고 새로 등장한 이런 흥행가들과 기업가들은 대한민국 대중음악 수출 사업의 원천이 되었다. 물론 이들이 하는 사업은 여느 사업이나 비슷하다. 누구나 사람들이 원하고 구매할 만한 무엇을 팔고자 한다. 그러나 모든 생산 과정이 동일한 형태는 아니다. 히트곡과 스타 제조는 자동차와 트럭 제조와는 다르다. 음악 산업은 지금도 포드주의 하향식 대량 생산 방법에 저항한다. 최신형 자동차를 만드는 사람들에게는 소비자 수요가 예측 불가능해 보일지 몰라도 사실 성숙한 자동차 시장에는 생산 효율과 비용 효율, 경제 경쟁력을 달성하는 대량 생산은 물론 하향식 의사 결정도 보상할 만큼 안정성이 있다. 그러나 음악 산업을 그렇게 말하기는 불가능하다. 음악 산업에서 경쟁하는 부분은 가격이 아니라(십대 팬은 아무리 싸도 트로트 곡을 내려받지 않는다) 품질(목표 청취자 기준에서)과 일정 수준(최소한이라도)의 혁신, 내재된 흥미이다. 따라서 수요는 예측 불가능한데 제작할 때는 음악과 음악 외적 관습·관행뿐만 아니라 특정 장르를 정확히 알아야 하고, 게다가 다음에는 무엇이 성공할지 아는 신비로운 감도 갖춰야 한다. 새로 내는 곡마다 맞춤 상품이라서, 눈가림으로라도 작곡을 새로 하고 가수와 음악가들을 새로 조합하고 다양한 설계자들과 그밖에 많은 전문가도 데려와야 한다. 대중음악 산업은 자동차 산업과 비교하면 진입 장벽이 훨씬 낮다. 여기서는 막대한 자본과 진보한 기술보다도 대중음악 지식과 재능 있는 음악가, 기타 음악 제작 관련자들에게 접근하는 능력이 훨씬 더 필요하다. 특히 저렴한 컴퓨터와 소프트웨어가 도입되고부터 재정이나 기술 측면에서 제작 과정에 접근 가능한 집단이 어느 때보다도 커졌고 또 제작 과정도 이제는 제작 방식을 통제하던 스튜디오에만 기대지 않게 됐다. 대중음악은 종종 문화 산업에서 나온 결과물이라고 설명하지만, 사실 대량 생산 제품이라기보다는 공예품에 가깝다. 대중음악 산업은 자동차 제조업이나 심지어 급변하는 휴대전화 제조업에 비해서도 크기와 규모, 경험상 우위가 훨씬 적다. 그나마 큰 축에 속하는 대중음악 대기업마저도 하향식 의사결정자 밑에서 비교적 독자적으로 기능하며 마치 공예를 하듯 작은 사업을 운영하는 제작 부서에 의존하는 형국이다. 그러므로 대중음악 제작에서 효과를 내는 단위는 대기업 소유라도 작은 스튜디오나 기획사이다.

상대적으로 낮은 대중음악 산업 진입 장벽 외에 1990년대 말에 찾아온 경제 위기는 몰려드는 새로운 기업가들, 특히 작고 신생인 제작자들에게는 오히려 복이 됐다. 무엇보다 진보 성향인 대한민국 정부 정책은 재벌 지배를 제한하는 법안으로 과도한 경제 집중에 맞섰다. 생산부터 유통까지 재벌이 행사하던 준 독점 지배력은 1998년에 끝났다. 한국 대중음악 산업에서 새로운 경쟁을 할 장은 그렇게 열렸다. SM은 1995년, YG는 1996년, JYP는 1997년 등 현재 케이팝 3대 대형 기획사들 모두 반독점 정책 이행 직전에 문을 열었다는 사실도 그런 결과를 보여준다. 이 세 기획사가 전부 세계 유행에 노출되어 대중음악에 전념했다는 사실도 우연은 아니다. 그리고 김대중 정권이 대한민국을 창조와 혁신이 있는 나라로(단순히 건설과 중공업, 하이테크 제조업 국가가 아니라) 브랜딩 하면서 자국 문화를 해외에 홍보하려 한 사실도 중요하다. 세금우대부터 노골적 지원금까지 연성 권력을 장려하던 정부 정책은 한류를 세계로 보내는 기능을 했다. 2013년 대중음악 산업 장려 정부 예산은 3억 달러에 이른다고 하는데, 이는 10년 전 대중음악 산업 총 매출액에 맞먹는 금액이다.[54] 마지막으로 신기술 도입, 즉 1996년 시작된 음악 디지털화, 2005년 시작된 유튜브 및 인터넷 기반 뮤직비디오 보급 활성화 등은 신생 음반사와 기획사에 크게 유리하게 작용했다. 앞서 시사한 바와 같이 새로운 형식이 등장하면 그와 함께 새로운 음악 장르가 떠오를 때가 많다. 예를 들어 제이팝도 1980년대 후반 CD라는 새로운 형식이 생기면서 부상했다.[55] 인터넷 기반 신기술을 활용하여 새로운 음악 양식을 마케팅하고 또 음반보다 인터넷에 의존하는 신규 사업 모델을 고안한 기업가들 덕택에 대한민국은 디지털 음원 판매고가 비非디지털 음악 판매고를 능가하는 국가로는 최초가 되었다.[56] 여기서도 신생 사업가들은 기꺼이 신기술과 신통로를 활용하며 일했고 그러면서 새로운 형식과 내용(새로운 장르와 양식)을 결합한 물결을 타게 됐다.[57]

21세기 초반 3대 케이팝 기획사들은 청년지향성 대한민국 대중음악을 나타내는 얼굴이 됐다. 재벌은 초기에는 엔터테인먼트 산업에서 빠져나가 한동안 공백기를 가졌다가 21세기 초 음악 시장에 재진입했지만 트로트에서 발라드에 이르는 기존 장르와 국내 영업에만 집중했다. 재벌은 혁신이나 수출 동력이 아니었다. 케이팝은 성공하려면 꼭 해외로 확장해야 하는, 기업가 정신이 있는 회사들이 만들어낸 작품이다. 3대 기획사 이외에도 케이팝을 제작, 홍보하는 기획사로는 DSP엔터테인먼트(카라), 큐브 엔터테인먼트(비스트), 내가 네트워크(브라운 아이드 걸스) 등이 있었다.[58] 모두 신생이고 소규모이던 이 기획사들은 새로운 틈새시장을 만들어 나갔고 그러면서 우리를 케이팝 시대로 인도했다.

그러면 이 음악이 왜 수출되어야 하느냐는 질문에 대답해 보자. 선진국 대부분에는 물론 자국 대중음악 산업이 있지만, 외국에서 성공해야 할 필요(당연히 성공해야 한다는 생각)나 국경 너머 청중에게도 호소력을 발휘하는 가수들을 체계적으로 양성할 능력이 있는 나라는 거의 없다. 케이팝이라는 새로운 양식은 1990년대 말 경제위기 이후 심한 경쟁과 수출 강박이 결합하면서 우뚝 서게 됐다.

케이팝이 하는 일

=비즈니스

3대 케이팝 기획사를 만든 사람들은 과거에 음악가였거나 지금도 음악가이다.[59] 그러다 보니 케이팝 뒤에 있을 더 원대하고 심오한 예술 비전을 찾아보고 싶은 마음도 생긴다. 그러나 찾아본들 소용없다. 음악 혁신 논리가 작게는 수출 강박 논리, 크게는 이익 동기 논리를 따랐기 때문이다. 이 케이팝 사업가들은 앞을 멀리 내다본 선지자들이 아니었다. 그저 적당한 때에 적당한 곳에 있었을 뿐이고, 예술적 비전을 투영하기보다는 상업상 기회를 붙잡았을 뿐이다. 돈이란 따라가기에는 끔찍할지 몰라도 만났을 때 붙잡기에는 매력적인 존재다. 돈은 케이팝에서 처음이요 끝이다.

이수만과 SM이 걸은 길은 이수만이 '문화 기술culture technology'이라고 하는 수출 지향성 케이팝을 한정하는 요소들을 잘 보여준다.[60] 1970년 대 명문 서울대학교 학생이던 이수만은 포크 가수 겸 DJ로 이름을 날 렸다. 당시 반정부 활동이 대세였음을 고려하면 확실하게 진보주의 에, 그러니까 군부 통치 및 트로트음악과 정반대에 자리를 잡은 셈이 다. 그러다 정부 당국 조치에 반대하며 유학을 떠나 1980년 남부 캘리 포니아 노스리지 캘리포니아 주립대학으로 갔다. 이수만은 포크음악 에서 눈을 돌려 1980년대 초반 미국에서 한창 인기몰이 중이던 댄스 팝 등 다른 대중음악 장르로 관심을 돌렸다. 무엇보다 초기 생동감 넘 치던 MTV 시대를 흡수했다. 1985년 한국에 귀국한 이수만은 농공학 도 컴퓨터공학도 포기하고 음악 산업에 진입했다. 그 뒤 10여 년간 새 로운 소리를 제작하고 홍보하느라 포크음악도 하지 않았다. 이수만은 초기에 당시 미국 인기 음악을 재생산하려 했고, 제1장에서 언급했듯 이 현진영으로 다소간 성공을 거뒀다. 그 뒤 엠티비 영향을 받은 댄스 팝 대신 일본식 아이돌 팝으로 방향을 바꿨고, 이때 1980년대 일본에 서 어마어마하게 인기를 끈 두 그룹, 쇼넨타이少年隊와 쇼죠타이少女隊 를 본보기로 삼았다. 아마 미국에서 각각 1984년, 1993년 데뷔한 뉴 키 즈 온 더 블록이나 백스트리트보이즈를 낳은 공식에서 확신을 얻었을 지도 모르겠다. H.O.T가 성공하고 선풍을 일으키자 이수만은 서둘러 S.E.S(1997)와 신화(1998), 플라이 투 더 스카이(1998)를 훈련시키고 제작 했다. 세 그룹 모두 한국에서 팬층을 확보했고 중국어권 몇몇 지역에 서도 어느 정도 성공했다. 그래도 이 그룹들은 대개 내수용이었다. 이들을 케이팝 그룹 원형으로 볼 수도 있겠지만 그 버블검 팝 음악이나 사랑스럽지만 전문성은 떨어지는 춤은 현대 케이팝 그룹보다는 1980 년대 일본 아이돌 그룹이나 이전 세대 소방차와 더 닮았다(앞서 주장했지만 초기 신화와 후기 신화를 보고 하게 되는 음악 및 안무 경험은 확실히 다르다).

이수만은 처음 중국에서 H.O.T 인기를 활용하려고 했지만, 상술했듯 1990년대 말 중국 시장을 개척하려던 이 시도는 무참하게 실패했다. 중국 성공에서 가장 큰 장애물은 저작권 침해가 난무하는 시장에서 경쟁력 있는 사업 모델을 확립하기 불가능하다는 점이었다.[61] 이수만은 이 불운한 중국 사업 후에 비로소 대한민국형 제이팝을 만들었고, 이 음악이 중국어권 시장에서도 인기를 얻었다.

2000년대 중반부터 SM의 전략은 두 가지 추세 때문에 바뀌었다. 앞서 언급했듯이 미국식 혁신에 크게 기댄 JYP는 원더걸스 <텔 미>로 현대 케이팝 기본 틀을 만들었다. 이 곡이 대한민국에서 폭발적 인기를 끌면서 SM 등 다른 기획사도 원더걸스를 본뜨게 됐다. 동시에 한류, 즉 동북아 및 동남아 전역에 걸쳐 텔레비전 드라마가 얻은 폭넓은 인기 덕에 대한민국은 대중문화 강국이 되었고 강력한 브랜드로서 지위를 인정받았다. SM은 일본 성공에서 얻은 자신감과 자원에 고무되어 다시 전략을 수정하더니 케이팝을 수출하기로 했다. 앞서 나온 동방신기도 그에 따라 2008년에는 제이팝을 벗어나 미국식으로 변한다. SM 등 기획사들은 수출 강박에 떠밀리고 또 수익성 있는 거대 수출 시장에 이끌려 현대 케이팝 공식을 전 세계에서 더욱 추진하기 시작했다.

여기서도 케이팝 공식은 예술이 아니라 시장을 고려해 추진했다. 케이팝 논리는 자본 논리이다. 이수만이 시도한 다양한 변화 기저에는 예술 원칙이 있을지도 모르지만, 추구하는 바는 상업적 성공이라고 결론짓는 편이 훨씬 더 타당하다. 사실 케이팝은 모든 측면이 사업상 이해에서 비롯됐다. 예를 들면 케이팝에 있는 단체 특성을 보자. 처음 그룹 형태는 미국과 일본 그룹을 모방해서 나왔지만, 지금은 대한민국 대중음악을 규정하는 특징이 되었다. 물론 솔로 가수도 있지만 냉정한 상업 논리에서는 그룹 구조를 유지한다. 크게 집중해서 듣지 않아도 케이팝을 듣다 보면 그룹 가창은 의외로 완성도가 높은 반면 솔로 가수가 그런 완성도를 보이는 일은 그렇게 많지 않음을 깨닫게 된다. 그러니까 함께 노래할 괜찮은 가수는 흔하지만, 탁월한 솔로 가수는 흔치 않다. 노래도 그렇지만 춤도 마찬가지다. 정밀한 안무는 뛰어난 개인 기술보다 훈련 가능한 단체 안무에 기댄다. 논쟁할 여지가 있는 식으로 표현하자면 케이팝은 개인 천재성보다 집단 노력에 의존한다. 또한 솔로 가수는 개인이 겪는 부침에 좌우될 뿐만 아니라 한 번에 한 곳에밖에 있지 못한다. 그러나 집단 구조에서는 텔레비전 인터뷰나 드라마에 출연하느라 한두 명이 빠져도 나머지 팀이 잘 해낼 수 있다. 더 큰 청중에게 호소하려는 욕구를 고려하면 (특정 외모나 목소리, 인상을 선호하는 취향은 물론 언어 면에서도) 제작자는 비교적 이질성 있는 그룹을 만들어야 한다(모두가 똑같을, 즉 모두가 같은 언어를 말할 필요는 없다). 그리고 많은 코러스나 안무단이 없어도 되는 그룹 구조에는 경제 이익뿐만 아니라 이동 편의성도 있다. 누가 팀에서 빠져도 대체 가능하다. 또 그룹이 성공하지 못하면 그중 더 잘하는 멤버들은 다른 그룹에 들어갈 수도 있다. 따라서 개인은 케이팝 기획자가 세운 큰 전략에 속한 조각이다. 게다가 그룹이 함께 살고 일하는 집단생활을 하면 사기도 계속 높아지고 스타병 같은 변덕도 억제 가능하다. 또 솔로 가수는 오롯이 혼자 살고 죽지만 그룹은 각자 하위 팬층을 다양하게 양성할 수 있다. 그룹 멤버들이 서로 뒤엉켜 살기 때문에 팬들이 따라가고 추측하고 자기들끼리 끝없이 말할 이야깃거리도 계속 생긴다. 따라서 그룹 구조는 솔로 가수가 쉽게 줄 수 없는 유연성과 효율성, 도달 범위를 제공한다.

소녀시대는 이런 면에서 표본이다. 기억하기 쉬운 가사, 강한 박자, 완벽하게 만들어 공연하는 특징 있는 안무 등 케이팝 공식이 명확하다. 소녀시대 아홉 명(최종 선발은 긴 과정을 거쳤다) 모두 매력 있는 외모라고들 하지만 개인별 얼굴이나 신체 특징을 보면 다양성도 있다.[62] (그래도 길고 날씬한 다리라는 특징으로 이 그룹은 하나가 된다.) 소녀시대는 같은 곡을 종종 4개 국어로 낸다. 어떤 언어든 편곡과 안무는 같지만 가사는 각국 언어로 번역하고(멤버 중 두 명은 일본어, 두 명은 중국어, 두 명은 영어가 유창하다) 현지에 맞게 조금씩 바꿔놓으며, 다양한 국가별 팬클럽은 물론 개인 팬들이 볼 수 있는 언어별 웹사이트도 마련해 둔다.

유닛 활동이 점점 늘어나는 기저에는 상업적 이유도 있다. 예를 들면 슈퍼주니어는 슈퍼주니어 M, 슈퍼주니어 K.R.Y, 슈퍼주니어 해피, 슈퍼주니어 T 등으로 활동했다.[63] 중국 공략형 슈퍼주니어 M에서 알 수 있듯 그룹을 헤쳐 모이게 해 노출(과 기획사 이익)을 극대화하자는 생각에서다. 이런 논리에 맞춰 다국적, 다인종 그룹 결성은 최신 유행이 되었다. 정치적으로 올바르게 하려는 의도가 아니라 주로 이웃 아시아 국가에 호소력을 확대하려는 의도다. SM이 2012년 첫선을 보인 엑소도 엑소 K와 엑소 M이라는 유닛 두 개로 활동하는데, 각각 한국과 중국어권이 주요 무대이다. 투피엠에는 태국 출신 닉쿤이 있고 태국에서는 케이팝이 크게 인기를 끈다.[64] 또 에프엑스나 미쓰에이 등 케이팝 그룹에 중국인이 들어가는 경향도 생겼다. 대놓고 같은 민족 친밀성으로 호감을 사려는 행동 역시 케이팝 기본 논리를 변형한 행동이다.

그외 그룹 구조 특징들은 냉정한 사업 계산을 반영한다. 원더걸스와 소녀시대가 얻은 큰 인기를 생각하면 걸그룹 제작은 당연한 일처럼 보인다. 그러나 적어도 어느 SM 임원이 한 말에 따르면 처음 걸그룹을 만든 이유는 남성 대부분이 최소 21개월은 복무해야 하는 병역 의무 때문이었다고 한다.[65] 두말할 필요도 없이 소집 영장은 대개 아이돌 가수들이 절정에 있을 때 나온다. 30세 이전에 복무해야 하기 때문이다. 보편적 남성 병역 의무가 케이팝 세계에 미치는 영향은 다양해서, 남자 아이돌 그룹(과 록 밴드도 마찬가지)이 단명하기도 하고 군 복무 후 남성성 넘치는 록 스타가 나오기도 한다.[66] 그런 이유로 SM은 병역 의무 때문에 해산할 문제가 없는 걸그룹을 결성했다.

케이팝 스타들은 전 세계 케이팝 초기 수요에 반응해서 다양한 미국 그룹과 차별화(명백한 인종·민족 차이를 넘어)를 꾀했다. 멋지고 도회풍인 외관 밑에 예의 바른 부유한 중산층식 품위를 투영해서다. 케이팝은 별난 축에 속하는 미국 등 다른 나라 그룹들보다 훨씬 친절하고 상냥한 그룹을 내놓지만 그러면서도 전문가다운 세련미를 보여주었다. 예의바름과 전문성이라는 두 요소 역시 세계 음악 시장 특정 층에 호소력을 발휘하려는 의도였다. 확실히 현재 최대인 시장(일본)과 미래에 최대가 될 시장(중국) 중 상당히 큰 부분이 이 포장 상품에 홀딱 반한 모양이다. 그러나 이런 예의와 품위(냉소가 아니라 미소)는 유교 문화 특성을 반영하기보다는 목표 청중에게 호소력을 발휘하려는 계산된 결정에서 나왔고 체계적으로 훈련한 표현이다. 이 품위를 지역 감수성 문제라고, 즉 동아시아 문화 보수주의와 일관된다고 해석할 수도 있다. 그러나 이러한 표현은 과하지 않은 멋, 과하지 않은 섹시함, 과하지 않은 도시 느낌이라고 보는 편이 더 타당하다고 본다. 로큰롤이 1950년대 '흑인' 음악이라는 겉모습을 벗고 주류 미국 백인에게 인정을 받았듯, 케이팝도 미국 도회풍(대개 흑인)인 소리와 움직임, 에너지를 활용하면서 동시에 이런 요소들을 전 세계 대중소비용으로 길들인(색을 뺀)다.[67] 케이팝 스타들은 공연할 때는 끝없이 유혹하고 카리스마를 보이지만, 동시에 행동할 때는 겸손하고 얌전하다. 그리고 케이팝 공연을 그렇게 많이 보지 않더라도 시청자(관점에 따라 팬 또는 고객)에게 자주 고개를 끄덕이고 윙크하는 모습이 금방 눈에 들어온다. 화장하고 차려입은 케이팝 스타들은 콘서트와 웹사이트는 물론 직접 접촉을 통해서도 팬과 팬클럽을 양성한다.[68] 다시 말해 이들은 자존감 있는 아티스트라기보다는 직장인처럼 일한다. 확실한 전문가답게 이들은 케이팝이라는 사업 훈련을 받았고 그런 훈련에는 우수한 고객 서비스도 들어간다.

대중음악 사업이라는 관점에서 케이팝은 독립 음악가 · 가수를 거의 완벽하게 배제하고 인재 양성에서 스튜디오 시스템을 받아들이며 음악과 비디오 제작에서 극도로 노동 분업을 하므로 매우 독특하다. 케이팝 공식은 특정 제작 방식에 기댄다. 오직 케이팝 스타 양성용인 인큐베이션 제도는 현대 한국판 할리우드 스튜디오 시스템이라 할 만하다.[69] 음악 기획사라면 당연히 어디나 인재를 모집하고 어느 정도까지는 스타를 길러내지만, 케이팝 체제는 극도로 광범위하다. 기획사마다 조직이나 연습 과정은 달라도 다들 가족 유사성을 보인다. 모집 과정은 매우 선별적이다. 예를 들어 SM은 지원자 1천 명중 연습생 한 명을 선발한다(다른 기획사는 대략 250명 중 한 명 꼴이라고 한다). 연습생은 준비생과 연수생, '프로젝트 그룹' 멤버 등 세 등급으로 나뉜다. 준비단계 연습생은 초등학교 연령 정도로 어리기도 하고, 보통 방과 후 활동 식으로 참여한다. 연수생이라고 하는 두 번째 단계는 훨씬 본격적이라 포부 있는 연습생은 케이팝 스타가 되려고 연습기간을 5년 이상 거치기도 한다. 소녀시대 9명 중 최소 4명은 6년 이상 이런 연수생 기간을 보냈다.[70] 그런데 상당수는 학교에 다니기 때문에 연습은 오후에만 가능하고, 그러다 보니 자정이 다 되어 막차를타고 귀가하게 된다. 이들은 노래와 춤, 외국어, 예의범절 등 케이팝스타가 되는 데 필요하다고 생각하는 전 영역에서 12시간 이상 집단또는 개인 레슨을 받는다. 어느 JYP 임원은 자사 연습 센터에서 67개과목을 가르친다고 했다. 이 체제는 규율 잘 잡힌 군대 또는 올림픽 선수촌과 비슷하다. 많은 연수생들이 그중에서 가장 긴장되는 일과로 발전 정도를 평가하는 월간 평가를 꼽는다. 3~5년(최대 2~8년인 듯하다) 정도가 지나면 가장 가능성 있는 연수생을 프로젝트 그룹 구성원으로 선발해 데뷔 준비를 시킨다. 어느 SM 임원에 따르면 연습생 중 5% 정도가 데뷔를 한다. 프로젝트 그룹 단계에서도 여러 사유로 그만두는 사람이 많다. 예를 들어 소녀시대 연습생 중 하나는 티아라에 들어갔고, 또 어떤 연습생은 학업을 계속하기로 하고 명문 카이스트(대한민국에서는 MIT나 매한가지다)에 들어갔다.[71] SM은 연습생에게 엄청난 금액을 투자하는데, 5년간 1인 평균 30만 달러(대졸자 연봉 평균두 배는 된다) 정도를 쓴다. 이 돈은 음악과 춤은 물론이고 성형수술 등 최종 상품에 매력을 더하려는 다양한 작업에 들어간다.

케이팝 직업 가수들은 데뷔를 하면 종합 제도 안에 살게 된다. 케이팝 가수들은 명성과 팬클럽이 생겨도 방을 같이 쓰며 함께 살 때가 많고, 자유시간도 별로 없이 일한다. 어느 케이팝 스타는 개인 시간과 자유가 없으니 결국 자신들이 쉽게 놀 방법은 '다른 케이팝 가수들과 어울리는 것'뿐이라고 했다. 이렇게 유명 케이팝 스타가 사는 삶은 사실 우리가 아는 록 스타보다는 저임금 외국인 이주 노동자가 사는 삶과 오히려 더 비슷해 보인다. 어느 정부 보고서에 따르면 케이팝 가수 평균 연봉은 1만 달러 정도이지만, 음악업계 임원들은 연습생을 스타로 만드는 데 막대한 금액을 투자하며 상당한 경비를 계속 감당한다는 점을 지적한다.[72] 열악한 보수와 환경은 여러 기획사와 가수 간 소송으로 이어지기도 했다.

대중음악 산업에서 핵심은 계획한 진부화이며 케이팝 스타 제조 기계에서도 동일한 원칙이 중심을 차지하고 있다. 음악 제작자라면 차트에 몇 달씩 있던 곡이 계속 팔린다는 기대를 하지 않듯이 SM 등 기획사들도 자사 그룹이 5년 이상 생존하리라고 확신하지 않는다. 기획사는 엄청난 시간과 돈을 투자했지만 변화하는 취향 때문에 아무리 성공한 그룹도 시간이 얼마 흐르면 한물간다고 가정한다. 경쟁이 치열하고 노래는 끊임없이 쏟아져 나오다 보니 대한민국에서 어떤 노래든 일주일 이상 차트 상위권에 남아 있기란 이제 매우 희귀한 일이다. 그룹마다 무대에서 반짝 인기를 끄는 동안(1년이라도 계속 팔리면 다행이다) 공장은 계속해서 새로운 그룹을 생산해낸다. 음악 유행도 시장도 바뀔지 모르지만 이런 모든 변형은 SM이나 다른 기획사들이 세운 전략적 비전에서 핵심이다.

물론 대중음악 스타로 발돋움하는 다른 길도 열려 있다. 유명한 대한민국 오디션 프로그램도 여럿 있다. 예술고등학교나 일부 대학 특정 전공에서도 학생들이 음악 부문에 진출하도록 준비해준다. 비와 세븐도 유명한 안양예술고등학교 출신이다. 어쩌다 신인 발굴팀이나 음반 제작자 눈에 띈 스타들도 있다. 그러나 케이팝이 본질상 과점 형태이기에(상황이 미래에 바뀔 수도 있지만) 현재 케이팝 스타덤에 오르는 왕도는 하나, 즉 대형 케이팝 기획사 연습생이 되는 길 뿐이다. 기획사 영향력도 확대되는 듯하다. 예를 들면 2009년 SM은 한림예술고등학교 설립을 주도했다.

현실(경쟁력 있는 연예기획사가 많지 않은 과점형 산업, 취약한 독립 음악계, 산업 내 밀접하게 얽힌 여러 요소 등)과 경쟁력 있는 대안 부족을 고려하면 케이팝 가수 대부분은 짧은 경력 내내 기획사에 얽매여 살 운명이다. 경력을 끝낼 이유는 군 복무 등 다양하게 있지만 힘들고 벅찬 노동 조건도 있다. 가수들은 일정한 휴식이나 휴양 없이 반영구적 수면 부족 상태에서 장시간 일한다. 계속되는 훈련과 힘든 안무, 끝없는 여행 등 신체적 요구가 크다 보니 정신도 스트레스를 받지만 몸이 다치고 병드는 일도 생긴다. 이런 면에서 가수들이 대중 앞에서 흠잡을 데 없는 행동을 하는 기풍은 유교보다는 독재에 가깝다. 케이팝 스타덤은 마법 같은 삶과는 거리가 멀다. 성공한 가수 중에도 자살하는 사람이 종종 있다는 사실로도 그 깨지기 쉬운 특성을 가늠할 수 있다.

수출품으로서 케이팝이 성공을 거두려면 단순히 춤, 노래 훈련만이 아니라 능력 우수한 전문가 조합도 중요했다. 현대 소나타든 삼성 갤럭시든 대한민국 기업들은 기술력 뛰어난 개인(외국인 전문가일 때도 있지만 대개 해외, 특히 미국 유수 대학을 졸업한 한국인)들을 모아 선도 브랜드와 모델을 따라하다가 시간이 지나면 능가한다. 케이팝에는 내주, 즉 모든 일을 내부에서 조달하려는 강한 욕구가 있지만 그래도 케이팝 현실에서는 외주가 끊이지 않는다. 케이팝 제작자들은 작사, 작곡부터 안무와 의상까지 모든 일에서 세계 최상급 전문가들을 고용한다. 특히 세계에 통하려고 하던 케이팝 기획사들은 스웨덴 대중음악 작곡가들을 많이 찾았다. 또 대한민국이 세계 패션과 디자인 중심지로 발돋움하면서 대중음악 산업도 패션이나 CD 표지 디자인에 국내(가끔은 해외도 있지만) 인력을 활용한다. 케이팝 기획사에는 숙련된 음악가와 연예 산업 전문가들이 넘쳐나고, 이들은 가수, 작곡가, 안무가, 무대 감독 등으로 해외 다양한 분야에서 공부하고 일한 경험이 있다. 기획사들은 폭넓은 한국인 디아스포라 인구도 활용한다.

물론 유통과 마케팅이 없다면 제작만으로는 불완전하다. 현대나 삼성 같은 기업도 브랜드 인지도(순수한 가시성은 물론 신뢰할 만한 평판을 나타내는 표지)를 확립하기 전에 현지 유통업체, 마케팅 및 광고 회사, 관련 전문가 등과 관계를 형성하는 데만 엄청난 에너지와 자금을 투입한다. 이런 기업은 특정 국가 시장 문을 열고자 금전 보상 이상으로 아주 유리한 거래를 제시할 때가 많다. SM 등 기획사들도 대체로 마찬가지다. 이들도 현지 고유 유통·홍보 기제에 접근 가능한 해외 파트너에게 의존할 터다. 케이팝 기획사들은 현지 기획사나 시장에 일반적인 운영 방식에도 긴밀하게 협조하려 한다. 예를 들면 현대 동아시아 사업 관행에서는 인간관계라는 수사학이 특징인데, 케이팝 기획사들도 상당한 시간과 힘을 쏟아 사업 파트너와 상대 기획사를 양성하려 한다. 이러한 협력 상대를 만날 때는 상당한 자원을 투입하며, 공들인 비싼 식사와 술은 물론 성 접대도 따른다.[73] 케이팝 기획사들은 현지 기획사에 케이팝 판매 대가로 금전적 보상을 제공하면서 장기 수익을 목적으로 단기 이익은 희생할 때가 많다. 어느 기획사 고위 임원은 대개 50 : 50으로 수익을 나누지만 자기 기획사는 기꺼이 '미친' 계약을 해서 첫 이익 90%를 일본 파트너사에 주었다고 했다.[74] 대한민국 사업 관행은 이런 면에서나 다른 면에서나 사실 일본 풍습과 관행에 깊은 영향을 받았다.[75] 현지 사업 파트너에 이렇게 공

격적으로 구애하는 관행 탓에 자연스레 케이팝 기획사 사업 관행 자체도 비판받게 되었다.[76]

현지화 전략은 케이팝 마케팅에서 여전히 중요하다. 기획사 대부분은 서로 다른 각국 시장 수요를 잘 안다. 이러한 면에서 케이팝이 일본에서 거둔 성공은 케이팝 기획사들이 거대하고 까다로운 일본 시장 특수성에 적응하고자 기울인 일관된 노력과는 떼어놓고 볼 수가 없다. 예를 들어 일본에서 자라 일본어에 능한 SM의 CEO는 일본 관행에 유의해야 한다는 사실을 아주 잘 안다. 따라서 팬 대상으로 일본어 웹사이트를 열고 케이팝 가수들에게 일본어와 일본 문화를 교육할 뿐만 아니라 웹사이트와 교육도 일본 대중문화 산업 일반 관행과 아주 가깝게 맞춰서 상품 포장도 정교하게 하고(CD와 DVD에 선물을 넣는 등) 헌신적 팬과 팬클럽을 적극 양성하기도 한다. 한국 팬들은 같은 언어로 스타들에게 다가가지만 일본 팬들은 팬클럽 상품을 대량 구매하고 고유 하위문화를 만들어낸다.[77] 쉽게 말해 아무리 적은 정도라도 시장조사와 현지 지식이 일본 내 케이팝 확산에 기여했다.

케이팝 마케팅에서 또 다른 핵심 요소는 인터넷과 소셜 미디어 수용이다. 제2차 세계대전 이후 수십 년간 미국이나 일본에서 팝음악이 성공하는 전형적 통로는 현지 공연과 지역 라디오 방송을 통한 앨범 판매였다. 케이팝 그룹들은 이러한 일반 활동도 하지만 CD 판매보다는 디지털 음원 다운로드 활성화에 훨씬 역점을 두었다. 최근에는 케이팝 마케팅 대부분이 유튜브에서 일어나며 케이팝 콘텐츠 전파도 소셜 미디어에 의존하는데, 이런 과정은 미미하지만 저작권 사용료도 낮고 또 각종 상품을 구매하고 공연에 가고 기타 수입원에 기여하는 팬 사이에서 충성심도 낳는다. 케이팝이 범아시아, 그리고 말 그대로 전 세계 현상이 된 데는 특히 2005년에서 2010년 사이에 유튜브와 소셜미디어, 스마트폰 사용의 폭발적 성장이 중요했다.

여기서도 케이팝은 유리한 위치에 있었다. 1997년 IMF 위기 이후 디지털 경제 수용 및 발전은 주요 정부 사업에 속했다. 김대중 정부가 추진한 사이버 코리아 21 사업에서 대규모 인터넷 기반시설 확충을 제안한 뒤, 2002년 대한민국은 광대역 보급률 세계 1위 국가가 됐다.[78] 2000년 소리바다는 파일 공유 웹사이트로 엄청나게 성장했다가 정부 단속 이후에는 음원 다운로드 및 이용권 구매 서비스 웹사이트로 변모해 크게 성공했다. 2003년에는 주요 모든 휴대전화 제조업체가 휴대전화에 MP3 재생 기능을 넣으면서 아이튠즈와 스포티파이 탄생을 예고했다. 2011년에는 국민 2천만 명(전체 인구 5천만) 이상이 스마트폰을 보유했다. 이렇게 대한민국이 디지털 기술을 일찍 받아들이면서 대중음악 산업에 위기도 왔지만 새로운 음악 전파 양식을 제공할 길도 다지게 됐다. 그러니까 대한민국은 디지털 정보 경제라는 멋진 신세계에서 선구자 같은 존재였고, 따라서 새로운 음악 사업 양식으로 혜택을 볼 위치에 자리 잡았다.[79]

그렇다고 케이팝 기획사가 순수한 기업가 정신을 추구하거나 형식과 합리성을 잘 갖춘 조직이라고 하면 틀린 말이다. 케이팝 기획사들은 할리우드 황금기 영화사들처럼 스타가 될 인재를 극히 조직적으로 규율하지만, 또한 창립자·기업가가 누리는 카리스마 있는 권위와 위계질서에 따른 일반 관리문화 탓에 예전 할리우드 영화사들처럼 의사결정 과정이 다소 제멋대로에 기이할 때도 있다.[80] 대한민국 연예사업 요소 상당수는 미국에도 존재한다(인재 모집과 훈련 등). 그러나 몇몇 유사성이 있다고는 해도 케이팝 연예업계 사업 모델은 미국 연예업계 사업 모델과 여러 면에서 대척점에 있다(예를 들면 미국 기획사는 대개 '인재'를 '대리'한다). 무엇보다 미국식 이상에서는 가수의 미학적 자율성을 중시한다.[81] 게다가 미국식 사업 모델에서 가수 지망생은 자기가 밟을 준비 과정과 비용을 당연히 직접 관리하는 반면 케이팝 기획사들은 그런 준비 과정을 내부에서 조달한다. 케이팝 가수들이 제작자 비전과 양성 과정에 따라 힘도 생각도 없이 꼭두각시가 된다는 뜻이 아니라, 그저 케이팝 산업 구조가 가수보다 제작자에게 더 특전을 준다는 말이다. 한마디로 케이팝은 과거 할리우드 스튜디오 시스템을 대한민국 판으로 만든 체제에서 나왔다. 이 체제는 가수 자율성을 믿기보다는 극심한 노동 분업과 전문성 확산에 기반을 둔다. 제작 기획사는 다양한 출처에서 그룹과 곡을 만들고, 기획사 소속 가수들은 몇 년에 걸쳐 내부 훈련을 받고 자신들이 하게 만들어져 있는 일을 하게 된다. 케이팝에 붙은 '케이K'는 한국 문화나 전통보다 오히려 『자본론Das Kapital』과 더 밀접한 관계가 있다.

안팎에서 일어난 대변화

스튜디오 시스템은 갑자기 생기지 않는다. 그 체제를 사람들로 채워 유지할 수단이 있어야 하고, 또 국내 시장을 넘어 상품을 팔 능력이 있어야 한다. 21세기에 들어와 케이팝 체제가 생길 이 두 전제 조건이 모두 자리를 잡게 된다.

스튜디오 시스템은 아무리 완벽하게 구상하고 시행한다고 해도 인재 없는 나라에서 또는 인재를 평가 절하하는 문화에서 스타 지망생을 모집하지 못한다. 그리고 현대 한국에는 아주 거대한 케이팝 스타 지망생 부대가 존재한다. 최근 수십 년간 풍요로워진 대한민국 대중 연예는 전문 가수 음악을 수동적으로 듣는 행위는 물론 일상생활에서 능동적으로 노래하는 행위까지 포함한다. 전문 노래방은 1991년에야 한국에 문을 열었지만 1971년 일본에서 발명한 가라오케 기계는 이미 술집과 교회, 식당 등 대한민국 사람이 모이는 곳 어디에나 존재하는 일상 제품이 되어 있었다. 물론 가족 모임과 종교 의식 또는 공공장소에서 함께 노래하는 일이 대한민국에서만 일어나지는 않는다. 제1장에서 언급했듯이 한국인들은 서양의 영향을 받은 음악 교육자들과 기독교 선교사들에게 합창하는 법을 배웠다. 인간은 본래 음악을 연주하며 즐길 때가 많은데 동아시아에서는 이럴 때 노래가 주된 기능을 한다. 그러나 대한민국에서는 식후 가장 먼저 하는 오락이 가까운 노래방행 같다는 점이 두드러진다. 내가 지난 20여 년 간 수십 차례 한국에서 먹은 저녁 중 '2차'를 가자고 하지 않는 경우는 거의 없었고, 그것도 반드시 노래가 의무인 곳으로 갔다. 물론 성인이(대학 입학 전인 학생들은 대체로 학원에서 공부하느라 바쁘다) 저녁에 집에서 하는 여흥 가운데 텔레비전 시청이 지금도 기본이고 한국인 대부분은 어떤 화면이든 끝없이 화면을 들여다보는 듯하지만, 그래도 도시 직장인들은 함께 저녁을 먹고 술을 마시는 일이 기본이다. 이 밤 유흥(주말보다 주중에 더 흔하다)은 술과 대화(먹고 마시기를 동시에 하지 경우는 흔하다) 또는 춤 같은 자유분방한 행동만이 아니다. 어느 연령대든 노래방으로 간다. 사실 노래방 문화는 지배적이라 거의 모두가 강제로 노래 부르기에 참여해야 한다(상당히 많은 한국 사람들이 그러고 싶지 않다고 하지만 말이다). 2007년 이창동 감독 영화 <밀양>은 집에서 혼자(노래방 기계 반주로) 노래를 흥얼거리든 동네 노래방에서 친구들과 노래하든 현대 대한민국에서 일상과 노래가 떼려야 뗄 수 없이 얽혀 있다는 사실을 보여준다. 그렇게 대한민국은 가수들의 나라가 되었고 가수들은 주로 팝을 부른다. 젊은이들(간혹 나이든 사람들도)이 공공장소에서 케이팝 안무를 따라하는 모습은 흔하다. 게다가 스타 발굴 텔레비전 오디션 프로그램도 수없이 많고 일부는 높은 시청률을 보이기도 한다.[82] 어쨌든 대한민국은 스타 가수 후보생 공급 면에서는 한마디로 과잉인 듯하다.

물론 이 공급 규모만으로는 충분하지 않다. 만일 대한민국 사람들이 여전히 트로트를 부르고 있다면 스타 지망생들이 세계에 발휘할 매력은 일본에 국한될 테니 말이다. 그러나 대한민국 소리풍경은 적어도 가혹한 박정희 시대 이후 태어난 이들에게는 확실하고 자연스럽게 서양식이 되었다. 표준 복장에서든 삶과 사랑을 말하는 지배 담론에서든 대한민국 젊은이들이 서양, 특히 미국 표준을 고수하는 경향은(줄기차게 아니라고 부정하지만) 부정하기 어려울 터다. 가수를 경시하던 — 판소리 가수들이 얼마나 낮은 신분이었는지, 아니면 일제강점기 조선인 인기 가수들이 어떻게 자살 시도를 했거나 실제로 자살했는지를 떠올려 보라(제1장 참조) — 유교 사상도 크게 약해져서 2010년 초반에는 대한민국 소녀들이 가장 선망하는 직업이 가수나 케이팝 스타일 정도다. 십대 초반 아동이나 십대를 대상으로 한 장래 희망 조사가 실제 미래 직업을 예견하지는 못하겠지만, 그래도 답변을 보면 지금 이 순간 인기와 경외 대상이 무엇인지는 알 수 있다. 케이팝 스타 지망생들에게 더 중요한 사실은, 예전에는 열성 엄마(간혹 아빠)들이 자식들에게 학업이나 고전음악에서 높은 성취를 하라고 했는데 이제는 케이팝을 진로로 삼으라고 하는 부모도 생겼다는 점이다.[83]

또한 대한민국에서는 학업과 고용에 특수한 연결성이 있음에도 주목해야 한다. 일류 대학 진학에 입학시험이 가장 중요하다보니(다들 일류 대학 입학은 기업이나 정부에서 일류 일자리를 보장한다고 믿는다) 대한민국 청년 상당수를 무력하게 만드는 환경, 즉 '학위 병'이 만연한다. 이제 학교는 과거에 비해 그리 군대 같거나 위협적이지 않지만 방과 후에도 또 다른 학교인 학원에 가는 아이들이 많다. 안이하게 학원 현상이 중국식 성과주의 시험(과거) 제도에서 비롯되었다고 하는 사람도 있지만 사실 학원이라는 제도는 근대 일본에서 만들고 대한민국에서 모방한 제도라고 보아야 한다. 한편 여가도 유흥도 빼앗긴 젊은이들은 혼자서 또는 또래들과 숨 돌릴 그나마 얼마 안 되는 곳을 대중음악에서 찾는다. 무엇보다 졸업장 따기를 포기한 사람들에게는 괜찮은 고용 기회가 거의 없다 보니 케이팝 스타 되기가 대한민국의 꿈이 되었다는 사실이 주목할 만하다. 특히 미국이나 일본과 달리 대한민국에서는 독립 음악가들이 록 밴드나 라이브 음악계로 진출할 통로가 뚜렷하게 보이지 않으므로, 대학에 다니지 않는 대한민국 청년에게 케이팝 스타는 매력 있고 돈이 되는 기회이다.

게다가 대한민국 국민은 키가 크면서 몸도 완전히 바뀌어 적어도 서양 대중문화 기준에서 볼 때는 매력이 늘었다.[84] 흔하디흔한 성형수술은 말할 것도 없다.[85] 전통 유교 관습에서는 부모가 주신 얼굴과 몸을 바꾸면 엄한 책망을 받았지만, 관습이 어찌나 빠르게 바뀌었던지 1990년대에는 쌍꺼풀 수술로 눈을 더 크고 또렷하게 하는 목적이든(절개술로 완성한다) 코를 더 보기 좋고 도드라져 보이게 하는 목적이든 미용 성형수술이 점점 용인되는 추세였다.[86] 이렇게 널리 퍼진 아름다워지려는(최소한 추하게 보이지 않으려는) 갈망은 마치 기본 인권처럼 신성시되었다. 2006년 김기덕 감독 영화 <시간>은 점차 미용 성형을 향해 가는 대한민국에 널리 퍼진 이 변화를 상징적으로 포착한다. 빠른 변화를 보여주는 한 척도로, 2000년 배우 김남주가 얼굴에 칼을 댔다고 인정했을 때는 그래도 세간에서 격한 반응이 나왔지만, 2010년 초반 그런 고백은 더 이상 큰 뉴스가 되지 못한다.[87] 지난 몇 년간

미용 성형을 고백한 케이팝 스타도 계속 나왔다.[88] 25세에서 29세 사이 서울 거주 여성을 대상으로 한 어느 설문조사 결과 61% 이상이 어떤 식으로든 성형을 받았다고 했고 88%는 인위적으로 손 댈 필요가 있다고 응답했다.[89] 실제로 대한민국은 개업 면에서나 대중 소비 면에서나 성형 부문 세계 1위이다.[90] 신체와 패션, 일반 품행에서 대변화가 점점 늘면서 외부인 눈에는 부자 동네인 강남은 패션모델과 영화배우들이 모이는 온상 같기도 하다. (어느 한국 텔레비전 프로그램에 나온 젊은 태국 여성은 '강남에서는 못생긴 여자를 하나도 못 봤다'고 했다.)

실제로 변하는 미학은 대한민국 국민 외모 전 차원에 스며들었다. 예를 들어 머리 모양만 해도 1980년대에는 규칙이 단순했고 정해져 있었다. 청소년 남자는 스포츠머리로(적어도 그에 가깝게 짧게) 잘랐고, 성인 남자는 길이는 다양해도 단정하게 다듬은 머리를 했다. 청소년 여자는 단발 생머리, 성인 여자는 짧은 파마 머리였다. 긴 생머리는 극히 드물었다(그래서 일본 여성들이 한국에 오면 머리 모양으로도 알아봤다). 머리숱 많은 여성이야 있었지만 색은 보통 검든지 아주 새까맸고, 전통적으로 한국 여성들은 검은 머리를 자랑으로 여겼다.[91] 그러나 1990년대 중반에는 상황이 혼란스럽고 복잡해져서 길이도, 모양도, 자르는 방식도, 색깔도 다양하게 변했다. 이런 변화는 뮤직비디오에서도 명확하다. 2000년 이전에는 염색한 머리를 찾기가 어렵다면, 몇 년 후에는 염색하지 않은 머리를 찾기가 더 어렵다. 1980년대 말 금발로 머리를 물들인 일본 청년 관광객을 보면 한국에서 그런 머리는 찾아볼 수 없다며 탄성이 나왔지만, 오늘날 서울에서는 염색하지 않은 젊은 여성은 대한민국 여성이 아닐 가능성이 높다고 보는 편이 훨씬 타당하다.

1980년대까지 대한민국에서는 유교 전통이라는 이름으로 복장과 성性에서 정숙함이 당연한 표준이었다. 1950년대 미국 텔레비전 시청자들이 엘비스 프레슬리를 난잡하다고 보았듯, 1980년대 중반에는 늘 몸을 꽁꽁 싸매고 나온 가수 김완선조차 종종 외설스럽다고 보았다. 그러나 20년 뒤에는 김완선도 고루하지는 않아도 정숙해 보일 터였다. 제1장에서 설명했듯 해방 이후 대한민국은 훨씬 개방적이었다. 김완선의 의상과 춤이 그렇게 외설스럽고 반反한국적으로 보이게 된 원인은 군부 통치였다. 반면 케이팝은 외양으로는 훨씬 더 반유교적이지만 그래도 보수 이명박 정권은 케이팝이 대한민국 연성 권력 중 하나라고 홍보할 정도였다. 성애화한 몸과 성적 이미지라는 보편화한 맥락에서 미국 대중문화는 맹공격을 퍼부었고 영화부터 뮤직비디오에 이르는 대한민국 취향을 형성했다. 1980년대 이전에는 영화에 가벼운 키스조차 잘 나오지 않았지만 그 뒤에는 포르노에 가까운 장면들이 범람했다. 대중음악 프로그램에서 신체 노출과 성적 암시 확산은 좀 더디게 나타났다. 영화와 달리 이런 프로그램은 전 연령이 시청 가능했기 때문이다. 가수, 특히 여성 가수는 1990년대까지 팔다리도 잘 내놓지 않았지만 2003년 이효리 신드롬 이후로는 몸을 드러내는 일이 뒤늦게 표준이 되었다.

국내에서도 큰 변화가 있었지만 케이팝이 한국을 넘어 성공을 거둔 기반에는 한반도 밖에서 일어난 변화도 있었다. 큰 그림을 그려보자면 20세기 동아시아 민족 정체성은 민족 대중문화 형성과 시대를 같이 했다. 중국과 일본, 한국 대중음악에 혼종성과 다문화성이 있지만 민족 대중음악은 대개 그 나라 실제 토착 인종이거나 토착 인종이라고 추정되는 사람들이 해당 민족 언어로 불렀다.[92] 물론 대한민국 대중음악에는 한국적 외피가 있다.[93] 가벼운 외국인 혐오도 민족 대중음악 현상에 따라오는 측면이지만, 그보다 갓 태어난 민족 청중(가족과 지인 집단, 민족화한 대중 매체가 유지하는)이 주로 그 민족 언어로 부른 대중음악만 들으려고 하던 태도가 더 중요한 요인이었다. 민족 청중은 그렇게 같은 종족을 스타로 만들었다.[94] 음악가와 제작자들은 대중음악을 작곡하고 연주할 때 어디서나 영감과 본보기를 얻는다. 그러나 동북아시아와 동남아시아 국가 상당수는 여전히 빈곤하면서 동시에 보호주의였다. 검열이나 높은 세금이 없어도 외국 대중음악은 오랫동안 사치품이었다. 냉전 이후 민족 대중음악을 유지한 수많은 조건은 약해졌다. 국가 사회주의 사회들이 붕괴하면서 동시에 경제·문화 보호주의 등 국수주의 장벽을 없애려는 금융·경제 세계화가 일어났다. 관련하여 저작권을 보호하고 국경 너머로 음악을 마케팅하고 대중음악을 탈민족화·세계화하려는 시도도 있었다. 음악 복제 기술 수단에서 일어난 빠른 진보(무엇보다 인터넷 등장과 또 디지털 음악 확산을 낳은 웹브라우저 발전)로 적어도 부유한 국가에서는 이러한 정치·경제·문화 세계화 및 수렴은 더욱 두드러졌다.

　게다가 대중문화 소비를 가능하게 한 사회경제 조건들이 동북아시아와 동남아시아 전역에 확산됐다. 여기에서도 도시화와 산업화,

중산층과 청년문화 등장 등 일제강점기 조선에서 대중음악을 확립한 바로 그런 추세들이 많이 보인다. 그런 정치·경제 전제조건이 존재했을 뿐만 아니라 학교에서 미국 대중음악과 관련된 음악 역량 내지 문화 감수성 교육을 받는 부유층 아시아인도 많아졌다. 수사학이나 시학, 사랑을 숭배하는 태도 등 각종 문화 가정은 물론이고 서양식 소리풍경이나 최신 미국 대중음악 영역에 익숙해지게 하는 교육 말이다. 금융 세계화에는 범세계적 소비주의 또는 소비의 세계화가 불가피하게 따라온다.[95] 쉽게 말해 유럽과 남미 상당수 국가는 물론 대한민국에 이웃한 나라들도 이제 케이팝 같은 무언가를 받아들일 준비가 되었다.

대한민국 대중문화를 보는 일본 태도를 한번 보자. 앞서 보았다시피 일본 청중은 일제강점기부터 한민족 가수들을 받아들였다. 수많은 신체 및 언어, 문화 유사점도 그랬지만 이러한 음악 취향 수렴도 분명 도움이 되었다. 그런데 트로트·엔카 가수들이 성공했어도 언급한 바와 같이 일본 청중이 한국계 가수들에게 반감을 품고 거부한다는 믿음도 오랫동안 존재했다. 그러나 1980년대 중반 이후쯤부터 문화 부활과 함께 경제 역동성, 민주 정치 등으로 일본에서 남한을 보는 이미지가 대체로 좋아졌다.[96] 2002년 한일 양국이 공동 개최한 월드컵도 어느 정도 전환점이 되었다. 2003년에는 텔레비전 드라마 <겨울 소나타冬のソナタ>(겨울 연가)가 굉장한 성공을 거두면서 '한류'가 일본을 휩쓸었다. 특히 중년 여성을 중심으로 대유행한 과도한 팬덤이 대세가 되면서 이에 반하는 경향, 즉 혐한류도 생겼다.[97] 혐한류

라는 현상은 한국을 혐오하는 중장년층이 아니라 '자기네' 여자(누나나 어머니)가 부끄러운 줄 모르고 배용준(일본에서는 대개 '욘사마'라고 하는) 등 한류 스타들에게 넘치는 애정을 표시한다며 기분 나빠하는 일본 청년층이 부채질했다. 그러나 혐한류 활동가들도 노골적 인종주의 담론에 참여하기는 꺼렸고, 일본에서 여전히 한국 텔레비전 드라마(한국어에 일본어 자막을 달아 방송할 때가 많다)가 인기를 유지하는 점을 보면 이들이 낸 효과도 크지 않았음을 알 수 있다. 한국에 그냥 방문한 사람이라도 좋아하는 드라마 촬영지 순례를 다니는 일본인 여성들을 꼭 보게 된다. <겨울 소나타> 남성 주연배우 한 사람이 죽었을 때도 장례식에 일본 팬은 수백 명 참석했지만 한국 팬은 거의 없었다.[98] 카라와 소녀시대가 케이팝이라는 이름으로 일본에서 성공을 거뒀을 때는 일본에서 대한민국 문화가 이미 잘 알려져 있고 존중도 받는 브랜드가 된 상태였다.

케이팝은 일본 외에도 동남아시아, 특히 태국과 캄보디아, 베트남은 물론 중국어권 국가에서도 꽤 큰 팬층을 확보했다. 반면 유럽과 남미에서는 열광하는 무리는 조금 있지만 케이팝 존재감이 크다고 하기는 어렵다. 그렇지만 케이팝이 재외 한국인 혹은 이민자(그리고 동아시아) 공동체를 벗어나 파리나 리마에 팬이 하나라도 있다는 사실 자체가 놀랍다. 2012년 <강남 스타일>에 전 세계가 열광했다는 사실은 부정하지 못하겠지만 싸이나 동료들이 경쟁 치열한 최대 시장, 즉 미국에 들어갈 돌파구를 시스템상으로 찾을지는 두고 볼 일이다. 사실 <강남 스타일>이 사방에 울려 퍼지지 못한 유일한 OECD 주요 회원국은 일본, 바로 케이팝 원산지인 한국 다음으로 케이팝이 인기를 끄는 나라이다. 그렇다면 유럽과 북남미에서는 케이팝이 틈새 장르로 남을 가능성도 있다.[99] 싸이가 섹시하지도 멋지지도 않으며 따라서 사실상 케이팝에 속하지 않는다고 보는 일본 케이팝 팬들은 이러한 추측에 힘을 더한다. 동시에 싸이가 거둔 성공이 증명하듯 대한민국 대중음악은 현대 케이팝 공식보다 훨씬 크다.

일본과 제이팝이 차지하는 위치

케이팝이 대한민국 수출품이 된 이유는 이미 몇 가지 살펴보았다. 그리고 일본 등지에서 케이팝이 거둔 성공은 또 다른 질문으로 이어진다. 제이팝은 왜 대한민국이나 다른 나라에서 팬을 만들지 못했을까? 일단 한국에만 한정하자면 계속된 일본 문화 금지로(2004년에야 완전히 금지가 풀렸다) 텔레비전이나 라디오에서 대놓고 제이팝 공연을 할 길은 막혀 있었다. 지난 몇 년간만 해도 나는 여러 CD판매점 직원들에게 제이팝을 틀기는 조심스럽다는 말을 들었다. 반일주의자들이 와서 이 상점은 일본 식민주의자들에게 동조하느냐고 시끄럽게 비난할까봐 그렇다는 말도 들었다. 그러나 동시에 일본 대중음악은 오래 전부터 한국에서 쉽게 구할 수 있었고 인기도 있었다. 예를 들

어 이시다 아유미いしだあゆみ가 부른 1968년 히트 곡 <블루 라이트 요코하마ブルー・ライト・ヨコハマ>는 1970년대 한국 전역에서 들렸다.[100] 1980년대에는 서울 등지에서 해적판 CD를 널리 유통하면서 이쓰와 마유미五輪真弓가 부른 <사랑하는 사람이여恋人よ>나 안전지대安全地帯 발라드 곡이 어디서나 들렸다.[101] 한국이 미국음악으로 돌아선 1990년대에도 제이팝 팬은 많았다. 사실 한국 가수들은 제이팝 곡을 모방하거나 연주하거나 때로 표절하기도 했다. (이미 언급했지만 1990년대 말 대한민국 대중음악 산업이 위기를 겪을 때는 제이팝이 한국을 침공했다는 수군거림도 들렸다.)

혹자는 제이팝이 왜 동아시아 전체를 정복하지 못했는지 질문할 수도 있다. 여기서 일본 군사 침략이라는 기억을 떠올리기는 쉽고, 그러면 강한 민족주의 감정에 불이 붙는다. 그러나 가끔씩 앞뒤 안 보고 끓어오르는 애국심이 있다 해도 제이팝이 동아시아에 깊숙이 침투하지 못한 이유를 반일 감정으로만 설명하지는 못한다.[102] 제이팝이나 제이팝 가수, 기타 일본 대중음악 장르 연주자 음악성이 떨어진다고 주장해도 말이 되지 않는다. 그보다는 냉전 이후 일본, 부유하고 뚜렷한 문화가 있는 이 사회의 내부지향성을 보아야 한다.[103] 대한민국 음악문화가 아무리 다양해도 음악 장르 범위나 팬들이 보이는 열성, 음악 제작에 참여하는 성향 면에서는 아직 일본에 대적하지 못한다. 즉 대한민국 대중음악에서는 케이팝이 가장 중요하지만 일본에는 중요한 음악이 다양하고 많다. 현대 일본은 다양한 하위문화가 있는 왕국이자 '오타쿠' 문화이다. 오타쿠란 1970년대 말 공상과학 만화・애니메이션 팬을 의미하는 말로 생겼지만 곧 하위문화에 보이는 모든 열 렬한 관심에 사용하게 되었다.[104] 일본은 갈라파고스화를 보여주는 열도이다. 뚜렷한 틈새 생태가 존재하면서 세상 어디에도 생기지 않 은 대중문화가 꽃을 피운다.[105] 게다가 일본 대중음악 산업은 1980년 대 초반 CD 도입 이후 10여 년간 고속 성장을 하면서 국내 텔레비전 방송, 그러면서 기업 후원과 떼려야 뗄 수 없는 관계가 된다.[106] 이러 한 배경에서 위험 부담이 있는 수출 기회보다는 거대한 내수시장을 만족시키려 하는, 내부를 향하는 강력한 인력이 있었다. 다시 말해 일 본 거대 내수시장은 음악 수출 동기를 떨어뜨리는 저해 요소이다. 돈 을 따라가라는 말은 곧 일본에 머무르라는 의미였다.

제이팝은 대중음악을 찾는 새로운 청중과 함께 부상했고, 이 새로 운 청중은 CD 형태로 디지털 음악이 확산하면서, 그리고 1980년대 중반부터 제법 저렴한 CD 재생 기계를 살 능력이 생기면서 부상했 다.[107] 음반을 구매하는 청중 연령도 더 젊어지고 여성 중심이 되었으 며, 예상대로 이런 상황은 새로운 고객층에 호소력을 발휘하는 가수 등장으로 이어졌다.[108] 가사는 가타카나(일본어에서 외국어에 사용하는 문 자)나 심지어 로마자로 쓰였고, 케이팝도 같은 관행을 받아들였다. 제 이팝은 R&B와 댄스 및 기타 1990년대 미국·세계 음악 유행을 흡수 했다는 점에서 케이팝 등장을 예고했다. 이 음악은 젊은 청취자들에 게 호감을 샀기 때문에 서양(특히 미국) 팝 음악은 물론이고 기성세대 일본 대중음악과도 뚜렷하게 갈라졌다. 이 음악은 기존 일본음악보 다는 훨씬 밝고 빠르고 시끄러웠지만 주류 미국 팝-록보다는 덜 밝

고, 느리고 조용했다.[109] 제이팝은 좀 더 부드러운 음악으로 높은 음역대로 부르면서도 멜리스마나 기타 아프리카계 미국인 창법 특징을 여럿 도입했다.[110] 보편 특징도 있었지만 그렇다고 제이팝을 지나치게 일반화해도 잘못이다. 예를 들어 1990년대 말 인기를 끈 퍼피 PUFFY는 가사와 곡에서 포스트모던 팝을 보여주며 대중음악사 자체를 개괄하는 동시에 포함한다. 아무로 나미에는 오키나와식 소리를 주류 제이팝에 섞었다.[111] '제이팝의 여왕' 하마사키 아유미浜崎あゆみ는 여성적 감수성을 대표하는 두 가수, 마쓰토야 유미松任谷由実와 나카지마 미유키中島美雪 뒤를 잇는다. 그밖에도 우타다 히카루宇多田ヒカル, 에그자일EXILE, 라르크 앙 시엘L'Arc~en~Ciel 등 흥미롭고 혁신적인 히트곡을 낸 아이돌 가수와 밴드는 많고, 일부는 일본 열도 너머까지 제이팝을 퍼뜨리기도 했다.

제이팝은 다양하기는 하지만 계속된 저류와 개성 때문에 미국이나 전 세계 팝음악과는 다른 고유한 모습을 보이며, 이 새로운 장르에 제이팝이라는 이름을 붙인 이유도 이러한 현실에 자긍심을 느껴서이지 외국 대중음악에 열등감을 느껴서라거나 외국 대중음악을 경멸해서가 아니다.[112] 일본에서 '서양 음식洋食'이 얻은 인기와 마찬가지로 제이팝이 어떤 면에서든 전통 일본식이라고 할 사람은 아무도 없지만, 그래도 일본 사람들이 모인 곳을 제외하면 일본 밖에서 제이팝을 찾기란 어렵다. 이러한 면에서 AKB48이 상징적인데, 1980년대 후반 엄청난 인기를 끈 오냥코클럽おニャン子クラブ(새끼고양이 클럽) 계통인 이 그룹은 현대 일본에서 가장 인기가 높다.[113] 확실히 전원 아마추어인 그룹

AKB48은 구성원을 팬들이 선택하며 팬들은 CD를 구매해 매년 투표 자격을 얻는다(이 총선거는 구매 CD 1장당 1표 원칙으로 진행한다). 그리고 한 해 득표수가 가장 많은 멤버들이 무대에서 공연하게 된다. 투표권자 들과 악수회 등 각종 활동이 딸려 있는 총선거는 이제 신문 머리기사 를 장식하는 흥밋거리가 되었다. 애석하게도 이러한 민주주의 성격 만큼 AKB48은 노래도 공연도 보통 사람 수준으로 한다. 재능 있는 사 람도 있고 훈련도 받지만 이들은 노래나 춤, 악기 연주에 능숙하지 않 다.[114] 사실 별로 예쁘지도 않다는 말도 듣는다. 미모는 '귀여운' 여자 아이, 그러니까 이웃집 소녀 같은 친근함을 선호하는 팬들을 '위협'하 리라는 말도 있다. 그런데도 이 그룹이 끄는 인기는 가히 선풍적이다. 실제로 가장 인기 있는 멤버를 다룬 어느 책 제목에서는 이 소녀가 예 수를 넘어섰다고 한다.[115] 장기간에 걸친 나름의 사회 드라마에서 그 룹 멤버들은 주인공이 되었고, 또 그 드라마가 직접 접촉(앞서 언급한 선 거 유세와 악수회 등)과 소셜 미디어를 활용한 대대적 마케팅에 의존하면 서 그룹도 이런 큰 인기를 유지했다.[116] 남성이 압도하는 팬층은 일본 을 휩쓰는 헬로 키티 식 '가와이ゕわいい'(귀여운) 미학을 반영한 이 소녀 들을 우상화하면서 이상화한다.[117] AKB48 팬들은 장수 드라마나 리 얼리티 쇼에 푹 빠진 텔레비전 시청자들처럼 등장인물들이 겪는 흥망 성쇠를 열심히 따라간다. 다시 말해 AKB48과 그 팬층에는 음악 외적 배경과 무대 밖 서사가 얽혀 있다. 그러나 문화 외부인에게 이 그룹은 아예 읽히지 않으며 그 인기는 그저 당황스러울 따름이다.[118] 게다가 AKB48은 개념 자체로는 수출 가능해도 실제 가수들이 매력도 수수하

고 노래와 춤도 보통이므로 일본 밖에서 그리 큰 호응을 얻어내기는
어렵다.

　유럽과 아시아 다른 지역에서도 일본 만화와 애니메이션, 비디오
게임을 열렬히 추종하는데, 이는 정부 정책이나 기업 야심이 만든 현
상이 아니라 일본 판 한류, 즉 '멋진 일본Cool Japan'이라는 수요 주도 현
상이다. 최근까지 일본 정부는 크게는 대중문화, 작게는 만화를 단호
히 무시했다. 거의 아무도, 정부 관료도, 음악 기획자들도, 대중음악
가수들조차도 일본 대중문화를 장려하거나 수출하려는 노력을 하지
않았다.[119] 21세기 대한민국 정부와 가장 대비되는 지점이다. 그러나
일본이 보이는 이런 내부 지향성은 오랜 문화 특성이 아니다. 제2차
세계대전 전후 일본 경제 성장은 대한민국 경제 성장과 마찬가지로
수출 지향 산업화가 주도했다. 그러다 1991년 부동산 투기 거품이 꺼
지면서 일본은 정체기에 접어들었다. 그러면서 수출 지향 성장 전략
과 사회로 회귀하지 않으려는 전반적 경향이 나타났다. 일본 기업가
들은 오랫동안 내수 시장이 작다고 불평했지만 이제는 그 시장이 그
리 원대하지 않은 목표를 달성하기에는 충분히 크고 적절하다고 믿
게 됐다.

　마지막으로 경쟁이 치열한 세계 음악시장은 멋지고 섹시한 것만
을 높이 사며 끝없는 혁신과 우수한 품질을 요구한다. 케이팝이 고유
한 양식을 형성하던 2000년대에 제이팝은 기존 장르와 방식을 재탕
하고 있었다. 빅뱅처럼 힙합을 크게 받아들이는 일도, 카라 같은 케
이팝 그룹처럼 기억에 남는 후렴구와 안무를 강력하게 결합하는 일

도 제이팝에서는 발생하지 않았고 또 그런 영향이 미치지도 않았다. 그리고 바로 그런 이유 때문에 케이팝 그룹들이 일본에서 인기를 끌었다.[120] 달리 말하면 적어도 팬 관점에서 미학 혁신이라는 요소는 제이팝이 일본 밖으로 퍼지지 못한 이유를 분석할 때 간과할 수 없는 요소다. 바로 이 요소가 케이팝을 초국가 현상이라는 지위로 밀어 올리는 데 큰 몫을 했기 때문에 더욱 그렇다.

케이팝 미학, 브랜딩, 특성

이미 살펴보았지만 케이팝은 소비자를 만족시키려는 대한민국 문화 산업이 낳은 결과물이다. 여기에 최우선인 문화나 미학, 정치 또는 철학 안건은 없으며, 관련된 어떠한 포부도 없다. 최소한 의도 면에서 케이팝은 예술이나 미, 숭고함, 초월을 추구하지 않는다. 케이팝이 하는 일은 그저 사업에 불과하다. 그런데도 케이팝은 단순히 흥미로운 사회 현상만이 아니라 미학적 성취이기도 하다. 완벽하게 상업화한 음악, 곧 사라질 열광에 맞춰진 음악에 미학적 가치가 있다니 역설처럼 들릴지도 모르겠지만, 모차르트나 베르디 작품이 돈 버는 데 관심이 있었다고 대작이 안 된 것도 아니지 않은가. 케이팝이 처음부터 끝까지 완벽한 상업주의라고 해도 케이팝에서 육체적 매력이나 예술적 완성도를 부정한다는 뜻은 아니다. 그러나 케이팝에 있는 흥미롭고 혁신적인 면면을 살피기에 앞서 잠시 숨을 고르고 그 깊은 상업성을 완전히 흡수해 보도록 하자.

이제껏 주장한 바와 같이 케이팝은 대한민국 대중문화에서 서태지와 아이들 이후 일어난 전개, 전통 한국·남한 소리풍경과 갈라지면서 동시에 미국·세계 대중음악 관행과 수렴하는 전개였다. 시각을 강조하고 노래와 춤을 결합한 케이팝은 엠티비 혁명과 음악 디지털 전송·복제 가능성 시대가 도달한 한 가지 종착점을 나타낸다. 이미 보았다시피 케이팝은 극단적 노동 분업에 의존하는 포장 상품으로, 이 상품은 다양한 전문성을 통합하며 완벽주의로 광이 날 때까지 연마하는 데 큰 가치를 둔다. 입바른 소리를 하자면 케이팝에는 진정성과 자율성, 독창성이 없다.

케이팝은 한국 것도 남한 것도 아니라는 점에서 본래성이 없다. 케이팝은 한국 전통음악과 다를 뿐만 아니라 오랜 한반도 대중음악 전통과도 다르다. 그러나 케이팝 팬 대다수는 비본래성에 신경 쓰지 않는다. 케이팝 팬이 보는 그런 비본래성은 오히려 허위, J. D. 샐린저J. D. Salinger가 1951년 소설 『호밀밭의 파수꾼The Catcher in the Rye』에서 짚어내고 벗겨내기도 했지만 라이오넬 트릴링Lionel Trilling과 찰스 테일러 Charles Talyor가 훨씬 명확하게 표현한 그런 결점에 가깝다.[121] 현대에는 본래성을 진정성 개념, 자신에게 충실하다는 개념과 한데 묶어서 내부에서 경험한 진정한 자아와 속세에 사는 자아 사이에 벌어진 교신이 외부로 드러난 표현으로 이해한다. 다시 말해 시간 흐름과 외적 우연성 면에서 타협하지 않는 두 가지가 합쳐졌다고 말이다. 다른 방식으로 표현하자면 이윤을 추구하는 케이팝은 그 예술(아무리 변변치 않은 예술이라도)을 충실하게 지키지 않는다. 여기서 케이팝은 예술가란 미와 진실을 추구하는 사람이라는 유럽 낭만주의 이상을(그런 면에서는 현실을 바꾸려고 객관적 현실을 묘사하는 사회주의 사실주의 예술 목표도) 단호하게 부정한다. 바켄로더Wackenroder와 티크Tieck는 금욕은 하지만 미학을 추구하며 예술을 사랑하던 수도사를 그렸는데, 이수만은 이 수도사와는 당연히 별세계에 살 뿐더러 라디오헤드나 레이지 어게인스트 더 머신 같은 급진적 록 음악가들과도 아주 멀리 떨어져 있다.[122] 케이팝은 거의 모든 양상이 기능성이며, 어떤 심오한 예술 또는 정치 욕구를 충족하기보다는 시장을 만족시키고자 한다. 실제로 고객 기대는 케이팝 구성에서 매우 중요한 몫을 한다. 케이팝 가수들이 대체로 립싱크를 꺼리는 등 겉보기에 아주 사소한 태도를 한 번 살펴보자. 청중이 크게는 허위, 작게는 립싱크를 거부한다는 사실을 제작자들이 인식하면서 이러한 태도가 생겼다. 케이팝 가수들이 립싱크를 피하는 경향은 어느 정도는 관객 기대를 채우려고 악보를 외워 연주하는 피아노 연주자 관행과도 닮았다. 그러나 고전음악에서 이런 암기 연주 관행은 미학 이데올로기가 뒷받침하는 반면, 케이팝 가수가 립싱크를 거부할 때는 그저 가수에게서 진짜 소리를 듣겠다는 관객 기대를 채우려는, 그렇게 해서 관객-청중에게 만족을 준다는 상업적 의무를 다하겠다는 이유밖에 없다.[123]

자율성 면에서 케이팝 가수들은 대체로 그저 노래하고 춤출 뿐이다. 가수들은 자신들이 하도록 구상된 것을 실행에 옮기고, 입으라는 옷을 입고, 부르라는 노래를 부르고, 움직이고 행동하라는 대로 움직이고 행동한다. 이런 이유로 일부 비평가들은 케이팝 가수들에게 예술적 자율성과 개인 의지가 없어 보인다면서 로봇이라고 조롱한다. 어떤 그룹에 자율성이 있는지 가늠하는 척도 하나는 그룹 정체성과 연속성 의식, 특정 미학 원칙이나 음악 양식에 헌신하는 정도겠다. 그런데 케이팝 그룹들은 대개 당대 유행에 따라 움직이며, 그러므로 닻 없이 표류한다. 앞서 언급했지만 신화는 댄스 그룹으로 시작했지만 유행이 바뀌자 완전히 남성적으로 변했다. 카라는 초기에 주로 R&B 영향을 받았지만 댄스 팝이 유행하자 그 장르로 갈아탔다. SM은 경쟁사인 JYP와 YG가 최신 미국 유행을 받아들여 더 큰 시장 점유율을 확보하자 제이팝 따라잡기를 그만두었다. 사람들이 원더걸스 <텔 미>를 좋아한다는 사실이 명확해지자 SM은 기꺼이 그 틀에 맞춰 소녀시대를 만들었다. 간단히 말해 케이팝은 음악 자체에는 가치를 두지 않는 듯한 유행을 따른다. 케이팝은 불균질한 존재이다.

마지막으로 독창성 문제도 있다. 케이팝은 사실상 모든 면에서 미국 팝 음악과 구분 불가능하다. 케이팝이 팝 히트곡과 가수, 장르를 장소 불문하고 동시에 매우 얄팍하게 역사적으로 참조하거나 혼합한 점을 봐도, 신나는 업비트를 댄스에 적절히 섞은 점을 봐도, 노래나 안무 방식, 의상, 도시 청년과 상업문화 집중을 봐도 그렇다. 예외도 있을지 모르지만 케이팝 가수들은 미국 가수들처럼 집에 딸린 차고에서 음악을 연주하거나 자기 방에서 작곡하면서 시작하는 법이 거의 없다. 대신 이들은 가수 오디션을 보고 훈련을 받는다. 케이팝 스튜디오 체제에서는 영감보다 땀이 훨씬 가치 있다. 독창성은 돈을 내는 대중에게 새롭고 멋지고 자극이 되는 무엇을 표현하는 한도 내에서만 가치가 있다.

요약하자면 예술가를 표현하는 낭만주의 사상에서는 본래성과 자율성, 독창성이라는 요소가 본질인데, 이 사상은 케이팝 논리와는 정반대이다. 케이팝은 특정 대중음악 생산 방식이며 의식·상업적으로 구상하여 전문성과 효율성을 갖추고 수행한다. 케이팝은 장기간에 걸친 포괄적 연습을 고도로 전문화한 노동 분업과 결합하면 대중음악계에서 성공을 거둘 수 있다는 믿음에 근거한다. 즉 케이팝은 문화 산업이라는 지위를 받아들인다. 케이팝이 '브랜드 코리아'(남한)가 만든 상품으로서 업계 최고인 삼성 휴대전화만큼 우수하다는 말은 약하지만 칭찬이다. 다시 말해 완벽하게(완벽에 가깝게) 제작되고, 믿을 만하면서도 가격이 적당하고, 멋도 기능성도 있고, 보기에도 좋다(케이팝도 그렇지만 대한민국에서 휴대전화 제조 전통이 유구하다거나 삼성이 이제까지 독창성으로 주목 받았다고 할 사람은 없으리라). 수출 지향성 산업인 케이팝은 전도유망한 인재를 처음부터 훈련하고 양성해 매력 있는 얼굴과 몸매에 노래와 춤도 능숙하고 동시에 끊임없이 조화롭게 협력할 수 있는 가수들을 생산한다. 케이팝 그룹들은 바로 이러한 전문성과 완벽주의 욕구 때문에 눈을 사로잡는다. 그러나 미학적 평가는 결국 핵심을 벗어난다. 만일 기기가 기능성도 없고 믿을 만하지 않거나 내보일 만하지도 않고 만족감도 없다면 삼성 휴대전화를 사려는 사람은 없을 테니까. 마찬가지로 대중음악 팬들도 돈 값을 제대로 돌려받지 못한다면 곡을 내려받거나 콘서트에 가지 않는다. 다시 말하지만 케이팝 논리는 곧 자본 논리다.

그러므로 스타 제조 공장에서 기업 규율은 낭만주의 예술가-천재 사상을 거스르지만, 반면 그 사상 자체에 의문을 품을 수도 있다. 전주곡 장에서도 말했듯 인종·민족 본래성은 문화 비평 문제지만, 한편으로는 관심을 둔 사람이 별로 없는 주제이기도 하다. 휴대전화 제조의 뿌리를 전통 한국에서 찾은 사람은 없지만 그렇다고 걱정하는 삼성 임원이나 세계 소비자도 없다. 본래성이 자신에게 충실한 상태라는 개념은 아마 가르침을 받지 않은 천재를 높이 평가하겠지만, 지루한 현실에서는 말 그대로 갑자기 툭 튀어나오는 스타란 거의 없다. 물론 영국의 수전 보일이나 한국의 최성봉처럼 예고 없이 나타난 천재들은 눈을 떼지 못하게 하고 텔레비전 시청률이나 음악 판매고를 올리기도 한다.[124] 그러나 <엑스 팩터> 같은 텔레비전 경연, 짧은 방송 기간에도 발성이나 안무 지도자, 외모 변신 전문가들이 보인다. 귀동냥으로 노래를 배우는 사람, 악보는 볼 줄 모르지만 아름답게 노래하는 사람이라는 낭만은 향수 속에나 존재하는 이상이다. 미국에서조차 진흙 속에 묻혀 있어야 할 그 진주도 정식 데뷔를 하려면 계속해서 갈고 닦인다. 요는 음악 천재가 존재할 가능성을 부정한다는 말이 아니라, 과거든 현재든 성공한 음악가라면 거의 다 공식이든 비공식이든 오랜 연습 기간에 스승을 통해 타고난 재능을 갈고 닦았다는 말이다. 허버트 사이먼Herbert Simon이 말한 10년이든 맬컴 글래드웰

Malcolm Gladwell이 말한 1만 시간이든, 케이팝 시스템은 연습이 천재성을 이기는 힘이라는 증거다.[125]

특히 미국에서 현대 예술은 아직도 낭만주의 사상에 지배를 받는다. 따라서 재능과 천재성이 연습과 노력을 능가한다고 한다. 영화 애호가들은 작가주의 감독을 칭송하고 할리우드와 스튜디오 체제를 쉬이 혹평한다. 뛰어난 음악성은 가르칠 수 없다는 인식도 널리 퍼져 있다. 교육 기관은 점점 늘어나고 작곡가나 가수가 난데없이 튀어나오는 일은 거의 상상 불가능한데도 말이다.[126] 아마추어들에게 본래성이 충만하다는 생각도 있다. 역으로 과도한 연습에서는 허위를 주입하는 느낌도 난다. 게다가 온전한 전체를 바라는 갈망 때문에 예술에서 노동 분업이라는 불가피한 현실도 무시당한다. 예를 들어 빌리 홀리데이는 눈부시게 빛나는 곡 해석에서 작사도 작곡도 담당하지 않았지만 그렇다고 홀리데이가 위대한 가수임을 부정할 사람이 있을까?

낭만주의 사상은 음악과 예술 생산을 왜곡할 뿐 아니라 청중과 시장도 억압한다. 낭만주의 사고방식에 따르면 진정한 예술가는 찬란한 고립 속에서 창작하고, 오로지 자기 천재성(아마도 자신과 동등한 이전 세대 천재)과 교감하면서 자기 음악을 들어줄 사람들을 비판하지는 않아도 무시한다. 그러나 이 자기본위 숭고함은 유아론에 불과하다. 음악에서 위대성을 가늠할 때 독창성만으로는 소용이 없다. 주된 소리풍경에 신경 쓰지 않을 때는 소음이나 어처구니없는 음악도 작곡 가능하다. 음악 가능성에서는 일정한 모방도 조건이 된다.[127] 시인 또는 가수는 적어도 암묵적으로 독자 또는 청취자를 마음에 두고 있으며, 이러한 독자나 청취자는 성과물과 공연은 물론 그 시인이나 가수의 예술 창작에 형태를 부여한다. 시인들이 홀로 노래한다면 어떻게 '세계를 만든 인정받지 못한 입법자'가 되겠는가. 예술가와 관람객 관계에는 상대방을 형성하는 성격이 있다. 사실상 한편으로는 관람객을 더 많이 끌려는 욕구 때문에 작품을 보통 사람 취향에 맞추게 된다. 듣는 사람이 많다고 해서 그 작품이 꼭 미학상 뛰어나거나 수명이 길어진다는 보장은 없는데도 말이다.[128] 반면 예술가가 관람객을 완전히 물리쳐 버리면 그 작품은 지속 불가능할 정도는 아니어도 유아론에 가까운 성향을 띄게 된다. 때로 대작이 나오기도 하겠지만 (베토벤 <대 푸가Grosse Fuge>처럼) 그런 작품은 아마도 아마 발자크 단편소설 「미지의 명작Le chef-d'oeuvre inconnu」에 등장하는 화가 프렌호퍼Frenhofer가 그려낸 그림에, 음악으로 치면 대개 연주하는 법도 없고 연주도 불가능한 현대 고전음악 작품에 가깝겠다. 예술에서 성공이란 '집단적' 숭고이며 여기서 관람객과 예술 작품 사이에 미학·사회 군집이 따라온다.

간단히 말하면 케이팝 가수는 독창성 없는 노래를 부르거나 다양한 미국·세계 대중음악을 동아시아식으로 바꿔 부르는 가짜 로봇으로 볼 수도 있다. 그런데 어떤 면에서 이런 경멸도 편견에 불과하다.[129] 케이팝 공연은 오히려 세련과 완벽주의 때문에 무시당하기도 하고, 또 케이팝 자체를 반짝 성공으로 보는 시각도 있다. 그런 면에서는 내용보다 스타일을 중시하고 따라서 영구성보다 일시성을 높이 취급한 초창기 뮤직비디오가 떠오르기도 한다.[130] 인터넷에도 한류가 역풍을 맞는 내용이 가득해서, 케이팝은 가짜이고 자율성도 독창성도 없고 또 여러 결점이 있다며 조롱한다. 자칭 음악 애호가들에게 케이팝은 확실히 인공적, 피상적이고 단순해도 너무 단순하고 우스꽝스럽고 천박하다는 인상까지 준다. 그러나 인생에서 무엇이든 제대로 가치를 알려면 그렇듯, 케이팝 가치도 제대로 알려면 잠시 불신을 유예하고 다른 세계, 다른 감수성에 기꺼이 들어가야 한다.[131] 포미닛과 에프엑스는 베토벤이 아니다. 만화영화 <크레이지 캣Krazy Kat>이 전기 영화 <안드레이 루블료프Andrei Rublev>와 다르듯 케이팝도 유럽 고전음악과 다르다. 저 단편 만화영화와 장편 영화, 에프엑스와 베토벤을 놓고 볼 때 어느 한쪽에서든 전혀 가치를 발견하지 못한다면 우리가 근시안이라는 말이다. 케이팝이 부끄러운 줄 모르는 문화산업이라는 사실을 넘어서고 또 낭만주의 사상이나 거기에 연결된 족쇄에서 우리 감각을 해방할 수 있다면, 우리는 케이팝에서 흥미롭고 혁신적인 특징을 제대로 감상할 수 있다.

케이팝 가사 구조는 빌라넬villanelle(아주 비판적인 평론가라면 빌라넬을 풍자한 파라델paradelle과 맞먹는다고 할지도 모른다)과 맞먹는다.[132] 케이팝에서는 온갖 대중음악 유절 구조가 두드러진다. 동일 어구 반복('텔 미, 텔 미'나 '쏘리, 쏘리', '지, 지, 지')이 노래 기반이고, 이것은 마음 속 녹음기에서 노래에 있는 감정·예술적 무게가 잘 지워지지 않게 한다. 그리고 가수들이 가사 후렴구에 맞춰 '포인트 안무'라고도 하는 움직임을 만들어내면서 가사와 곡 후렴구는 특징 있는 몸짓이나 춤으로 명확하게 표현되고 더 발전한다.[133] 그런 식으로 게다리 춤이 '지, 지, 지'라는 후렴구에 따라 나오거나, 투피엠이 <하트비트>(2009)에서 가슴을 치는 동작을 몸으로 표현하거나, 카라가 <미스터>에서 '라라라라라'를 부르며 엉덩이춤을 춘다. 이런 결합이 낳는 효과는 특히 그 공연이 거의 늘 완벽해서 기억에 남는다. 이 조합은 어떤 면에서는 특정한 감정 구조를 낳는다. 케이팝 공식은 월러스 스티븐스Wallace Stevens가 <건반 앞에 앉은 피터 퀸스Peter Quince at the Clavier>에서 한 말을 실제로 이뤄낸다. "그렇다면 음악은 느낌이지, 소리가 아니다." 가사와 음악, 안무를 섞어 동반 상승효과를 낳는 후크는 케이팝이 이룬 혁신이자 공헌이다.

'공식화'는 음악 애호가들 사이에서는 금기어이다. 물론 어떤 좋은 노래(시나 다른 예술 작품)든 일정한 형식으로 이루어지며 따라서 공식화했다고 볼 수 있고, 문제는 그 형식(과 공식)이 얼마나 활용 및 발전, 표현되었는가이다. 반면 어떤 노래가 단순 반복만 한다면(공식화보다 한층 나빠진 의미에서) 그 노래는 케이팝 곡만큼 성공할 가능성이 없다. 음악, 특히 예술이나 고전음악은 형식주의이다. 여기서 아름다움은 대개 기존 문법을 정확하게 표현(하고 공연)하는 데 있다. 그런데 듣는 사람이 예술음악이나 고전음악을 이해하지 못하는, 따라서 즐기지 못하는 이유는 쉬운 단어 부족이다. 대중음악이 이룩한 업적은 바로 이해하기 쉬운 단어 표현이었다(케이팝 후크는 이 효과를 증폭한다). 그러니까 듣는 사람이 이해 가능한(의례적이고 결국에는 무의미해도) 음소와 단어를 제시해 결국 케이팝에 있는 소리 세계와 순환하는 해석 과정에 진입한다는 뜻이다.[134] 그러므로 단순하고 거의 보편적으로 이해되는 문법과 단어를 보유한 케이팝 언어는 기본 영어 또는 초간편 영어인 글로비시와 유사하다.

케이팝 가사 대부분은 아주 쉽게 잊히지만 열정과 낭만 가득한 사랑이나 이를 변형한(진정한 사랑은 결코 쉽게 이루어지지 않는다는) 주제는 젊은이들에게는 기억에 남는 주제곡 또는 시를 만들어낸다. 투피엠이 <하트비트Heartbeat>에서 비통함을 노래하거나 투에이엠이 <죽어도 못 보내>(2010)에서 꺼지지 않는 사랑을 말할 때처럼 말이다. 삐딱한 중장년이라면 그런 가사를 진지하게 받아들이기는 어렵겠지만, 그래도 이런 가사는 형언하기 어렵게 요동치는 청춘의 감정을 전하며, 따라서 마음을 표현하는 시 노릇을 하기도 한다(적어도 해당 그룹의 젊은 팬들이 말하는 바를 나는 그렇게 해석한다). 이런 가사들은 감히 입 밖으로 내지 못하는 사랑(따라서 사랑이라고 이름 붙일 수 없는 사랑)과 단순하고 솔직하게 표현해야만 하는 사랑 사이를 정신없이 오간다. 갈마드는 이런 사랑은 긍정 신학과 부정 신학 사이에 존재하는 변증법과 다소 유사하기도 하다. 그런데 의외로 케이팝 곡 중에는 겉보기에 덧없는 청소년 감정을 넘어 진지한 사회 문제와도 연결된 개인 고통을 노래하는 곡도 있다. 예를 들어 H.O.T(버블검 팝 특성은 있지만 이 순간만은 아이돌 그룹도 케이팝에 속한다고 치면)는 1996년 히트곡 <전사의 후예>에서 제기능을 하지 못하는 대한민국 교육을 노래했다(제1장 참조). 앞서 언급한 2006년 동방신기가 부른 <오-정반합>은 직설법으로 사회 비판을 하면서 공허한 현실('O') 속에서는 '절대 진리'도 없다고 비난한다. 뮤직비디오는 잘 짜인 안무와 도쿄, 방콕, 프라하 등 여러 곳에서 찍은 그림 같은 장면 외에도 다양한 이미지를 짧은 순간 사용해 소외와 빈곤, 폭력 등 사회 문제를 보여준다.[135] 원더걸스 2007년 히트곡 <텔 미>는 단순하게 말하면 여성의 힘을 노래하는 찬가이다. 그리고 성별에 따른 이중 잣대를 의식하며 더 큰 자유를 갈망하는 젊은 여성 청취자나 시청자 관점에서는 특히 이런 요소들이 케이팝 걸그룹 노래와 공연에서 행사하는 존재감이나 힘을 과소평가하면 안 된다. 원래 대중음악 팬('팬'이라는 단어도 사실 '광신도fanatic'를 줄인 말 아닌가)들은 어떤 노래가 보내지도 않은 메시지를 듣고, 전하지도 않은 감정을 느끼고, 의도하지도 않은 의미를 파악한다. 주 논리가 자본 논리인 케이팝에서는 저항이나 힘 돋우기가 중요하지도 않다. 그렇다고 해서 케이팝을 열심히 또는 우연히 듣는 청취자가 경험하는 해방의 순간을 무시해서는 안 된다. 케이팝 곡은 정치 선언이 아니다. 그러나 꼭 열성 팬들만 케이팝에서 소망하던 순간을 발견하지는 않는다. 그런 순간은 사람을 가장 매혹하는 순간에 단순한 현실도피성 공상만이 아니라 여러 반反사실적 가능성을 제시하기도 한다. 케이팝 곡은 의심의 해석학도 아니다. 그러나 주의 깊게 듣는 사람들은 의미와 꿈, 아니면 단순한 의례적 쾌락을 부여해 마치 그 노래가 어둠 속에 빛을 밝혀주는 듯한 경험을 한다.

대중음악은 대체로 나침반처럼 아무리 처음 듣는 사람이라도 거의 다 이해할 음악적 질서를 편안하게 제시하며, 가사에 있는 뻔함 자체 때문에 오히려 그 곡의 지성과 감성, 감정과 열정에 쉽게 몰입하게 된다. 에드먼드 버크Edmund Burke도 말했지만, "우리는 우리가 감탄하는 것에 복종하지만, 우리에게 복종하는 것을 사랑한다".[136] 케이팝은 지고가 아니라 일상의 미를 제시한다. 케이팝 가사가 일상생활을 노래하는 시는 아니지만 그래도 듣는 사람에게 생기는 여러 감정을 주장하고 밝히고 심화하기도 하며, 그러므로 카타르시스까지는 아니어도 배출 작용은 한다. 케이팝 가사가 시보다는 민요에 가깝다고 해도, 케이팝 팬들이 하는 토론 집단에 잠깐 발을 담그면 그 가사들이 단순한 상투어가 아님을 깨닫게 된다.[137] 슈베르트의 <눈물의 찬가Lob der Tränen> 가사나 아우구스트 빌헬름 슐레겔August Wilhelm Schlegel의 서정시 어구처럼 케이팝음악도 단순한 단어 이상으로 인생의 눈물이나 미소, 고통이나 쾌락을 표현하고 설명한다. 그리고 고통과 쾌락이란 지성으로 알 수 있고 깨달음도 주는 상태이다.

　케이팝 곡은 대부분 잘 부르기도 하지만 작곡 면에서 공들여 만들기도 하며, 일부는 적어도 대중음악이라는 맥락에서 혁신도 보인다. 예를 들어 소녀시대 <소원을 말해봐>에는 도리아 선법이 들어간다. 이 노래는 화음 진행을 협화음으로 풀지 않아 불안한 느낌을 주는데, 노래가 부유하는 느낌을 주려는 의도라면 적절한 사용이다. 노래를 작사, 작곡한 유영진은 1990년대 발라드 가수로 출발했고 만드는 곡에 다양한 음악 양식을 집어넣는다. 곡을 대량생산만 하는 작곡가라고 무시당할 때도 많지만 단순히 경쟁력, 그러므로 혁신이 필요하다는 이유에서라도 유영진 작품 중에는 아주 흥미로운 곡들이 간혹 있다. 에프엑스 <누 예삐오Nu ABO>(2010)에는 음악 주제가 확 바뀌는 놀라운 부분이 있는데, 뮤직비디오 영상도 이 순간 흑백으로 나온다.[138]

곡 반전과 복고풍 흑백 영상이 의외로 상승효과를 내어 아무 생각 없이 듣거나 보던 사람도 여기에 주목하게 된다. 대중음악계에서는 이런 시간지연이 특히나 적절해 보인다. 이 업계에서는 '매순간 불타는 한평생'이라는 의미에서 '현재를 즐기라'는 말이 표준이고, 과거 삽입이나 이런 반전은 불안을 일으킨다. 따라서 시간 지연은 작은 놀라움이기도 하고 예술적 성취이기도 하다. 케이팝 안무 역시 전문가답게 구상하며 화려하고 수준 높을 때도 있다. 게다가 가수들이 노래하면서(립싱크에 반감이 있다는 말을 기억해 보라) 아주 힘차게 공연하는데 특별히 힘도 들이지 않는 모습을 보이므로 안무 수행은 한층 놀라워 보인다. 케이팝 가수들이 춤추는 모습에 프레드 아스테어 같은 우아함이나 마이클 잭슨 같은 카리스마는 없을지라도 최상급 군무를 출 능력이 있는 케이팝 그룹이 그 정도로 많다는 사실은 놀랍다.

케이팝 뮤직비디오는 길이뿐 아니라 예술적 포부도 제한될 수밖에 없는 단편 영화이다. 하지만 그 수준은 탁월한 대한민국 감독들이 만든 장편 영화처럼 장대하지는 않아도 괜찮거나 훌륭한 사이에 있고, 사용 가능한 영화 기법도 거의 사용한다. 유튜브 시대에는 뮤직비디오가 매우 중요하므로 케이팝 제작자들도 이 장르를 되살리려고 했다. 물론 케이팝 뮤직비디오는 대개 몸을 보여주고 춤을 강조하는 단순한 서사 구조이지만, 그러면서도 굉장한 다양성을 보여준다. 막스 오퓔스 감독의 영화 <윤무La Ronde>(1950) 주제를 사용하면서 로맨틱 코미디 축소판을 보여주는 애프터스쿨의 <러브 러브 러브LOVE LOVE LOVE>(2012)처럼 가벼운 뮤직비디오도 있다. 또 브라운 아이드

걸스의 <아브라카다브라Abracadabra>(2010)처럼 훨씬 심각하고 의식적으로 한계를 넘어서려는 뮤직비디오도 있다. <아브라카다브라>는 성적인 힘 돋우기를 아슬아슬하게 건드리고, 또 쥐스트 자캥Just Jaeckin 감독의 <O의 이야기Histoire d'O, The Story of O>(1975)와 폴 버호벤Paul Verhoeven 감독의 <원초적 본능Basic Instinct>(1992)을 연상시키면서 성적으로 허용 가능한 수위는 지킨다. 위대한 영화 작품과 비교하면 보통 수준이겠지만, 그래도 보는 사람을 빠르게 사로잡으면서 3분이라는 상영시간을 최대한 활용하는 뮤직비디오도 많다.

그렇다면 간단히 말해 케이팝은 상업성 있는 사업이고 그 상품 구성과 의도는 자동차나 휴대전화처럼 팔리는 데 있다. 그렇다고 해서 케이팝이 올린 개가를 부정하거나 폄하할 수는 없다. 2000년대 말 확고하게 굳어진 현재 케이팝 양식은 특정하면서도 곧 사라져야 할 완벽한 순간을 구현한다. 변화하는 취향과 사방에 있는 경쟁을 생각하면 케이팝 제작자들은 부단히 혁신을 추구할 터다. 특히 우리가 주요 사회변화나 기술변화로 생길 다음 대분열을 향해가는 시점에는 더욱 그렇다. 그러나 당분간 케이팝이 이룬 다양한 미학적 성취는 계속 우리 눈앞에 남아 있을 테고, 이를 놓친다면 아까운 일이다.

대중음악의 가독성과 정통성

　대중음악을 가장 엄중하게 비평하는 사람들 말은 맞다. 대중음악은 문화 산업이 낳은 상품이다. 그러나 이들은 음악이 몇 세기 동안 상업성 있는 사업이었다는 사실을 잊고 있다.[139] 무용수와 안무가부터 무대 담당자, 무대 장치가는 물론 오디오, 하이파이 발명가・제조사부터 DJ와 작곡가, 작사가까지 이 사업 주변에서 점점 늘어나는 직업만 해도 믿기 어려울 정도로 다양하다. 그리고 대중음악은 거대한 과점 사업이기도 하다. 2010년대 초반에는 대중음악 4대 기업이 전 세계 판매고 중 85% 가량을 차지했다.[140] 무엇보다 이 거대 사업이 정교한 노래와 기량 뛰어난 스타를 배출하는 데 얼마나 집중하는지가 신기하다. 단 한 사람도 스타가 무엇이라는 추상적 정의조차 내리지 못하지만 이 업계 사람이라면 스타덤에 오른 사람을 몇 명이고 꼽을 수 있다는 면에서 특히 그렇다. 게다가 사업계획이나 청사진을 놓고 일한다는 의미에서는 히트곡이나 스타 제조 과정을 완벽하게 숙달한 사람도 아예 없어 보인다. 그러나 이 업계 사람들은 자기가 무엇을 하는지는 모르는 듯해도 무엇을 원하는지는 안다. 이들은 히트곡과 스타, 명성과 부를 원한다. 물론 태어날 때부터 유명한 스타는 없다. 명성을 성취하는 사람도 있고 어쩌다 떠안은 사람도 있지만 현실은 그렇다. 미래에 스타가 될 재목을 발굴하는 순간도 그 다음에

오는 양성 과정, 즉 완전한 변신이 없다면 무의미하다.[141] 물론 이럴 때는 늘 순수한 천재가 될 씨앗이 음악을 연주하는 순간 발견했다는 이야기를 하고 싶어진다. 상품화와 자본주의 산업화로 소외와 착취, 거기에 허위와 모방이 더해져 망가지고, 에덴동산 같은 순수성을 더럽혀 타락한 현실로 떨어지고 만 그런 천재 이야기 말이다. 그러나 대중음악 산업화와 상품화는 대중음악 자체와 동시대에 산다. 스타는 수많은 산파에게 도움을 받아 태어나며, 그 산파 대부분도 자기 몫의 명성과 부에 집착하는 듯하다. 애석하게도 대중음악은 원죄 상태에서 태어났다. 자본주의(필히 기술) 산업화 및 소비 사회와 얽히지 않고는 대중음악 확산 자체가 불가능할 테니까.

그리고 대중음악의 영혼을 더럽히는 원죄는 대중음악 정통성이라는 문제로 더욱 어두워진다. 유럽 낭만주의자들은 계몽주의 사상에 나타나는 안이한 보편주의에 반발하며 대개 어떤 민족혼 또는 본질이 그 민족 언어에, 가끔은 그 민속음악과 민간전승에 있다고 보았다. 여기서 언어와 음악, 설화는 유기적으로, 말하자면 생활 방식에서 발생하며 어떤 민족과 그 고유 생활방식을 표현한다고 믿었다. 그래서 그림 형제도 그 유명한 독일 민족 이야기들을 조사했다(그 이야기들이 조정과 변형을 얼마나 거쳤든 상관없이 말이다).[142] 본래성을 상징하는 민요 보전이나 부흥도 늘 여느 민족혼을 보전하거나 되찾으려는 사업과 크게 다르지 않았다. 19세기 내내 유럽 낭만주의자들이나 그 문화 계승자들은 본래성(진짜, 자연스러운, 유기적인)과 비본래성(인위적, 산업적, 상업적)을 나누는 중요한 차이를 확립했다.[143] 오늘날에도 본래성을 나타내는 기준은 초기 음악(시간 기준)을 말하든 세계 음악(민족지학 기준)을 말하든 음악 논의 면면에 생생하게 살아 있다. 민요는 하나의 전체인 민족이 천재성을 발휘해(유기적, 집단적으로 신비하게) 태어났다고 하지만 대중음악은 분명 의도한 구성이요 산업 발명품이었다. 이런 양극화 관점에서 민속음악은 상향식 현상이고 대중음악은 하향식 생산품이다. 그러므로 이 이진법에서 민속음악은 전통과 떼려야 뗄 수 없는 관계이며 공동체 전체를 구현한다. 민속음악은 시간을 버티고 살아내며 참여를 유도한다. 반면 대중음악은 새롭고 쉬이 사라진다. 대중음악은 대개 유행과 열풍에 민감한 청년들에게 호소력을 발휘하며 사회적 소외와 소극적 청취를 유도한다. 게다가 민속음악은 기원이 지역 혹은 국가인 반면 대중음악은 기원이 당연히 지역은 아니며 어쩌면 외국일지도 모르고 당연히 세계주의이다. 무엇보다 대중음악이 상업성 있는 제품, 즉 상품이라는 사실이 잘못이다.[144] 간단히 말해 민속음악은 국민의, 국민에 의한, 국민을 위한 음악이고, 대중음악은 국민이 원하는 바는 주지만 국민의 또는 국민에 의한 음악은 아니다. 예술음악과 민속음악은 예술의 지위에 오르려고 해도 괜찮지만, 대중음악은 상품의 지위로 밀려난다.[145]

음악학자나 음악평론가들이 흔히 내리는 판단에서 대중음악은 늘 본래성 시험을 통과하지 못한다. 예를 들어 민족음악학자 브루노 네틀Bruno Nettle은 진부한 본래성 기준을 제안하는데, 이 기준은 "각 문화가 먼 옛날부터 존재하는 고유한 음악 양식이 있다는 사고에 뿌리박고 있다. (…중략…) 본래성 있는 노래란 부르는 민족에게 속하는, 그 민족 기상과 성격을 반영한다고 여겨지는 노래다".[146] 네틀에게는 미안한 이야기지만, 민족이 부른 노래는 대부분 유기적, 내생적으로 발생하지 않았고 오히려 멀리서 왔다. 예를 들어 이탈리아와 헝가리에서 민요는 대개 아랍에서 왔으며 확실히 토착이 아니다.[147] 또 앞서 보았듯이 유명 조선 민요들도 형태상 정형화하고 전국화했다. 게다가 이 민요들은 대개 유럽 악기 반주를 곁들여 부를 때가 많아서 현대에 나타나는 이런 민요 표현은 과거 지역 다양성이나 본래 정통 공연 성격과는 아주 거리가 멀다. 네틀이 말한 기준으로는 바그너의 악명 높은 반유대주의 발언을 대한민국에 적용해서 케이팝은 뿌리를 한민족 음악 전통에 두지 않으므로 본래성이 없다고 결론지을 수도 있다.[148] 그러나 대다수 대한민국 청년은 케이팝을 듣고 자란다. 이들이 평생 알던 음악은 케이팝인데, 케이팝에서 본질상 뿌리를 찾아야 한다면 전통이든 대중이든 한국음악이 아니라 미국, 특히 아프리카계 미국인들에게 전해 내려온 대중음악에서 찾아야 한다. 음악상 나쁜 혈통은 아니지만, 그래도 이 말은 곧 케이팝이 본래성을 판단하는 종족 · 민족 시험을 통과하지 못하리라는 의미다.[149]

어쩌면 대중음악에 끊임없이 따라붙는 죄가 바로 대중성이라는 사실이 무엇보다 의미심장하다. 인간 대부분이 텔레비전과 영화는 물론 대중음악으로 빚어졌다고 생각하니 그 자체로 걱정거리 같다. 만일 어떤 매체가 인간 생활 방식과 감정, 사고를 사회학적으로 통찰하게 해주면서 또 일반 도덕성과 형이상학까지 형성한다고 하면 지식인들과 교육자들이 그 매체를 놓고 그렇게 소동을 부린다 해도 놀랄 일은 아니다.[150] 대중음악은 재미와 휴식, 게다가 의미와 구원을 갈망하는 허기까지 채워주며, 어리석음부터 진지함을 바라는 욕구를 다 충족한다. 베르디가 말한 '틴타tinta'(주제에 맞는 적합한 색)처럼 이 음악은 온 세상에 물들고 섞이는 듯하다.[151] 대중음악은 삶에서 단순소음이 아니라 기본 조성이 되었다.

테오도르 아도르노는 대중음악이 불가피하게 표준화할 운명, 특정 밈의 기계적 재생산과 사이비 개성화를 추구할 불행한 운명이라는 유명한 말을 남겼다. 수동적으로 소비되고 산만한 동시에 특색 없고 단순한 백색 소음이 될 불행한 운명이라고 말이다.[152] 다시 말해 아도르노에게 대중음악은 진정제, 대중이 자본주의 현대성이라는 불쾌한 현실을 감당하도록 하는 아편이다.[153] 물론 유럽 예술음악은 대중음악일 때가 많았다. 그런데 유럽 귀족과 부르주아 중산층이 보기에 유럽 고전음악에 비유기성이나 비본래성은 전혀 없다.[154] 또 오페라(오늘날에는 이 단어 자체가 사실상 우월 의식을 암시한다)는 18, 19세기에 이탈리아 등지에서 대중음악과 동일한 기능을 했다.[155] 게다가 오페라와 음악극, 뮤지컬을 서로 또는 그 안에서조차 구분하려는 움직임도 계속 있었지만, <산적Les Brigands>이나 <미카도The Mikado>, <포기와 베스Porgy and Bess>, <웨스트사이드 스토리West Side Story> 같은 중간 형태 작품들을 보면 그러한 구분도 고정불변은 아니다.[156] 승화 또는 아편 같은 음악이 정말 그렇게 끔찍한가는 관점 문제이지만, 아도르노는 또 다른 미학 비평을 제시한다. 베토벤은 후기에 죽음, 따라서 영원과 보편 문제를 다루면서 고심한 반면 대중음악은 늘 현세에 편안하게 자리 잡기 때문에 결국 단명과 망각이라는 불행한 운명을 맞이한다고 말이다.[157] 그러나 아무리 대중음악이 문화 산업에서 만든 상품이고 과시적 소비 대상이라고 해도, 청취자와 길게 대화하면 드러나듯이 대중음악에는 대개 다의성이 있고 그 의미도 심오하다.[158]

대중음악 영역에서 개인 선택 — 현대에 선택 정신을 발화하는 사례들도 마찬가지인데, 이런 사례에서는 개인과 집단 정체성을 모두 참조한다(나는 어떤 사람인가? 나는 어떤 집단에 속하나?) — 은 존재론적 자유 영역에서 일어나며 명확한 결과를 낳는다. 대중음악이 문화 산업이 만든 상품이라고 경멸당할지는 몰라도, 대중음악을 살면서 따라하고 함께하고 또 목표로 삼아갈 대상으로서 사랑한다고 하는 사람들은 이 음악이 영혼까지 잡아낸다고 주장한다. 샤토브리앙이 '밀려드는 정열le vague des passions'이라 표현한 것을 불러일으키는 이런 현대 현상이 또 어디에 있을까?[159] 지나간 술과 여자, 노래와도 그렇듯, 지나간 섹스와 마약, 로큰롤과도 그렇듯, 대중음악은 과거에도 지금도 인생의 다양한 감정 및 향유와 불가분한 관계다. 음악이 사람들에게 속하고 사람들에게 의미 있다는 개념을 중심으로 본래성 시험을 치른다면 대중음악도 거의 다 시험을 통과할 터다.[160] 실제로 민속음악과 대중음악을 구분하는 기본 차이라고 하면 민속음악이 더 오래되고 인기가 덜하며 따라서 대다수 사람에게 의미도 덜하다는 점이겠다. 논쟁을 불러일으킬 만한 표현을 하자면, 나이든 영국인이 비틀스 <예스터데이Yesterday>를 흥얼거릴 때는 영국 민요 <푸른 옷소매 Greensleeves>를 흥얼거릴 때보다 경험상 본래성과 의미가 덜할까? 사이먼 앤 가펑클이 아니면 대체 누가 민요 <스카보로 페어Scarborough Fair>를 기억이나 할까? (그리고 그 전신이라고 하는 스코틀랜드 발라드 <엘프 기사 The Elfin Knight>를 누가 떠올리겠는가?) 또는 자이니치 작가 교 노부코姜信子도 그랬지만, 80대 한국계 여성이 <카츄샤의 노래>(아마 일본 최초의 히트곡이었을)를 갑자기 불렀을 때 그 노래는 할머니가 긴 한평생 만난 어떤 노래나 음악 형식보다 의미 있었으리라.[161] 깊게 새긴 기억을 되살리는 대중가요도 현대소설과 영화에서 흔히 쓰이는 비유다. 예를 들어 임철우 소설 『그 섬에 가고 싶다』에서 어느 촌부가 가요 <목포의 눈물>을 부르며 자기 삶에서 어떤 깊이와 의미를 표현할 때 우리는 쉽게 그 의미를 이해한다.[162] 물론 여러 개인 간 존재하는 엄청난 다양성을 무시해서는 안 된다. 유럽 예술음악을 영혼의 음악, 즉 듣고 자랐으며 '나'라는 인간의 어떤 깊이를 구현하는 음악으로 삼은 한국인도 드물지 않다. 그렇지만 부유한 국가 국민 대다수, 그리고 부유하지 않은 국가 국민에게도 대중음악은 의미와 감정, 자아의식과 현실감을 구성하는 주변 현실로 존재한다. 달리 말하면 대중음악은 일상 사회학과 철학의 세계이다.

학자 사이에서는 대중음악의 미학 또는 감정적 정통성이 아직 논쟁거리라고 해도 일반인 사이에서는 대중음악도 음악이기에 아무 변명이 필요 없다. (사실 어떤 음악이든 음악을 옹호하거나 정당화할 필요가 있을까?) 최근에는 대중음악에 미학적 기품이 있다고 호언장담하는 평론가도 늘어났지만, 또 대중음악은 문명이 퇴보하는 징조라고 보는 이들도 있다.[163] 그러나 사회경제 또는 사회문화적 우월성과 열등성을 보는 여러 가정을 반영해 기존 사회 질서나 재생산할 요량이 아니라면, 미학 판단은 반드시 형식도 있고 동일 기준으로 가늠할 수 있는 평가에 기대야 한다.[164] 철학에 기반을 두고 표현한 미학 판단은 어떤 곡이나 음악 양식이 다른 것에 비해 더 낫다고 다소 객관적으로 증명하는 방식으로 특정 형식 기준을 더 높게 친다(예를 들면 단순성보다 복잡성, 투박함보다 세련, 관습보다 혁신 식으로). 알렉산데르 바움가르텐Alexander Baumgarten이 묵직하게 써내려간 『미학Aesthetica』(1795)에서 출발했다고 하는 근대 유럽 미학 논의는 이를 증명이라도 하듯 비슷한 여러 위계질서를 생산하고 재생산한다. 바움가르텐은 미보다 논리(미는 미학·창의 능력과 관련이 있으며 그 자체는 '하급 인지 능력facultas cognoscitiva inferior' 또는 '저급한 인식론gnoseologia inferior'이라고 묘사한다)를 높이 샀다.[165] 그런데 그런 기준은 역사별, 문화별로 다를 뿐만 아니라 종종 특정 장르 안에서 내생적으로 만들어진다.[166] 그러나 형식주의 기준을 사용해도 민요 애호가들에게 쉔베르크 <모세와 아론Moses und Aron>이 쿠바 민요 <관타나메라Guantanamera>(관타나모의 농사꾼 아가씨)보다 우월하다고 설득하는 데는 크게 효과가 없다. 소수 민요 팬이 오페라 미학이 더 우월하다고 믿게 된다 해도, 이들조차 느긋하게 쉴 때는 <관타나메라>를 흥얼거릴 테고 말이다. 게다가 민요 애호가들은 민요가 단순하고 투박하고 관습에 따르는 편을 선호한다. <관타나메라>도 12음 기법이나 미세다성음악으로 편곡하면 분명 당황할 테고, 이 곡을 교향악단 연주로 듣느니 반조를 뜯는 포크 가수 피트 시거Pete Seeger 연주로 들을 것이다.

모든 점을 고려해 대중음악이 매력있는 이유를 통상 설명할 때는 조잡하게 표현하면 대중 취향 수준이 높지 않아서라고 한다(또는 거의 같은 말이겠지만 불행하게도 대중이 무지해서라고 말이다). 재즈와 알반 베르크Alban Berg를 다룬 뛰어난 저자 건서 슐러Gunther Shuller는 "상업과 이윤 추구 음악들이 (…중략…) 교육 환경 전체가 크게 실패하며 생긴 그 큰 공백으로 들어왔다"라고 했다.[167] 그러나 유럽 고전음악 이론과 역사, 감상을 체계 있게 가르친다고 과연 슐러가 말하는 '이윤 추구 음악'이 등장하지 못했을까? 다르게 질문하자면 유럽 예술음악이 부와 권력을 가진 사람들에게 무가치해졌다면 그 음악에 어떤 가치가 남았을까? 확신은 할 수 없지만 대중음악이 부지런히 주는 쾌락은 분명 도처에서 승리를 거뒀다. 미래에는 꼭 시인 케네스 렉스로스Kenneth Rexroth 같은 독자적 사상가만 밥 딜런Bob Dylan 같은 대중음악 가수 곡에서 로마 시인 카툴루스에 버금가는 감수성과 예술성을 느끼지는 않을 것이다.[168]

또 도덕 심리학 문제도 있다. 내가 하농과 체르니를 끝없이 치고 또 칠 때 일본인 피아노 선생님은 "더 열정적으로Mit Gefül!"를 되풀이했다. 이 손가락 연습곡들이 심오한 본래 감정 반응을 이끌어내야 한다는 듯 말이다. 그 선생님은 유럽 예술음악, 특히 19세기 비엔나 관련 작품들이 미덕과 도덕성 있는 삶으로 가는 길이라고 믿었다.[169] 그러나 대중음악을 장려하는 전체주의 사회는 이제껏 없었다. 또 군사 정권 하 대한민국 같은 독재 사회는 대중음악이 비도덕적이고 퇴폐적이라며 적극 검열했다. 물론 문화 산업이나 포크음악이 정의 편에서 있다는 이야기는 아니다. 아도르노는 대중음악이 민중의 아편이라고 했는데, 미래에는 이 암울한 견해가 증명될지도 모를 일이다. 게다가 아무리 자율성이 있어도 예술 형식은 찬란한 고립 상태로 존재하지 못한다. 소녀시대 노래나 베토벤 선율을 흥얼거려서, 또는 열렬한 기도를 드려서 악에서 구원되기 바라려면 대단한 불신의 유예가 있어야 한다. 대중음악에서 느끼는 점이 부족하다고 사람들이 매일 비참하게 죽어나갈 가능성은 거의 없지만, 그래도 거의 매일 누군가는 대중음악에서 쾌락과 기쁨, 도덕적 나침반까지 찾는다.

한마디로 대중성 평가 절하는 과잉 규정되어 있다. 고대와 현대, 동서양을 막론하고 비평 담론에서 비극보다 희극을, 진지함보다 가벼움을, 바라 마지않는 영원보다 덧없음을, 벨트슈메르츠Weltschmerz(물리적 현실은 결코 정신이 원하는 바를 채우지 못함을 경험한 데서 오는 감정 - 옮긴이)보다 벨트프로이데Weltfreude(세계에서 이상적 상태를 이룩하여 얻는 기쁨 -옮긴이)를 더 위에 두는 대담무쌍한 지식인은 극히 드물다. 간혹 예외도 있겠지만, 대중음악이 희극과 가벼움, 덧없음, 벨트프로이데와 명확하게 같은 진영에 속한다는 주장은 군건한 일반화를 보여주는 셈이다. 또 대중음악은 쾌락과 공상, 긴장 완화와 밀접한 관계가 있지만 동시에 많은 사람들이 가장 깊숙한 곳에 있는 감정을 성찰하고 표현하며 인생의 기쁨과 고난과 의미를 깊이 생각하는 영역이기도 하다.

그러니 대중음악은 부유한 현대 청년들 사이에서 최고 예술로 군림하면서 설욕하는 셈이다. 지식인들은 청년들이 시는 고사하고 산문도 읽지 않는다고 한탄할지도 모른다. 젊은이들이 역사를 잘 모르며 회화나 건축 지식은 더 부족하다고 불만을 토로할 수도 있다. 그러나 청년이라면 거의 누구나 대중음악을 많이 들으며, 적어도 그런 면에서 음악 감상이 청년층에서 보편임을 부정할 수는 없다.[170] 미학 철학자들은 한 가지 점에서 옳다. 예술은 인지적 노력이다. 읽히지도 않고 이해도 안 되는 예술 작품(용어 자체가 모순어법인 현대 고전음악이 떠오른다)을 즐기는 일도 꼭 불가능하지만은 않다. 그래도 어떤 작품을 즐기려면 가독성과 이해가 필요한데, 대중음악과 그 관례를 이해하고 즐기는 사람은 많다.[171] 공공장소에서는 불협화음처럼, 사적 영역에서는 아름답게 울리는 대중음악은 어디에나 있고 또 부유한 세계에서 생활양식도 규정하게 됐다. 힙합이나 케이팝을 어떻게 생각하든, 거의 유럽 예술음악만 듣는 사람에게도 이 둘 모두 음악으로 인식된다.

이 모든 이야기는 반박할 여지가 없는 현실을 표현하고자 풀어냈다. 즉 많은 이들은 그럴 만한 이유가 있어 작게는 케이팝, 크게는 대중음악을 즐기며, 그 어떤 사회적 속물근성이나 거만한 철학도 이 취향이나 생각을 바꾸지는 못한다. 케이팝 팬들은 다양한 이야기를 한다. 내가 해석한 바, 팬들은 케이팝에 영혼을 어루만지는 능력이 있다고 한다. 따라서 욕구와 갈망을 완화 또는 충족하거나, 희망을 주거나(팔거나), 자아를 위로하고 만족시키거나, 권위적 부모에게 어느 정도 저항할 수단을 주거나, 창의력을 발휘하거나 어른이 되거나 세련되고 싶은 욕구를 자극한다고 말이다. 케이팝은 대화 소재를 주고,

사람들이 즐겁게 시간을 보내게 해주며, 새 친구를 사귀게 도와주고, 소리와 움직임의 신세계로 초대하고, 목청껏 노래를 부르거나 음악에 맞춰 춤추고 싶은 욕구를 충족하고, 앞으로 나아갈 이유도 준다. 누군가는 케이팝 스타나 노래와 사랑에 빠지고, 또 누군가는 같은 하위문화에 사는 친구들을 사귄다. 케이팝은 다른 모든 대중음악과 마찬가지로 일상생활에 존재하는 아름다움을 나타낸다. 행복을 약속하고 더없는 기쁨을 기대하게 한다. 케이팝이 대중의 마약이라거나 문화 산업이 판매하는 안정제라는 발언은 가끔은 옳겠지만 속사정을 다 말해주지는 않는다. 케이팝이 대중성 있는 대량생산 제품이니만큼 비평가들은 '세속적 인간을 증오하는odi profanum vulgus' 지옥으로 떨어지라는 선고를 내렸다. 대중음악에는 보통 사람들에게서 풍기는 악취가 달라붙어 있으니 말이다. 그렇지만 그래도 상관없다.

후주곡

—

    <강남스타일>은 2012년 전 세계 팝에서 선풍을 일으켰다.[1] 유튜브 조회 수 십억 이상을 기록하면서 짧지만 수많은 스타를 배출한 유튜브 역사상 최다 시청 영상이 되었다. 싸이 춤은 어디서나 볼 수 있었다. 영국 옥스퍼드 부근 어느 암 병동에서는 78세 할머니가 모르핀에 취해 CT 스캐너든 드라마 <코로네이션 스트리트Coronation Street>를 방송 중인 텔레비전 화면이든, 무슨 화면만 보면 "그건, 그건 '강남스타일'!"이라고 외쳤다고 한다.[2] <오바마 스타일>부터 <미트 롬니 스타일>까지 모방과 패러디 수만 봐도 <강남스타일>이 편재 현상이었음을 알 수 있다. 중국 반체제 예술가 아이웨이웨이艾未未가 내놓은 <차오니마草泥馬(뜻은 알파카지만 중국어 욕설과 발음이 같다) 스타일>을 당국이

금하자, 동료 예술가 아니쉬 카푸어Anish Kapoor는 <자유를 지지하는 강남Gangnam for Freedom>으로 대꾸했다.[3] 케이팝이 미국에서는 절대 성공하지 못한다고 믿던 사람들이나 지금까지도 예술로든 정치로든 팝 음악에는 의의가 없다고 부정하는 사람들에게는 이 정도로만 답하겠다.[4]

<강남스타일>이든 어떤 대중음악이든 인기에 꼭 필요한 요소는 그 음악이 마치 물 흐르듯 기억하기 쉬워야 한다는 점이다. 미학 원칙으로서 기억하기 쉽다는 말에는 수많은 동의어가 있는데, 때로는 글자 그대로인 비유(낚는다는 '후크'처럼)이기도 하고 때로는 좀 더 문학적 용어('라이트모티브')이기도 하다. 어쨌든 요는 대중음악 영상에는 반드시 기억과 복제가 쉬운 후렴구와 안무를 삽입해야 한다. 이러한 소리와 동작 단위는 짧은 서사를 만들어내고, 이 서사가 좀 더 정교하게 바뀌면서 모방과 패러디를 낳는다. 한국인이 아닌 청취자에게 싸이 곡에서 읽히는 구절은 단 둘("헤이, 섹시 레이디"와 "강남 스타일")뿐이지만, 안무(말 춤과 올가미 밧줄을 던지는 동작)는 쉽게 이해와 모방 가능하다. 이런 장르 뮤직비디오에서는 소리와 동작 단위에 중심성이 있다는 내 주장이 옳다면 싸이 가사를 알아듣지 못해도 상관없다. 싸이가 랩을 하는 방식으로는 어차피 나도 여섯 번은 본 뒤에야 무슨 말 뜻인지 알아들었고, 이런 경험(언어 이해가 전혀 없는 음악 감상)은 꽤 흔한 일이다. 이해해야 하는 유일한 지점은 모사 가능한 후렴구밖에 없고, 나머지는 의례에 불과하다(수많은 오페라 팬들이 모르는 언어로 부른 아리아를 듣고 감동하는 데서도 분명히 알 수 있듯, 어쩌면 가사를 음악의 일부로 인

식할 수 있어야 한다는 점이 중요할지도 모른다). 이 작곡 양식에서 청중은 뮤직비디오 형식이나 랩 같은 식별 가능한 장르 등 다양한 관례로 이루어진 광범위한 배경을 인식하며, 이런 배경에서는 재미있고 따라 하기 쉬운 후렴구와 안무가 사람들을 사로잡고 거부할 수 없이 잡아끈다. <강남 스타일> 주인공이 대한민국 사람이니 이국적으로 보일지는 몰라도, 다양한 문화 참조 — 확실한 요소(과거에는 두려워하던 대상이지만 이제는 패러디 대상인 김정일)부터 마이크 마이어스(영화 <오스틴 파워스> 등장인물로)까지 — 들이 있어서 싸이가 불가해한 타자라는 느낌은 수그러든다. 또 인기는 흔히 더 큰 인기를 낳는데, 그래서 오히려 매체(대중매체든 소셜 미디어든)와 일상 상호 작용에서는 인기 포화 상태보다 인기 부재 상황이 훨씬 주목할 만하다. <강남 스타일>에 나오는 확실한 유머와 뻔뻔함, 심지어 저급함마저도 불가해한 타자인 싸이에게 매력을 더했다.

물론 싸이 곡 기원을 한국 공연예술(광대)이라는 오랜 전통에서 찾거나, 가사와 영상을 맥락과 정치로 읽고 싶을 수도 있다. 의욕 넘치는 전문가나 블로거 등 잠재 이론과 이론가가 많은 만큼 가능성도 차고 넘친다. 그러나 그런 해석은 필요 이상이다. <강남 스타일>이 그렇게 기억에 남고 그렇게 경이로워진 이유는 바로 소리 단위와 안무가 복제(게다가 변형) 가능했기 때문이다. 싸이가 보여준 노래와 춤에서 대다수가 느끼는 즐거움은 프루스트 소설『잃어버린 시간을 찾아서』에 1년간 빠졌다가 느끼는, 혹은 바그너 <니벨룽의 반지> 4시간짜리 공연에 제 발로 찾아가서 느끼는 기쁨과 같은 기준으로 비교할 수 없다. 톨스토이 장편소설과 체홉 단편소설을 비교하면서 동일 기준을 적용하지 않듯, '음악'이라는 범주를 내세워 시벨리우스와 싸이 음악을 미학으로 비교하는 판단을 내리지도 않을 것이다. 마지막으로 덧붙이자면 <강남 스타일> 뮤직비디오를 형식상 정의하자면 총체예술Gesamtkunstwerk을 보여주는 표본이라고 해야 한다. 어쨌든 <강남 스타일>은 <니벨룽의 반지>도 <니벨룽의 노래>도 아니다.

이와 다르게 생각한다면 범주상 오류, 분류상 실수를 저지르는 셈이다. 그러나 일상어로 표현하자면 죽어도 이해를 못하는 사람들도 가끔 있다.

경험범주인 대중음악

예술 수준에서 대중음악을 신성화하거나 비판하지 않고도 불가피한 현실은 인정할 수 있다. 21세기 대중음악은 음악을 사랑하는 대중 대다수에게 음악 그 자체가 되었다. 게다가 '대중음악'이라는 용어도 이제는 일관성 있는 범주를 대표하지 않으며 이 범주 안에 있는 양식과 장르 다양성 자체만으로도 벅찰 지경이다. 또 대중음악 정통성을 길게 해설하라고 요구하는 사람도 드물다. 대중음악, 음악은 그저 존재한다. 이제는 지식인들과 학자들이 이 현실을 마주할지 아니면 절대음악이나 더 우월하다고들 하는 양식과 장르가 있는 박물관에서 그냥 자리를 보전하고 있을지가 문제이다.

앞서 말했듯 '대중'이라는 수식어 자체는 매우 광범위한 음악을 보통 사람 영역에 놓거나 그 영역에 있다고 비판한다. 통속성과 피상성, 조악함과 무지라는 영역 말이다. 대중음악이 조잡한 문화 산업 상품이라고 비난 받았든 버릇없는 젊은이들이 보이는 불행한 표현이라는 한탄을 들었든, 어쨌든 대중음악사는 줄곧 큰 비난을 받은 역사다. 그렇다고 지적으로 대중음악의 명예를 회복해야 할 절실한 필요도 없다. 저명한 문학 평론가 크리스토퍼 릭스Christopher Ricks나 문화 역사가 션 윌렌츠Sean Wilentz가 밥 딜런을 놓고 쓴 글을 보면 윌리엄 버틀러 예이츠William Butler Yeats가 쓴 강렬한 시구가 떠오른다.

> 자기 죄를 잊어버리는 대머리들,
> 나이 들고, 학식 있고, 명망 있는 대머리들이
> 시를 편집하고 주석을 넣는다
> 젊은이들이 침대에서 뒤척이며
> 절망적인 사랑에 빠져
> 아름답지만 무식한 미인의 귀에 아첨하려고 만든 시를[5]

대중음악 세계는 마치 젊은 연인들의 세상처럼 나이든 사람들의 도덕적 신중함에 반항하며 세속적 쾌락이 주는 직접성에 빠져 있다. 머리숱이 많든 대머리든 '나이 들고, 학식 있고, 명망 있는' 사람들과 마찬가지로 매우 사색적이고 성급하게 아쉬워하는 사람들이 자기 자리를 꿰차고 있다. 그러나 최근까지 대중음악 관련 저작이 별로 없었다고 해도 그 사실은 대중음악이 현대 세계에서 차지하는 가치를 조금도 반영하지 않는다.

학계는 원래 하던 일을 한다. 가장 좋고 가장 밝은 것이 기운을 회복하면 광범위한 열정과 경험 영역을 보완하고 이를 학습으로, 무엇보다 역사로 탈바꿈시킨다. 우리는 현재 역사도 표현할 수 있어야 한다. 어떤 현상을 밝히기 위해서만이 아니라(어쨌거나 설명하지 않고) 우리를 둘러싸고 우리가 사용해서 살고 있는 방식을 어느 정도 보기 위해서 말이다. 흠잡을 데 없는 논리로 보자면 대중음악이나 다른 모든 인간 정신의 표현에 적절히 대응하는 방법은 그 매체나 장르에 직접 참여하는 길밖에 없다. 그러나 T. S. 엘리엇이 한 말도 잘 들어맞는다. "어떤 시를 보고 그 시가 좋은 시임을 아는 사람이라고 해서 꼭 그 시가 좋은 이유를 설명할 수는 없다."[6] 결국 음악도 좋든 나쁘든 외부 설명과 묘사, 해명에 완전히 저항하지는 않는다. 그리고 음악가와 팬, 제작자, 작곡가들은 늘 그런 것을 만들어낸다. 실제 현실은 이렇다. 우리는 추상 수준으로 무엇을 표현할 때는 불완전하지만, 그래도 대중음악을 포함한 것들을 이야기하면 다들 좀 더 발전할 수 있다.

조용히 청취하는 무리(신성하다시피 한 경외와 신성에 가까운 명상 속에서 음악의 천재성을 생각하는 무리)를 피해 현재 표현되는 대중음악은 소리뿐만 아니라 특히 시각과 촉감 등 여타 감각과 소리 사이에 있는 연결성을 회복했다. 사람들은 음악을 듣기도 하지만 그만큼 뮤직비디오도 본다. 청각과 시각 자극에 대응해 몸을 흔들거나 춤을 출지도 모른다. 적어도 대중음악은 사람이 듣고 따라 부르고, 보고 모방하고, 즉흥적으로 활용하고 결국 개선할 수 있는 다면성 오락 형태다. 대중음악 소비라는 경험은 물론 수동적이 아니다. 우선은 수많은 선택 사항 가운데 골라야 한다. 그 경험은 정부 당국이든 교사든 부모든 기업이든 위에서 지우는 경험이 아니다. 적어도 드넓은 진보한 산업 세계에서는 권위 있는 자가 추천한다는 사실만으로도 특정 음악이 즐거움이나 인기를 잃을 가능성도 농후하다. 어쨌든 립싱크든 노래든, 드럼 연주든 춤이든 19세기 유럽 고전음악 전성기 이후로 청취자들이 연주자 활동을 이 정도로 복제하는 지경에 이른 적은 없었다.

진지함, 냉철함이라는 영역과는 거리가 먼 대중음악은 섹스와 마약, 스포츠와 함께 황홀경과 감정 경험이라는 대단한 영역에 남아 있다. 우리는 예술이 우월하다고 거들먹거리며 말하지만, 사람들이 미학적 황홀감을 주로 경험하는 영역은 대중 연예오락, 즉 감상 소설이나 장수 텔레비전 프로그램, 대중음악 등이다. 오늘날 스탕달처럼 시각예술을 보고 얼이 빠질 사람은 거의 없지만, 대중가요에서 뻔한 후렴구를 듣고 감동을 받는 사람은 많다. 아무 의미 없어야 할 팝송을 듣고 우는 사람은 나뿐만이 아닐 테고, 또 내 눈물보다 무엇이 더 깊이와 진정성이 있다는 말인가? 게다가 눈물은 그저 정직하고 진심일 (적어도 우리가 그렇게 믿게 되었을) 뿐만 아니라 어떤 면에서는 현실로 표현된 음악이기도 하다.[7] 대중음악이 감정적 삶을 형성하고 반영하고 바꾸는 데 있어 수행하는 기능을 이해하지 않으면 현대의 분별과 감수성에 따르는 성격이나 깊이를 파헤칠 수도 없다.

마지막 행

2012년 전 세계에서 인기를 끈 싸이 <강남 스타일>은 미국에서 최초로 선풍을 일으킨 동아시아 또는 아시아 음악이 아니었다. 2011년에는 한국계 미국인 두 명을 포함한 파 이스트 무브먼트Far East Move-ment, FM가 <라이크 어 지 식스Like a G6>로 빌보드 차트에서 1위에 오른 적이 있다. 이보다 더 놀라운 사례에서 50여 년 전인 1963년 사카모토 규坂本九(미국에서는 규 사카모토Kyu Sakamoto라고 했다)는 <스키야키SUKI-YAKI>라는 노래(일본어는 <위를 보며 걷자上を向いて歩こう>)로 엄청난 인기를 얻었는데, 이 곡은 미국 차트에서 3주간 1위에 머물렀다. (그해 비틀즈가 첫 발매한 <플리즈 플리즈 미Please Please Me>는 영국에서는 폭발적 인기를 끌었지만 미국에서는 별다른 반향을 일으키지 못했다.) 사카모토가 얻은 인기는 일본과 미국을 넘어섰다. 이 노래는 노르웨이와 이스라엘에서도 1위를 기록했고 당시 세계에서 가장 기억에 남는 선율이었다.[8] OECD 회원국 국민 가운데 60대(혹은 그 이상)인 사람을 찔러보면 아마 이 가락을 알고 흥얼거릴지도 모른다. 사카모토는 일본에서 가수로 오랜 성공을 누렸고, 그 성공은 1985년 비행기 사고로 사망할 때까지 이어졌

다. 그러나 일본 밖에서 사카모토는 그저 히트곡 하나뿐인 반짝 스타였다.[9]

여기서 언급할 점이 여럿 있다.

사카모토가 부른 노래는 미국 등지에서 일본어 원곡으로 발매됐다. 제2차 세계대전 종전 18년 후, 미국에 사는 동아시아인들이 "펄하버를 기억하라!"는 인종주의 구호에 늘 마주치던 시기에 말이다. 이 노래는 일본식 5음계로 작곡해 미국과 유럽 청년들에게 반향을 일으킬 곡 형식이 아니었다. 게다가 일본 정부도 사카모토를 기획한 일본 제작자도 이 노래를 수출하려는 체계 잡힌 작업을 하지 않았다. 따라서 적어도 수출품으로서 이 노래에는 시작부터 세 가지 장애물이 있었다.

그러나 이런 장애물도 설명하면 사라질 수 있겠다.

우선 18년은 긴 시간이다. 사실 이 기간은 전 세계 사카모토 팬층을 구성한 십대들에게는 평생에 가까웠다. 게다가 곡 음계는 이국풍이었지만, 가수가 엘비스 프레슬리 열혈 팬이라 모방도 많이 했고 당대 미국 대중음악에도 빠져 있었다. 실제로 사카모토는 일본에서 처음에 로커빌리 가수로 이름을 날렸고 프레슬리 풍으로 하는 가창 때문에 가사도 이해 불가능했다. 일부 일본인 청취자들에게 그 노래는 조금도 일본인 노래처럼 들리지 않았다.[10] 게다가 사카모토가 사용한 가성 넘치는 멜리스마 창법 때문에 일본인이나 외국인 모두에게 곡조 자체가 익숙하면서 동시에 낯설게 들렸다. 또 음 높이가 부정확해 불완전해도 가창 자체는 리듬감이 매우 뛰어난데, 이런 특징은 당시 일본에서는 드물지만 미국 대중음악에서는 표준이었다. 그러나 <스키야키>에 있는 비일본적 구성은 이런 리듬감 있는 창법과 프레슬리 모창만은 아니다. 사카모토는 당시 잘 쓰던 표현처럼 '최신식'이었다.[11] 그리고 이미 언급했다시피 흑인 음악 장르에는 5음계가 자주 쓰였다.[12] 1960년대 초반에는 어떻게 해서 자격을 갖췄든 흑인 음악을 주류에서 수용했으므로 <스키야키>가 미국음악 팬 청취 역량 안에 들어갈 만한 무대도 만들어져 있었다는 말이다. 그리고 5음계 역시 사람들이 구슬픈 선율이라고 인식하는 형태로 곡에 이국풍을 더했을지 모른다. 마지막으로 문화 산업은 아무리 영향력이 막강해도 취향을 좌지우지하지는 않는다. 대중음악이라고 인식되는 폭넓은 변수 중 꽤 많은 장르와 양식이 성공했지만, 환호와 명성을 얻는 확실한 공식은 없다. 사카모토 노랫말이 해석 불가능했다는 사실조차 청취자들이 그 신나면서도 구슬픈 선율을 듣는 즐거움을 줄이지는 못했다.[13] 기억하기 쉬운 곡조에는 자체 논리가 있을지도 모르지만, 그 논리 자신은 그런 사실을 모른다.

어쨌든 이런 설명은 모든 것을 설명하려다 아무것도 설명하지 못하는 위험을 감수하는 정도로밖에 할 수 없다. 2012년 싸이 히트곡이 그렇게 빠르게 전파되고 열띤 반응을 얻은 이유를 단순하게 설명할 수 없듯(사실 케이팝 스타보다는 씨름 선수에 가까워 보이는 싸이가 미국에서 그렇게 엄청난 성공을 거두리라고 예상한 케이팝 제작자는 없으리라), 사카모토가 전 세계에서 거둔 성공도 어떤 수준에서는 수수께끼, 속세에 일어난 기적으로 남아 있다. 벌어진 일을 재구성하기는 쉽다. 평범한 기대를 받던 이 곡은 일본 텔레비전 드라마 주제가로 쓰였고 1961년 일본에서 텔레비전을 통한 최초 히트곡이 되었다.[14] 그 뒤 어느 미국 DJ가 친구에게 이 싱글을 받아 자기 라디오 방송에서 틀었고 열렬한 호응을 얻었다. 그리고 캐피털 레코드가 이 곡을 홍보하기 시작했고 사카모토는 버라이어티 프로그램 <스티브 앨런 쇼The Steve Allen Show>에 당당히 출연했으며 성공은 성공을 낳았다.[15] 그러나 이런 서사도 이 곡이 이끌어낸 열띤 호응을 설명하지 못한다. 분명히 작사가도 작곡가도, 그리고 가수 자신도 이 노래가 세계는 고사하고 일본에서 히트곡이 될 줄도 예상하지 못했다.[16] 미국 제작자 데이브 덱스터 주니어Dave Dexter Jr.는 이렇게 말했다. "무슨 말인지 모를 사카모토 노래가 성공할 확률은 터무니없이 적다고 생각했다."[17]

명성이란 늘 그랬다. 『위대한 윤리학Magna Moralia』에서 아리스토텔레스가 말했듯 "행운이란 (…중략…) 이성 없는 본성이다."[18] 부와 명성, 인기와 스타덤은 작곡가 창작이나 가수 가창력과 달리 개인이나 집단 통제를 넘어서 있으며 따라서 운이라는 영역에 존재한다. 세계에서 인기를 끄는 작품에는 사회·기술적 전제조건이 있다고 상정하지만, 하나의 서사처럼 그런 조건도 설득력 있는 설명을 하지는 못한다. 통계 변수와 추이를 활용해 대형 히트곡이나 전 세계로 퍼지는 영상 빈도를 밝힐 수 있을지는 몰라도 복잡성 등 기타 우발 상황이라는 맥락에서는 어떤 연쇄적 결과든 예측 가능성에서 곧 한계에 부닥칠 테고, 따라서 명확하고 설득력 있는 해명 근거를 제시할 가능성은 거의 없다. 흥미롭게도 본성에 관한 한 아리스토텔레스는 거의 다 틀렸지만, 그렇다고 인간사를 보는 날카로운 통찰력까지 다 틀렸다고 할 수는 없다. 그리고 아리스토텔레스가 <강남 스타일>이나 소녀시대를 어떻게 파악했을지는 알 도리가 없다.

그건 그렇고 사카모토는 자이니치, 일본에서 극빈 가정에 태어난 한국계일 가능성이 높다. 어릴 때 사카모토는 집 부근 미군 부대와 그 유흥 시설을 통해 미국 대중음악을 아주 좋아하게 되었다.[19] 불우한 환경이었는데도 사카모토 노래에는 행복감이 흘러넘친다. 사카모토는 늘 미소를 띠고 삶의 환희를 표현하며 노래했다. 어둡고 구슬픈 색채는 있었지만 그 참을 수 없이 신나고 간절하고 열렬한 목소리를 들으면서 머나먼 땅에 있는 청취자들이 음악의 다양한 기쁨에서 나온, 마음을 어루만지는 선율을 들었다고 해도 지나친 상상은 아니라고 본다.

종결부

—

다니엘 바렌보임은 "콘서트는 시작할 때 책보다 특권이 더 크다. 소리 자체가 글보다 특권이 더 크다고 할 수도 있겠다"라고 했다. 글은 일상생활에 매여 있지만 음악과 소리는 '세상의 안에도 있고 밖에도 있기' 때문에 '양면성'이 있다.[1] 여러 장르를 가로지르는 작업은 거의 불가능한 작업인 번역보다도 더 어렵다. 특히나 철학 관점에서 성찰하면 더욱 그렇다. 물론 속세에 일어난 기적이 존재하듯 구체적 업적이 있어 완전히 불가능하다는 선언은 못하지만 말이다.[2] 독자는 부득이하게 심판관이 된다. 무시(가장 끔찍한 비판)와 결국 망각보다는 살을 에는 비판이 더 다행인 듯하다. 그런데도 콘서트에서 내가 가장 음미하는 순간은 음악이 멈춘 순간, 소리의 물결이 빠져나가고 침묵이 공간을 감싸는 때이다. (악장 사이에 박수를 치는 일이 크나큰 죄라고 억지로 배운 관객은 이 아름다운 고요한 순간을 없애지 못해 안달인 듯하지만 말이다.) 나는 작가 대부분에게 책을 쓰는 마지막 순간도 달콤 씁쓸하기는 하지만 그런 순간이 아닐까 한다.

글을 맺기 전에 우선 캘리포니아 버클리 대학에서 한국학을 활성화하는 한국학 중앙 연구회와 한국 국제 교류 재단, 삼성전자, 조중건에게 감사를 표하고자 한다. ("이 책은 한국 정부에서 지원한 한국학 중앙 연구회 연구비 지원을 받았다(AKS-2012-BAA-2102).") 한국학 연구소와 동아시아 연구소, 특히 마틴 백스트롬과 다이앤-은파 조, 딜런 데이비스, 웨이신 예, 클레어 유에게도 감사한다. 이 책은 베를린 자유대학교에서 쓰기 시작했는데, 이은정 등은 이 기간을 알차고 즐겁게 해 주었다. 탈고는 규슈대학에서 했고, 여기서는 마쓰바라 타카토시 등이 완벽한 대접을 해주었다. 이전 책들을 준비할 때와는 달리 나는 다양한 곳에서 내 생각과 의견을 시험해 보았고, 성균관대학교, 연세대학교, 베를린 자유대학교, 소피아대학교, 컬럼비아대학교, 샌디에고 주립대학교, 하와이대학교, 버지니아대학교, 버클리대학교 등에서 의견을 내준 청중에게도 고맙게 생각한다. 안진수, 제시카 쿠샹, 토머스 쿠샹, 메리 유 대니코, 힐러리 핀첨-성, 캐런 프리먼, 캐서린 리, 샬럿 리, 네이션 맥브라이언, 오인규, 제이 우, 채리스 톰슨, 그리고 준 유에게도 격려와 정보, 의견을 주어 고맙다고 말하고 싶다. 노윤희는 각주 문헌 정보를 올바르게 정리하는 데 도움을 주었다. 재비어 캘러한은 역시 탁월하고 세심한 편집자이며, 에밀리 박은 꼼꼼하게 글을 다듬어 주었다. 캘리포니아 주립 대학 출판사에서는 리드 맬컴, 스테이시 아이젠스타크, 그리고 챌런 엠몬스가 원고를 아주 잘 처리해 주었다.

그리고 학계 밖에서도 인내심 있게 한국 대중음악을 공들여 연구하고 글을 쓴 수많은 작가들에게도 경의를 표하고 싶다. 인간은 부득이 앞서 간 사람들의 어깨를 밟고 서게 되는데, 이런 분들이 애정을 담아낸 노작에서 그렇게 많은 혜택을 받다 보니 매우 겸허한 마음이 든다. 마찬가지로 나 또한 이 책을 읽은 독자가 케이팝 이전에 존재한 풍부한 한국 대중음악사를 탐구한다거나, 현대 대한민국은 물론이고 한국 전체의 문화와 예술을 새롭게 고찰하게 된다면 좋겠다. 어쩌지.

본문 주석

전주곡

1   James Boswell, *The Life of Samuel Johnson*, orig. 1791, ed. David Womersley, Harmondsworth : Penguin, 2008, p.244.

2   이 공연 전체 영상은 다음을 참조할 것. http://www.youtube.com/watch?v=K3EdWi maeAY&playnext=1&list=PLAB8AA2244897C9DC&feature=results_main. 프랑스 언론 보도는 다음을 참조할 것. http://www.youtube.com/watch?v=K3EdWimaeAY& playnext=1&list=PLAB8AA2244897C9DC&feature=results_main.

3   Jon Caramanica, "Korean Pop Machine, Running on Innocence and Hair Gel", *New York Times*, 25 October 2011. John Seabrook, "Factory Girls", *New Yorker*, 8 October 2012, pp.88~97도 참조.

4   André Tucic, "Schön Frisiert und Wohlerzogen", *Berliner Zeitung*, 10 February 201 2, http://www.berliner-zeitung.de/berlin/b-e-a-s-t---schoen-frisiert-und-wohlerzo gen,10809148,11610354.html; François Bougon, "Notes d'ambassade en Corée du Sud", *Le Monde*, 16 June 2012, p.2; "K-Pop Confidential", *Bangkok Post*, 12 May 2013, http://www.bangkokpost.com/lifestyle/interview/349563/k-pop-confidential -super-fans-and-the-craze-that-consumes-them; Franklin Briceno, "Korean Music Finds K-Pop Cult Following in Latin America", *Huffington Post*, 30 May 2013, http:/ /www.huffingtonpost.com/2013/05/31/k-pop-latin-america_n_3366546.html; Ludo vic Hunter-Tilney, "Is Pop Going Polyglot?", *Financial Times*, 13~14 October 2012, p.14.

5   한국 텔레비전 프로그램 인기를 다룬 초창기 설명은 Mōri Yoshitaka, ed., *Nisshiki Kanryū*, Tokyo : Serika Shobō, 2004; 히라타 유키에, 『한국을 소비하는 일본』, 채성 각, 2005; Ishita Saeko, Kimura Kan, and Yamanaka Chie, eds., *Posuto Kanryū no mediashakaigaku*, Kyoto : Mineruva Shobō, 2007; 이향진, *Kanryū no shakaigaku*, Shimizu Yukiko trans., Tokyo : Iwanami Shoten, 2008; 박장선, 『한류, 한국과 일본의 트라우마 전쟁』, 커뮤니케이션북스, 2008; Chua Beng Huat and Koichi Iwabuchi, eds., *East Asian Pop Culture*, Hong Kong : Hong Kong University Press, 2008; Mark James Russell, *Pop Goes Korea*, Berkeley : Stone Bridge Press, 2008.

6   이명박 대통령 제84차 라디오 연설 원고는 www.asiae.co.kr/news/view/htm?idxno=20 12021913180511578 참조.

7   Martin Fackler, "Trendy Spot Urges Tourists to Ride in and Spend, 'Gangnam Style'", *New York Times*, 1 January 2013. 강남구청장은 '강남은 고유한 한국 브랜드'라고 덧붙

였다.

8 최신 케이팝 정보는 MWave(http://mwave.interest.me/index.m) 또는 가온 음악 차트(http://www.gaonchart.co.kr/)를 보면 된다. 인쇄물 중 가장 포괄적인 개요는 일본어 문헌에 나오는데, 예를 들면 *Shin K-POP kanzen dēta jiten*(Tokyo : Kōsaidō, 2012), *K-POP sutā korekushon*(Tokyo : Kinema Junpō.sha, 2012) 등이 있다. 영어 자료 중에는 http://www.soompi.com/나 http://www.allkpop.com/ 등 케이팝 웹사이트들이 가장 접근하기 쉽다. 빌보드도 'K-pop TOP 100'를 운영한다(http://www.billboard.com/charts/k-pop-hot~100). 더 앞 세대 대한민국 대중음악 자료는 'Classic Korean Pop Music Archive'(http://kocpop.blogspot.com/) 참조. Ask A Korean! 블로그는 '가장 영향력 있는 케이팝 가수 50인'(http://askakorean.blogspot.com/1998/02/50-most-influential-k-pop-artists.html)을 선정했는데 다소 특이한 목록이기는 하지만 배울 점도 많다.

9 Roger Sessions, *Questions About Music*, Cambridge : Harvard University Press, 1970, p.41.

10 좋은 이야기가 대개 그렇듯 인용구 출처는 불분명하다. 존 에프론(John Effron)은 이렇게 썼다. "저명한 탈무드 학자 솔 리버만(Saul Lieberman)이 공개 석상에서 말한 바에 따르면 (…중략…) 게르숌 숄렘은 농담으로 말문을 열면서 '카발라가 곧 어리석음(narishkayt)임은 누구나 알지만, 어리석음의 역사가 곧 학문이다!'라고 했다." John Effron, "My Son the Alchemist : Shedding Light on the 'Great Art,'" *Forward*, 7 October 1994, pp.9~10, 특히 p.9. 1962년 존 포드 감독 영화 〈리버티 밸런스를 쏜 사나이(The Man Who Shot Liberty Valence)〉에서 영리한 기자는 "전설이 사실이 되면 전설을 찍어내는 거요"라고 말했다. 물론 기자는 그 앞에 '여기는 서부'라고 단서를 붙였지만, 할리우드는 우리가 있는 곳을 모조리 미국 서부와 다름없게 만들었다.

11 오스카 와일드가 쓴 「사회주의와 인간 영혼」 참조. Oscar Wilde, "The Soul of Man under Socialism", orig. 1891 in Richard Ellman, ed., *The Artist as Critic*, Chicago : University of Chicago Press, 1982, pp.255~289, p.283.

12 Stéphane Mallarmé, "Sur l'évolution littéraire", orig. 1891, in Mallarmée, *Oeuvres complètes*, vol. 2, ed. Bertrand Marchal, Paris : Gallimard, 2003, pp.697~702, 특히 p.702.

13 William Boyd, *Nat Tate*, Cambridge : 21 Publishing, 1998.

14 박성서, 『한국 전쟁과 대중가요, 기록과 증언』에 이 배경 관련 이야기가 나온다.

제1장_ 우리가 어떻게 여기까지 왔을까?

1 현대 대한민국 청년에게 1970년대에 오락거리가 얼마나 없었는지 잘 전달하기는 어렵다. 이들에게 쉽게 복제 가능한 영화나 음악, 핸드폰, 컴퓨터 게임, 레저스포츠 등이 없

는 세계란 그저 상상 불가능일 테니까.

2 '소리풍경(soundscape)' 개념은 R. Murray Schafer, *The New Soundscape*, Don Mills : BMI Canada, 1969. R. 머리 셰이퍼는 음향 생태학 또는 소리 환경을 식별하고자 이 개념을 도입했지만, 이 책에서 '소리풍경'이라는 용어를 쓸 때는 (특정 시기) 특정 문화 음악 또는 음악 문화를 의미한다.

3 한류는 대한민국을 넘어 퍼지는 한국 대중문화 확산을 말하는 중요한 용어다. 전 세계 차원 한류는 코리아 헤럴드에서 편집한 『한류』, 지문당, 2008 참조. 케이팝의 미래를 다룬 초기 저작으로는 Chon Wŏlsŏn, *Kinjirareta uta*, Tokyo : Chūō. Kōron Shinsha, 2008; Mark James Russell, *Pop Goes Korea*, Berkeley : Stone Bridge Press, 2008, chaps. 5~6 참조.

4 유럽 고전음악이 쇠퇴하고 종말을 맞이하리라는 루머는 자주 되풀이된다. 그 점은 나도 잘 알고, 또 그 자체도 사실 아주 오래된 담론이다. Charles Rosen, *Critical Entertainments*, Cambridge : Harvard University Press, 2000, pp.295~296 참조. 그러나 적어도 21세기 초 대한민국에서 유럽 고전음악은 건재하다. 전통음악이 향후 큰 부흥을 맞이할지도 모르지만(나도 거문고 팩토리 등 현대 연주자들을 전혀 모르지는 않는다), 전통음악이 대한민국에서 유럽 예술음악을 대체하려면 한 번 더 혁명이 일어나야 할 터다.

5 한국 전통음악 개괄은 특히 장사훈, 『한국 음악사』, 세광음악출판사, 1991; 이혜구, 『한국 음악 연구』, 국민 음악 연구회, 1957; 노동은, 『한국 근대 음악사』 1, 한길사, 1995; 송방송, 『조선 초 음악사 연구』, 민속원, 2007 참조. 민족 고유 악기 발달은 장사훈, 『한국 악기 대관』, 문화공보부 문화재관리국, 1969; Keith Howard, *Korean Musical Instruments*, Hong Kong : Oxford University Press, 1995 참조. 독일 학자 안드레아스 에카르트는 서양에서 이 점을 설명한 선구자이지만 묘하게 무시당했다. Andreas Eckardt, *Koreanische Musik*, Tokyo : Deutsche Gesellschaft für Natur- und Völkerkunde Ostasiens, 1930. 에카르트는 후일 (안드레 에카르트라는 이름으로) 유익한 개관을 펴냈다. Andre Eckardt, *Musik, Lied, Tanz in Korea*, Bonn : Bouvier, 1968. 모리스 쿠랑이 쓴 중국음악 관련 서적을 보면 부록에 한국음악을 싣고 있다. 이 책은 미심쩍지만 한국 전통음악을 음악학 측면에서 최초로 분석했다는 명성을 얻었다(그러나 애석하게도 한국 전통음악이 왜 중국 전통음악과 다른지는 밝히지 못한다). Maurice Courant, *Essai historique sur la musique classique des Chinois*, Paris : Delagrave, 1912. 영어 자료는 다음을 참조할 것. Keith Pratt, *Korean Music*, London : Faber Music, 1987; Jonathan Condit, *Music of the Korean Renaissance*, Cambridge : Cambridge University Press, 2009, especially pt. 1; Donna Lee Kwon, *Music in Korea*, New York : Oxford University Press, 2012.

6 한국 문화 면면이 대부분 그렇듯, 한국 전통음악 상당 부분은 중국 문명에서 흔적을 찾을 수 있는데, 그러면 뿌리를 결국 중앙아시아에서 찾게 된다. 중국 음악 개괄은 다음을 참조할 것. Liú Zàishēng, ed., *Zhōngguó yīnlè de lìshǐ xíngtài*, Shànghǎi : Shànghǎi

Yīnlè Xuéyuàn, Chūbǎnshè, 2003. 실크로드 이전 사례는 Tsubouchi Shigeo, *Siru-kurōdo to sekai no gakki*, Tokyo : Gendai Shokan, 2007 등 참조. 동아시아 비교음악을 선구적으로 설명한 책은 Peter Gradenwitz, *Musik zwischen Orient und Okzident*, Hamburg : Henrichshoften, 1977; Ishida Kazushi, *Modanizumu hensōkyoku*, Tokyo : Sakuhokusha, 2005.

7   국가 의례 주요 양식은 당악(중국 궁정 음악), 향악(한국 궁정 음악), 아악(중국 영향을 받은 제례음악) 등 세 가지가 있었으며 야마모토 하나코가 내놓은 연구가 매우 유익하다. Yamamoto Hanako, *Riōsho kugagakubu no kenkyū*, Akita : Shoshi Furōra, 2011. 지배층은 성악 중 가곡과 시조, 가사를 연주하거나 들었다. 가곡과 시조는 악기 연주를 곁들이고 노랫말이 있는 곡이다. 시조에 비해 가곡은 노랫말이 더 길고 반주가 더 정교하다는(장-단음계) 특징이 있다. 둘 모두 확실히 정형미를 강조하는 정가에 속한다. 이에 반해 가사는 좀 더 사이 형태로, 정형화한 시-음악 틀이나 노래 형식에서는 벗어나 있었다.

8   공자도 음악을 칭송했고 공자를 계승한 이들도 인격 도야와 사회 질서에서 음악이 차지하는 위치를 강조했다. Kongzi, *Lun yu*, 3.25 et seq. 마찬가지로 참조할 책은 Erica Fox Brindley, *Music, Cosmology, and the Politics of Harmony in Early China*, Albany : SUNY Press, 2012.

9   아폴론-디오니소스를 구분하는 대표작으로는 Friedrich Nietzsche, "Die Geburt der Tragöie", in *Nietzsche, Sätliche Werke*, vol.1, ed. Giorgio Colli and Mazzino Montinari, Berlin : de Gruyter, 1967~77, pp.9~156, 특히 pp.25~34.

10 시대를 앞선 민요 연구는 고정옥, 『조선 민요 연구』, 수선사, 1949; 성경린, 『조선의 민요』, 국제 음악 문화사, 1949 등이 있다. 풍물 연구는 Nathan Hesselink, *P'ungmul*, Chicago : University of Chicago Press, 2006.

11 판소리 고전은 원래 1873년(?)에 나온 신재효 판소리 전집이다. 강한영 편, 『신재효 판소리 전집』, 연세대 출판부, 1969. 판소리를 흔히 '한국의 오페라'라고들 하지만 사실 판소리는 서사시 구전 전통에 더 가깝다. 그러한 전통을 분석한 내용은 Albert B. Lord, *The Singer of Tales*, Cambridge : Harvard University Press, 1960. Marshall Pihl, *The Korean Singer of Tales*, Cambridge : Harvard University Asia Center, 1994; Pyŏn Ŭn-jŏn, *Katarimono no hikaku kenkyū*, Tokyo : Kanrin Shobō, 2002도 참조할 것.

12 현대에 판소리를 다룬 책으로는 천이두, 『명창 임방울』, 한길사, 1998; Chan E. Park, *Voices from the Straw Mat*, Honolulu : University of Hawai'i Press, 2003. 1993년 임권택 감독 영화 〈서편제〉가 대단한 인기를 끌면서 나라 전체가 판소리를 탐구하게 됐고 판소리에 민족혼이 담긴 음악 같은 위상을 부여했다. Cho Hae Joang, "Sopyonje", trans. Yuh Ji-Yeon, in David E. James and Kyung Hyun Kim, ed.s, *Im Kwon-Taek*, Dtroit : Wayne State University Press, 2001, pp.134~156.

13 전근대 서커스라고도 할 수 있는 남사당은 1940년대 이후 사라졌다. 심우성, 『남사당패 연구』, 동화출판공사, 1974, 44쪽 참조. 또한 여성으로만 구성한 사당이라는 집단도 있

었다. 주로 광대라고 부른 떠돌이 예인들은 유교 사회 계층에서 가장 밑바닥에 있었고 성매매 노동도 겸할 때가 많았다. 광대를 다룬 자료는 다음 참조. Ayugai Fusanoshin, *Karōkō, hakutoikō, dohikō*, orig. 1938, Tokyo : Kokusho Kankōkai, 1973, pp.480~488; Kawamura Minato, *Kīsen*, Tokyo : Sakuhinsha, 2001, pp.47~48; Hayashi Fumiki, *Kankoku sākasu no seikatsushi*, Tokyo : Fūkyosha, 2007, pp.37~38. 백정은 불가촉천민이었고 따라서 이들이 하는 일은 당연히 더럽다고들 했다. 백정 자료는 Kim Yŏng-dae, *Chōsen no hisabetsu minshū*, orig. 1978, trans. by Hon'yaku Henshū Iinkai, Osaka : Buraku Kaihō Kenkyūjo, 1988; 박종성, 『백정과 기생』, 서울대 출판부, 2003.

14 노래와 악기 연주 등 음악이 차지한 중심 위치는 이능화가 1927년에 시대를 앞서 내놓은 연구 이능화, 『조선 해어화사』, 동문선, 1992 참조 평양 기생 학교 교육 과정에서도 알 수 있듯 이 전통은 일제강점기까지 이어졌다. Kawamura, *Kīsen*, pp.147~158. 이능화는 색주가(술집과 다방)에서 기생이 성매매 노동을 했다고 강조하면서 기생 문화 몰락을 암시한다. John Lie, "The Transformation of Sexual Work in 20th-Century Korea", *Gender & Society 9*, 1995, pp.310~327도 참조할 것. 조선 시대 기생이 미학을 추구했다고 강조하면 다소 미화이겠지만, 실제로 그 시대 기생 중에는 뛰어난 시인이나 음악가도 있었다.

15 아마 더 많은 대중에게 울려 퍼졌을 무속음악은 근대 학자들에게 어찌나 멸시와 일축을 당했던지 현대에 한국 전통음악을 복원하는 작업에서도 아예 무속음악 소리는 들리지 않을 정도였다. 20세기 초 조선에서 무속음악이 차지한 위치는 다음을 참조할 것. Akamatsu Chijō and Akiba Takashi, eds., *Chōsen fuzoku no kenkyū*, 2 vols., Tokyo : Ōsakayago Shoten, 1937~38; Akiba Takashi, *Chōsen fuzoku no genchi kenkyū*, Tanbaichi : Yōtokusha, 1950. 음악 분석은 Mikyung Pak, "Music and Shamanism in Korea", Ph.D. dissertation, University of California, Los Angeles, 1985, 특히 pp.148~183. 한국 무속음악이 유럽음악 형식으로 되살아난 사례로는 1978년 윤이상 작곡 〈무악〉이 있다. 불교음악의 성격과 영향은 박범훈, 『한국 불교 음악사 연구』, 장경각, 2000 참조

16 〈아리랑〉 같은 인기 민요 가락이 지역별로 변형하는 경향은 20세기에도 여전했다. 민속음악이든 민간 설화든 말투든, '표준'이란 20세기 일어난 급격한 문화 통합으로 생기고 합쳐졌을 뿐이다.

17 음악이 사회생활에서 하는 역할은 예를 들면 민족음악학 선구자인 존 블랙킹이 강조한 바 있다. John Blacking, *How Musical Is Man?*, Seattle : University of Washington Press, 1973, pp.32~33.

18 근대 유럽식 음악 개념화에 반해 이 책에서 제안하는 소리와 소리풍경 개념은 존 케이지가 주장한 개념과 비슷하다. John Cage, *Silences*, Middletown : Wesleyan University Press, 1961, pp.3·12·71~72. Steven Feld, *Sound and Sentiment*, Philadelphia : University of Pennsylvania Press, 1982, Charles Keil and Steven Feld, *Music Grooves*, Chicago : University of Chicago Press, 1994도 참조할 것.

19 현대에 '절대음악' 개념을 말하는 대표작은 테오도어 아도르노 저작이다. 예를 들면 "Spätstil Beethovens", orig. 1937, in Adorno, *Gesammelte Schriften*, vol.17, frankfurt : Suhrkamp, 1997, pp.13~17 참조 나는 유럽 고전음악에 있지도 않은 통일성이 있다고 할 생각은 없다. 아르투르 슈나벨은 절대음악이 "생긴 지 얼마 안 된 편이다. (…중략…) 절대성과 자율성, 독립성 있는 이 음악은 개인 경험이라는 친밀한 사적 영역에서 능동적 개인의 정신 고양을 보여주는 가장 온전한 매체로 발전했다"라고 했다. Artur Schnabel, *My Life and Music*, orig. 1961, New York : Dover, 1988, p.5.

20 비더마이어 시대 비엔나를 예로 들면 음악 생활이 절대음악이라는 이상에 가까워지지 못했음을 알 수 있다. 이때 음악 감상 경험은 춤이나 음주, 식사 등 음악 외적 활동과 서로 얽혀 있었다. 특히 Eduard Hanslick, *Geschichte des Concertwescens in Wien*, Vienna : Braunmüller, 1869; Alice M. Hansen, *Musical Life in Biedermeier Vienna*, Cambridge : Cambridge University Press, 1985를 참조할 것. 이런 음악 외적이며 따라서 경박한 반주들 때문에 '비더마이어 양식'을 경멸하는 수식어로 써도 당연히 말이 된다.

21 하주용 논문 참조 Ju Yong Ha, "The Great and Majestic", Ph.D. diss., City University of New York, 2007. 한국 전통음악은 (서양음악 이론식으로 말하면) 4음계와 12음 기법 및 기타 음계도 사용했지만 가장 흔하게 쓰인 음계는 중간 음조가 강한 3음계였음을 언급해두겠다. 다음에서 황준연이 논의하는 내용도 흥미롭다. 황준연, 『한국 전통음악의 낙조』, 서울대 출판부, 2005, pp.167~178. 또한 유럽 고전음악이 5음계를 많이 사용했음도 기억해두자. Jeremy Day O'Connell, *Pentatonicism from the Eighteenth Century to Debussy*, Rochester : University of Rochester Press, 2007 참조.

22 길고 짧은 박이 번갈아 나오는 장단은 박자와 강약법까지 포함하며 정악과 판소리 공연에서 주로 쓰였다. 장사훈, 『한국 전통음악의 연구』, 보진재, 1975 참조 장단에는 다양한 박이 있지만 크게 3박으로 나뉘는데, 이는 표준 국악 리듬을 3박이라고 보는 근거가 된다. 사쿠라이 데쓰오(桜井哲男)는 원래 전통 한국음악이 3박이 아니라 4박이라고 하면서 우리 음악 지식이 유럽 중심이라 이런 오해가 생겼다고 한다(Sakurai Testuo, in *Ajia ongaku no sekai*, Kyoto : Sekai Shiōsha, 1997, pp.39~41). 전통 한국 리듬을 3박으로 보는 관점에서는 실크로드 문화권으로도 연결하면서 한국 전통음악이 중국·일본 전통음악과도 다르다고 강조한다. Koizumi Fumio, *Minzoku ongaku no sekai*, Tokyo : Nihon Hōsō Shuppan Kyōkai, 1985, pp.52~53·60~61.

23 콩스탕텡 브라일로이우가 사용한 '메타볼(métabole)'이라는 용어는 한국 전통음악에 있는 선형 및 비화성 특성을 나타낸다. Constantin Brailoiu, "Un problème de tonalité, in Brailoiu, ed., *Mélanges d'histoire et d'esthétique musicales offerts à Paul-Marie Masson*, vol.1, Paris : Masse, 1955, pp.63~75.

24 여기서 다시 안이한 일반화는 오해를 낳을 수 있음을 강조하겠다. 근본주의에 가까운 악보 신봉은 19세기 이전 유럽음악 연주자들에게는 낯선 일이었다. Frederick Dorian, *The History of Music Performance*, New York : Norton, 1942, p.155.

25 예를 들어 에두아르트 한슬리크가 언급한, 유기적 논리와 구조가 유럽음악의 기반이

라며 칭송하는 행태를 생각해 보라. Eduard Hanslick, *Vom Musikalisch-Schönen*, orig. 1854, 10th ed., Leipzig : J.A. Barth, 1902, pp.280~282. 한국 전통음악에는 그런 일이 없고, 연주자도 청취자도 그런 문제 자체가 이상하다고 생각했을 터다. 이는 인쇄한 악보를 보고 음악을 연주하는 근대 관행과 구전 · 즉흥 방식으로 음악을 연주하는 관행이 크게 다르기 때문이기도 하다. 특히 Bernhard Morbach, *Die Mukikwelt des Mittelalters*, Kassel : Bärenreiter, 2004, chap. 2; Anne Smith, *The Performance of 16th- Century Music*, Oxford : Oxford University Press, 2011, pp.15~18 참조.

26 다음 김춘미 저서에 달린 부제도 이러한 징후를 보여준다. Kim Choon Mee, *Harmonia Koreana : A Short History of 20th-Century Korean Music*, Seoul : Hollym International, 2011. 특히 15페이지에서 저자는 이 책이 '서양 고전음악이 한반도에 어떻게 소개되고 뿌리를 내려 발전했는지를 보여주는 짧은 개괄'이라고 설명한다. 그렇다면 저 두 가지 생략, 다시 말해 고전음악은 '음악'으로, 남한은 '한국(남북한)'으로 환원한 행위는 대한민국에 만연한 사고방식을 뚜렷하게 보여준다. 박정희 대통령은 불안한 권력 장악을 강화하고자 민족주의에 더욱 기댔고, 1962년에는 문화재보호국을 설립하고 1973년에는 한국문화예술진흥원을 세웠는데 모두 국악을 장려하려는 취지였다. 정권 강화 목적으로 민족주의에 의지한 탓에 한국 전통음악을 옹호하게 됐다. 서울대학교는 이보다 조금 앞서 1959년에 국악과를 설립했고, 『한국음악연구』(1971~)와 『민족음악사』(1976~)와 같은 학술지를 시작으로 국악은 독자 학문 영역으로 자리를 잡았다.

27 Margaret Walker Dilling, *Stories Inside Stories*, Berkeley : Institute of East Asian Studies, University of California, Berkeley, 2007 참조. 1988년 서울 올림픽 음악을 연구하면서 딜링은 "올림픽 음악 작곡가 11명 가운데 연구나 실제 공연을 해서 한국 전통음악 이론을 안다고 자신할 사람은 몇 없었다"라고 했다(p.248).

28 민중음악 쇠퇴는 특히 1960년대와 1970년대 급격한 산업화와 이농현상이 일어나면서 뚜렷해졌다. 예를 들어 Robert C. Provine, Jr., *Drum Rhythms in Korean Farmers' Music*, Seoul : n.p., 1975, p.2; Sakurai Tetsuo, "*Sori*" *no kenkyū*, Tokyo : Kōbundō, 1989, pp.265~269 참조. 그러나 민중음악 종말이 1980년대 말에 왔다고 하면 과장이요, 서울 중심 관점이다. 예를 들어 Nancy Abelmann, *Echoes of the Past, Epics of Dissent*, Berkeley : University of California Press,1996, pp.60~61 참조. 현대 민중운동이 전통 민중음악을 되살린 내용은 Namhee Lee, *The Making of Minjung*, Ithaca : Cornell University Press, 2007, pp.191~192 참조. 유랑 음악가 부활은 Nathan Hesselink, *Samul Nori*, Chicago : University of Chicago Press, 2012. 이를 현대에 재평가한 사례는 이소라, 『농요의 길을 따라』, 밀알, 2001 참조.

29 천 마디 말보다 영상 하나가 낫다. 소위 '전통' 그룹이라는 '미지'의 다음 영상을 참조할 것. http://www.youtube.com/watch?v=tJEg-ljdYgE. 소리에서든 의상에서든 여기서도 케이팝 영향은 부인할 수 없다. 어쨌든 산조는 19세기 후반에 뒤늦게 발전했으며 현대 판소리 공연은 아주 확실하게 근대주의 경향이 있다.

30 유럽 중심 태도를 보면 초기 유럽인들이 유럽화를 이해하려던 노력도 생각난다. 예를 들면 Walter Wiora, *Die vier Weltalter der Musik*, Stuttgart : Kohlhammer, 1961, chap. 4 참조. 지배계층이 유럽음악을 받아들였음을 부인한들 부질없는 것이다. 물론 이 지배적 소리풍경은 훨씬 견고했고 유럽화에 따른 결과 혼종 또는 이질성 있는 소리 풍경이 탄생했지만 말이다.

31 한반도 유럽음악 도입 과정 개괄은 다음을 참조할 것. 이유선, 『한국 양악 팔십년사』, 중앙대 출판부, 1976, 특히 제2장; Choong-sik Ahn, *The Story of Western Music in Korea*, Morgan Hill : Bookstand Publishing, 2005.

32 간단히 말해 서양음악 패권은 아악 등 널리 인정받는 일본음악 양식에 가려 빛을 잃었 다. Terauchi Naoko, *Gagaku no "kindai" to "gendai"*, Tokyo : Iwanami Shoten, 2010, pp.17~20. 아악은 황실 제례음악으로 제도화·보존됐다. Tsukahara Yasuko, *Meiji kokka to gagaku*, Tokyo : Yushisha, 2009, pp.4~9. 데시로기 슌이치(手代木俊一)는 원 래 서양음악이란 기독교 음악, 특히 찬송가를 의미했다고 한다. Teshirogi Shun'ichi, *Sanbika-seika to Nihon no Kindai*, Tokyo : Ongaku no Tomosha, 1999, p.8. 그러나 유 럽 고전음악은 공식 일본음악에서 근간이 되었다. 대표 사례를 보자면, 19세기 독일 작 곡가 겸 피아니스트 페르디난트 바이어(일본어로는 '바이에루')는 정말 별 볼 일 없는 인물이었지만 널리 쓰이는 입문자용 피아노 교본을 냈다는 이유로 중요한 위치에 올 랐다. 나도 그랬지만 19세기 후반 수백만 일본 초등학생들도 이 '바이엘' 피아노 교본 을 마주하고 견뎌내야 했다. Yasuda Hiroshi, *Beyer nonazo*, Tokyo : Ongaku no To-mosha, 2012, pp.22~23. 일본 내 유럽 고전음악 개괄은 Nakamura Rihei, *Yōgaku dōnyū nokiseki*, Tokyo : Tōsui Shobō, 1993 참조.

33 Ishida, *Modanizumu bensōkyoku*, p.355. 장사훈, 『여명의 동서음악』, 보진재, 1974도 참조.

34 Hans-Alexander Kneider, "Franz Eckert", in Martin H. Schmidt, ed., *Franz Eckert―Li Mirok―Yun Isang*, Norderstedt : Books on Demand, 2010, pp.44~51.

35 지배층은 전쟁과 각종 의식에서 서양음악에 노출되었다. 당시 서양 군악대가 내는 청 각적 울림에 증기선과 대포 및 서양 기술 전반이 보이는 시각적 힘이 더해졌다. 이 사실 을 시사하는 논의는 Chiba Yūko, *Doremi o eranda Nihonjin*, Tokyo : Ongaku no Tomosha, 2007, pp.24~27 참조. 새로 집권한 메이지 정부는 각종 행사에 참가한 사람 들에게 이 새롭고 쾅쾅 울리는 서양음악을 연주해 깊은 인상을 남겼다. 이런 인상 깊은 군악은 음악 교육 자체를 형성했다. Bonnie C. Wade, *Music in Japan*, New York : Oxford University Press, 2005, pp.11~14 참조.

36 Maeda Kōji, *Meiji no ongaku kyōiku to sono haikei*, Tokyo : Chikurinkan, 2010, pp.72~73. 다른 문화권 음악을 듣는 사람 대부분이 그렇듯 일본인 대부분도 서양음악이 낯 설고 아주 싫다고까지 생각한 모양이다. Naitō Takashi, *Meiji no oto*, Tokyo : Chūkō Shinsha, 2005, pp.11~12 참조. 그런데 미야시로 미치오(宮城道雄)가 1930년 작곡한 〈하루노우미(春の海, 봄바다)〉는 1930년대에는 새롭고 서양적이라고들 생각했지만

지금은 일본을 대표하는 음악이라고들 본다. Chiba, *Doremi o eranda Nihonjin*, p.6.

37 Nakayama Eiko, *Meiji shōka no tanjō*, Tokyo : Bensei Shuppan, 2010, pp.443~445. 특히 함께 노래하는 행위(合唱) — 합창 노래에서 당연한 귀결 — 는 그 자체로 의식을 고양한다고 보았다. Yamauchi Atsuko, "Nihon gasshō kotohajime", in Tonoshita Tatsuya and Yokoyama Takuya, eds., *Nihon no gasshōshi*, Tokyo : Seikyūsha, 2011, pp.12~39, 특히 pp.32~33 참조. 1954년 기노시타 게이스케 감독 〈24개의 눈동자(二十四の瞳)〉부터 2012년 사카모토 준지 감독 〈천사들의 합창(北のカナリアたち)〉까지 학생 소재 일본 영화를 보면 학교생활과 그 너머에서 합창이 중심에 있을 때가 많다.

38 엄밀히 말해 오르간 대부분은 하모늄이었고 19세기 후반에 인기 절정이었다.

39 일본 관련 내용은 Chiba, *Doremi o Eranda Nihonjin*, chap. 5 참조. 확실히 아동용 노래(童話)와 합창곡(唱歌)은 교과서에서도 명확하게 구분되지 않았다. Matsumura Naoyuki, *Dōwa shōka de tadoru ongaku kyōkasho no ayumi*, Osaka : Izumi Shoin, 2011, pp.177~178.

40 '전통'이라고들 하지만 사실 창극은 1900년대 후반에나 등장했다. 백현미, 『한국 창극사 연구』, 대학사, 1997; Andrew Killick, *In Search of Korean Traditional Opera*, Honolulu : University of Hawai'i Press, 2010 참조.

41 일본 관련 내용은 Nakamura Kōsuke, *Seiyō no oto, Nihon no mimi*, Tokyo : Shunjūsha, 1987.

42 음악 역량 개념은 Gino Stehani, "A Theory of Musical Competence", *Semiotica 66*, 1987, pp.7~22 참조.

43 예를 들어 Herbert J. Gans, *Popular Culture and High Culture*, New York : Basic Books, 1975; Stuart Hall and Tony Jefferson, eds., *Resistance through Rituals*, London : Hutchinson, 1976; Lawrence W. Levine, *Highbrow/Lowbrow*, Cambridge : Harvard University Press, 1988 등을 참조할 것.

44 예술이나 고전음악에 관중은 필요 없다는 사고의 귀류법은 예를 들면 아르놀트 쇤베르크가 알렉산더 폰 쳄린스키에게 보낸 1918년 2월 23일자 편지에 나와 있다. Alexander Zemlinsky, *Briefwechsel mit Arnold Schönberg, Anton Webern, Alban Berg und Franz Schreker*, ed. Horst Weber, Darmstadt : Wissenschaftliche Buchgesselschaft, 1995, p.191 참조. 밀튼 배빗이 1958년에 쓴 수필도 참조할 것. Milton Babbit, "Who Cares If You Listen?", in *The Collected Essays of Milton Babbit*, ed. Stephen Peles et al., Princeton : Princeton University Press, 2003, pp.48~54. 별로 있지도 않거나 아예 없던 청중을 향해 쇤베르크가 드러낸 우아한 경멸은 모차르트가 인정받고자 하던 욕구, 쾌락을 중시하는 숨은 미학과는 정반대였다. 예를 들어 모차르트가 아버지에게 보낸 1781년 9월 26일 자 편지를 보면 그런 욕구가 잘 보인다. Wolfgan Amadeus Mozart, *Briefe und Aufzeichnungen* vol.3, ed. Wilhelm A. Bauer, Otto Erich Deutsch, Josephn Heinz Eibl, and Ulrich Konrad, Kassel : Bärenreiter, 1963, p.161 참조. 이 개념을 달리 설명하면 '그때는' 고전음악이 대중음악이었다. 예를 들면 Schnabel, *My Life and*

Music, pp.41~42 참조. 대중음악이 부상하기 전에 고전음악과 대중음악은 이제 막 구분되기 시작하는 단계였다.

45 D. H. Lawrence, "Just Making Love to Music", in Lawrence, *Phoenix : The Posthumous Papers of D. H. Lawrence*, ed. Edward D. McDonald, New York : Viking, 1936, pp.160~166, 특히 p.160.

46 절대음악 개념도 공연과 소비에 영향을 끼쳤다. 케네스 해밀튼은 앞선 '황금기' 세대 낭만주의 피아노 연주자들이 현대 계승자들에 비해 연주에서 즉흥성은 더하고 진지함은 덜했다고 설득력 있게 주장한다. Kenneth Hamilton, *After the Golden Age*, New York : Oxford University Press, pp.30~32. 조용한 사색 속에서 생긴다는 음악 감상의 신성화와 함께 진지한 연주도 등장했다. James H. Johnson, *Listening in Paris*, Berkeley : University of California Press, 1995. 게다가 음악 공연을 재생산하는 기술 역량 때문에 점점 더 큰 정확성을 요구하고(얄궂게도 즉흥 연주 관행은 싹 없애버리고) 동시에 청중 반응도 연주가 끝날 때까지 박수를 참는 식으로 양식화했다. Hamilton, *After the Golden Age*, pp.80·96~100 참조. 내가 1970년대와 1980년대 서울에서 고전음악 콘서트에 갔을 때는 여기 저기 앉은 청중들이 음식도 가져오고 자유롭게(그렇지만 고맙게도 대체로 조용히) 대화도 나누던 기억이 난다. 2010년대에 이러한 '전근대적' 행동은 거의 사라졌다.

47 음악을 대중음악과 동격으로 놓는 행태는 청중의 사회 통합을 뚜렷하게 보여준다. 스탠리 카벨이 영화 관객을 두고 말한 바와 같이 이는 지위 고하를 막론한 청중 연속성을 보여준다. Stanley Cavell, *The World Viewed*, orig. 1971, enlarged ed., Cambridge : Harvard University Press, 1979, pp.14~15. 21세기 초 전 세계 대중음악을 두고도 같은 말을 할 수 있다. Gert Jonke, *Schud der Geläufigkeit*, Frankfurt : Suhrkamp, 1977.

48 곡은 규범 길이가 다양하지만 슈베르트 가곡이나 미국 팝송 또는 케이팝 한 곡 길이는 대개 3분 정도다. 데이브 마시는 "한 곡이 로큰롤의 본질이다"라고 했는데, 이런 관점에서 이 발언을 일반화할 수 있다. 즉 한 곡은 대중음악에서 기본 분석 단위가 된다. Dave Marsh, *The Heart of Rock and Soul*, New York : Plume, 1989, p.ix.

49 Isaac Goldberg, *Tin Pan Alley*, New York : John Day, 1930. Sigmund Spaeth, *The Facts of Life in Popular Song*, New York : McGraw-Hill, 1934도 참조할 것. 이 책은 아마 대중음악을 진지하게 본 최초 연구였겠다. 물론 초기 대중음악 형태인 민요는 학문적 역사가 좀 더 길어서 윌리엄 채펄까지 거슬러 올라간다. William Chappell, *Old English Popular Music*, 2 vols., London : Henderson and Spalding, 1838~40. 구글 엔그램 뷰어를 보면 20세기 첫 20년간 대중음악 언급 빈도가 증가했음을 알 수 있다(이는 민속음악과 대비되는 대중음악이 부상했음을 시사한다). 대중음악이 상업·산업적 존재로 부상했음을 개괄한 최근 작업으로는 David Suisman, *Selling Sounds*, Cambridge : Harvard University Press, 2009 참조.

50 저명 대중문화 학자인 존 스토리는 "대중음악은 어디에나 있다. (…중략…) 내 청년 시절에는 대중음악을 애써 찾아야 했다. 그런데 이제는 어딜 가나 나타나는 듯하다"라고

했다. John Storey, *Cultural Studies and the Study of Popular Culture*, orig. 1996, 2nd ed., Athens : University of Georgia Press, 2003, p.110

51 실제로 서양 부르주아 가정에는 흔히 악기 연주 능력이 있었다. 로저 세션즈는 40년 전 쯤 쓴 글에서 이렇게 회고했다. "내가 또렷하게 기억하는 시절에도 음악 애호가는 대개 자기 집에서 '음악을 연주하는' 사람들이었다." Sessions, *Questions About Music*, p.15. 증명하기는 어렵지만 조선 농부들도 농촌에서 농악을 연주했을 텐데, 그렇다고 마을 에 늘 음악이 흘렀을 가능성은 없어 보인다.

52 기술 진보에는 악기 연주 능력에서 소외되는 등 어두운 뒷면이 있다. 앞서 언급했지만 20세기 초 음악 청취자 상당수가 음악 연주자이기도 했다면 분명 역량 있는 음악가와 고전음악 애호가 비율이 줄었을 텐데, 소리 재생산 기술 진보도 그 이유에 속했으리라. 소리 재생산을 다룬 흥미로운 역사는 Jonathan Sterne, *The Audible Past*, Durham : Duke University Press, 2003 참조

53 머리 멜빈은 '도피' 측면에서 밤 시간을 논했다(여흥 이야기는 거의 없지만 말이다). Murray Melbin, *Night as Frontier*, New York : Free Press, 1987, pp.58~60·114~ 116.

54 예를 들어 Lewis A. Erenberg, *Steppin' Out*, Chicago : University of Chicago Press, 1984 참조 도시 밤 여흥은 대개 빅토리아 시대 후반부터 재즈 시대까지가 중심이다. Peter C. Baldwin, *In the Watches of the Night*, Chicago : University of Chicago Press, 2012; Judith Walkowitz, *Nights Out*, New Haven : Yale University Press, 2012 참조 라디오도 거의 생기자마자 밤 활동을 늘리는 데 크게 한몫했다. Michael C. Keith, *Sounds in the Dark*, New York : Wiley-Blackwell, 2001 참조

55 David Nasaw, *Going Out*, New York : Basic Books, 1993, pp.1~2.

56 요는 '무성' 영화들도 관객에게 상영될 때는 무성이 아니었다. 무성시대가 끝날 즈음인 1920년대 후반, 음악가 약 2만 5천 명이 영화관에서 일했다. James P. Kraft, "Musicians in Hollywood", *Technology and Culture 35*, 1994, pp.289~314, 특히 pp.291~292 참 조. 다시 말해 할리우드는 20세기 초 미국에서 전문 음악인들에게 최대 고용주였다.

57 유행은 사회생활의 일부이며 경쟁과 차별성이 불가피하다 보니 내생적 변화 성향도 유발한다. 또한 소비는 유행을 표현하는 강력한 수단을 제공한다. 여기서 18세기 영국 소비자 혁명 이야기를 꺼낼 필요는 없지만 그 이후 소비 장소가 확장하고 유행과 변화 가 빨라졌다는 말에는 크게 이의를 제기할 수 없다. 18세기 영국 소비자 혁명 자료는 Neil McKendrick, John Brewer, and J. H. Plumb, *The Birth of a Consumer Society*, Bloomington : Indiana University Press, 1992, pp.9~10을 참조하고 다음과 비교해 볼 것. Grant McCracken, *Culture and Consumption*, Bloomington : Indiana University Press, pp.4~7.

58 시대를 앞선 연구로 David Riesman, *Individualism Reconsidered*, Glencoe : Free Press, 1954, pp.187~190 참조 Paul Willis, *Profane Culture*, London : RKP, 1978, pp.62~ 86도 참조할 것.

59 '청년' 또는 '젊은이'라는 범주는 의외로 불안정하다. 특히 John R. Gillis, *Youth and History*, New York : Academic Press, 1974와 Giovanni Levi and Jean-Claude Schmitt, eds., *Storia dei giovani*, 2 vols., Roma : Laterza, 1994를 볼 것. 비판도 논쟁도 많지만 훨씬 나은 범주는 '세대' 범주이다. 그러나 '십대' 범주가 제2차 세계대전 이후 미국, 그 뒤 여러 부유 국가에서 등장한 뚜렷한 청년 하위문화를 나타내기 시작했다고 해도 무방하다. Paul Goodman, *Growing Up Absurd*, New York : Random House, 1960 참조. 이러한 하위문화를 훨씬 체계 잡힌 방법으로 분석한 자료는 Mike Brake, *The Sociology of Youth Culture and Youth Subcultures*, London : Routledge & Kegan Paul, 1980; Brake, *Comparative Youth Culture*, London : Routledge, 1990.

60 Nathalie Sarraute, *Vous les entendez?*, Paris : Gallimard, 1972.

61 Andrew Kopkind, "The Dialectic of Disco", orig.1979, in Kopkind, *The Thirty Years' War*, London : Verso, 1995, pp.308~318, 특히 pp.309~313.

62 Sessions, *Questions About Music*, p.38.

63 로버트 헤릭(Robert Herrick, 1591~1674)이 〈처녀들이여, 서두르시오(To the Virgins to Make Much of Time)〉에서 "그대들 할 수 있을 때 장미봉오리를 모으시오 / 시간은 늙었지만 날아 간다오 / 오늘 웃고 있는 이 꽃도 / 내일이면 지고 있을 테니"라고 노래했듯이 이런 감정은 예전부터 있었지만 그 확산은 최근에 일어난 현상이다.

64 다른 맥락에서 프랭크 커모드는 오래 전 잊힌 주요 인물을 향한 관심도 의견과 지식 때문에 되살아날 수 있다고 한다. 이 관점을 고려해 볼 것. Frank Kermode, *Forms of Attention*, Chicago : University of Chicago Press, 1985, p.92.

65 대만 비교 사례도 유익하겠지만, 여기서는 일제강점기 대만 대중음악에 대해 다룬 선구적 연구만 인용해도 충분하겠다. Huáng Xìnzhāng, *Chuánchàng Táiwān xīnshēng*, Taipei : Táiběi shì Zhèngfǔ Wénhuàjú, 2009. 상해와 홍콩 음악 상황을 알려주는 자료는 Huáng Qízhì, *Shídài qū de liúguāng suìyuè*, Hongkong : Sānlián Shūdiàn, 2010.

66 존 로셀리는 19세기 이탈리아를 이렇게 논했다. "이탈리아 민요는 (…중략…) 명확하게 민족적 의미에서 이탈리아라고 하기에는 지역색이 지나치게 강했다. 한편 이탈리아 예술음악은 국제 시장에 공급됐다." John Rosselli, *Music and Musicians in Nineteenth-Century Italy*, London : Batsford, 1991, p.18. 로셀리는 또 이탈리아 칼라브리아 민요는 "아랍 음악처럼 들리며 칼라브리아 너머 다른 지역 음악과는 관련성이 없다"라고 했다(p.14).

67 E. Taylor Atkins, *Primitive Selves*, Berkeley : University of California Press, 2010, pp.151~152. 〈아리랑〉은 분명 디아스포라 한국인에게 고향을 상징한다. 특히 Kim San(Chang Chi-rak) and Nym Wales(Helen Foster Snow), *Song of Ariran*, New York, John Day, 1941과 Kim Tal-su, *Waga Ariran no uta*, Tokyo : Chūō Kōronsha, 1977 참조. 한민족 디아스포라에서 민요가 띠는 중요성은 Kyō Nobuko, *Nore-nosutarugīa*, Tokyo : Iwanami Shoten, 2003.

68 김시업, 『근대의 노래와 아리랑』, 소명출판, 2009.

69 Atkins, *Primitive Selves*, pp.131~132. 일본에서 오래 산 김소운도 선구적 작품집을 엮어냈다. Kim So-un, *Chōsen min'yōshū*, Tokyo : Taibunkan, 1929; *Chōsen dōyōshū*, Tokyo : Iwanami Shoten, 1933.

70 예를 들어 Itō Yoshihide, *Origuchigaku ga yomitoku Kankoku geinō*, Tokyo : Keiō Gijuku Shuppan, 2006, pp.131~132; Tosa Masaki, *Kankoku shakai no shūen omitsumete*, Tokyo : Iwanami Shoten, 2012, chap. 1 참조 1921년에는 음악학 선구자인 다나베 히사오가 개입하면서 후일 국악이 된 음악을 계속 교육하게 됐다. Tanabe Hisao, *Chūgoku Chōsen ongaku kikō*, Tokyo : Ongaku no Tomosha, 1970.

71 이영미는 창가를 '한국 대중가요의 탄생'이라고 한다. 이영미, 『한국 대중가요사』, 시공사, 1998. 한국 창가 영역은 일본 창가 영역보다 넓었다.

72 고인숙, *Kindai Chōsen no shōka kyōiku*, Fukuoka : Kyūshū Daigaku Shuppankai, 2004, pp.16~22.

73 Pak Ch'an-ho, *Kankoku kayōshi*, Tokyo : Shōbunsha, 1987, pp.119~120. 대한민국 대중음악을 다룬 이 중요한 책은 한국어판도 있다. 박찬호, 『한국가요사』 제1권, 민지북스, 2009.

74 찬송가 노래에는 반식민주의 함의가 있어 특히 좌파 지식인 사이에서 인기였는데, 그런 밀접한 관련성은 해방 이후 '해방가요'로 이어졌다. Yamane Toshio, ed., *Karasu yo shikabane o mite nakuna*, Kobe : Chōseisha, 1990, pp.150~151 · 163~187.

75 대한민국 국가 초창기 역사는 김연갑, 『〈애국가〉 작사자 연구』, 집문당, 1998, 178~185쪽 참조. Tonoshita Tatsuya, *Ongaku o dōinseyo*, Tokyo : Seikyūsha, 2008, p.182도 참조할 것. 프란츠 에케르트가 작곡한 곡 ― 최초의 대한민국 국가 ― 은 일제강점 이후 거의 쓰이지 않았다. 작곡가가 일본 국가도 작곡한 데다 곡 자체가 지난 조선왕조를 연상시키다 보니, 이 시기 반일 친미 성향이던 조선 독립주의자들에게 어차피 이 음악은 문제가 됐을 터다. 앞서 말했지만 국악 곡이 실제로 유럽식 5음계를 사용했다는 말이 아니라, 국악 곡을 서양 기보법으로 기록하거나 서양 악기로 연주할 때 5음계로 바꿔 적었다는 말이다.

76 근대 한국음악을 다루는 책이라면 영향력 있는 일라이 M. 모우리(Eli M. Mowry)를 반드시 언급할 만하다. 김인식은 초창기 모우리에게 배운 제자였다. Ishida, *Modanizumu hensōkyoku*, pp.350~353 참조.

77 1947년 고려레코드가 낸 첫 음반에서는 안익태 작곡 국가를 A면에, 스코틀랜드 곡을 B면에 넣었다. Nakane Takayuki, *"Chōsen" hyōzō no bunkashi*, Tokyo : Seidosha, 2004, pp.295~297 · 363도 참조할 것. 안익태를 다룬 책은 백석기, 『안익태』, 웅진출판사, 1987를, 안익태와 애국가를 다룬 책은 김경내, 『동해물과 백두산이 마르고 닳도록』, 현암사, 1991 참조 고토 메이세이(後藤明生) 소설 『협공(挟み撃ち)』은 태평양 전쟁 종전을 다루는데, 여기 나오는 한 장면 중 1945년 8월 15일 서울에서 조선인들은 〈올드 랭 사인〉 곡조 ― 섣달그믐날 등 작별하는 자리에서 부르는 노래로 일본인들 상황에 맞았다 ― 에 맞춰 국가를 부르기 시작한다. Gotō Meisei, *Hasamiuchi*, Tokyo :

Kawade Shobō Shinsha, 1973, pp.136~139.

78 예를 들어 Fumitaka Yamauchi, "Policing the Sounds of Colony", *Musica Humana 3*, 2011, pp.83~120 참조.

79 Pak, *Kankoku*, pp.39~49. Yasuda Hiroshi, *Nikkan shōka no genryū*, Tokyo : Ongaku no Tomosha, 1999도 참조할 것.

80 전통 가곡은 Coralie Rockwell, *Kagok*, Providence : Asian Music Publications, 1972 참조.

81 최근 홍난파 음악 연구는 김창욱, 『홍난파 음악 연구』, 민속원, 2010 참조.

82 이상금, 『사랑의 선물』, 한림출판사, 2005 참조. 일본에서 이러한 선례는 1918년부터 출간한 유력 잡지 『파랑새(赤い鳥)』였다. Hatanaka Keiichi, *Bungei toshite no dōyō*, Kyoto : Sekai Shisōsha, 1997, pp.3~4 참조.

83 한용희, 『한국의 동요』, 세광음악출판사, 1994.

84 1980년대 명문대 학생들과 동문 선배들, 특히 여성들은 '대중음악'이라고 무시하는 투로 부르던 음악보다 창가와 가곡, 동요, 찬송가를 선호했다. 이런 경향을 보여주는 일화는 Takizawa Hideki, *Seoul sanka*, Tokyo : Shūeisha, 1984, pp.140~142 참조.

85 홍난파는 유럽 예술음악을 일본식으로 해석한 데 큰 영향을 받았다. Ko, *Kindai Chosēn no shōka kyōiku*, pp.230~231 참조. 일본 정책 때문에 조선인들은 일본 이외 국가로는 유학이 거의 불가능해서, 일제강점기가 길어질수록 일본음악교육 영향은 더 뚜렷하게 각인됐다.

86 대한민국 대중음악은 1920년대에 유행가라는 단어와 함께 등장했다고 하면 가장 합리적인 듯하다. 그러나 유행가 탄생을 대표하는 어느 한 장르나 작곡가, 가수, 노래가 있다고 지정할 이유는 없다. 이영미는 『한국 대중가요사』(43~56쪽)에서 1925년 곡 〈청년 경계가〉가 최초의 유행가라고 그럴듯한 주장을 펼치고, 또한 그보다 앞서 유행 창가도 있었다는 역사를 지적한다. 황문평 등 다른 저자들은 이보다 훨씬 이전을 보는 경향이 있는데, 이는 대한민국 국사 편찬에서 암암리에 긴 수명과 높은 위상을 동격으로 보는 이상한 버릇 때문이다. 황문평, 『가요 백년사』, 예음사, 1981 참조. 이러한 관점에서 다음을 생각해 보자. 제이슨 토인비는 대중음악이 처음으로 장르가 된 시기를 라디오 방송 시작과 1921년, 즉 미국에서 음반 1억 장이 팔린 때로 본다. Jason Toynbee, *Making Popular Music*, London : Arnold, 2000, p.xix 참조. 아마 아무리 맹목적 대한민국 애국·민족주의자라도 대중음악 영역에서 남한(또는 북한)이 미국을 앞선다고 하기는 어렵겠다.

87 '신극(新劇)'은 새로운 연극 또는 서양식 극장을 의미한다. 일본 대중음악 계보는 간혹 19세기 중반 유행가(流行り唄)까지도 거슬러가지만, 21세기 청취자들도 가족 유사성을 느끼는 일본 대중음악이 정착한 사건은 20세기, 특히 〈부활 창가(復活唱歌)〉라고도 하는 〈카츄샤의 노래(カチューシャの唄)〉가 폭발적 인기를 끌면서 생겼다('카츄샤는 러시아 이름 '예카테리나'를 일본식으로 쓴 단어다). 이 노래는 톨스토이 소설 『부활』이 원작인 연극과 함께 도쿄에서 처음 공연했다고 한다. Kurata Yoshihiro,

"Hayari uta" no kōkogaku, Tokyo : Bungei Shunjū, 2001 참조. 작곡가는 일본 민요 가락과 독일 가곡 사이에 있는 무언가를 창작하려 한 모양이다. Komota Nobuo, Shimada Yoshibumi, Yazawa Tamotsu, Yokozawa Chiaki, *Nihon ryūkōkashi*, Tokyo : Shakai Hyōronsha, 1970, p.36 참조. 대중가요 기원이 신극에 있다는 사실이 재미있다. 신극은 가부키와 반대로 춤이나 노래가 없는 극으로 정의하기 때문이다. Shimomura Masao, *Shingeki*, Tokyo : Iwanami Shoten, 1956, p.2 참조.

88 Nagamine Shigetoshi, *Ryūkōkano tanjō*, Tokyo : Yoshikawa Kōbunkan, 2010, pp.45 ~53.

89 김진송, 『서울에 딴스홀을 許하라』, 현실문화연구, 1999, 169~181쪽.

90 이석훈, 「서울구경」, 『동아일보』, 1932.3.30(이 시는 3월 29일에서 4월 1일까지 연재 됐다). 'Pavement'라는 영어 단어를 발음대로 한글로 표기했다.

91 잡지 『신민』에서 1930년 9월 낸 「모던 사전」이라는 기사에는 노래와 춤을 포함해 '모던'을 흥미롭게 엿볼 만한 자료가 있다. 김진송 책 『서울에 딴스홀을 許하라』 제4장은 1920년대 식민지 서울에서 유행과 모던이 무엇이었는지 잘 요약한다.

92 1910년대 일본에서는 신극은 물론 '아사쿠사 오페라'라고 하던 서양식 음악극도 인기를 끌었다. 이 장르가 도쿄 아사쿠사에서 등장해 붙은 이름이다. 당시 아사쿠사 오페라 애호가나 극성팬들은 '페라고이야'라고 했는데, 아마도 '오페라 애호가(operagoer)'를 줄인 말로 보인다. Komota et al., *Nihon ryūukōokashi*, pp.38~39 참조.

93 Song An-jong(Sŏng An-jong), *Zainichi ongaku no 100-nen*, Tokyo : Seidosha, 2009, pp.78~79.

94 예를 들어 Kawamura, *Kisen*, pp.48~51 참조. 제2차 세계대전 이후 미국은 Frederic Dannen, *Hit Men*, New York : Crown, 1990); William Knoedelseder, *Stiffed*, New York : Harper Collins, 1993 참조.

95 전체 개괄은 장유정, 『오빠는 풍각쟁이야』, 민음사, 2006, 40~59쪽 참조.

96 이 1907년 음반은 미국 빅터사에서 발매했다. 그러나 1910년부터는 일본 기업들이 프랑스나 미국 기업을 대체하면서 프랑스와 미국 기술 의존도가 줄었다. 일제강점기 조선에는 녹음실만 있었지 음반 제조 공장은 없었다. Kishi Toshihiko, "Higashi Ajia ni okeru 'ryūkōka' no sōshutsu", in Wada Haruki et al., eds., *Iwanami kōza Higashi Ajia kingendai tsūshi*, Tokyo : Iwanami Shoten, 2011, pp.313~336, 특히 pp.314~316 참조. SP(short play)란 후일 붙은 명칭으로, 속도 78rpm인 음반을 속도 33rpm인 LP(long play)판과 구분하려고 만든 용어다. LP판은 1958년 대한민국에 들어왔다.

97 김진송, 『서울에 딴스홀을 許하라』, 152~155쪽. Yongwoo Lee, "Embedded Voices In Between Empires", Ph.D. diss., McGill University, 2010, chap. 2도 참조할 것. 일제강점기 조선이 일제 축음기와 라디오 방송 등 기타 대중음악 확산에 필요한 다른 기반시설을 도입하면서 빠르게 일본 뒤를 따랐음은 강조해두겠다. Kurata Yoshihiro, *Nihon rekōdo bunkashi*, Tokyo : Tokyo Shoseki, 1992, pp.129~134. 그렇다고 해서 근대 기술이 반드시 근대 음악만 내보냈으리라고 추정해서는 안 된다. 한 예로, 1930년대 일본

라디오 방송국도 '나니와부시(浪花節)'(감상적이고 서사가 많은 전통음악) 같은 전통 가락을 많이 내보냈다. Hyōdō Hiromi, *"Koe" no kokumin kokka*, Tokyo : Nihon Hōsō Shuppan Kyōkai, 2000, pp.244~246 참조.

98 일제강점기 조선에서 대중음악 기술·사회 기반시설 구축을 다룬 자료는 권도희, 『한국 근대 음악 사회사』, 민속원, 2004, 251~257쪽; Kishi Toshihiko, "Higashio Ajia ni okeru 'denpa sensō' no shosō", in Kishi Toshihiko, Kawashima Shin, and Son An-sŏk, eds., *Sensō-rajio-kikoku*, Tokyo : Bensei Shuppan, 2006; 박영규, 「일제하 라디오 방송의 음악 프로그램 편성과 수용」, 『한국방송학회』, 90~128쪽 참조. 라디오 파급력을 다룬 선구적 연구는 Aladár Alfred Szendrei, *Rundfunk und Musikpflege*, Leipzig : Kistner und Siegel, 1931.

99 Kurata, *Nihon rekōdo bunkashi*를 보면 대중이 노래 부르기에 참여한 시기는 대중음악이 부상한 때와 같다(pp.137~138). 물론 농민과 노동자들도 가끔씩 노래를 불렀겠지만 여기서 말하려는 요지는 어디서나 노래를 부르는 행위가 음악 교육으로 시작되었고 대중음악으로 확산되었다는 점이다.

100 유력 일본인 작곡가 사이조 야소(西條八十) 사례는 많은 사실을 알려준다. 사이조 작곡은 서양식 동요부터 새로운 민요, 군가까지, 그리고 엔카는 물론 제2차 세계대전 전후 크게 인기를 끈 〈푸른 산맥(青い山脈)〉, 〈궁(王將)〉 등 사실상 20세기 일본 대중음악으로 인식할 만한 장르까지 다 아우른다. Tsutsui Kiyotada, *Saijō Yaso*, Tokyo : Chūō Kōronsha, 2005. 마찬가지로 지금은 엔카 대표 작곡가라고들 하는 고가 마사오(古賀正夫) 곡도 처음에는 기타 사용 때문에 '라틴음악'이라고들 했다. Wajima Yūsuke, *Tsukurareta "Nihon no kokoro" shinwa*, Tokyo : Kōbunsha, 2010, pp.23~24 참조.

101 〈낙화유수〉는 1928년에 첫 발매됐다. 이후 이정숙이 노래한 판은 1929년 발매되었고 www.youtube.com/watch?v=igKznWO24vk에서 들을 수 있다. 최창호, 『민족 수난기의 대중 가요사』, 일월서각, 2000, 86~89쪽 참조.

102 오케레코드는 대부분 일본 자본 소유였지만 창작 활동 담당은 이철이었다. 아마도 최초로 조선인이 소유한 회사는 1935년 설립된 고려레코드일 것이다. Yi Chun-hŭi, "Kankoku taishū ongaku ni oyonda Nihon no eikyō", tr. by Kukhee Choo, in Tanikawa Tekashi, Ou Kouka, and Go Eibai, eds, *Ekkyōsuru Popyurā karuchā*, Tokyo : Seikyūsha, 2009, pp.171~198, 특히 pp.175~177 참조. 여러 장르를 혼합하는 경향은 Pak, *Kankoku kayōshi*, pp.122~125·135 참조. 이러한 고유 장르들을 동일한 포괄적 개념 아래 두는 학문적 경향은 이중연, 『신 대한국 독립군의 백만용사여』, 혜안, 1998, 제3부 참조.

103 Yi Chun-hŭi, "Kankoku taishū ongaku ni oyonda Nihon no eikyō"을 보면(p.178) 일제강점기 조선에서 나온 노래 4천 5백 곡 중 최소 5%는 일본에서 수입한 곡으로 추정한다. 전체는 이보다 훨씬 많겠지만 말이다. 또한 고가 마사오 작곡, 후지야마 이치로(藤山一郎) 노래인 대히트곡 〈술은 눈물인가 한숨인가(酒は涙か溜息か)〉(1931), 〈님 모습 그리워하며(影を慕いて)〉(1932) 등 일본에서 수입한 곡 품질에서 받은 영향도

잊어서는 안 된다. 두 곡 모두 조선에서 채규엽(長谷川一郎, 하세가와 이치로)이 녹음했다.

104 황문평, 『한국 대중연예사』, 부루칸모로, 1989, 207쪽.

105 고가에게 고향(故郷)은 자신이 자란 일제강점기 조선이었다. 조선은 앞서 언급한 '일본을 대표하는' 노래, 〈봄 바다〉 작곡가인 미야시로 미치오에게는 더욱 중요했다. Kikuchi Kiyomaro, *Hyōoden Koga Masao*, Tokyo : Atene Shobō, 2004, pp.52~53 · 55 참조

106 일본에서 하이 가메코로 알려진 배구자(裴龜子)에게는 근대 일본에서 조선인 최초로 스타가 되었다는 명성 아닌 명성이 있을지도 모르겠다. 배구자는 1918년부터 일본 유랑극단에서 춤추고 노래했다. Song, *Zainichi ongaku no 100-nen*, pp.42~44 참조 이러한 경향은 제2차 세계대전 전후까지도 이어졌고, 이때 일본인 행세를 하던 한국 · 조선인들 중 최고 인기 가수가 된 사람들도 있다. John Lie, *Multiethnic Japan*, Cambridge : Harvard University Press, 2001, chap. 3. 춤에서 영화까지 조선인들은 광범위한 예술 분야에서 성공을 거두었다. Ko Ui, *Kanryū būmu no genryū*, Tokyo : Shakai Hyōronsha, 2012 참조

107 1930년 채규엽 데뷔곡 〈유랑인의 노래〉는 1932년 일본에서 〈방랑의 노래(放浪の歌)〉로 큰 인기를 끌었다. 어느 일본인 제작자가 채규엽이 부르는 일본 '나니와부시' 노래들을 듣고 일본에서 흥행을 하기로 한 모양이다. Ishida, *Modanizumu bensōkyoku*, p.362 참조 채규엽은 극렬 친일파가 되었다가 북한에서 사망했다. Pak, *Kankoku kayōshi*, pp.149~152 참조

108 그러므로 이상하게도 자꾸 대중음악사를 스타 인생 연대기로 쓰려고 한다. 예를 들면 임진모, 『우리 대중음악의 큰 별들』, 민미디어, 2004 참조

109 이 곡은 www.youtube.com/watch?v=lG4LolklcbQ에서 들을 수 있다. 오채호, 『사의 찬미』, 명서원, 1978; 유민영, 『윤심덕』, 민성사, 1987; 유민영, 『비운의 선구자 윤심덕과 김우진』, 새문사, 2009 참조

110 1926년 8월 5일 자 『동아일보』. 같은 해 8월 6일~9일, 8월 11일과 8월 13~14일 『동아일보』에 실린 기사들도 참조

111 윤심덕이 녹음을 꺼린 일화는 황문평, 『돈도 명예도 사랑도』, 무수막, 1994, 15~16쪽 참조

112 이 노래는 〈황성의 적〉으로도 알려져 있다. '트로트'라는 용어는 해방 이후에 나왔지만 일부 평자는 이애리수가 부른 이 탁월한 노래에서 트로트 기원을 찾기도 한다. 이영미, 『한국 대중가요사』, 59~62쪽. 이애리수 노래는 http://www.youtube.com/watch?v=7TbZVQG2kNc에 올라 있다. 최창호, 『민족 수난기의 대중 가요사』, 일월서각, 2000, 69~73쪽도 참조

113 당시 대중음악은 막간가요라고도 했는데, 1920년대 대중가요 확산 방식으로 주된 두 가지 중 하나는 연극 공연이었고 또 하나는 무성영화 삽입이었다. 새로 등장한 가수들은 여배우를 겸업하면서 천한 예능인이라는 나쁜 인식을 서서히 떨쳐냈다. 연극은 영화와 마찬가지로 당연히 서양에서 수입되어 1908년 처음 선을 보였는데, 1920년대와

1930년대에 빠르게 인기를 얻었다. 물론 가수와 노래가 연극보다 훨씬 인기를 끄는 일도 흔했다. Pak, *Kankoku kayōshi*, pp.152~157 참조.

114 사회 배경 논의는 Pak, *Kankoku kayōshi*, pp.126 · 143~144 참조. 이애리수는 윤심덕과 달리 애인과 결혼해 가수 직업을 포기했고, 세상에 잊힌 채 2009년 사망했다.

115 '엔카(演歌)'라는 일본 장르는 서양 찬송가에서 비롯되었고 메이지 초기 정치 활동가 및 도시 하층민 사이에서 인기를 얻었다. Soeda Tomomichi, *Enka no Meiji Taishō shi*, Tokyo : Tōsui Shobō, 1982, pp.6~9 참조. 1970년대와 1980년대 초에 일본에서 대한민국 트로트 가수들이 성공을 거두자 일본 엔카와 대한민국 트로트가 어떤 관계인가를 두고 논쟁이 일어났다. Okano Ben, *Enka genryū, kō*, Tokyo : Gakugei Shorin, 1988 참조. 그러나 엔카나 트로트나 시간이 흐르며 변화한 다양한 장르임을 기억해야 한다. 해방 이후 장르인 트로트가 일제강점기에도 있었다는 논의는 이준영, 『우리 대중음악 일기』, 창공사, 1996; 손민정, 『트로트의 정치학』, 음악세계, 2009 참조.

116 고이즈미 후미오(小泉文夫)는 전통 일본음악이 보통 8박 리듬으로 되어 있었기 때문에 근대 서양식 4박 리듬으로 비교적 쉽게 이행할 수 있었다고 한다. Koizumi Fumio, "Nihon no rizumu", Geinōshi Kenkyūkai, ed., *Nihon no koten geinō*, vol.1, Tokyo : Heibonsha, 1969, pp.49~50. 고이즈미는 또 한반도 전통음악과 일본 열도 전통음악 사이에 확연한 리듬 차이가 있다고 강조한다. 구사노 다에코(草野妙子) 역시 동요를 놓고 같은 주장을 펼친다. Koizumi, *Minzoku ongakuno sekai*; Kusano, *Ariran no uta*, Tokyo : Hakubunsha, 1984, pp.24~27 참조. 그렇다면 윤심덕이 1926년 〈사의 찬미〉에서 4박으로 노래를 부른 사실은 꽤 흥미롭다.

117 이준영, 『우리 대중음악 일기』, 9장에서 이유리는 흥미로운 회상을 한다.

118 '요나누키'라는 용어는 온음계(도, 레, 미 등)를 초기에 히, 후, 미, 요, 나, 무 등 일본식으로 연주한 데서 나왔다. 온음계를 5음계로 연주한다는 말은 곧 '요'와 '나'를 없앤다는 뜻이므로 '요나누키(ㅋナ抜き)'(즉 '요'와 '나'를 뺀다)라는 말이 생겼다. 초기 일본 합창곡(창가)은 간혹 장조 작곡도 있었지만 대부분은 단조 작곡이었다. 그렇다면 '요나누키' 곡은 서양식이지만 5음계 단조를 많이 사용했으니 일본풍으로 변형한 셈이다.

119 자연이나 고향 같은 신전통주의 주제도 인기를 끌었지만, 사랑은 이미 1930년대 유행가에서 가장 인기 있는 주제였다. 김광해 · 윤여탁 · 김만수, 『일제강점기 대중 가요 연구』, 박이정, 1999, 5 · 31쪽 참조. 미타 무네스케(見田宗介)는 일본 '유행가' 내용 분석으로 이와 흥미로운 대조를 보인다. 일본 유행가에서는 '눈물'과 '꿈'이 각각 1, 2위 인기 주제였고 '사랑'은 1920년대에 대세 주제로 등장했다. Mita Munesuke, *Kindai Nihon Shinjō no rekishi*, Tokyo : Kōdansha, 1978, pp.47 · 80~81 참조.

120 이 곡은 http://www.youtube.com/watch?v=FT_FsjZvkDQ&feature=related에서 들을 수 있다. 보다 깊은 이야기는 오채호, 『목포의 눈물』, 명서원, 1978 참조.

121 Pak, *Kankoku kayōshi*, pp.208 · 236~237 · 243~245.

122 신민요는 Kwon, *Music in Korea*, pp.127~129, 기생 가수 이야기는 Pak, *Kankoku kayōshi*, pp.164~167; 장유정, 『오빠는 풍각쟁이야』, 민음IN, 2006, 130~135쪽 참조.

123 이화자는 인터넷에서 음반 재킷 이미지로밖에는 흔적을 찾을 수 없다. http://nekonote. jp/toko/fal/02.html. 김정구 노래는 http://belectricground.com/2011/11/05/beautiful-l yrics-series-kim-jung-gus-tumen-river-soaked-in-tears/에서 들을 수 있다. 일본 신 민요는 1920년대에 인기를 얻었다. Komota et al., *Nihon ryūkōkashi*, pp.70~74 참조 이 운동은 일본에서 1920년대 중반 유명 시인 기타하라 하쿠슈(北原白秋) 등이 이끈 유 사 운동(신민요 운동)에서 어느 정도 영향을 받았다. Pak, *Kankoku kayōshi*, pp.161~164 참조. 조선 신민요 운동에서는 시적 성취도보다 인기곡이 더 두드러졌고, 일본 신민요는 조선 신민요에 비하면 대체로 일본 전통·농촌 음악에 더 가깝게 만들어졌다.

124 이소영, 『일제강점기 신민요의 혼종성 연구』, 한국학중앙연구원, 2007, 287~290쪽. 김지평은 신민요에서 민족주의 해석과 반식민주의 감정을 더 찾을 수 있다고 시사한 다. 김지평, 『한국 가요 정신사』, 아름출판사, 2000, 90~91쪽; 장유정, 「신민요와 대중 가요」, 『근대의 노래와 아리랑』, 268~288쪽; Hilary Finchum-Sung, "New Folk-songs", in Keith Howard, ed., *Korean Pop Music*, Folkestone : Global Oriental, 2006, pp.10~20, 특히 p.18도 참조할 것. 채창호 『민족 수난기의 신민요와 대중가요들을 더 듬어』, 평양출판사, 1995에는 다양한 사진과 악보가 나온다. 그런데 이러한 작업들은 모두 일본 민요 부흥과 관심으로 생긴 일본발 영향을 최소화하는 경향이 있다.

125 이 곡은 다음에서 들을 수 있다. http://upload.wikimedia.org/wikipedia/commons/5/ 54/Park_Hyang-rim_-_Oppaneun_punggakjaeng-i.ogg. 장유정, 『오빠는 풍각쟁이 야』, 217~221쪽 참조

126 장유정, 『오빠는 풍각쟁이야』, 219쪽.

127 Pak, *Kankoku kayōshi*, pp.157~161. 제2차 세계대전 이전 중국과 일본 재즈를 깊이 다 룬 연구로는 각각 Andrew F. Jones, *Yellow Music*, Durham : Duke University Press, 2001; E. Taylor Atkins, *Blue Nippon*, Durham : Duke University Press, 2001 참조.

128 Kurata, *Nihon rekōdo bunkashi*, pp.139~140와 비교해 볼 것.

129 장유정, 『오빠는 풍각쟁이야』, 151쪽. 〈아메리칸 아이돌〉이 보여주듯, 최고 가수에게 투표하려는 민주주의 열정은 현대에도 여전히 불타오르는 듯하다.

130 Pak, *Kankoku kayōshi*, pp.290~295.

131 Song, *Zainichi ongaku no 100-nen*, pp.147~149.

132 검열 관련 내용은 Pak, *Kankoku kayōshi*, pp.330~338 참조

133 Tonoshita, *Ongaku*, pp.118~124.

134 Mita, *Kindai Nihon Shinjō no rekishi*, Tokyo : Kōdansha, 1978, pp.8~9 및 Baba Makoto, *Jūgun kayō imondan*, Tokyo : Hakusuisha, 2012 참조.

135 친일 부역자 상당수가 그랬듯 이상하게도 김영길 역시 분단 이후 북한으로 도피했다. Pak, *Kankoku kayōshi*, pp.302~303 참조

136 북한은 이 책 범위에 들어가지 않지만 짧게 개요만 논하겠다. 1950년대 북한은 토지 개 혁과 초기 산업 급성장으로 큰 이익을 거뒀고 또 소련과 중국 원조로 한층 성장하면서

제법 역동성 있고 세계주의인 문화를 보였다. 김일성 정권은 혁명 수사를 사용하면서도 희한하게 보수주의 문화 정책을 추구했다. 또 소련 후원으로 유럽 예술음악이 번성했다. 북한 당국은 전통 한국 악기를 서양화하고 민요 가락을 보다 서양식으로 만들었다. 북한 음악 정책은 한중모·정성무, 『주체의 문예 리론 연구』, 사회과학출판부, 1983 참조. 이 책은 김일성, 『혁명적 문학예술론』, 미라이샤, 1971을 기반으로 쓰였다. 송방송, 『증보 한국음악통사』, 민속원, 2007, 861~71쪽도 참조할 것. 공식 음악은 사회주의 사실주의 성가(창가 개정 형식)와 근대화 민요 사이를 오갔다. 북한 창가에서는 소련 군사음악 영향이 뚜렷하게 들릴 때가 많다. 1946년 곡 〈김일성 장군의 노래〉도 그런데, 이 곡은 http://www.youtube.com/watch?v=pwE10Uo_kgs에서 들을 수 있다. 당국은 반동, 퇴폐 음악이 미국에서 침투하지 못하게 막으면서도 상당수 외국 대중음악, 특히 러시아와 소련 가락은 도시 지역 방송도 허용했다. Wada Haruki, *Kita Chōsen*, Tokyo : Iwanami Shoten, 1998, pp.137~140 참조 또한 일제강점기 인기 음악가들이 북한으로 많이 넘어오면서 (앞서 김영길과 김해송은 언급했다) 유행가도 계속 살아남았다. 일부는 계속 성공을 거뒀고 일부는 숙청당했으며 또 일부는 사라졌다. 저명 오페라 가수 김영길(永田絃次郎, 나가타 겐지로)이 어떻게 되었는지는 Kita Yoshihiro, *Kita Chōsen ni kieta utagoe*, Tokyo : Shinchōsha, 2011 참조. 김일성 정권 후반기부터 그 후계자 김정일 정권까지는 고립 성향 때문에 북한 대중음악도 1960년대에 갇힌 상태였다. 이 대중음악은 애국 사회주의·국수주의 가락과 전통 및 현대민요, 일제강점기 일본·조선음악이 이후 변형된 형식이 뒤섞여 있었다. 특히 김민기의 〈아침 이슬〉 등 남한 정부 금지곡들은 북한에서 공식 승인되었다. Takaki Kei, "'Chittommo poppu de nai Kita Chōsen poppu' hihan", in Bessatsu Takarajima Henshūbu, ed., *Ketteiban! Kita Chōsen wārudo*, Tokyo : Takarajimasha, 2004, pp.155~167, 특히 pp.161~163 참조 김정일 사망 즈음에는 고전음악이든 대중음악이든, 조선음악이든 서양음악이든 이 내부지향성인 국가 밖에서 사람들을 조금이라도 사로잡을 음악은 거의 존재하지 않았다. 무엇보다 정부가 공연 단체들을 조직화(그리고 비정부 집단을 금지한)한 점이 두드러졌다. Kwon, *Music in Korea*, pp.158~168 참조. 그렇지만 음악 창작을 완전히 억압하지는 않았다. 현대민요 〈림진강(임진강)〉은 1960년대 말 일본에서 인기를 끌었다. 2010년대 초반 평양에서 록음악을 가르친 일본 록 밴드 드러머 '펑키' 스에요시(ファンキー末吉)는 북한이 정부 선전이나 서양 풍자와는 다른 곳이라고 말했다. Fankī Sue-yoshi, *Pyonyan 6-gatsu 9-nichi kōtō chūgakkō—keiongakubu*, Tokyo : Shūeisha, 2012; Sonia Ryang, *Reading North Korea*, Cambridge : Harvard University Asia Center, 2012, pp.207~210 참조

137 이난영에 대한 가장 좋은 자료는 정태영, 『박화성과 이난영, 그들의 사랑과 이즘』, 뉴스투데이, 2009이다. Roald Maliangkay, "Koreans Performing for Foreign Troops", *East Asian History 37*, 2011, pp.59~72, 특히 pp.66~67도 참조할 것.

138 K.P.K. 관련 내용은 박찬호, 『한국 가요사』 2권, 민지북스, 2009, 23~26쪽; Maliang-kay, "Koreans Performing for Foreign Troops", pp.66~68 참조

139 김 시스터즈 중 언니와 매우 흥미로운 구술사 인터뷰가 진행되었는데, 이 내용은 다음

에서 확인 가능하다. http://www.library.unlv.edu/oral_histories/pdf%20files/kim_sis ters.pdf. 〈에드 설리번 쇼〉 출연 횟수는 www.edsullivan.com/most-frequent-ed-sull ivan-show-guests 참조.

140 일본과 비교해 보면 좋다. 제2차 세계대전 한참 후에도 고토(琴)나 기타 일본 전통악기 강습은 부르주아 체통에 당연히 따라간다고 믿는 일본인이 많았다. 예외도 있지만, 해방 이후 대한민국 지배층 중 유럽음악 대신 전통음악을 장려한 사람은 거의 없었다.

141 윤이상 관련 자료는 Jeongmee Kim, "The Diasporic Composer : The Fusion of Korean and German Musical Culture in the Works of Isang Yun", Ph.D. diss., University of California, Los Angeles, 1999 참조.

142 대한민국에서 양반 지배가 끝장난 내용은 John Lie, *Han Unbound*, Stanford : Stanford University Press, 1998, chap. 2 참조.

143 일본 문화 수입 거부는 공식 법령보다는 비공식 관행에서 비롯된 결과로 보인다. 어떤 금지령이 확실하게 나왔다기보다는 식민지 통치로 강요당한 문화 제약이 사라졌다고 보는 편이 맞다.

144 성접대는 Lie, "The Transformation of Sexual Work in 20th-Century Korea" 및 Katharine H. S. Moon, *Sex Among Allies*, New York : Columbia University Press, 1997 참조. 미군들은 섹스 상대든 음악이든 확실히 '진짜'를 원할 때가 많았다. Sherrie Tucker, *Swing Shift*, Durham : Duke University Press, 2000, p.229 참조.

145 손성원, 『팔군 쇼에서 랩까지』, 아름출판사, 1993, 25쪽.

146 예를 들어 Kyō Nobuko, *Nikkan ongaku nōto*, Tokyo : Iwanami Shoten, 1998, p.153 참조. 성 노동을 포함한 미군 유흥 관련 수입을 다 더하면 기지촌에서 거둔 총 수입은 의심할 여지없이 1950년대, 아니, 1960년대 대한민국 공식 수출액을 훌쩍 넘을 것이다.

147 정선일・장한성, 『한국 TV 40년의 발자취』, 한울, 2000, 314~315쪽. 대한민국 텔레비전에서 방송한 음악 프로그램은 일본 프로그램을 모방할 때가 많았지만, 1958년 방영을 시작한 일본 대표 음악 프로그램 〈롯데 노래의 앨범(ロッテ歌のアルバム)〉는 여러 미국음악 버라이어티 쇼를 따라했고 또 자이니치 기업에서 후원을 받았다.

148 개관은 신현준・이용우・최지원, 『한국 팝의 고고학 1960』, 한길아트, 2005, 1장 참조.

149 예를 들면 박성서, 『한국 전쟁과 대중가요, 기록과 증언』, 책이 있는 풍경, 2010, 42・58~59・67쪽 참조.

150 Song, *Zainichi ongaku no 100-nen*, pp.168~170. 베트남 전쟁 참전은 대한민국에 큰 여파를 미쳤다. 가장 명백한 결과만 말하자면 대한민국 수출은 베트남 전쟁으로 미국 수요가 생긴 덕에 활기를 띠게 되었다. Lie, *Han Unbound*, pp.62~67 참조.

151 일반 대한민국 국민은 미군부대나 시설 출입이 금지였다. 국민 대부분은 그 물질적 풍요를 멀리서 바라볼 수밖에 없었는데, 마치 물품을 외국인용으로 비축해둔 구소련 위성국가 상점들과 비슷한 모양새였다. 한국 아이들에게는 가끔씩 코카콜라와 허시 초콜릿 바(콜라와 초콜릿은 딴 세상에서 온 듯한 달콤함을 상징했다)를 나눠줄 때도 있었

다. 이 두 가지는 더 맛있는 음식, 그러니까 통조림 소시지나 비엔나소시지, 스팸 등 미군 점령기 대한민국 국민에게 상징적 음식이 된 부대찌개 주재료와 마찬가지로 설명하기 어려운 욕망의 대상이 되었다.

152 Yi Chun-hǔi, "Kankoku taishū ongaku ni oyonda Nihon no eikyō", pp.186~188.

153 예를 들어 한용휘, 『한국의 동요』, 세광음악출판사, 1994, pp.124~138 참조. 해방 후 수십 년간 이 장르에 생명을 불어놓은 박화목과 김순애, 김요섭 등 권위자들도 참고할 것.

154 청각은 극히 보수적인 감각이다. 인간이 성인이 될 때까지 음악으로 인식하지 못한 소리는 소음까지는 아니어도 형편없는 음악으로 일축당하게 마련이다. 일제강점기 조선인들이 〈올드 랭 사인〉 가락에 맞춰 열심히 애국가를 부른 이유, 일제강점기 이후 조선인들이 재즈와 블루스를 받아들인 이유는 어쩌면 스코틀랜드 민요와 흑인 음악 장르, 전통 한국 소리풍경이 서양 5음계와 비슷해서일지도 모른다. 이런 점에서 재즈와 블루스가 '블루 노트'를 폭넓게 사용하다보니 흑인 음악 창법과 한국식 창법이 다시 합쳐지는 지점이 생겼다. 5음계는 아시아는 물론 서부 아프리카에서도 널리 쓰였는데, 서부 아프리카 디아스포라에는 당연히 아프리카계 미국인들도 들어간다. 시대를 앞서 이 문제를 다룬 저작으로는 Curt Sachs, *The Rise of the Music in the Ancient World*, New York : Norton, 1943, pp.92~95 참조. M. L. West, *Ancient Greek Music*, Oxford : Clarendon Press, 1992, pp.388~390도 참조할 것. 소리풍경이 비슷해서든 미국 대중음악에서 아프리카계 미국인들이 발휘한 영향력이 커지든, 재즈부터 소울, 힙합까지 흑인 영향을 받은 음악은 대한민국에서 폭넓은 팬층을 확보했다. 1970년대 소울 음악이 대한민국에서 얻은 인기는 신현준·이용우·최지원, 『한국 팝의 고고학 1970』, 한길아트, 2005, pp.52~57 참조.

155 야마노 도시로가 쓴 연대기는 1945년에서 1950년까지 한국 대중가요 관련 수많은 오류를 정정하는 개요이며, 가장 믿을 만해 보이기도 한다. Yamane Toshirō, http://www.ksyc.jp/mukuge/257/yamane.pdf.

156 개괄은 박찬호, 『한국 가요사』, 2권 참조. 선성원, 『우리 대중가요』, 현암사, 2008, 63~66쪽도 참조할 것.

157 일본 비교 사례는 시사하는 바가 많다. Yasuda Tsuneo, "Amerikanizēshon no hikari to kage", in Nakamura Masanori et al., eds., *Sengo Nihon senryō to sengo kaikaku*, vol.3, Tokyo : Iwanami Shoten, 1995, pp.251~285 참조. 구체적으로 대중음악을 다룬 자료는 Tōya Mamoru, *Shinchūgun kurabu kara kayōkyoku e*, Tokyo : Misuzu Shobō, 2005. 특히 1945년 이전 군대 음악가로 살던 사람들은 흥미로운 운명을 맞이했는데, 이들은 과거의 적군 앞에서 공연을 하고(pp.30~33) 그러면서 일본 대중음악 발전에 상당한 영향력을 끼치게 되었다.

158 이영미, 『한국 대중가요사』, 118~133쪽.

159 Kishi Toshihiko, *Higashi Ajia ryūkōka awā*, Tokyo : Iwanami Shoten, 2013, pp.210~212 참조. Aoki Shin, *Meguriaumonotachi no gunzō*, Tokyo : Ōtsuki Shoten, 2013도 참조할 것.

160 박성서, 『한국전쟁과 대중 가요, 기록과 증언』, 122~131쪽. 유명한 샹송 가수 이베트 지로(Yvette Giraud)와 일본 '재즈' 가수 하마무라 미치코(浜村美智子) 등 여러 가수가 리메이크한 사실만 봐도 노래 인기를 알 수 있다. 제목 중 특히 '노란 샤쓰' 표기법이 다양한 점도 흥미롭다. 1960년대 초 한글 맞춤법은 확실하게 정립되지 않은 상태였다.

161 예를 들면 Takizawa, *Seoul sanka*, pp.145~147.

162 Chŏn, *Kinjirareta uta*, pp.156~160. 대중음악이 끄는 관심이 곧 사라진다는 생각에서도 그랬지만, 한국전쟁 이후 남한 사람들은 전쟁이 또 일어날까 싶어 무엇을 잘 쌓아두거나 수집하지 않으려고 했다. 한명숙 음반이 사라진 가장 큰 이유는 아마도 1958년 33rpm LP가 도입되고 그러면서 78rpm SP로 나온 음반이 구식이 된 데 있겠다.

163 이 영화 원작은 유명한 정비석 연재소설 『자유부인』이다(정음사, 1954). 소설은 한국전쟁이 낳은 비극과 전후 격동기를 해방된, 결국에는 타락한 여성이라는 모습으로 선정적으로 표현했다.

164 여기서 일본과 보이는 대조가 흥미롭다. 여성 엔카 가수들은 2010년대 현재까지도 기모노를 많이 입지만 대한민국 가수들은 한복을 입고 나올 때가 거의 없다. 양국 남성 가수들은 거의 모두 양복을 입는다. 물론 변형도 많고 뚜렷한 추세도 있다. 엔카 관련 자료는 Christine R. Yano, *Tears of Longing*, Cambridge : Harvard University Asia Center, 2002 참조.

165 예를 들어 Song, *Zainichi ongaku no 100-nen*, pp.168~170 참조. 〈목포의 눈물〉 작곡가 손목인은 기독교 찬송가를 부르며 자랐고, 도쿄제국대학 음악학교에서 피아노를 전공했다. Chŏn, *Kinjirareta uta*, pp.136~137 참조.

166 앞서 언급한 영화 〈서편제〉는 어느 소리꾼 가족이 마주한 운명을 그린다. 서양 서커스 같은 유랑 악극단(가두선전 악극단, 광대가 근대에 변한 모습)이 판소리 공연을 압도하고(적어도 수에서는) 관객을 다 끌어가는 장면은 특히 가슴 아프다. 재미있게도 이런 가두선전 악극단은 제2차 세계대전 이후 일본에서 '진돈야(ちんどん屋)'라는 이름으로 도시 어디에서나 보이는 존재가 되었는데 공연자 중 상당수는 조선인이나 부락민(천민 후손)이라고 했다.

167 SP 음반 한 장에는 4분 30초 정도를 담을 수 있었다. LP는 공식적으로 1958년에야 대한민국에 등장했지만 일본에서는 1951년 이미 도입된 상태였다.

168 이미자 관련 내용은 『인생』, 황금, 1999 참조.

169 Kyō, *Nikkan*, p.134.

170 적어도 제2차 세계대전 이후 수십 년간 일본에서는 엔카가 일본인 혼을 묘사한다는 이런 주장을 여러 번 되풀이했다. 그러나 이 주장은 엔카 장르를 폄하하던 오랜 태도와는 모순된다. Wajima, *Tsukurareta "Nihon no Kokoro" shinwa*, pp.11~13 참조. 마찬가지로 해방 이후 대한민국에서 트로트음악을 무시한 사람들은 양반 문화지식인과 여타 지배층 후손들이었다.

171 Chŏn, *Kinjirareta uta*, pp.52~59.

172 Yi Chun-hŭi, "Kankoku taishū ongaku ni oyonda Nihon no eikyō", pp.192~193.

173 긴 식민 통치가 남긴 유산은 일제강점기 이후 지도층 취향과 사고방식에도 영향을 끼쳤다. 김일성도 민족 자주성과 경제자립을 다룬 주체사상으로 유명해졌지만, 박정희가 초기에 보여준 정치 표현도 김일성과 크게 다르지 않았다. Lie, *Han Unbound*, pp.81~82 참조. 한 일본 언론인(저명한 한국 전문가)은 내게 김일성이나 박정희나 야마다 요지(山田洋次)가 감독한 일본 영화 시리즈 〈도라상(寅さん, 남자는 괴로워)〉을 아주 좋아했다고 알려주었다. 박정희가 여자는 물론 노래(자이니치 가수들이 부른 노래도 일부 있었지만 일본 엔카)를 즐긴 내용은 2006년 임상수 감독 〈그때 그사람들〉을 보면 나온다. 박정희는 심수봉 팬이었고 심수봉은 박정희가 죽기 전 자이니치 가수 미야코 하루미(都はるみ) 노래를 불러주었다. 암살 현장에 있던 심수봉은 박정희가 엔카를 좋아했다는 사실조차 부인했지만, 당시 대학생이던 심수봉이 나이든 사람들이나 좋아했을 노래를 왜 불렀는지는 아직까지도 분명하지 않다. 개인 취향이 어땠든 일본 문화가 박정희에게 미친 연대 의식은 현재 대한민국에서는 사라진 듯하다. 사방에서 일본어 표현을 쓰는 모습도 함께 말이다(이러한 모습 역시 그 시대를 섬세하게 묘사한 위 임상수 영화에 잘 나온다). 조갑제의 『유고』(한길사, 1987)는 세 아내를 포함해 박정희 배경을 잘 알려준다.

174 Nakamura Tomoko, "Kankoku ni okeru Nihon taishūbunka tōsei ni tsuite no hōteki kōsatsu", *Ritsumeikan Kokusai Chiiki Kenkyū 22*, 2004, pp.259~276, 2004. 안진수는 1960년대 대한민국 영화에서 보이는 왜색의 문제점을 다룬다. Jinsoo An, "The Ambivalence of the Nationalist Struggle in Deterritorialized Space", *China Review 10*, 2010, pp.37~61, 특히 pp.45~47 참조. 이승만 정권 역시 '건전'가요 장려 운동을 시작하면서 대중음악에서 '일본' 영향을 제거하고 '왜색'을 근절하고자 했다. 이 실패한 정권이 시행한 사업 상당수가 그랬듯 두 운동 모두 거의 성과를 거두지 못했다.

175 비범한 가수 미야코 하루미 등 '고부시(小節, 꺾기)'와 '우나리(唸り, 바이브레이션)'로 유명한 엔카 가수 중 한국계가 많았다는 사실도 아마 우연은 아니겠다. 다음 1966년 영상 참조. http://www.youtube.com/watch?v=ZKAnwCjFANs. 한국 남부 판소리는 멜리스마에 감정적 창법을 강조하는데, 한국 남부 출신이 많던 재일 디아스포라 한국인 중 이런 감정적 멜리스마 엔카 창법을 사용한 사람이 많았다는 사실도 이해가 간다.

176 이미자라고 하면 거의 누구나 한을 연상한다. 1999년 9월 10일자 『한국일보』 중 이미자 40주년 기념 공연 기사 참조.

177 예를 들어 〈목포의 눈물〉을 부른 이난영과 이미자 창법을 비교해 보자. 이난영 원곡은 http://www.youtube.com/watch?v=1bIl-LF0fBs에, 이미자 리메이크곡은 http://www.youtube.com/watch?v=VFK1o_4IcjM에 있다. 이난영이 1963년 미국풍 노래를 부른 모습과도 대조해 볼 것. http://www.youtube.com/watch?v=OZ7YfZtdbjM.

178 Chŏn, *Kinjirareta uta*, pp.132.

179 Kyō Nobuko, *Nikkan ongaku nōto*, p.138; Chŏn, *Kinjirareta uta*, pp.130.

180 Kyō Nobuko, *Nikkan ongaku nōto*, p.135.

181 John Lie, *Zainichi(Koreans in Japan)*, Berkeley : University of California Press, 2008, pp.129~139 · 147~148.

182 Pak, *Kankoku kayōshi*, pp.247~248. 1970년대에 대한민국 정부는 장세정 노래를 여러 곡 금지했고 이 조치 때문에 장세정은 미국으로 이민했다. 장세정은 1978년 로스앤젤레스 '은퇴' 공연에서 마지막으로 노래했고 죽을 때까지 그곳에 살았다.

183 한국어판은 1975년에 나왔는데 큰 인기를 끌면서 조용필도 한국에서 유명해졌다.

184 Lie, *Multiethnic Japan*, pp.58~67.

185 손목인이 직접 하는 설명을 들으면 이해가 더 쉽다. 〈카스바 노 온나(カスバの女, 카스바의 여인)〉 관련 설명은 다음을 참조할 것. 손목인, 『못 다 부른 타향살이』, HOT WIND, 1992, pp.104~107.

186 1955년 에토 구니에다(エト 邦枝) 원곡은 일본에서 거의 주목받지 못했다("Hayasugita ryūkōka", *Asahi Shimbun*, 9 April 2010 참조). 20년 후에는 이 노래 배경(알제리 독립 투쟁)이 미국의 베트남 군사 개입에 대체로 반대한 일본 청중에게는 특별한 의미가 있었을지 모르지만 말이다. 그러나 반공주의 남한에서 상황은 완전히 달랐다.

187 일본어 장음 오(ō)는 '가요오(Kayō)'로 발음하지만, 한국이나 일본이나 가요 한자는 똑같다.

188 손목인, 『우리 대중 가요』, 124~127쪽.

189 일제강점기 조선에서 유행가는 지리상으로도 퍼져나갔지만 도시 최하층에서 사회 계층 전반으로도 퍼져나갔다. 그러나 이러한 전파도 기술 요인 탓에 제한됐다. 농촌에서 축음기 보유 가구는 별로 없었고 라디오 방송도 제한적이었으며 전국 공연도 대개 도시로만 향했다. 1960년대에는 전축과 라디오를 보유한 사람이 늘었다. 그렇지만 결정타를 날린 기술 변화는 1970년대 텔레비전 확산이었다. 또한 지배층에서 트로트음악과 멜로 영화를 무시하는 경향은 여전히 심해서 대한민국 문화 계층과 구분을 유지하기에 충분할 정도였다.

190 정선일 · 장한성, 『한국 TV 40년의 발자취』, 119쪽.

191 Song An-jong(Sŏng An-jong), *Zainichi ongaku no 100-nen*, p.186.

192 미국 상황과는 완전히 다르게, 그리고 라디오 확산과 텔레비전 확산 사이에 상당한 시간차가 있던 일본 상황과도 다르게 대한민국에서는 라디오가 너무 늦게 등장해서 대중음악 취향을 형성하는 매체로서는 기능이 많이 떨어졌다. 그렇지만 미군 라디오인 AFKN은 미국 대중음악 방송에서 중요한 몫을 했다. Lee, "Embedded Voices", chap. 5 참조 AFKN은 거의 끊임없이 방송했고 게다가 프로그램 대부분도 미국 대중음악을 내보냈다.

193 김영찬, 「1970년대 텔레비전 외화시리즈 수용의 문화적 의미」, 『한국방송학회』, 한국방송의 사회문화사, 333~372쪽, 특히 356~358쪽 참조

194 1980년대 후반 이박사는 '뽕짝 디스코'라고 불릴 정도까지 박자를 빠르게 했다.

195 간략한 개요는 이혜숙 · 손우석, 『대한민국 대중음악사』, 리즈앤북, 2003, 92~119쪽

참조.

196 텔레비전 방송은 1961년에나 시작했고, 대한민국 가정 중 5% 미만, 그것도 대부분 대도시에서나 텔레비전 수상기를 보유했음은 강조해두겠다.

197 대한민국 다방과 물장사집에는 아주 특이한 면이 있었는데, 술에 만취한 남자들이 굉장히 시끄럽게 대화를 나누기도 했고 또 실내는 대체로 어두운데다 좌석은 낮은 천 소파였다. 성매매 경향도 피하기 어려웠다. 여기서 알코올은 온전히 소비 기능 위주였다. 내가 1970년대 후반 고급 바에서 흔들어 섞기나 휘젓기를 한 마티니를 주문하려다가 만드는 방법을 설명해야 했던 기억이 난다.

198 박찬호, 『한국 가요사』 2, 제6부.

199 1968년 이시다 아유미(いしだあゆみ) 히트곡 〈블루 라이트 요코하마(ブルー・ライト・ヨコハマ)〉는 1970년대 대한민국 전역에서 들렸다. 이 노래는 2008년 고레에다 히로카즈(是枝裕和) 감독 영화 〈걸어도 걸어도(歩いても、歩いても)〉에 나온 뒤 동북아시아를 넘어 관심을 받았고, 2011년 유키 사오리(由紀さおり)가 핑크 마티니(Pink Martini)와 함께 부르면서 새로운 팬이 생기기도 했다. 노래 배경은 Kō Mamoru, *Kayōkyoku*, Tokyo : Iwanami Shoten, 2011, pp.67~71 참조. 마찬가지로 이쓰와 마유미(五輪真弓)가 부른 〈사랑하는 사람이여(恋人よ)〉도 1980년대 서울 다방 여러 곳에서 줄기차게 들렸다. Chon, *Kinjirareta uta*, pp.162~173・232~235 참조.

200 Song, *Zainichi ongaku no 100-nen*, pp.179~185.

201 Ibid., pp.131~144.

202 영상은 www.youtube.com/watch?v=zclXIyAwIVY.

203 예를 들면 〈KBS 월드〉 홈페이지 보도 참조. http://world.kbs.co.kr/french/program/program_artist_detail.htm?No=106307#sel_lang_open. 윤복희는 실제로 미니스커트를 자주 입었다. 이 사진은 1990년대 중반 신세계 백화점에서 광고에 사용했다.

204 신현준・이용우・최지원, 『한국 팝의 고고학 1960』, 115~122쪽; Pil Ho Kim and Hyun joon Shin, "The Birth of 'Rok.'", *positions 18*, 2010, pp.199~230도 참조.

205 신중현은 자서전에서 이 일을 회고한다. 신중현, 『내 기타는 잠들지 않는다』, 해토, 2006.

206 예를 들어 신현준・이용우・최지원, 『한국 팝의 고고학 1960』, 216~220・230쪽 참조. 펄 시스터즈는 1959년 일본에서 데뷔해 엄청난 인기를 끈 쌍둥이 가수 더 피넛츠(ザ・ピーナッツ)와 묘하게 닮았다.

207 2010년대 초에는 스타벅스든 토종인 카페베네든 서울 거리에 커피 전문점 없는 구역이라고는 없으니 커피가 정말 이국적 미국 음료이던 시절을 상상하기란 어렵다. Jee Eun Song, "Building an Empire One Cup at a Time", Ph.D. diss., University of California, Davis, 2012 참조.

208 Kan Myonsoku, "Mega hanasenai kanojotachi", *Asiana*, May 2012, pp.86~88, p.86에 나와 있다. 내부 위험인 록음악과 외부 위협인 북한을 연결 짓던 편집증적 상상력을 보

여주는 전형이다. 나는 당시 한국 중앙정보부가 이런 과대망상을 한다는 사실을 직접 들어 안다고 주장하는 어떤 사람이 말해주어서 1970년대 초에 처음 이 소문을 들었다. 이 이야기는 도시 전설 같은 냄새도 나지만 그렇다고 이 이야기가 의미하는 더 깊은 실상, 즉 편집증과 강박에 사로잡힌 정보기관을 역사에서 지워내서도 안 된다.

209 신현준·이용우·최지원,『한국 팝의 고고학 1960』, 123·264쪽.

210 과거를 돌아보는 흥미로운 시선은 2008년 영화〈고고 70〉참조 이 영화에 나오는 록밴드 데블스는 기지촌에서 공연하면서 이름을 날렸고 1971년에 첫 앨범을 발표했다.

211 1970년대 중반 록과 대중음악이 당한 정치적 억압은 이혜숙·손우석,『대한민국 대중음악사』, 82~91쪽; 신현준·이용우·최지원,『한국 팝의 고고학 1960』, 185~215쪽 참조

212 록 문화는 록음악도 포함했지만 머리 모양(장발)과 옷(청바지), 섹스, 마약과도 연관이 있었다. 예를 들면 Ronald Fraser, ed., *1968*, New York : Pantheon, 1988, pp.77~89 참조 그러나 현대에 1960년대를 경험할 때는 음악, 특히 록음악이 차지한 중심성은 반박할 여지가 없는 진실과도 같다. 존 애덤스에 따르면 "록음악은 사회가 경이롭던 시대에 그 어떤 사회 현상보다 문화를 지탱한 버팀목이었다. 청년들은 가사라는 매개체를 통해 서로 소통했다." Adams, *Hallelujah Junction*, New York : Farrar, Straus and Giroux, 2000, p.40. 제니 디스키는 1960년대를 이렇게 회상한다. "절대적으로 확실한 한 가지를 말하라면 그 시절 음악이 훨씬 더 좋았다." Jenny Diski, *The Sixties*, New York : Picador, 2009, p.3. 다른 나라에서는 1960년대와 1970년대에 학생운동이 퍼지면서 포크에서 록음악으로 바뀌는데 대한민국 유행은 이와 확연히 다르다. David Caute, *The Year of the Barricades*, New York : Harper&Row, 1988, pp.51~59 참조 그런 의미에서 대한민국에는 1960년대가 없었다.

213 이상하게도 대한민국에서는 미국이나 일본 등지에서처럼 라디오 방송이 인기를 끌지 못했다. 그 이유는 라디오 보급이 텔레비전 보급 직전에야 이루어졌다는 사실이 어느 정도 설명한다. 즉 라디오가 대중 매체로 자리를 잡기도 전에 기술상 더 진보한 텔레비전 매체가 라디오를 대신했다. 그러나 라디오, 특히 AFKN 라디오 방송이 비주류 음악 전파에 한몫했음을 무시해서는 안 된다.

214 대한민국에서는 1970년대 이전 라디오와 텔레비전 보급 수준이 비교적 낮은 편이어서 청년 지향 대중음악이 번성하지 못했다. 간략한 개관은 김지평,『한국 가요 정신사』, 114~117쪽 참조 무엇보다 대한민국 1960년대는 한일국교정상화 반대 투쟁(최초 대규모 시위가 1964년 6월 3일에 일어났다)에서 활동한 '6·3세대'의 시대였다. Lie, *Han Unbound*, p.59 참조 그러나 1960년대는 진정성과 진지함이 있는 문화에 젖어 있기도 했다. 소위 386세대에게서는 정치 급진주의(적어도 반정부 정치)와 문화 자유주의도 다소 보인다. 386세대란 끝에서부터 1960년대에 태어났고(6), 1980년대에 성인이 되었으며(8), 1990년대에 30대가 된(3) 사람들을 의미한다(내가 아는 한 이 '386세대'라는 용어는 민주화 투쟁이 절정에 달한 1987년과 1988년에서 10년도 더 지난 1999년 즈음에 유행했다).

215 이혜숙·손우석,『대한민국 대중음악사』, 19~20쪽에서는 대중음악사를 포크음악으로 시작한다. 박찬호,『한국 가요사』2권, 542~565쪽 참조

216 〈아침 이슬〉은 저항곡이 되었고, 1987년 반정부 민주주의 운동이 한창이던 때 시위자 백만 명이 시청 광장에서 합창했다고 하면서 정점을 찍었다. Chŏn, *Kinjirareta uta*, pp. 174~175 참조 당연히 북한 정권도 이 노래를 수용했고 이 노래는 어떤 표준이 되었다. 다소 특이한 영상을 www.youtube.com/watch?v=r5ekfvAmP9I&feature=related 에서 볼 수 있다.

217 www.youtube.com/watch?v=VwXBHPGrlKo에 이 곡과 영어 가사가 있다.

218 이미 언급했듯이 박정희와 김일성은 일본 대중문화 상품을 좋아한 점까지 유사하다.

219 앞서 보았지만 일본 식민지 정부나 이승만 정부나 '건전'가요를 장려하려고 했다.

220 선성원,『우리 대중가요』, 196~198쪽.

221 Roald Maliangkay, "Pop for Progress", in Howard, *Korean Pop Music*, pp.48~61, 특히 pp.53~55.

222 Cho Yonpiru(조용필), *Fuzankō e kaere*, Tokyo : Sanshūsha, 1984 참조

223 www.youtube.com/watch?v=wA_Z-CH2NSQ는 최치정(요시야 준, 길옥윤)이 클라리넷을 연주하며 공연하는 영상이다.

224 Song, *Zainichi ongaku no 100-nen*, pp.192~197.

225 데뷔 초인 1970년대 후반 공연을 보면 혜은이는 당대 일본 대스타 야마구치 모모에(山口百惠)와 쏙 빼닮은 모습을 보일 때가 있다. 혜은이에게는 상반되는 모습이 많았다. 예를 들어 남자 옷을 입고 한 공연은 www.youtube.com/watch?v=6st-rVVUBeI에서 볼 수 있다.

226 제5공화국은 Lie, *Han Unbound*, pp.120~124 참조

227 고전음악은 이런 싸움과는 거리가 멀어 보였지만 실상은 그렇지 않았다. 정치 진보주의자를 표방한 윤이상은 1959년부터 서독에 살았다. 1963년 북한을 방문한 윤이상은 북한 공작원으로 의심받았고, 1967년 서베를린에서 남한 첩보원들에게 납치당했다. 그리고 국제 구명 운동 끝에 겨우 풀려나 독일에 정착했다. 그 뒤 다시는 남한을 찾지 않았고, 북한에서는 고전음악을 장려하려고 노력했다. 루이제 린저와 대담에서 윤이상은 흥미로운 회고를 한다. Luise Rinser, *Der verwundete Drache*, Frankfurt : Fischer, 1977.

228 Asakura Kyōji, "Chō Yonpiru", in Satō Kunio, ed., *Kankoku kayō taizen*, Tokyo : Sōfūkan, 1985, pp.6~14, 특히 p.13.

229 1980년대 음악 방송은 김설아, 「1980년대 텔레비전 오락 프로그램의 발전과 문화적 영향」,『한국방송학회』, 한국방송의 사회문화사, 411~466쪽, 특히 433~435·441~443쪽 참조

230 Chang Nam Kim, *K-POP*, Seoul : Hollym International, 2012, pp.60~64.

231 신현준·이용우·최지원,『한국 팝의 고고학 1960』, 100~105쪽; Okson Hwang, "The Ascent and Politicization of Pop Music in Korea", in Howard, *Korean Pop Music*,

pp.3~47, 특히 pp.43~44 참조.

232 "Kankoku no minshū kayō", in Henshū Kaigi, ed., *Uta yo, habatake!*, Tokyo : Tsuge Shobō Shinsha, 2005.

233 박정희가 좋아했고 또 박정희 암살 현장에도 함께 있던 심수봉은 1978년 대학 가요제에서 〈그때 그 사람〉으로 수상했다.

234 본 방송은 www.youtube.com/watch?v=nK8EnxOSfxo에서 볼 수 있다.

235 Craig Marks and Rob Tannenbaum, *I Want My MTV*, New York : Plume, 2011, pp.143~158.

236 1982년 마이클 잭슨 뮤직비디오는 www.youtube.com/watch?v=Zi_XLOBDo_Y. 30여 년 지난 지금 이 뮤직비디오가 그래도 일관성 있는 서사를 보이면서 뮤직비디오 일반 관행을 잘 보여주는 모습이 눈에 띈다. 춤은 1분 52초 즈음에 처음 나온다. 특히 마이클 잭슨과 마돈나가 대한민국 댄스 가요 탄생에 미친 영향은 이혜숙 · 손우석, 『대한민국 대중음악사』, 191~211쪽 참조.

237 Kan Myonsoku, "Mega hanasenai kanojotachi", p.87.

238 후일 언론 보도를 보면 김완선은 철저한 훈련으로 만들어졌고 착취당했음을 알 수 있다. 예를 들면 다음 한겨레 기사 www.hani.co.kr/arti/culture/music/192788.html와 한국 위키피디아 기사 http://ko.wikipedia.org/wiki/%EA%B9%80%EC%99%84%AO 참조.

239 개관은 이동연, 『아이돌—H.O.T에서 소녀시대까지, 아이돌 문화보고서』, 이매진, 2011.

240 서태지와 아이들 전후에 연속성이 있다고 주장하는 평자들도 있다. 예를 들면 '문화 연속성' 말이다. Kwon, *Music in Korea*, pp.168~171 참조. 물론 첫 앨범 곡 대다수는 1990년대 초반 대한민국 주류 대중음악과 비슷하다. 그러나 서태지와 아이들 데뷔곡이 미친 영향은 부인할 수 없고, 이 곡은 새로운 소리풍경을 열었다. 서태지와 아이들 관련 내용은 강명석, 『서태지를 알면 문화가 보인다?!』, 문화과학사, 1995.

241 이들이 전국 시청자에게 첫 선을 보인 MBC 방송은 www.youtube.com/watch?v=EC7ySokpHWM 참조.

242 1980년대 초반을 놓고 미국과 한국음악 팬 취향을 직접 비교하기란 어쩌면 불가능하겠다. 두 나라 대중음악 연령층이 동일하지 않았기 때문이다. 그러나 설령 1980년대 초반 대한민국 청년들에게 음악 취향을 물을 수 있었다 해도 이들은 아마 마이클 잭슨이나 마돈나보다 이선희와 이문세를 제일로 쳤으리라.

243 이동연, 『서태지는 우리에게 무엇이었나』, 문화과학사, 1999, 48~51쪽.

244 Furuya Masayuki, *K Generation*, Tokyo : DHC, 2005, p.16.

245 미국 유행이 일본 대중음악으로 흡수되었으니 무조건 대한민국 음악에서 일본이 사라졌다는 발언에는 오해할 소지가 있다. 이 장 뒷부분과 2장에서도 설명하겠지만 사실 제이팝은 케이팝 형성에 큰 영향을 주었다.

246 브레이크 댄스는 1970년대 후반 춤으로 자리 잡았는데, 대개는 1972년 제임스 브라운 동명 앨범에 실린 곡 〈겟 온 더 굿 풋(Get on the Good Foot)〉에서 태어났다고 본다. 브레이크 댄스는 비록 전시용이었지만 1980년대에 대한민국에 첫 선을 보였다.

247 일부 한국계 미국인에게는 디아스포라 귀환이 귀향을 의미했을지도 모르지만, 사실 미국에서 기회를 차단당했기 때문에 대한민국에 와서 일한 사람이 의외로 많다. 이유 가 무엇이든 최근까지도 미국 대중음악계에서 성공한 한국계 미국인은 거의 없다. 이 내용은 Nancy Abelmann and John Lie, *Blue Dreams*, Cambridge : Harvard University Press, 1995, pp.167~169 참조.

248 SM엔터테인먼트 이수만은 바비 브라운 곡 〈에브리 리틀 스텝(Every Little Step)〉(19 88), 특히 토끼 춤을 그대로 따라할 한국인 가수를 찾으려고 했다. 이수만은 이태원 클 럽 '문 나이트'에서 현진영을 발견했다고 한다. 현진영이 공연하는 모습은 다음 영상에 나와 있다. http://www.dailymotion.com/video/xsxgrd_hyun-jin-young-sad-manneq uin_shortfilms#.UU4rVRxJN8E.

249 Furuya Masayuki, *K Generation*, pp.96~99.

250 이연, 『일본 대중문화 베끼기』, 나무의 숲, 1998; Eun-Young Jung, "Transnational Cultural Traffic in Northeast Asia", Ph.D. diss. University of Pittsburgh, 2007.

251 김수철 관련 자료는 Craig Harris, "Kim Soo-chul" 및 www.allmusic.com/artist/kim-so o-chul-mnooo1367463 참조 가수 이상은은 1980년대 후반 인기를 누렸지만 1989년 표 절 논란으로 잠시 모습을 감췄다. Jung, "Transnational Cultural Traffic", pp.116~118.

252 대한민국 펑크 음악의 기원은 Stephen Epstein, "We are the Punx", in Howard, *Korean Pop Music*, pp.190~207, 특히 p.191 참조.

253 Furuya Masayuki, *K Generation*, p.4.

254 비디오는 www.youtube.com/watch?v=dqRv2Md6Slg 참조

255 이 대소동은 텔레비전 드라마 〈응답하라 1997〉(2012)에도 잘 나와 있다. Sakai Mieko, *K-POP bakku stēji episōdo*, Tokyo : Kawade Shobō Shinsha, 2011, pp.88~93도 참조 할 것.

256 태진아 〈동반자〉는 http://www.youtube.com/watch?v=3ti_VSfxoyM, 장윤정 〈사랑 가〉는 http://www.youtube.com/watch?v=NbY0FJaMtzk 참조 Alex Ross, "American Su blime", *New Yorker*, 19 June 2006(http://www.newyorker.com/archive/2006/06/19/0 60619crat_atlarge)을 보면 알렉스 로스가 모튼 펠드먼을 인용한 내용이 있다.

간주곡

1 줌파 라히리(Jhumpa Lahiri) 소설 『네임세이크(*The Namesake*)』(2003)는 2007년 미라 나이르(Mira Nair) 감독이 영화로 만들었는데, 이 작품 속에 시각으로도 두드러지지만

서사로도 중요한 장면이 있다. 젊은 주인공(인도 태생 이민자 부모를 둔)의 미국인 여자친구가 장례식에 검정 드레스를 입고 와서 온통 흰옷을 입은 문상객들에게 둘러싸이는 장면이다. 한국에서 흰색은 어디서나 널리 사용됐다. Nozaki Mitsuhiko, *Koria no fushigi sekai*, Tokyo : Heibonsha, 2003, pp.18~20 및 김영숙, 『한국 복식사 사전』, 민문고, 1988 중 '백' 항목 참조. 물론 장례 색상 선택은 신분과 시간에 따라 달라졌지만 무라야마 지준(村山智順)이 찍은 일제강점기 사진을 보면 의심할 여지가 거의 없이 흰색이 주를 이뤘다. 사진은 http://www.flet.keio.ac.jp/~shnomura/mura/contents/album_4.htm 참조. 현대 대한민국에서는 미국과 기독교 관행이 가장 큰 영향을 미쳤다. 예를 들어 Min-Sun Hwang, "Contemporary Hemp Weaving in Korea", *Textile Society of America Symposium Proceedings Paper 347*, 2006 참조. 인터넷으로는 http://digitalcommons.unl.edu/tsaconf/347/에 있다. Roger L. and Dawnhee Yim Janelli, *Ancestor Worship and Korean Society*, Stanford : Stanford University Press, 1982도 참조할 것.

2　옷 색깔은 역사와 지역, 신분에 따라 크게 달라진다. 1947년 초판이 나온 이여성, 『조선 복식고』, 민속원, 2008, 5장 참조.

3　John B. Duncan, *The Origins of the Chosŏn Dynasty*, Seattle : University of Washington Press, 2000과 Martina Deuchler, *The Confucian Transformation of Korea*, Cambridge : Harvard University Asia Center, 1992를 비교해 볼 것. 두 자료 모두 '전근대' 조선에 어떤 연속성과 불연속성이 존재했는지 알려준다.

4　그러나 청 제국을 대할 때 조선에 자주성이 있었다고 주장하기는 어렵다. 예를 들어 Kirk W. Larsen, *Tradition, Treaties, and Trade*, Cambridge : Harvard University Asia Center, 2011.

5　Akiba Takshiwas, *Chōsen fuzoku no genchi kenkyū*, Tanbaichi : Yōtokusha, 1950에서는 이중적 조선 사회조직에 최초로 주목했다.

6　계층적, 귀속적 신분 구분이 조선 정치체에 스며들어 조선은 심각한 불평등 사회가 되었다. 조선 사회구조는 예를 들어 김홍식, 『조선시대 봉건사회의 기본구조』, 박영사, 1981 참조.

7　국가로서 조선이 보인 후진성은 James Palais, *Politics and Policy in Traditional Korea*, Cambridge : Harvard University Press, 1975 참조.

8　평민 조선인들에게 유교가 점차 큰 영향력을 행사했다는 논의는 Deuchler, *Confucian Transformation of Korea*, 가부장 가족·마을 구조 출현은 이해준, 『조선시기 촌락 사회사』, 민족문화사, 1996, 1장 참조.

9　Eugene Y. Park, *Between Dreams and Reality*, Cambridge : Harvard University Asia Center, 2007은 무과 과거가 능력주의 실현에 아무런 효력도 발휘하지 못했다고 한다. 그러나 황경문은 조선 후기 능력주의가 제대로 작동했다고 본다. Kyung Moon Hwang, *Beyond Birth*, Cambridge : Harvard University Asia Center, 2005. 이성무, 『한국의 과거제도』, 집문당, 1994, 4장도 참조.

10　John Lie, *Han Unbound*, Stanford : Stanford University Press, 1998, p.178; Yun

Kyŏng-hun, *Kankoku no kyōiku kakusa to kyōiku seisaku*, Okayama : Daigaku Kyōiku Shuppan, 2010, pp.56~57 참조.

11   여기서는 현대 일본 영향이 보인다. 일본에는 사설 학교(塾, 학원의 유래와 가장 근접한 형태) 수가 상당히 많다. 근대식 대학은 일제강점기에 제도로 자리 잡았고 따라서 일본이 공공연하게 미친 영향도 매우 컸다. 1980년대에 들어서 그 영향은 빠르게 잊혀가는 기억이 되었지만 말이다. (전쟁 전에는 일본이 독일문화를 경외했기 때문에 초기에 일본 다음으로 영향을 미친 세력은 미국이 아니라 독일이었다.)

12   Cornelius Osgood, *The Koreans and Their Culture*, New York : Ronald Press, 1951, p.44. 조선 시골 마을 생활을 다룬 흥미로운 민속지학은 Zenshō Eisuke, *Chōsen no shūraku*, 3 vols., Seoul : Chōsen Sōtokufu, 1933~1935 참조. 내가 아는 바로는 전통 한국에서 개신교 혹은 유교식 노동관을 찾은 사람은 아직 없다.

13   새로운 노동관이 나타날 조짐은 Cho Kyŏng-dal, *Shokuminchiki Chōsen nochishikijin to minshū*, Tokyo : Yūshisha, 2007, pp.61~67 참조.

14   허균(1607), 『홍길동전』, 한양출판사, 1995; 박지원(1780), 『양반전』, 조선금융연합회, 1947 참조.

15   신채호, 「독사신론」(1908), 『신채호 역사 논설집』, 현대실학사, 1995; Henry H. Em, *The Great Enterprise*, Durham : Duke University Press, 2013, pp.97~99도 참조.

16   Lie, Han Unbound, pp.45~52; Sheila Miyoshi Jager, *Narratives of Nation Building in Korea*, Armonk : M.E. Sharpe, 2003, pp.86~96도 참조할 것.

17   『효경(孝經)』은 부모가 준 신체를 반드시 귀하게 여겨 보존하라고 확실히 말하고 그 때문에 여러 이상한 결과도 낳았는데, 일부 양반은 손톱을 깎지 않기도 했다. *Xiào jīng*, orig. 400 B.C.E.?, ed. Wāng Shòukuān, Shànghǎi gǔjí chūbǎn shè, 2007, p.3. 『효경』은 분명 조선 시대에 가장 널리 읽힌 유교 서적이었다.

18   일제강점기 조선에서 연애가 활발해진 사실은 권보드래, 『연애의 시대』, 현실문화연구, 2003 참조. 이런 현상은 '신여성(신여자)' 등장이 대변하는 더 큰 주장, 즉 여성주체성 및 개성에 속한다. Inoue Kazue, *Shokuminchi Chōsen no shin josei*, Tokyo : Akashi Shoten, 2013. 일본 선례는 Koyano Atsushi, *Nihon ren'ai shisōshi*, Tokyo : Chūō Kōron shinsha, 2012 참조.

19   예를 들면 Boudewijn Walraven, "Popular Religion in a Confucianized Society", in Ja Hyun Kim Haboush and Martina Deuchler, eds., *Culture and the State in Late Chosŏn Korea*, Cambridge : Harvard University Asia Center, 1999, pp.160~198, 특히 pp.160~161 참조.

20   John Lie, "What Makes Us Great", in Yun-shik Chang and Steven Hugh Lee, eds., *Transformations in Twentieth-Century Korea*, London : Routledge, 2006, pp.138~152.

21   만약 조선왕조가 더 빨리 무너졌다면 한반도에서 자본주의 산업화의 싹을 찾아내기

더 쉽지 않았을까? 메이지 시대 일본이 그랬듯 서구화하는 정권이 자본주의 산업화와 식민지 팽창 방식을 따라 잡으려 하지 않았을까? 실제로 1894~1896년 일어난 갑오개혁은 공식 신분 질서를 폐지했고, 1880년대쯤에는 민족국가도 생기기 시작했다. Tsukiashi Tatsuhiko, *Chōsen kaika shisō to nashonarizumu*, Tokyo : Tokyo Daigaku Shuppankai, 2009, pp.11~12, pp.365~366 참조. 무엇보다 조선에서는 지방·장거리 시장이 어쩌나 번성했던지 도자기와 인삼, 종이 등이 지역을 넘어 세계에서도 명성을 얻었다. Cho, *Shokuminchiki*, pp.61~67 참조. 그러나 조건법적 추론이 체험으로는 유용할지 모르지만, 그렇다고 식민지 조선에 일본이 행사한 지배력이나 영향력을 없던 일로 돌릴 수는 없다. 조선이 식민지가 되면서 생긴 근대성은 박지향, 『일그러진 근대』, 푸른역사, 2003, 365~366쪽 참조.

22 조선이 러시아나 미국 식민지가 되었다면 대한민국 대중음악은 다른 방향으로 갔겠다. 그러나 1장에서 논의했듯 대한민국 대중음악은 하드웨어와 소프트웨어 모두 일제강점기에 주로 일본을 거쳐 들어왔다.

23 철학과 이론을 말하는 담론에서 일본어 파생 단어 수가 얼마나 많은지 생각해 볼 것. 강용안, 『우리에게 철학은 무엇인가』, 궁리, 2002, 4장 참조. 일반론은 Serk-Bae Suh, *Treacherous Translation*, Berkeley : University of California Press, 2013 참조.

24 John Lie, *Zainichi(Koreans in Japan)*, Berkeley : University of California Press, 2008, pp.9~11; John Whittier Treat, "Choosing to Collaborate", *Journal of Asian Studies 71*, 2012, pp.81~102도 참조.

25 예를 들어 김윤식은 근대성과 (민족) 문학의 동시대성, 결국 근대 민족국가와 관계된 특성을 강조한다. 김윤식, 『한국 근대문학 연구방법 입문』, 서울대 출판부, 1999, pp.138~139 참조.

26 이광수에게서 이런 혐의를 벗기려고 할 때는 주로 일본 당국이 투옥해 고문했다는 사실을 댄다. 또 다른 가능성은 문학에 사용하는 표준 한국어가 발전하지 못했다는 사실인데, 조선 시대 문학에서 한자가 월등히 많이 쓰이고 문화 통합이 부족해서 이런 결핍이 생겼다. 불명예를 얻은 이광수 이후 아마 가장 위대한 근대 한국 작가였을 김동인은 1946년 단편 「반역자」에서 '선배' 이광수를 신랄하게 비판하며 묘사했지만, 1934년 『춘원연구』(신구문화사, 1956)에서 보이듯 김동인은 이광수에게 집착과 존경도 느꼈다. 무엇보다 김동인은 자기 고향 말인 평양 사투리와 근대 일본 문학에 쓰이는 일본어까지 비교하면서 근대 소설에 쓰이는 한국어가 어렵다고 인정했다. 김동인(1929), 『조선 근대 소설』, 조선일보사, 1988. 다시 말해 1920년대 후반에도 한글보다 일본어로 글쓰기가 더 쉽다고 생각한 조선 지식인들이 있었다. 문학에 쓰이는 한글은 전혀 표준화되어 있지 않았다.

27 김소운(鉄甚平, 데쓰 진페이)이 다음 책에서 '일본 아동' 대상으로 쓴 서문을 참조할 것. Kim So-un(Tetsu Jinpei), Sankan *Sankan Mukashigatari*, orig. 1941, Tokyo : Kōdansha, 1985, p.3.

28 우수한 독학자들이 흔히 그러듯 임종국도 친일 조선인을 통렬하게 묘사하는 와중에

편집광처럼 진실을 포착한다. 임종국,『일제하의 사상탄압』, 평화출판사, 1985 참조.

29 한국 민간신앙과 풍습을 연구한 다양한 무라야마 지준 저작은 지금도 위대한 업적이
다. http://www.flet.keio.ac.jp/~shnomura/mura/contents/murayama.htm 참조. 무
라야마에게 자기민족 중심주의가 있고 조선인들과 깊은 교류를 하지 못했다고 비판하
기는 쉽겠지만 당시 이보다 더 좋은 결과를 낸 인류학자가 있을지는 모르겠다. 일본 오
리엔탈리즘은 Stefan Tanaka, *Japan's Orient*, Berkeley : University of California Press,
1993 참조.

30 이광수(1916),「문학이란 하(何)오」,『이광수 전집』제1권, 유신사, 1979, p.551 및 최
남선(1946),『조선 상식 문답』, 현암사, 1973, 8장 참조.

31 Hatano Setsuko, *Kindai Kankoku sakka no Nihon ryūgaku*, Tokyo : Hakuteisha, 2013.

32 Yanagi Muneyoshi, *Chōsen to sono geijutsu*, Tokyo : Sōbunkaku, 1922; Han Yŏng-dae,
Yanagi Muneyoshi to Chōsen, Tokyo : Akashi Shoten, 2008도 참조할 것. 조선 항아리
가 누린 명성은 유럽 소설에 조선이 처음 언급된 사례, 그러니까 옥타브 미르보(1899)
소설『고문(拷問)의 뜰(Le Jardin des supplices)』에서도 알 수 있다. Octave Mirbeau, *Le
Jardin des supplices*, orig. 1899, Paris : Fasquelle, 1957, chap. 8 참조. 대한민국 사람들
은 최근까지도 조선 항아리를 무시했지만 그런 무시는 조선 항아리가 누린 명성에 걸
맞지 않다. 사실 한지 등 전통 한국 공예는 부끄러울 정도로 무시를 당한다. Aimee Lee,
Hanji Unfurled, Ann Arbor : Legacy Press, 2012 참조.

33 Ko U-i, *Kanryūbūmu no genryū*, Tokyo : Shakai Hyōronsha, 2012, pp.11~15. 가와바
타 야스나리(川端康成) 소설『무희(舞姬)』에는 최승희를 언급한 흥미로운 구절이 있다.
Kawabata Yasunari, *Maihime*, Tokyo : Shinchōha, 1951, pp.144~146; Sang-cheul
Choi, "Seung-hee Choi", Ph.D. dissertation, New York University, 1996도 참조할 것.

34 Korea Foundation, *Traditional Music*, Seoul : Seoul Selection, 2011, p.12에서 인용하
고 있다. Tanabe Hisao, *Chūgoku Chōsen ongaku chōsa kikō*, Tokyo : Ongaku no
Tomosha, 1970도 참조.

35 양수정은 일제강점기에 사형 집행을 앞둔 민족주의자들을 가슴 저미게 묘사한다. 양
수정,『하늘을 보고 땅을 보고』, 휘문출판사, 1965 참조. 동정하는 간수가 마지막 식사
로 무엇을 먹겠느냐고 묻자, 양수정이 묘사하는 반식민지 독립운동가는 일본 근대성
을 대표하는 음식 카레라이스를 먹겠다고 한다. '커리 라이스'는 원래 남아시아가 원산
지이지만 영국을 통해 들어왔고, '카레라이스'는 일본에서 오랫동안 '양식'을 대표했다.
Kosuge Keiko, *Karē raisu no tanjō*, Tokyo : Kōdansha, 2002 참조. 반식민지 지배 투쟁
에서 북한이 주장하는 정치 정통성은 Wada Haruki, *Kin Nissei to Manshū kōnichi sensō*,
Tokyo : Heibonsha, 1992 참조.

36 초기 북한 관련 내용은 Charles K. Armstrong, *North Korean Revolution*, Ithaca :
Cornell University Press, 2002 참조.

37 함석헌은 해방이 "도둑같이 뜻밖에 왔다"라고 했다. 함석헌(1962),『뜻으로 본 한국역
사』, 한길사, 2003.

38 Lie, *Zainichi*, pp.9~10.

39 반식민 민족주의가 일제강점기에 사회주의, 공산주의 혁명가들과 복잡하게 얽히면서
북한보다 남한을 택한 지식인들까지 의심을 받았고, 이들이 투옥이나 사형을 당할 때
도 많았다. 눈에 띄는 예로 조선문학사를 최초로 써낸 작가 김태준이 있다. 김태준
(1933), 『증보 조선 소설사』, 한길사, 1990. An U-sik, "Kaisetsu", in Kim Tae-jun,
Chōsen shōsetsushi, trans. and ed.by An U-sik, Tokyo : Heibonsha, 1975, pp.327~404,
특히 pp.402~403도 참조 이승만 정권이 드러낸 폭력성과 독재성은 Kimura Kan, *Kankoku ni okeru "ken'ishugiteki" taisei no seiritsu*, Kyoto : Mineruva Shobō, 2003, pp.142
~145 참조

40 이 대한민국 '건국의 아버지'를 다룬 제대로 된 학술 전기는 아직 없지만 허정, 『우남 이
승만』, 태극출판사, 1972 및 이한우, 『이승만 90년』 전2권, 조선일보사, 1995~96을 참
조할 것.

41 한국(남한)학을 장려하는 양대 조직, 즉 한국국제교류재단과 한국학중앙위원회는
2013년까지도 북한 관련 연구 지원을 거부했다.

42 이승만 정권을 다룬 책 중 최고는 지금까지도 그레고리 핸더슨 저서이다. Gregory Henderson, *Korea*, Cambridge : Harvard University Press, 1968. 1950년대를 다룬 자료는
이대근, 『한국전쟁과 1950년대 자본축적』, 까치, 1987 및 김석준, 『미군정신대의 국가
와 행정』, 이화여대 출판부, 1996 참조

43 Eui Hang Shin and Kyung-Sup Chang, "Peripherization of Immigrant Professionals",
International Migration Review 22, 1988, pp.609~26, 특히 p.615.

44 Henderson, *Korea*. 이 책은 지금도 이승만 정권이 얼마나 형편없었는지를 보여주는
표준 전거로 쓰인다. 서중덕, 『한국 현대사 60년』, 역사비평사, 2007, 1장도 참조할 것.

45 미국 지향성이던 한국인 상당수는 이 새로운 양반 계급 성격이 아주 다르다고 믿은 모
양이다. 예를 들어 코넬리어스 오스굿(Cornelius Osgood)이 쓴 『한국인과 문화(*The
Koreans and Their Culture*)』를 채닝 림이 평한 글을 참조할 것. Channing Liem, "The
Koreans and Their Culture by Cornelius Osgood", *The American Historical Review 56*,
1951, pp.899~901. 이 간주곡 장 후반에도 말하겠지만, 한국전쟁 기간에 일어난 토지
개혁이 이렇게 과거와 단절된 원인이었다.

46 일제강점기 마지막 십 여 년간 교육받은 조선인 신세대는 두 언어를 사용했지만 일본
어에 더 능숙했음을 강조해 둔다. 예를 들어 김병익 형이 다음 자료에서 하는 회상 참
조. 김병익, 『두 열림을 향하여』, 솔, 1991.

47 Kimura Kan, *Chōsen/Kankoku nashonarizumu to "shōkoku" ishiki*, Kyoto : Mineruva
Shobō, 2000, p.71.

48 1950년대와 1960년대 대한민국 정치 관련 자료는 (Henderson, *Korea* 외에도) 다음 참
조. Sungjoo Han, *The Failure of Democracy in South Korea*, Berkeley : University of
California Press, 1974; Quee-Young Kim, *The Fall of Syngman Rhee*, Berkeley :
Institute of East Asian Studies, University of California, Berkeley, 1974.

⁴⁹ 간략한 영어 개요는 Bruce Cumings, *The Korean War*, New York : Modern Library, 2010 참조. 이와 대조되는 설명은 Wada Haruki, *Chōsen sensō zenshi*, Tokyo : Iwanami Shoten, 2002; Sheila Miyoshi Jager, *Brothers at War*, New York : Norton, 2013 참조.

⁵⁰ 한국전쟁은 해방 이후 한국 디아스포라에서 자주 논의하지는 않지만 그래도 중대한 요인이다. 그레이스 조(Grace M. Cho)는 미군과 대한민국여성 결혼에서 생긴 직접적 영향을 지적한다. Grace M. Cho, *Haunting the Korean Diaspora*, Minneapolis : University of Minnesota Press, 2008.

⁵¹ Yun Jeson, *Kankokuno guntai*, Tokyo : Chūō Kōronshinsha, 2004, pp.64~66. 일반론 은 Seungsook Moon, *Militarized Modernity and Gendered Citizenship in South Korea*, Durham : Duke University Press, 2005 참조.

⁵² 토지 소유 재분배는 북한의 매력을 약화하려는 시도이기도 했다. Lie, *Han Unbound*, pp.9~15 참조. 신병식, 「한국의 토지개혁에 관한 정치경제적 연구」, 서울대 박사논문, 1992도 참조.

⁵³ 김영모, 『한국지배층 연구』, 일조각, 1982.

⁵⁴ Lie, *Han Unbound*, pp.108~112. 더 자세한 지역 연구는 문옥표·김일철, 『근교 농촌 의 해체 과정』, 한국정신문화연구원, 1993 참조.

⁵⁵ 적어도 한국고서동우회라는 곳에서 내놓은 정의에 따르면 그렇다. 안천근, 『고서』, 대 인사, 1991, 12쪽 참조. 내가 소장한 한국어 책은 극소수지만, 그중 일부는 www.world-cat.org에서 찾아도 나오지 않는다는 사실을 깨닫고 걱정스러웠다.

⁵⁶ 이토 아비토(伊藤亜人)는 한국인들이 물건에 별로 관심이 없다면서 이것이 일본인과 뚜렷하게 대조되는 문화 특성이라고 한다. Itō. Abito, "Kankoku de 'mono o tōshitemiru' koto", in Asakura Toshio, ed., *"Mono" kara mita Chōsen minzoku bunka*, Tokyo : Shinkansha, 2003, pp.11~24, 특히 pp.12~15 참조. 이 문화 특성은 아마 아 주 큰 변화, 특히 한국전쟁에 따른 격변으로 훨씬 악화되었으리라. 도자기와 한지 등 한국 공예품이 널리 명성을 떨쳤는데도 학자들은 이 뛰어난 공예 전통을 대단치 않게 생각했고, 따라서 한반도에서 물건에 관심이 컸다는 사실도 무시했다.

⁵⁷ Lie, *Han Unbound*, pp.44~52.

⁵⁸ 이 독재자가 산 삶에 공감하는 해석은 조갑제, 『박정희』, 까치, 1992 참조.

⁵⁹ Lie, *Han Unbound*, pp.44~47·101~106.

⁶⁰ 가장 뛰어난 현대 르포는 T. K., *Kankoku kara no tsūshin*, 3 vols., Tokyo : Iwanami Shoten, 1974~1977 참조.

⁶¹ 예를 들어 Philip J. Ivanhoe, *Confucian Moral Self Cultivation*, 2ⁿᵈ ed., Indianapolis : Hackett, 2000 참조.

⁶² Lie, *Han Unbound*, pp.51~52·178~179.

⁶³ Ibid., chap. 3.

⁶⁴ Pak Kŭn-ho, *Kankoku no keizai hatten to Betonamu sensō*, Tokyo : Ochanomizu

Shobō, 1993, pp.65~69 · 141~149 참조.

65 조세희, 『난장이가 쏘아올린 작은 공』, 문학과지성사, 1978. 이 소설은 지금까지도 빈곤층 소외는 물론 대한민국 유신시대의 역기능과 기능 장애를 강력하게 묘사한 책으로 남아 있다.

66 John Lie, "Introduction", in Lie, ed., *Multiethnic Korea?*, Berkeley : Institute of East Asian Studies, University of California, 2014.

67 마찬가지로 일본 식민지 이데올로기를 드러내는 어느 표현에서는 일본과 조선이 같은 문화(따라서 인종) 기원에서 나왔고, 따라서 식민지에서 시행한 일은 그저 '조선인성' 이라는 외피를 벗겨내는 데 불과했다고 한다. 조선을 일본과 조선이 공유한 출생과 과정에서 벗어나게 한 '조선인성' 말이다. John Lie, *Multiethnic Japan*, Cambridge : Harvard University Press, 2001, chap. 4 참조.

68 한자 폐지론은 해방 직후에도 한동안 나왔지만 한자에 반대하는 정책은 박정희 시대에 제도화했다. 박정희는 대한민국에서 화교를 제거해 인종청소를 하려고도 했다. Wan Enmei, *Higashi Ajia gendaishi no naka no Kankoku Kakyō*, Tokyo : Sangensha, 2008.

69 혁명은 계속된다. 지금은 세계화라는 명목으로 영어로 된 연구물 출판만 인정하고 보상하는 대한민국 대학들도 있다. 그렇다면 관료들이 소통할 때 대중은 배우지 못하는 한자만 쓰던 조선 시대 구조가 얄궂게도 재구성된 셈이다. 엘리트는 영어로, 보통 사람은 한국어로 소통하는 구조 말이다.

70 John Lie, "Introduction", in Lie, ed., *Multiethnic Korea?*, Berkeley : Institute of East Asian Studies, University of California, 2014.

71 이하 언급하는 통계자료는 출처는 다음 두 자료이다. Lie, *Han Unbound*; Hattori Tamio, *Kaihatsu no keizaishakaigaku*, Tokyo : Bunshindō, 2005, chap. 3. 초기 대한민국 통계자료는 Kyō Gozen, *Kankokuno tōkei jijō*, Tokyo : Ajia Keizai Kenkyūjo, 1965 참조.

72 John Lie, "The Political Economy of South Korean Development", *International Sociology 7*, 1992, pp.285~300.

73 John Lie, "The Transformation of Sexual Work in 20th-Century Korea", *Gender & Society 9*, 1995, pp.310~327.

74 Lie, *Han Unbound*, pp.74 · 78.

75 Soowon Kim, Soojae Moon, and Barry M. Popkin, "The Nutrition Transition in South Korea", *American Journal of Clinical Nutrition 71*, 2000, pp.44~53.

76 김영주, 『한국의 청년 대중음악 문화』, 한국학술정보, 2006, 137~146쪽.

77 강희봉은 대졸자 혼전 성관계 빈도가 1978년 약 41%에서 2011년 89%로 증가했다고 한다. Kang Hibong, *Darekani oshietakunaru Kanryū no himitsu*, Tokyo : PHP Kenkyūjo, 2012, p.103 참조.

78 1997년 대통령 선거운동 중 당시 김대중 후보는 가지각색 셔츠를 입었는데(내 기억으로는 대체로 푸른 색조였지만), 여기에는 너무 나이 들었다는 비난을 방지하려는 목적도 있었다고들 한다. 확실히 1980년대 후반 내가 대한민국에서 일할 때는 긴 소매 흰 셔츠와 지루한 넥타이만 용인되고 용인 가능한 제복이었다. 내가 가끔 밝은 색 넥타이를 매면 예민한 관찰자들은 내가 '한국인'이 아님에 틀림없다는 결론에 도달했다. 그러나 이런 민족 판별 시험은 새천년에 접어들면서 효력이 없어졌다.

79 설문조사를 하면 대한민국 주요 종교에서 기독교보다 불교가 높은 순위를 차지할 때가 많다. 그러나 기독교인들은 대개 정기적으로 교회를 가는 반면 불교신자들은 꼭 그러지 않는다. 독실함과 사회적 영향력이라는 관점에서 기독교가 우세하다는 사실은 반박할 여지가 없어 보인다. 이러한 점에서 최형묵, 『기독교와 권력의 길』, 로크미디어, 2009 참조.

80 Akiyama Eiichi, *Kankoku ryūtsū o kaeta otoko*, Fukuoka : Nishi Nihon Shinbunsha, 2006, pp.72~75. 처음 반응은 미적지근하고 부정적이었다. 아키야마는 언론이 부정적 일본 상업주의 영향을 경고했다고 한다(p.73). 대한민국 롯데 백화점은 자이니치 기업가가 세웠다. 임종원, 『롯데와 신격호』, 청림출판, 2010 참조.

81 Seymour Martin Lipset, *The First New Nation*, New York : Basic Books, 1963.

82 현재 이승만 동상 상황은 http://english.chosun.com/site/data/html_dir/2008/03/28/2008032861021.html 참조.

83 Bruce Cumings, *North Korea*, New York : New Press, 2004, chap. 3 참조.

84 『월간 조선』, 1998.8.

85 이와는 반대로 일본 주요 지폐 3종 모두에는 과학자 노구치 히데요(野口英世), 작가 히구치 이치요(樋口一葉), 철학자 후쿠자와 유키치(福沢諭吉) 등 주요 근대 문화 인물이 등장한다. 중국 지폐 5종에는 모두 마오쩌둥이 나온다. 북한 지폐 5종 중 하나에는 김일성, 또 하나에는 천리마, 나머지 셋에는 이름 없는 노동자와 군인, 여성과 아이가 들어가 있다.

86 김치도 조선 시대 후반기가 되어서야 고춧가루를 수입하고 넣으면서 매워지기 시작했다(적어도 근대 이후 대다수 김치는 매워졌다). 윤서석, 『우리 나라 식생활 문화역사』, 신광, 1999, 6장 및 김상보, 『조선 시대의 음식문화』, 가람기획, 2006, 279~284쪽 참조.

87 Leo Kim, "Explaining the Hwang Scandal", *Science as Culture 17*, 2008, pp.397~415.

88 Lie, "Introduction", and *Han Unbound*, appendix. 일반 사항은 John Lie, *Modern Peoplehood*, Cambridge : Harvard University Press, 2004 참조.

89 강인희(1979), 『한국식생활사』 제2판, 삼영사, 1990, 7장.

90 허균(1611), 손낙범 역, 「도문대작」, 『한국고대할팽법』, 국제대학국어국문학연구실, 1975, 3장.

91 강인희(1979), 『한국식생활사』, 10장.

92 Ch'oe Kil-sŏng, *Kankoku minzoku e no shōtai*, Tokyo : Fukyōsha, 1996, p.99 · 102.

93 위대한 학자 다산 정약용은 『논어』를 매일 읽으라고 했다. 그러나 내가 지난 20년간 대한민국 학생 수백 명 앞에서 강의했어도 그리 길지 않은 이 책을 다 읽었다는 사람은 아직 만나보지 못했다. 정약용, 『역주 논어 고금주』, 사암, 2010, p.75.

94 예를 들어 Heonik Kwon and Byung-Ho Chung, *North Korea*, Langham : Rowman & Littlefield, 2012를 참조하고, Sonia Ryang, *Reading North Korea*, Cambridge : Harvard University Asia Center, 2012와도 비교할 것.

95 Kim Yŏng-dae, *Chōsen no hisabetsu minshū*, orig. 1978, trans. by Hon'yaku Henshū Iinkai, Osaka : Buraku Kaihō Kenkyūjo, 1988, pp.12~15 · 26~27 참조. 대한민국이 이 주제에 흥미가 없음을 보여주는 증거로 나는 이 책 한글 원본을 어디에서도, 예를 들면 www.worldcat.org에서도 찾지 못했다. 영어 자료는 Herbert Passin, "The Paechong of Korea", *Monumenta Nipponica 12*, 1956, pp.195~240 참조.

96 현대 초대 회장은 한국 조선술이 뛰어나다는 증거로 16세기 전설적 군함 거북선이 그려진 대한민국 지폐를 보여주었다고 한다. Tamaki Tadashi, *Kankoku zaibatsu wa doko e iku*, Tokyo : Fusōsha, 2012, p.171 참조. 한국인에게서 자주 보이는 이러한 뻔뻔함 때문에 수많은 약속이 깨지기도 했는데, 그중 가장 볼 만한 사례를 꼽자면 아마 황우석 박사가 자행한 연구 사기일 터다.

제2장_ 서울이 부른다

1 세부 사항에 주목한 이 문단에 어울리게 덧붙이자면 '남한'은 통상 쓰는 용어가 아니다. 대한민국 안팎에서는 모두 '남'을 빼고 '한국'만 써서 남북한 양국을 대표하게 하는데, 특히 남한에서 통일이라는 개념 자체에 저항하는 추세에 비추어 보면 이러한 경향에는 아주 문제가 많다. (남한 지도에서는 북한 영토를 빼놓을 때도 있다.)

2 남한 대중음악 역사를 케이팝 역사로 쓰는 경향은 예를 들면 Chang Nam Kim, *K-POP*, Seoul : Hollym International, 2012 참조.

3 경기 침체로 한층 나빠진 판매량을 왜곡 보도하는 관행이 만연했고 이 사실은 1999년에 드러났다. 그 후 대한민국 음악 협회는 월별 판매량을 집계했고, 2011년부터는 여기에 엠넷 주간 차트도 더해졌다. http://mwave.interest.me/kpop/chart.m 참조.

4 뮤직비디오는 다음에서 볼 수 있다.
https://www.youtube.com/watch?v=BykZNO5GCfA.

5 영상은 https://www.youtube.com/watch?v=nQt7Mw6MhV4.

6 장윤정은 2012년 갤럽 최고 인기가수 조사에서 5위를 차지했다. 트로트 가수 태진아도 9위였다. 조사 결과는 www.allkpop.com/2012/12/korea-gallup-poll-reveals-the-most-popular-k-pop-stars-in~2012 참조. 제1장에서 언급했지만 트로트는 대중음악 자체를 의미할 때가 많고 다양한 장르를 부른 트로트 가수도 많다. 장윤정도 조용필처

럼 처음에는 록 가수가 꿈이었다고 한다.

7 Furuya Masayuki, *K Generation*, Tokyo : DHC, 2005, pp.27~33.

8 영상은 http://www.youtube.com/watch?v=ZPaK5sTRm6A.

9 John Lie and Ingyu Oh, "SM Entertainment and Soo Man Lee", in Fu-Lai Tony Yu and Ho-Don Yan, eds., *Entrepreneurship in Asia*, London : Routledge, 근간.

10 https://www.youtube.com/watch?v=pJ27mfX_1Ew 참조. 투팍 샤커 어머니는 자기 아들 작품을 베이비복스가 허가 없이 사용했다며 소송을 제기했다. 베이비복스가 당시 미국에서 어떤 관심을 얻었든 이 소송으로 얻은 오명은 그보다 훨씬 컸다. 투팍은 한국계 미국인 상점주인 두순자가 아프리카계 미국인 소녀를 죽인 사건을 랩으로 만들었고, 그리하여 흑인과 한국계 미국인 사이에 존재한다고들 하는 인종 적대감에 한몫한 바 있다. Nancy Abelmann and John Lie, *Blue Dreams*, Cambridge : Harvard University Press, 1995, pp.148~170 참조.

11 Jordan Siegel and Yi Kwan Chu, *The Globalization of East Asian Pop Music*, HBS Case no. 9~708~479, Cambridge : Harvard Business School, 2010, pp.8~10.

12 Ugaya Hiromichi, *J poppu to wa nanika*, Tokyo : Iwanami Shoten, 2005, pp.2~7.

13 일본어와 한국어 문법구조는 사실상 동일하지만 음성학상 정반대이다. 즉 두 언어 모두 원어민처럼 발음하기가 어려운데 보아는 해냈다. www.youtube.com/watch?v=TA8ZBCUweCY&feature=fvsr.

14 이 주장을 증명할 신뢰할 만한 통계자료는 없다.

15 뮤직비디오는 http://www.youtube.com/watch?v=hxfICoV2FEg.

16 뮤직비디오는 http://www.youtube.com/watch?v=qzgccjUBJig.

17 뮤직비디오는 http://www.youtube.com/watch?v=bWQMdvMnKSA.

18 뮤직비디오는 http://www.youtube.com/watch?v=uqsHnxo35cg.

19 미국 주류 청중에게 백비트는 초기 아프리카계 미국인 음악가 — 패츠 도미노나 가장 영향력 있는 가수로는 척 베리 — 들이 처음 들려주었다. 그러나 케이팝에 최초로 영향을 미친 힘은 그런 초기 음악가들이 아니라 디스코와 랩, 힙합 등 포스트디스코 리듬 가락이라고 봐도 무방하다.

20 Tsuchiya Keisuke, "Erekutoro ga Kankoku popyurā myūsikku ni ataeta eikyō", In Kubota Yasuhira and Tsuchiya Keisuke, eds., *New Korean Music Guidance*, Tokyo : Ongaku Shuppansha, 2012, pp.54~55, 특히 p.54.

21 상승 작용을 하는 케이팝 후크는 어쩌면 마이클 하너가 '소리 몰이(sonic driving)' 개념에서 말한 대로 의식을 대안('주술') 상태로 몰아넣는 작용을 할지도 모르겠다. Michael Harner, *Cave and Cosmos*, Berkeley : North Atlantic Books, 2013, pp.44~48 참조. 원더걸스 등 케이팝 그룹들을 현대판 무속인으로 보면 흥미롭기는 하겠다. 그러나 무속인과 케이팝 가수 공연 관행 사이에, 그리고 그 모습을 지켜보는 사람들에게 나타나는 징후(최면에 빠진 몽환 상태)에 유사점이 일부 있다 해도 무속과 자본주의 기저에 깔린

22 이 현상에서는 남녀가 유별한 전통 한국식 공간 구분이 현대에 나타나기도 한다. 동시에 남녀를 분리한 이런 연습생 훈련 과정은 혼성 그룹 부재 이유이기도 하다. 아이들은 십대 초반, 혹은 십대 후반까지도 남녀가 나뉘는 경향이 있는데, 미국에서도 이런 경향은 존재한다. 또한 이 연령대를 잡으려고 하다 보니 단일 성별 그룹을 강조하게 된다.

23 Sun Jung, *Korean Masculinities and Transcultural Consumption*, Hong Kong : Hong Kong University Press, 2011, pp.35~39. 여기서는 한국 텔레비전 드라마 남자 주연들이 민족성도 없고 부드러운 남성성을 보인다고 설명하지만, 최근 케이팝 표현 방식을 보면 좀 더 거친 미국식 남성성을 지향하는 모습이다.

24 www.youtube.com/watch?v=QQeRojDfFmk 참조.

25 John Seabrook, "Factory Girls", *New Yorker*, 8 October 2012, pp.88~97, 특히 p.92.

26 Kitahara Minori, *Sayonara, Kanryū*, Tokyo : Kawade Shobō Shinsha, 2013, pp.16~17.

27 Ibid., p.17.

28 가수 비가 전 세계에서 초국가적 인기를 끈 내용은 다음 자료 참조. Hyunjoon Shin, "Have You Ever Seen the Rain? And Who'll Stop the Rain?", *Inter-Asia Cultural Studies 10*, 2009, pp.507~523.

29 이 장 주석 7번에서 인용한 조사 결과 참조.

30 예를 들면 http://www.itzcaribbean.com/skull.

31 John Lie, *Han Unbound*, Stanford : Stanford University Press, 1998, pp.41~42. Pak Chong-hyŏn(Paku Chon Hyon/Park Jong Hyun), *KARA, Shōjo Jidai ni miru "Kankoku no tsuyosa"*, Tokyo : Kōdansha, 2011, pp.76~79도 참조할 것.

32 논란을 벌이자는 것이 아니라 관련 전거는 아직까지도 소스타인 베블런 글이다. Thorstein Veblen, *Theory of the Leisure Class*, New York : Huebsch, 1899.

33 물론 그 반대도 옳을지 모른다. 이국풍과 독특한 외양, 태도, 행실이 더 매력적일 때도 있다.

34 앤드류 칸은 "두 나라 사이를 가르는 바다는 고작 50킬로미터에 불과하지만, 프랑스 음악 산업과 영국인 가슴 사이에 존재하는 만(灣)을 건널 다리는 만들기 불가능해 보인다"라고 했다. Andrew Khan, "Sounds of France", *The Guardian*, 28 May 2012.

35 Hannes Gmelin, *Nationalitätin populärer Musik*, Hamburg : LIT Verlag, chap. 5.

36 〈케이팝에 반응하는 아이들(Kids React to K-pop)〉이라는 영상은 경계심과 경탄에서 조롱과 거부까지 다 아우르는 반응을 보여준다. http://www.youtube.com/watch?v=yd6EQ4MxTWE.

37 Timothy D. Taylor, *Global Pop*, London : Routledge, 1997, pp.1~5. 그러나 테일러가 언급했다시피 1991년 전체 음악 산업에서 '월드 뮤직'이 차지한 경제 점유율은 비교적 작은 두 부문, 재즈와 고전음악을 합친 정도에 불과했다.

38   Ibid., pp.199~201.

39   Ivan Raykoff and Robert Dean Tobin, *A Song for Europe*, Aldershot : Ashgate, 2007 참
     조. Karen Fricker and Milija Gluhovic, eds., *Performing the "New" Europe*, London :
     Palgrave Macmillan, 2013도 참조할 것.

40   이 문제의 바다는 대개 이름 때문에 논쟁이 된다(일본과 대한민국에만 한정된 일도 아
     니다. Sam Roberts, "A Debate in New York Over the Name of a Sea Between Japan
     and the Koreas", *New York Times*, 11 February 2014). 이 바다는 일본어로는 일본해,
     한국어로는 동해라고 한다.

41   엔카 기원이 한국인가를 놓고 논쟁이 확대되기도 했다. John Lie, *Multiethnic Japan*,
     Cambridge : Harvard University Press, 2001, chap. 3 참조. 대한민국 가수들은 일본 가
     수들과 국적도 달랐지만 음악 양식도 달랐다. 양국 가수 모두 광의에서는 같은 장르인
     음악을 만들었지만 대한민국에서 만든 음악이 대체로 훨씬 빠르고 밝다.

42   Song An-Jong, *Zainichi ongaku no 100-nen*, Tokyo : Seidosha, 2009, pp.197~198.

43   일본에 동화한 한국인 중 열렬한 반일 이론가로 탈바꿈한 사람들이 있다는 사실은 역
     설일지 모르지만 예측 가능한 일이기도 하다. 박정희가 일본 대중문화를 높이 평가하
     면서 동시에 금지한 사실도 이런 깊은 양가감정을 나타낸다.

44   Ugaya, *J poppu to wa nanika*, pp.173~178.

45   그러나 케이팝은 두 가지 면에서 독특하다. 새로 나타난 케이팝 시장은 발견 또는 활용
     했다기보다는 의식적으로 만들었다. 그리고 케이팝 수출품은 '한국 브랜드'로, 대한민
     국 사람임을 밝힌 사람들이 공연하는 혁신적 음악 유형으로 제공한다.

46   박정희가 수출제일주의 산업화를 장려하면서 대한민국이 수출과 경제 성장에 집중한
     국가로 변모한 과정은 전주곡 장에서 다뤘다. Lie, *Han Unbound*, pp.54~73도 참조
     할 것.

47   대한민국 경제는 21세기가 되면서 드디어 모방에서 혁신으로 이행했다. 그리고 혁신
     하고 주도하는 사람들은 당연히 사용하고 추종하는 사람들보다 훨씬 창조적 공로와
     저작권을 보호하려고 고민한다.

48   금액은 중국에서 1억 8천 2백만 달러, 대만에서 1억 7천 2백만 달러, 홍콩에서는 1억 달
     러였다. PricewaterhouseCoopers, *Global Entertainment Outlook*, New York : Price-
     waterhouseCoopers, 2013, pp.265 · 293~294 참조.

49   Jonathan Sterne, *MP3*, Durham : Duke University Press, 2012.

50   철저한 저작권 보호에도 불구하고 일본에서 음반 판매가 절정에 달한 해는 1998년이
     고 그 후로 판매고는 꾸준히 하락했다. Mōri Yoshitaka, *Popyurā ongaku to shihonshugi*,
     Tokyo : Serika Shobō, 2007, p.152.

51   Kanno Tomoko, *Sukini natte wa ikenai kuni*, Tokyo : Bungei Shunjū, 2000, pp.16~17.

52   John Lie, "The Asian Economic Crisis; or, What Crisis?", *CSE Newsletter 2*, 2000, pp.
     1~5. 이 글은 다음 주소에 올라와 있다. http://www.bus.umich.edu/FacultyResearch/R

esearchCenters/Centers/Cse/CseSite/Newsletter/Current/Liea.htm.

53 경제 사회학은 꽃을 피웠다. John Lie, "Sociology of Markets", *Annual Review of Sociology 23*, 1997, pp.341~360에서도 그러한 상황을 설명한다. 그런데 안타깝게도 학문적 해설에서는 여전히 주의주의 작용을 제대로 설명하지 못한다. Frank H. Knight, *Risk, Uncertainty and Profit*, Boston : Houghton Mifflin, 1921.

54 2013년 예산액 출처는 문화체육관광부 고위 관료이다. 2010년 총액은 9천5백만 달러로 알려져 있다. Siegel and Chu, *Globalization of East Asia Pop Music*, p.21 참조. 이러한 정부 지원은 성격상 간접이라서 어떤 영향을 미쳤는지 전혀 확실하지가 않다. 정부 지원은 콘텐츠 디지털 전송 능력 제고부터 케이팝 학술 연구 지원까지 다양했다. SM 엔터테인먼트 임원들은 사실 정부 개입이나 간섭 가능성에 경계심을 품지는 않았어도 회의를 느꼈다. 그렇다고 국가 지원에 아무 효용이 없다고 부정해도 문제다. 2011년 11월 이명박 대통령은 구글 CEO 에릭 슈미트와 만나 유튜브에 케이팝 채널을 추가해달라는 로비를 했다고 하는데, 실제로 그 이후에 채널이 생기기는 했다.

55 Mōri Yoshitaka, *Popyurā ongaku to shihonshugi*, p.157.

56 Siegel and Chu, *Globalization of East Asia Pop Music*, p.1.

57 영화 산업에서도 비슷한 변화를 볼 수 있다. 역설이지만 경제 위기 이후에는 전례 없는 실험과 혁신 시대로 이행했는데, 결국 2003년 박찬욱 감독 〈올드보이〉, 봉준호 감독 〈살인의 추억〉 등 찬란한 걸작들이 나왔다. 대한민국 영화 산업 변화는 Darcy Paquet, *New Korean Cinema*, New York : Columbia University Press, 2009 참조. Jinhee Choi, *The South Korean Film Renaissance*, Middletown : Wesleyan University Press, 2010도 참조할 것. 마찬가지로 2000년대 대한민국에는 〈스타크래프트〉(2000)와 〈리니지〉 (2003) 등 새로운 인터넷 기반 게임 시대도 도래했다. 이와 관련된 내용은 안진수에게 도움을 얻어 이해했다.

58 Nishimori Michiyo, *K-POP ga Ajia o seihasuru*, Tokyo : Hara Shobō, 2011, pp.43~52; Sakai Mieko, *K-POP Bakkustēji-episōdo*, Tokyo : Kawade Shobō Shinsha, 2011, chap. 6 참조.

59 서태지와 아이들 멤버이던 양현석은 그룹 해체 이후 힙합과 R&B에 중점을 두고 YG 엔터테인먼트를 세웠다. 양현석은 싸이를 대리하는 에이전트로 갑자기 유명해졌다. JYP 박진영도 잘 나가는 가수 겸 작곡가였다. SM엔터테인먼트 이수만은 아래에 좀 더 상세히 언급한다.

60 이수만과 SM엔터테인먼트 관련 자료는 여럿 있지만 Mark James Russell, *Pop Goes Korea*, Berkeley : Stone Bridge Press, 2008, chap. 5; Paku, *KARA*, chap. 2; Chon Wol-sŏn, *K-POP*, Tokyo : Shōgakkan, 2012, chap. 7; Lie and Oh, "SM Entertainment" 참조. 이수만이 내세운 '문화기술' 개념은 Miura Fumio, *Shōjo Jidaito Nihon no ongaku seitaikei*, Tokyo : Nihon Keizai Shinbun Shuppansha, 2012, pp.91~98 참조.

61 국제음반산업협회(International Federation of the Phonographic Industry) 2006년 연례 보고서에서는 2000년대 중반 중국 '물리적 불법 복제 수준'을 85%로 추정한다. *The*

Recording Industry 2006 Piracy Report : Protecting Creativity in Music, p.11 참조. 링크
는 http://www.ifpi.org/content/library/piracy-report2006.pdf.

62 Kigoshi Yu, *ShōjoJidai & KARA no himitsu*, Tokyo : Sanī Shuppan, 2011, chap. 1.

63 슈퍼주니어와 관련해서 알고 싶은(그러나 감히 물어볼 생각은 못 하는) 모든 내용은
SUPER JUNIOR Kenkyūkai, *SUPER JUNIOR kenbunroku*, Tokyo : Sōryūsha, 2013
참조.

64 태국 내 케이팝 인기에서 흥미로운 지점은 케이팝이 태국 및 아시아 남성들을 상대로
운영하는 게이 바에서 인기 있다는 사실이다. 이런 바에서는 주로 케이팝을 틀기도 하
고 개인이나 그룹으로 앞 다투어 좋아하는 안무를 따라하기도 한다. 실제로 케이팝은
'게이 팝'이라고 할 때도 있다.

65 복무 기간은 성격에 따라 다양하지만, 최단 복무 기간은 육군 21개월, 최장은 일부 공
익에 적용하는 36개월이다. 병역 의무 유예나 면제에는 대중이 심하게 분노하기 때문
에 이제 전처럼 흔하지 않다. 스티브 유라고도 하는 랩 스타 유승준은 이런 점에서 음악
계에서 가장 두드러진 사례였다. 유승준은 군 복무 직전인 2002년 미국으로 도피해 귀
화했고 한국에서 강제추방과 재입국 금지 처분을 받았다. 정치적으로 연줄 있는 청년
들이 군 복무 면제나 복무 기간 단축 등 제도를 악용한다는 비난 때문에 최근 정권에서
는 전 세계에서 유명한 슈퍼스타라 하더라도 예외를 허용하지 않는 편이다.

66 대한민국 군대 음악도 결국 힙합을 받아들이게 되었다. Sakai Mieko, *K-POP bakku
stēji episōdo*, pp.59~64 참조.

67 흑인 음악을 백인 청중 입맛에 맞게 하려는 의식적 전략으로 '니그로(negro) 음악'도 로
큰롤이라는 이름과 모양새로 탈바꿈했다. Charlie Gillett, *The Sound of the City*, orig.
1970, rev. ed., New York : Da Capo Press, 1983, p.13.

68 Nishimori Michiyo, *K-POP ga Ajia o seihasuru*, pp.137~144. 이효리 신드롬으로 유명
한 이효리는 제이팝 대스타인 아무로 나미에와 묘하게 닮았다.

69 Paku, *KARA*, chap. 2; Sakai Mieko, *Naze K-POP sutā wa tsugikara tugini kurunoka*,
Tokyo : Asahi Shinbun Shuppan, 2012, chap. 3 참조.

70 기간이 가장 짧은 티파니는 3년이었지만 써니는 다른 기획사에 잠시 소속된 시기까지
포함하면 연습생 기간이 9년이었다고 한다. Shōjo Jidai Kenkyūkai, ed., *Shōjo Jidai
kenbunroku*, Tokyo : Sōryūsha, 2010, p.19 참조.

71 Shōjo Jidai Kenkyūkai, ed., *Shōjo Jidai kenbunroku*, pp.20~22.

72 Kimizuka Futoshi, *Nikkan ongaku bizinesu hikakuron*, Tokyo : Asupekuto, 2012,
pp.85~88.

73 Takatsuki Yasushi, *Kankoku geinōkai uramonogatari*, Tokyo : Bungei Shunjū, 2011,
pp.76~81. '텐 프로'는 호스티스 중 10%, 즉 최상위라는 의미인데, 이 '텐 프로'라는 고
급 매춘부와 직업 연예인 사이에는 일종의 순환이 있다. 현대 대한민국 기업 문화에는
에스코트나 고급 매춘부를 고용하는 관행이 널리 퍼져 있다. 관련 배경 지식은 John

Lie, "The Transformation of Sexual Work in 20th-Century Korea", *Gender & Society* 9, 1996, pp.310~327 참조. 현대 대한민국 성 노동 경제에서 인기 배우나 가수를 닮은 젊은 여성에게는 종종 프리미엄이 붙는다.

74   이 임원은 현대가 1990년대 미국 자동차 시장 진출을 모색할 때 이런 관행을 따랐다고 덧붙였다.

75   케이팝의 '어두운' 단면은 일본에서도 쉽게 유사 사례를 찾을 수 있다. Ugaya, *J poppu to wa nanika*, pp.225~227; Kurosaki Satoshi, "Rekōdokaishano shōhai o waketa gōwanto sono giman", *Saizō*, August 2013, pp.30~33 참조.

76   예를 들어 Takatsuki Yasushi, *Kankoku geinōkai uramonogatari*, pp.60~64 참조.

77   K-POP Aruaru Iinkai, *K-POP aidoru & ota aruaru*, Tokyo : Take Shobō, 2013.

78   Miura Fumio, *Shōjo Jidaito Nihon no ongaku seitaikei*, pp.140~143.

79   이런 점에서 매우 발전한 온라인 게임 산업을 생각해 보자. Dal Young Jin, *Korea's Online Gaming Empire*, Cambridge : MIT Press, 2010.

80   할리우드 영화 스튜디오 의사 결정 과정이 제멋대로에 독재 성향이었다는 설명은 John Gregory Dunne, *The Studio*, New York : Farrar Straus Giroux, 1969 참조. 케이 팝과 할리우드 비교를 확장해서 질문을 던져보자. 그러면 각국 영화 산업은 왜 B급 영 화를 빨리 만들어내지 못하는가? 아마 B급 영화 제작이 실제로는 매우 어렵다는 말로 다소 답변이 되겠다. 할리우드 영화 중에는 싸구려도 많지만 그런 영화들조차 배우는 물론 다양한 숙련 전문가들이 필요한 고품질 상품이다. 그리고 B급 영화도 그 상품을 관리하고 마케팅하는 제작자 능력에 크게 기댄다.

81   미국에서는 진정성, 자율성, 그리고 독창성이라는 지배 이데올로기 때문인지 록 밴드 에 들어가 자기 동네에서 공연하면서 출발하는 록스타 지망생들을 높이 산다. 게다가 마이클 잭슨이나 마돈나를 떠올리든 파 이스트 무브먼트나 예 예 예스를 떠올리든 우 리는 특정 가수나 그룹을 생각할 때 그 스타일에서 어떤 일관성을 기대한다(가수들이 발전과 혁신을 계속 도모하지 않는다는 말은 아니다). 팬이라면 지겹도록 설명할 수 있 듯 케이팝 그룹에도 정체성이나 연속성이 아예 없지는 않지만, 케이팝 그룹은 앨범이 바뀔 때마다 외모나 음악 장르까지 매우 빠르게 변하기도 한다. 앞서 언급한 신화는 버 블검 팝을 부르는 단정한 남성 아이돌 그룹으로 출발했다가 잠깐 고스 족 분위기를 풍 기는 단계를 거치더니 도시 유행의 선두주자로 나타났고, 최근에는 세련된 근육남으 로 다시 나왔다. 그룹 멤버를 선발하고 내보내고 합류시키고 재합류시킬 때 기획사가 행사하는 권한도 잦은 변화 원인이다. 그렇다고 대한민국 제작자들이 전체주의 식으 로 운영하지는 않는다. 소송을 제기해서 개인이 고용주를 바꾸는 일도 있다. 예를 들어 신화는 SM엔터테인먼트 소속 그룹으로 출발했다가 굿 엔터테인먼트로 갈아탔고 결 국 독립했다. 〈강남스타일〉 뮤직비디오에 출연해 지하철에서 폴 댄스를 추던 현아(김 현아)는 원더걸스(JYP엔터테인먼트)로 시작했지만 결국 포미닛(큐브 엔터테인먼트) 에 합류했고, 솔로 활동도 하지만 듀오 트러블메이커로도 활동한다.

82   이런 오디션 프로그램 중에서는 〈슈퍼스타 K〉가 제일 유명하다. 해당 프로그램에서
      는 대한민국 국민 중 4%가 이 오디션에 지원했다고 주장하지만 이 수치는 분명 과장이
      다. 한 번 넘게 지원한 사람들이 많기 때문이다. Kimizuka Futoshi, *Nikkan ongaku
      bizinesu hikakuron*, pp.188; Sakai Mieko, *K-POP bakku stēji episōdo*, pp.43~46 참조

83   Swee-Lin Ho, "Fuel for South Korea's 'Global Dreams Factory'", *Korea Observer 43*,
      2012, pp.471~502. 지금은 학업과 고전음악, 케이팝은 물론이고 스포츠까지 다들 다
      양한 분야로 들어가려고 한다. 예를 들면 김연아가 2010년 동계 올림픽에서 금메달을
      따자 피겨스케이팅도 인기를 끌었다.

84   17세 남성 평균 신장은 1977년 159센티미터였지만 1997년에는 174센티미터였다. D.
      Schwekendiek, "Determinants of Well-Being in North Korea", *Economics and Human
      Biology 6*, 2008, pp.446~454. 그러니까 대한민국 남성 평균 신장이 20년간 약 15센티
      미터 커졌다는 뜻이다. 앞서 언급했다시피 동시에 대한민국 미의 기준도 농경사회에
      서 선호하던 둥근 얼굴과 다부진 체격에서 변했고, 남성은 깎은 듯한 얼굴과 근육질 몸
      등 보다 현대식(어쩌면 더 서양식) 외모와 체격을 수용하는 방향으로 갔다. 예를 들면
      1980년대 말 대한민국 최초 아이돌 남자 그룹이라고 할 만한 소방차에서 가장 인기 있
      는 멤버는 통통했고 지금이라면 케이팝 연습생으로 선발될 가능성이 거의 없다.

85   성형수술은 제2차 세계대전 이후에야 전쟁 부상자를 대상으로 재건 수술이 절실히 필
      요해서 등장했는데 그 사실을 떠올리면 정신이 번쩍 들 정도다. Sheila M. Rothman
      and David J. Rothman, *The Pursuit of Perfection*, New York : Pantheon, 2003, pp.103
      ~104 참조. 대한민국에서는 35년 전만 해도 성형수술은 대체로 나쁘게 봤고 20세기
      말에야 받아들였다는 사실도 믿기 어렵다.

86   한때 가장 널리 읽힌 유교 서적 『효경』은 부모에게 받은 몸을 바꾸는 일이 바람직하지
      않다고 분명하게 이야기한다. *Xiào jīng*, orig. 400 B.C.E.?, ed. Wāng Shòukuān,
      Shànghǎi gǔjí chūbǎn shè, 2007. 그러나 20세기 말에는 마치 "후손들이 더 좋게 변한
      다는 데 조상들이 반기지 않을 리가 있겠어?"라고 하듯이 정서가 완전히 바뀌었다.

87   인터넷에서 유명 연기자와 가수들 '전'과 '후' 사진을 보여주는 웹사이트는 확실히 인기
      를 끄는 듯하다. 예를 들어 다음 웹사이트를 참조할 것. http://blog.asiantown.net/-/16
      060/Makeup_and_Plastic_Surgery_do_real_wonders__Korean_Stars_Before_and_
      After.

88   Sakai Mieko, *K-POP bakku stēji episōdo*, pp.32~35.

89   이 조사 결과는 다음 자료에 나타나 있다. Terawaki Ken, *Kankoku eiga besuto100*, To-
      kyo : Asahi Shinbunsha, 2007, p.103.

90   국제미용성형외과학회(International Society of Aesthetic Plastic Surgeons, ISAPS)
      에 따르면 대한민국 국민은 1인당 미용 성형수술 건수에서 세계 1위이다. 2011년 ISAP
      S 국제미용성형수술조사(*ISAPS International Survey on Aesthetic/Cosmetic Procedures
      Performed in 2011*) 참조. http://www.isaps.org/files/html-contents/Downloads/ISAP
      S%20Results%20-%20Procedures%20in%202011.pdf.

91 Sugimoto Masatoshi, *Kankoku no fukushoku*, Tokyo : Bunka Shuppankyoku, 1983, p.121.

92 동아시아 대중음악을 이해하려는 초기 시도는 Ishida Kzushi, *Modanizumu hensōkyoku*, Tokyo : Sakuhokusha, 2005 참조.

93 케이팝 이전에도 1985년 트로트 가수로 데뷔한 주현미 등 한국계가 아닌 스타들은 있었다.

94 두말할 필요도 없이 민족 자체가 근대 현상인데다 민족은 동질성 있는 존재도 아니고 외부 영향을 받지 않는 존재도 아니다. John Lie, *Modern Peoplehood*, Cambridge : Harvard University Press, 2004.

95 초기 설명은 히라타 유키에, 『한국을 소비하는 일본』, 책세상, 2005, 131쪽 참조.

96 John Lie, *Zainichi(Koreans in Japan)*, Berkeley : University of California Press, 2008.

97 John Lie, "Why Didn't 'Gangnam Style' Go Viral in Japan? Gender Divide and Subcultural Heterogeneity in Contemporary Japan", *Cross Currents 9*, 2013, pp.44~67.

98 예를 들어 Hayashi Kaori, *"Fuyusona" ni hamatta watashitachi*, Tokyo : Bungei Shunjū, 2005; Mizunuma Keiko, *Yamato nadeshiko wa naze Kanryūni hamarunoka?*, Tokyo : Futabasha, 2011.

99 Lie, "Why Didn't 'Gangnam Style' Go Viral in Japan?".

100 Chŏn Wŏl-sŏn, *Kinjirareta uta*, Tokyo : Chūō Kōron shinsha, 2008, pp.162~167.

101 Chon, *K-POP*, pp.77~78 · 96~100.

102 Lie, "Why Didn't 'Gangnam Style' Go Viral in Japan?".

103 Miyadai Shinji, Ishihara Hideki, and Ōtsuka Akiko, *Sabukaruchā shinwa kaitai*, Tokyo : Paruko Shuppan, 1993, chap. 2 참조.

104 일반 개론은 Okada Toshio, *Otakugaku nyūmon*, Tokyo : Shinchōsha, 2000 참조. 1980년대 건축가가 기록한 흥미로운 그 시대 연대기는 Ōtsuka Eiji, *Otaku no seishinshi*, Tokyo : Kōdansha, 2004 참조.

105 예를 들면 Neil Shah, "Japanese Collectors Face a Recorded Shortage of Obscure Music", *Wall Street Journal 22~23*, September 2012.

106 Ugaya, *J poppu to wa nanika*, pp.44~46.

107 Kikuchi Kiyomaro, *Nihon ryūkōka hensenshi*, Tokyo : Ronsōsha, 2008, pp.274~275. Carolyn Stevens, *Japanese Popular Music*, London : Routledge, 2007도 참조할 것. 제이 팝을 잘 설명한 개관으로는 Ugaya, *J poppu to wa nanika*; Michael Bourdaghs, *Sayonara Amerika, Sayonara Nippon*, New York : Columbia University Press, 2012 참조.

108 Ugaya, *J poppu to wa nanika*, pp.44~46.

109 Bourdaghs, *Sayonara Amerika, Sayonara Nippon*, chap. 6 참조.

110 Satō Yoshiaki, *J-POP*, Tokyo : Heibonsha, 1999, pp.12~13.

111 Kikuchi, *Nihon ryūkōka hensenshi*, pp.291~295.

112 우가야 히로미치(烏賀陽弘道)는 "'일본 대중음악이 세계를 따라 잡았다[또는 그와 동등하다]'는 환상이 '제이팝'이라는 이름을 낳았다"라고 했다. Ugaya, *J poppu to wa nanika*, p.11 참조.

113 AKB48라는 약어는 일본 전자제품·하위문화 메카인 아키하바라와 48명이라는 멤버 수(2013년 11월에는 89명이라고 알려졌지만)를 의미한다. AKB48와 오냥코클럽 모두 아키모토 야스시(秋元康)가 기획했다. 일본에는 SKE48 등 AKB48을 모방한 그룹이 아주 많다.

114 다행히 판단은 독자들이 직접 할 수 있다. 예를 들어 일본에서 큰 인기를 끈 다음 두 뮤직비디오를 비교해 보라. www.youtube.com/watch?v=lkHlnWFnA0c&feature=list_related&playnext=1&list=AL94UKMTqg~9CrZ-P_rw1paPmSQwmrVBv0, www.youtube.com/watch?v=fhseD2tRLUY.

115 Hamano Satoshi, *Maeda Atsuko wa Kirisuto o koeta*, Tokyo : Chikuma Shobō, 2012 참조. 존 레논도 비틀즈가 "예수보다 훨씬 유명했다"라는 유명한 말을 했지만, 일본 열도 밖에서 사실상 거의 무명인 가수가 과연 세계 역사상 유명 인물과 비교 대상이 되는지는 의문이다.

116 AKB48 마케팅은 Murayama Ryōichi, *AKB 48ga hittoshita itsutsu no himitsu*, Tokyo : Kadokawa Shoten, 2012 참조.

117 이런 면에서는 다음 자료 참조. Christine R. Yano, *Pink Globalization*, Durham : Duke University Press, 2013.

118 AKB48가 인기를 끈 이유를 다양하게 논한 자료는 Kobayashi Yoshinori, Nakamori Akio, Uno Tsunehiro, and Hamano Satoshi, *AKB48 hakunetsu ronsō*, Tokyo : Gentōsha, 2012 참조.

119 '문화' 예산은 1980년대 후반부터 급증했고 기업 후원 행사도 마찬가지였지만 광고 대상은 거의 자국 대중이었다. Ugaya, *J poppu to wa nanika*, pp.13~15.

120 일본에서 빅뱅이 미친 영향은 Nishimori, *K-POP ga Ajia o seihasuru*, pp.20~26 참조.

121 라이오넬 트릴링은 도덕적 책임감인 진지성에서 내부지향성인 본래성으로 변화하는 현상을 모호하지만 그래도 잘 설명하였다. Trilling, *Sincerity and Authenticity*, Cambridge : Harvard University Press, 1972. 뒤에 찰스 테일러가 이 개념을 발전시켰다. Charles Taylor, *The Ethics of Authenticity*, Cambridge : Harvard University Press, 1992. Hugh Barker and Yuval Taylor, *Faking It*, New York : Norton, 2007는 대중음악에서 본래성을 흥미롭게 설명한다.

122 Wilhelm H. Wackenroder and Ludwig Tieck, *Herzensergießungen eines kunstliebenden Klosterbruders*, orig. 1797, Leipzig : Reclam, 2005. Rüdiger Safranski, *Romantik*, Munich : Fischer, 2008, chap. 5도 참조할 것.

123 Kenneth Hamilton, *After the Golden Age*, New York : Oxford University Press, 2007.

124 수잔 보일이 선풍을 일으키며 〈브리튼스 갓 탤런트〉에 등장한 영상은 www.youtube.c om/watch?v=RxPZh4AnWyk 참조. 최성봉 영상은 https://youtu.be/4nSJu6fSQRI. 수잔 보일은 못생긴 외모, 최성봉은 힘든 삶 때문에 흥미로운 이야깃거리가 되었다.

125 허버트 사이먼도 맬컴 글래드웰도 어떤 직업에 숙달하려면 일정한 연습과 훈련이 반드시 필요하다고 지적했다. Herbert Simon, *Reason in Human Affairs*, Stanford : Stanford University Press, 1983, p.28; Malcolm Gladwell, *Outliers*, New York : Little, Brown, 2008, pp.39~42 참조.

126 하워드 싱어맨도 썼듯이, "우리가 19세기에서 물려받은 예술가 이미지, 즉 의욕 있고 고립되고 말 없는 개인이라는 이미지는 대학 교육을 받은 직업 예술가라는 개념과 정면으로 부닥친다." Howard Singerman, *Art Subjects*, Berkeley : University of California Press, 1999, pp.209~210 참조.

127 가브리엘 트라드는 모방의 보편성이 사회생활에서 본질이라고 상정했다. Gabriel Trade, *Les Lois de l'imitation*, Paris : Alcan, 1890, p.181. 물론 모방 없는 사회생활은 상상 불가능하다.

128 Ian Jack, *The Poet and His Audience*, Cambridge : Cambridge University Press, 1984, pp.170~171 참조.

129 토머스 휴즈는 20세기 유럽인이 대체로 미국인을 어떻게 생각했는지를 묘사하면서 '미국인이 기계처럼 행동하는 모습을 본 외국 비평가' 발언을 인용한다. "미국인들은 외모와 태도, 도덕률, 관습 면에서 서로 바꾸더라도 똑같은 상태가 됐다. 말쑥하게 면도한 미국 남성들과 인형 같은 얼굴에 짙게 화장한 미국 여성들은 마치 포드 차 조립 라인에서 나타난 듯했다." Thomas P. Hughes, *The Human-Built World*, Chicago : University of Chicago Press, 1984, p.72 참조.

130 Craig Marks and Rob Tannenbaum, *I Want My MTV*, New York : Dutton, 2011, p.xi.

131 많은 작곡가들이 그랬지만 19세기 초 저명 작곡가 칼 프리드리히 젤터(Karl Friedrich Zelter)도 베토벤 음악이 이해 불가능하다고 생각했다. 젤터는 베토벤 음악이 '소름끼친다'면서 '아버지가 여자이거나 어머니가 남자인 아이들'같다고 느꼈다. 교육받은 청중들도 먼저 음악에 아주 익숙해지고 나서야 베토벤이 만든 새로운 음악이 아름답고 숭고하다고 느끼게 됐는데, 이 표현에서 젤터는 그런 청중들이 맨 처음 보인 반응을 드러낸다. Charles Rosen, *Musical Entertainments*, Cambridge : Harvard University Press, 2000, pp.117~118 참조.

132 에즈라 파운드(Ezra Pound)는 어니스트 다우슨(Ernest Dowson) 시를 논한 어느 글에서 빌라넬 "후렴구는 지성이 (…중략…) 헛되이, 그저 헛되이 탈출하려고 하는 감정적 사실이다"라고 했다. Ezra Pound, *"The Literary Essays of Ezra Pound*, orig. 1915, London : Faber and Faber, 1954, pp.361~370, 특히 p.369. '파라델'은 미국 시인 빌리 콜린스(Billy Collins)가 빌라넬을 풍자한 형식이다. Theresa M. Wellford, *The Paradelle*, Los Angeles : Red Hen Press, 2006 참조.

133 포인트 안무 시연은 www.youtube.com/watch?v=fM-lbEEZ6Mc 참조. 이 영상은 케이팝 걸그룹 에이핑크 리허설이다.

134 사이먼 퍼스는 팝 음악 가사는 시가 아니라 평범하고 뻔한 언어를 사용한다고 강력하게 주장했다. 그 '일상 언어'가 '강렬하고 활력이 넘치'게 되어 '단어들이 반향을 일으키며 평범한 일상어 사용에도 공상이라는 기운을 불어넣는' 방식이지만 말이다. Simon Firth, *Sound Effects*, New York : Pantheon, 1983, pp.37~38, 특히 p.38 참조.

135 영상은 http://www.youtube.com/watch?v=mRIPLeNtMxs 참조.

136 Edmund Burke, "A Philosophical Inquiry into the Origin of Our Ideas of the SublimeandBeautiful", orig.1757, in Burke, *The Works of the Right Honourable Edmund Burke*, vol.1, Boston : John West, 1806, pp.53~210, 특히 p.154.

137 찰스 로젠은, '음악에서 필수 조건은 허튼소리에 가까운 성격, 최종 의미가 아예 발현되지 못하게 하는 거부'라고 말한다. Charles Rosen, *The Frontiers of Meaning*, New York : Hill and Wang, 1994, p.125. 이런 말은 모든 예술 형태를 향해서도 할 수 있고 대중음악은 대개 그 단순한 표면이 허위임을 보여준다. 장 자크 루소가 "최초의 언어는 최초의 노래(les premier discours furent les première chansons)"라고 한 말이 떠오른다. Rousseau, "Essai sur le originde lalangue", orig. 1781, *Oeuvres complètes*, vol. 5, Paris : Gallimard, 1995, pp.371~429. 말과 노래는 해석학 논쟁이 벌어지는 지뢰밭으로 생각해야 한다.

138 이 변화는 대략 2분 53초쯤 나온다.
   http://www.youtube.com/watch?v=E8ZrPFMr_nY.

139 대개 기독교나 귀족 후원을 받던 시절을 (아마도 전문적 의미에서) 제외하면 고전, 즉 예술음악은 유럽에서도 오랫동안 사업이었다. 알렉스 로스 말처럼 '마쇼부터 베토벤까지 근대 음악은 본질상 팝 문화와 비슷한 시장에서 거래하던 유일한 음악'이다. Alex Ross, *Listen to This*, New York : Farrar Straus and Giroux, 2010, p.10. 현대에는 당연히 고전음악에 속하는 오페라도 1700년대에는 대중음악이었고 18세기 이탈리아 도시 등에서 문화 산업에 속했다. 카스트라토 가수를 떠올리든 모차르트 등 대단한 인기 연주가 겸 작곡가를 떠올리든, 근대 초기 유럽에도 스타 시스템은 건재했다. 그리고 모차르트든 짐 모리슨이든 스타들은 사후에야 더 큰 명성을 얻었다. 모차르트 관련 내용은 다음 책 참조. William Stafford, *The Mozart Myth*, Stanford : Stanford University Press, 1991, pp.9~10・251~252.

140 예를 들어 다음 링크에서 Jack Bishop, "Concentrations of Power and Property in Music Industry"(2005)를 참조할 것. www.redorbit.com/news/technology/258789/concentrations_of_power_and_property_in_the_music_industry/.

141 할리우드 스튜디오 시스템은 재능과 잠재력이 있는 사람을 찾지만, 새로 찾은 인재가 아무리 아름답고 연기에 능숙해도 완전히 변신시켰다. 그래서 이름을 바꾸고 개인사를 날조하며, 염색과 성형수술, 발성 연습, 춤 수업을 강요하고, 연예 잡지로 첫 선을 보이고, 계속 대중 관심을 끌기 위해 루머를 퍼뜨리기도 한다. Jeanine Basinger, *The Star*

Machine, New York : Knopf, 2007, pp.38~63.

142 Maria Tatar, *The Hard Facts of the Grimms' Fairy Tales*, Princeton : Princeton University Press, 1987. 일반론은 Jack Zipes, *The Irresistible Fairy Tale*, Princeton : Princeton University Press, 2012.

143 국제민속음악학회가 1955년 제안한 정의는 *Journal of the International Folk Music Council 7*, 1995, p.23 참조. '예술'음악이 '고전'음악으로 탈바꿈하는 등, 특정 범주 형성을 다룬 자료는 Matthew Gelbart, *The Invention of "Folk Music" and "Art Music"*, Cambridge : Cambridge University Press, 2007, pp.256~262 참조.

144 이익을 얻으려고 생산·유통되는 상품 형태인 대중음악은 종종 문화 산업과 이어지며 전 세계 현상이 된다. 일례로 David Grazian, *Mix It Up*, New York : Norton, 2010, pp.6~8 참조. 좀 더 일반론을 보자면 무겁지 않은 오락과 쉬운 만족을 주는 음악에는 경박함과 가벼움이 있는데, 대중문화의 상업성과 이윤 추구 특성은 그런 경박하고 가벼운 특성과 손잡고 간다. 대중음악은 그래서 폭넓은 호소력을 발휘한다. 상업성과 이윤 추구, 경박함과 가벼움이라는 이러한 특성들은 대중음악 옹호자 사이에서도 대중음악이라는 정의 자체가 되었고, 또 동시에 대중음악을 맹비난할 이유도 됐다. 특히 참조할 자료는 Richard Middleton, *Studying Popular Music*, Open University Press, 1990, pp.13~14; Simon Frith, "The Popular Music Industry", in Simon Frith, *Cambridge Companion to Pop and Rock*, Cambridge : Cambridge University Press, 2001, pp.xx·94~96; Chris Rojek, *Pop Music, Pop Culture*, Cambridge : Polity Press, 2011, pp.2~3.

145 이제껏 강조했지만 개념 작업은 대부분 19세기 유럽에서 일어났다. Bernd Sponheuer, *Musik als Kunst und Nicht-Kunst*, Kassel : Bärenreiter, 1987; Matthew Gelbart, *The Invention of "Folk Music" and "Art Music"*.

146 Bruno Nettl, *Folk and Traditional Music of the Western Continents*, Englewood Cliffs : Prentice Hall, 1977, p.9. 이러한 편견이 만연하고 뿌리 깊게 박혀 있다. 민속음악학 선구자인 세실 J. 샤프는 "민요는 본질상 인종은 물론 집단 상품이다. 독일 민요만큼 독일인 성격을 잘 보여주는 음악도 없다"라고 했다. Cecil J. Sharp, *English Folk Song*, London : Novello, 1907.

147 John Rosselli, *Music and Musicians in Nineteenth-Century Italy*, London : Batsford, 1991, p.24; Béla Bartók, *Studies in Ethnomusicology*, ed. Benjamin Suchoff, Lincoln : University of Nebraska Press, 1997, pp.29·37.

148 Richard Wagner, *Das Judentum in der Musik*, orig. 1850/1869, Berlin : Steegemann, 1934.

149 일부 대한민국 사람들에게는 리로이 존스(현재 아미리 바라카)가 한 농담("백인은 똑똑해질수록 흑인들에게서 더 훔쳐야 한다는 사실을 깨닫는다")을 적용해도 되겠다. LeRoi Jones, *Black Music*, New York : Morrow, 1968, pp.205~206. 그러나 20세기 미국음악 장르에서 서부 아프리카 소리풍경을 떼어내기란 물론 매우 어렵다. Peter

van der Merwe, *Origins of the Popular Style*, Oxford : Oxford University Press, 1989.

150 존 그레고리 던이 1960년대 할리우드 연예 오락을 두고 한 다음 말을 2010년대 대중음악과 연결해 보면 더 강하게 와 닿는다. "사춘기 정도 아이들은 대개 영화와 텔레비전, 음반 산업에서 학습한 일련의 반응과 인생 수업에 길들여진 상태다." John Gregory Dunne, *The Studio*, p.7.

151 베르디가 생각한 틴타(tinta) 개념은 Gilles de Van, "La Notion de *tinta*", *Revue de musicologie 76*, 1990, 187~198 참조

152 Theodor Adorno, "On Popular Music", *Studies in Philosophy and Social Sciences 9 : 1*, 1941, pp.17~18. 아도르노가 한 주장은 막스 베버가 중점을 둔 합리화를 반영한다. 폴 테베르주는 대중음악에서 특히 표준화 박자를 사용한 기술 주도 합리화를 강하게 주장한다. Paul Théberge, *Any Sound You Can Imagine*, Middletown : Wesleyan University Press, 1997.

153 Adorno, "On Popular Music." 선구적 연구는 Stuart Hall and Paddy Whannel, *The Popular Arts*, London : Hutchinson Educational, 1964, pp.61~67 · 311~312 참조 이 책에서 스튜어트 홀과 패디 웨널은 문화 산업 생산과 적극적 관중 수용 사이에 체제상 괴리가 있음을 보여주려 한다. 두 저자는 현대 소비 사회에서 청년 문화와 대중음악 간에 명백한 동일시가 있다고 지적하면서 노래와 잡지, 콘서트, 영화, 기타 대중음악 표현들은 젊은 청취자들에게 본래성이라는 감각, 사실상 세계관을 부여하는 데 중요하다고 강조한다. 그러나 비평가 대부분이 그렇듯 이들 역시 결국에는 본인 미학 취향(예를 들면 재즈 관련)을 집어넣고 말았다.

154 20세기 초 동북아시아 청취자 1세대를 대상으로 등장한 유럽 고전음악은 당연히 다른 문제다. 버타 가이스마가 회상하듯 20세기 초 독일에서는 비전문가와 전문가들이 하는 공연이 도처에서, 대도시는 물론 소도시에서도 열렸다. Berta Geissmar, *The Baton and the Jackboot*, London : Hamish Hamilton, 1944, pp.7~8. 당시 연주한 음악은 지금이야 '고전'이라고 할 만한 음악이지만, 그렇다고 현대 미국에서 대중음악이 하는 기능과 과거 그 음악이 하던 기능을 동일시하지 않을 수는 없다. 루스 피네건은 제2차 세계대전 이후 영국 마을을 연구했는데, 이 연구는 전 음악 장르에서 음악이 얼마나 지속성 있게 생산되었는지 한층 잘 보여준다. Ruth H. Finnegan, *The Hidden Musicians*, Cambridge : Cambridge University Press, 1989.

155 마찬가지로 셰익스피어도 당대에는 왕족과 대중 양편에서 인기를 끌었고, 또 모차르트나 베르디도 돈이나 권력 유무에 상관없이 거의 모든 동시대인에게 인기를 끌었으며 이 사실을 부정할 사람은 없을 터다. 예를 들어 Anthony Arblaster, *Viva La Libertà*, London : Verso, 1997 참조 오늘날 오페라를 둘러싼 우월 의식을 이해할 때는 샹포르(Chamfort)가 언급한 일화가 도움이 된다. "어느 출세에 미친 이는 베르사유 궁전 주위가 온통 오줌 냄새로 악취를 풍기는 모양을 보고는 돌아가서 세입자와 하인들에게 자기 성 주변에 와서 소변을 보라고 했다." Jasper Griffin, *Snobs*, Oxford : Oxford University Press, 1982, p.vii. 다시 말해 오늘날 오페라가 위세를 얻은 이유는 적절한 이들

이 오페라를 좋아해서고, 또 그런 사람들은 그저 위세가 있다는 이유로 오페라를 좋아한다.

156 예를 들면 뮤지컬은 자크 오펜바흐(Jacques Offenbach) 작품까지 거슬러 기원을 찾을 수 있다. John Kendrick, *Musical Theater*, New York : Continuum, 2008, pp.12~13. 존 부시 존스는 미국이 브로드웨이 쇼와 뮤지컬에 열광하는 기원을 19세기 말 〈전함 피나포어(H. M .S. Pinapore)〉까지 거슬러 올라가 찾는다. John Bush Jones, *Our Musicals, Ourselves*, Brandeis University Press, 2003, pp.4~11.

157 Theodor Adorno, "Spätstil Beethovens", orig. 1937, in Adorno, *Gesammelte Schriften*, vol.17 : *Musikalische Schriften*, ed. Rolf Tiedemann, Frankfurt am Main : Suhrkamp, 1997, pp.13~17.

158 소비와 구분, 관습화의 변증법은 Dick Hebidge, *Subculture*, London : Routledge, 1979, pp.91~96 · 102~103 참조.

159 François-René, vicomte de Chateaubriand, *Le Génie du Christianisme*, orig. 1844, vol.1, Paris : Garnier-Flammarion, 1966, p.309.

160 아무리 회의론자라도 노래방에 그냥 한 번만 가 보면 널리 인정받는 사실, 즉 대한민국 대중음악이 다양할 뿐만 아니라 일상 깊숙이 자리 잡았다는 사실을 믿게 된다. 현대 대한민국에는 유럽 고전음악부터 현대 재즈, 판소리부터 펑크 록까지 수많은 음악 장르가 번성하는 중이며, 대중음악을 아무리 협소하게 정의하더라도 과거 인기를 끈 장르들 역시 고고학 충적물처럼 남아 있다. 기성 (일부 젊은) 세대는 여전히 트로트나 가요를 듣고, 또 한국이든 미국이든 일본이든 1960년대 경음악을 향수에 잠겨 흥얼거리는 사람도 존재한다. 그렇다고 대중음악 애호가들이 고전음악 애호가들이 중시하는 질문이나 기준에 집중하지 않았다는 말도 아니다. 예를 들어 노랫말이나 곡 성격에 집중하든 공연에 집중하든(이미 언급했듯 립싱크는 대개 비난을 받는다), 대중음악 청중에게 진정성은 매우 중요한 문제다. 사실 대중음악이 '진짜'이고 '진정성' 있어야 한다고 하는 청중이 많기 때문에, 인위성을 인식하면 어떤 노래 또는 가수를 비판하고 듣지 않는 큰 이유가 된다. Dieter Helms and Thomas Phleps, eds., *Ware Inszenierungen*, Bielefeld : Transcript Verlag, 2013.

161 Kyō Nobuko, *Uta no okurimono*, Tokyo : Asahi Shinbusha, 2007, p.9.

162 임철우, 『그 섬에 가고 싶다』, 살림, 1991.

163 Ronald Schleifer, *Modernism and Popular Music*, Cambridge : Cambridge University Press, 2011, pt. 2.

164 그러나 공통된 기준성이 있다고 상정할 수는 없다. 소녀시대가 부른 〈미스터 택시〉를 19세기 유럽 예술음악 기준으로 판단한다면 헨델 오페라 〈줄리오 체사레(Giulio Cesare)〉를 케이팝 기준으로 평가하는 만큼이나 곡해가 된다. 구구절절한 불만은 문제도 있는 만큼 예측도 가능하다. 소녀시대 팬이 헨델을 보면 부자연스러운 작곡과 끝없이 처음으로 돌아가는 다카포 아리아를 문제 삼을 테고, 헨델 찬미자가 케이팝 그룹을 보면 정형화한 편곡과 단순 후렴구 반복이 끔찍할 터다. 양쪽 다 각 장르를 인정하려면 음

악뿐만 아니라 음악 외적 관행도 잘 알아야 한다. 〈미스터 택시〉와 〈줄리오 체사레〉를 각각 대중음악과 바로크 오페라 범주 밖에서 논의한다면 서아프리카 티브 족이 〈햄릿〉을 본 감상을 듣는 거나 매한가지다. 그러면 문화 비평으로는 아마 흥미롭겠지만 미학 분석 면에서는 별 도움이 되지 않는다. Laura Bohannan, "Shakespeare in the Bush", *Natural History 75*, 1966, pp.28~33. 그래서 외부 평론이 이도 저도 아닌 지점에서 끝날 때가 많은데, 요는 비판하는 평론가는 통상 말하는 이해와 공감이라는 해석학 범주를 넘어서면 바보가 된다는 사실이다. 그렇기 때문에 미학적 우월성을 주장할 때 대개 몰이해와 민족중심주의, 또는 우월성을 보이려는 속물근성을 드러낸다. 단일 언어를 사용하는 음악 이론가들이나 애호가들이 타인의 소리 풍경을 비웃고 질색하고 역겨워한다 한들, 그런 모습은 아무런 가르침도 주지 못하고 지적으로 솔직하지도 못하다. 그렇지만 동일 기준 적용 불가능성이나 이해 불가능성은 모든 형태와 양식, 장르에서 징후로 나타날 수 있고, 그러다 보니 부적절한 구체성이란 오류가 도처에서 그 추한 머리를 쳐든다. 실제로 유럽 고전음악 애호가라면 바로크와 미니멀리즘 또는 비발디와 노노를 똑같이 좋아하지는 않을 터다. H. C. 로빈스 랜던에 따르면 "안토니오 비발디란 2백 년 동안 음악학자와 역사학자밖에 모르는 이름이었다." H. C. Robbins Landon, *Vivaldi*, orig. 1993, Chicago : University of Chicago Press, 1996, p.8. 이는 대중음악에도 상당 부분 적용 가능한 말이다. 다양한 장르가 크게 확산한 데서 알 수 있듯 청중과 팬층은 서로 아주 다르다. 사람들은 좋아하는 대상도 다르고 또 자기가 좋아하는 양식이 다른 양식보다 우월하다고 우기기도 한다. 고전음악 애호가들 사이에서도 대중음악을 놓고 간혹 안 좋은 말을 하지만, 대중음악 팬들이 쓴 글을 봐도 잘못된 대중음악 '부류'를 향해 그만큼 심한 비난을 할 때가 자주 있다. 일례로 "어디서 갑자기 툭 튀어나온 X가 내 소중한 Y 장르를 망쳤다"고 하는데, 그런 전형을 아주 잘 보여주는 예가 Elijah Wald, *How the Beatles Destroyed Rock 'n' Roll*, Oxford : Oxford University Press, 2009에 나와 있다. 물론 여기에서 전개하는 그런 주장은 골치 아픈 상대주의에 시달린다. 사회학으로 이런 면을 볼 때는 음악학자나 음악 전문가 등 수준 높은 미학자들에게 대단한 경험과 전문성이 있다고 강조한다. 즉 천재성이라 하든 재능이나 장점이라 하든, (조악하게 말하자면) 잘난 사람들은 취향도 더 잘났다는 말이다. 이런 환원주의 주장은 신분 우위를 취향 우월성으로 바꿔놓으면서 지배 위계질서를 되풀이할 뿐이다. 그런데 뚜렷하게 다른 여러 불평등 양상과 마주하면 이런 취향 계층화에서도 자연스러움과 필요성은 떨어진다. 예를 들어 음악학자 대부분은 비틀즈나 비스트보다 바흐를 위에 놓겠고 현대 미국인이나 한국인 대부분은 고전보다 과학을 위에 놓을 텐데, 여기서 에블린 위(Evelyn Waugh)가 회상한 내용을 한 번 보자. "학교에서 우리는 '자연과학'에 경멸을 표했다. (…중략…) 과학자들은 사회적으로 열등한 인종 취급을 받았고 우리는 과학 선생님들을 거만하게 대했다." Evelyn Waugh, *A Little Learning*, orig. 1964, London : Penguin, 2011, p.186. 확신은 기저에 깔린 사회질서를 재생산하면서 관습을 공고히 할 따름이고, 따라서 원리와 기준 없는 사회학 현실은 역사의 부침에 휘둘린다. 이런 논증에 존재하는 귀류법이야말로 속물근성을 보여주는 완벽한 예이다.

165 Alexander Baumgarten, *Texte zur Grundlegung der Ästhetik*, Hamburg : Felix Meiner,

1983, p.16 참조. Benedetto Croce, *Estetica come scienze dell'espressione e linguistica generale*, Bari : G. Laterza, 1902에서도 잘 나타나듯, 역설이지만 미에 합리성과 논리를 부여하는 담론에 직관적 비평을 할 때조차 대개 똑같은 위계가 그대로 존재한다. 크로체를 보면 적절한 탐구 대상은 감정에 더 호소하고 비시각적인 음악 교육과 반대되는 문학, 혹은 회화 같은 시각 예술 등 지성주의에 더 가까운 작업이다. 위대한 사회이론가들도 미학은 자세히 설명했다. 그러나 크게는 아도르노, 작게는 베버를 예외로 하면 사회이론가들, 그중에서도 마르크스와, 뒤르켐, 프로이드, 지멜 등은 음악 영역에 들어가는 일이 거의 없다. 막스 베버가 합리화와 음악을 논할 때는 대개 피아노를 다뤘다. Weber, *Die rationale und soziologischen Grundlagen der Musik*, Munich : Drei Masken Verlag, 1921. 독일에서 음악을 대하는 일반 문화 성향을 고려하면 미학 담론이 문학과 시각 예술을 넘어서는 일이 별로 없다니 신기한 일이다. 이전 세대에 데카르트와 가상디, 그리고 갈릴레오 등 음악을 다룬 글을 쓴 철학자, 과학자들과는 정반대이다. Albert Cohen, *Music in the French Royal Academy of Sciences*, Princeton : Princeton University Press, 1981, pp.4~6. 쇼펜하우어를 필두로 음악을 옹호하는 이들도 간혹 있었지만, 그리스 고전과 중국 고전에서 최고로 치던 이 예술은 근대 유럽에서는 대개 소외나 무시를 당했다. 고대 그리스에서 음악이 높은 위치를 차지했음은 M. L. West, *Ancient Greek Music*, Oxford : Clarendon Press, 1992, p.1 참조 웨스트는 "이 주제는 그 문화를 공부하거나 가르치는 모든 이들에게 사실상 무시당한다"라고 지적했다. 여기서 유럽 고전음악에 확실한 영향을 미친 고대 그리스 음악 이야기를 꺼내도 아주 무관하지는 않다. 더구나 한반도 등 아시아 전역에 퍼진 장3도 3현 악기 타당성을 고려하면 말이다. Curt Sachs, *The Rise of Music in the Ancient World*, New York : Norton, 1943, pp.125~130. 어쨌든 근대 미학 논의로 돌아가자면, 시각이나 시각 문화가 '몰락' 또는 '쇠퇴'한다며 한탄하는 책들을 생각할 때 음악 소외는 더욱 주목할 만하다. 예를 들어 Barbara Maria Stafford, *Artful Science*, Cambridge : MIT Press, 1996를 참조하면 되는데 이 책 부제에는 '시각 교육의 쇠퇴'라는 표현이 있다. 음악이 중심 위치를 차지한다고 주장하는 미학 이론가는 아마 거의 없겠다. "나는 쓴다, 고로 나는 존재한다", 아니면 "나는 그린다, 고로 나는 존재한다"라는 말은 몇몇이 할지 몰라도, 만일 지식인이 "나는 노래한다, 고로 나는 존재한다"라고 단언하면 그저 이상하게 보일 터다. 실제로 시와 음악 사이에서 고민한 작곡가(예를 들어 슈트라우스가 오페라 〈카프리치오(Capriccio)〉를 놓고)들도 있지만, 미학 담론과 이데올로기는 줄곧 청각을 포함한 그 어떤 능력과 장르보다 지성과 이성, 시각 면에서 더 뛰어난 미술을 높이 평가했다. 미술과 미학, 창의성과 문화를 다룬 일반 연구를 보면 음악이 완전 무시는 아니더라도 얼마나 별것 아닌 취급을 받는지 놀라울 정도다. 참조할 만한 자료들은 다음과 같다. R. G. Collingwood, *The Principles of Art*, Oxford : Clarendon Press, 1938; Erich Neumann, *Art and the Creative Unconscious*, tr. Ralph Manheim, Princeton : Princeton University Press, 1959; Giorgio Agamben, *L'uomo senza contenuto*, Milan : Rizzoli, 1970; Jean-Marie Schaeffer, *L'art de l'âge moderne*, Paris : Gallimard, 1992. 음악과 춤을 다룬 글쓰기는 당연히 어렵지만, 현대 지식인 중 고전이든 현대든 미술과 문학, 영화는 아주 잘 알거나 조금이라도 아는 듯 말하면서 고전

이든 현대든 음악이라면 아예 할 말이 없는 사람이 얼마나 많은지 정말 놀랍다. 여러 소설가들이 그렇게 자주 음악을 주요(인정받지는 않더라도) 주제로 삼았는데 말이다. 예를 들어 Jean-Jacques Nattiez, *Proust musicien*, Paris : Christian Bourgeois, 1984, pp.35 ~37 참조. 이런 현상을 보여주는 또 다른 예가 있는데, 무소륵스키 〈전람회의 그림〉(1874)을 제외하면 에크프라시스가 대개 그림을 보여주는 시라는 사실이다. 플라톤 (『파이드로스(*Phaedrus*)』) 이래 수많은 영향력 있는 철학자들이 "시는 회화처럼(uta pictura poesis)"이라는 호라티우스 문구를 지지했다. 일반론은 Jean H. Hagstrum, *The Sister Arts*, Chicago : University of Chicago Press, 1987; John Hollander, *The Gazer's Spirit*, Chicago : University of Chicago Press, 1995 참조. 그러니 음악학자들이 음악을 그렇게 애매한 지위로 떨어뜨린 바로 그 기준을 특별히 인정했다고 한들 놀랍지 않고, 또 음악학자들이 대중음악처럼 지성과 합리성 표현이 떨어지는 음악을 무시(비난하지 않는다면)한들 역시 놀랍지 않다.

166 루치아노 베리오는 '베토벤 시대까지 인정받은 음악 형태는 무조건 인용이고 주해였으며, 따라서 편곡인 셈'이라고 했는데, 이 말은 물론 옳다. Luciano Berio, *Remembering the Future*, Cambridge : Harvard University Press, 2006, p.34 참조. 작곡은 베토벤 시대까지 동시에 연주이기도 했고 그때까지는 사실 '행사용 작품(pièces d'occasion)'이었는데, 이 프랑스어에서 'd'occasion'은 단순히 '때에 따른'다는 의미만이 아니라 '간접'이라는 의미이기도 하다. 절대음악을 설계한 위대한 19세기 작곡가들은 겉으로 보이는 경박성과 덧없음에 맞서 싸우면서 엄숙함에 있어서는 철학과 문학과 대등하게, 진지하면서도 영원한 위치에 음악을 세우려 했다. 마크 에반 본즈는 "기악이(…중략…) 단순한 오감 만족 영역을 넘어 형이상학 영역으로 올라가면서 음악은 문학과 회화 같은 예술보다 우위에 있지는 않아도 동등해졌다"고 지적한다. Mark Evan Bonds, *After Beethoven*, Cambridge : Harvard University Press, 1996, p.15. 본즈는 역사 자의식이 독창성 강박에 뿌리를 박고 역사 속에서 자기 위치를 중요한 기준으로 확실히 투영했다고 주장한다(pp.24~27). 그리고 19세기 위인들을 계승한 이들은 당연하게 음악 혁신을 양자 역학이나 합성 생물학 연구 같은 작업처럼 높이 평가했다. 그러나 혁신이라는 사상은 그 배경인 진보를 믿는 신념과 마찬가지로 다양한 인간 시도와 불편한 조화를 이룬다.

167 Gunther Schuller, *Musings*, New York : Oxford University Press, 1986, p.264.

168 Kenneth Rexroth, *More Classics Revisited*, ed. Bradford Morrow, New York : New Directions, 1989, p.29.

169 정말 그랬다면 얼마나 좋겠나. 특히 조지 스타이너는 도덕적 삶과 고전음악 선호 사이에 연관성이 있다는 가정에 도전할 때 늘 제3제국을 예로 들었다. "우리는 이제 어떤 인간이 저녁에는 괴테나 릴케를 읽고 바흐나 슈베르트 음악을 연주하고도 아침에는 아우슈비츠로 일하러 갈 수 있음을 안다." George Steiner, *Language and Silence*, New York : Atheneum, 1967, p.9. 실제로 죽음의 수용소에 갇힌 포로들은 인간을 구원한다는 고전음악의 힘을 전혀 느끼지 못한 듯하다. 이들에게 고전음악은 오히려 감시와 고

문 도구로 쓰였다. Szymon Laks, *Mélodies d'Auschwitz*, Paris : Cerf, 1991, p.131. 테레지엔슈타트 시범 수용소 포로들은 이런 규칙에서 예외였던 모양인데, 이들이 맞이한 운명은 진지한 생각을 하게 한다. Joža Karas, *Music in Terezín*, Hillsdale : Pendragon Press, 2008. 셜리 길버트는 수용소 포로들에게 음악이 같은 영향을 미치지 않았다고 주장하는데, 물론 이 주장도 부인하기는 어렵다. Shirli Gilbert, *Music in the Holocaust*, Oxford : Oxford University Press, 2007, p.17. 현대에는 리하르트 바그너가 반유대주의에 친나치였다는 비판이 있지만, 제3제국에서 대가로 여긴 음악가는 사실 베토벤이었다. 히틀러가 맞은 마지막 생일에는 나치 라디오로 베토벤 7번 교향곡이 나왔고 또 히틀러 자살 뉴스 앞에는 교향곡 3번 장송 행진곡이 나왔는데, 이는 우연이 아니다. David B. Dennis, *Beethoven in Germany*, New Haven : Yale University Press, 1996, p.74, 일반론은 Michael H. Kater, *The Twisted Muse*, Oxford : Oxford University Press, 1997 참조. 어쨌든 제3제국은 분명 유럽 고전음악에 삶을 긍정하는 성격이 있다는 안이한 가정을 크게 뒤흔들었다. 고전음악이 전체주의 살인 정권과 얽혔다고 해서 그 음악을 비난할 필요는 없지만, 어쨌든 야만적 정치에 고전음악이 쓰였기 때문에 아름다운 음악에 정신을 교화하는 힘이 있다는 맹목적 믿음은 타격을 받았다. 동시에 '저급한'(퇴폐성까지 있는) 음악은 때로 전체주의 통치에 저항하는 원천이기도 했다. 예를 들면 마이클 H. 케이터는 제3제국 내 재즈를 연구하면서 더 복잡한 그림을 보여준다. Michael H. Kater, *Different Drummers*, Oxford : Oxford University Press, 1992. 음악과 저항을 더 자세히 다룬 자료는 다음을 참조할 것. Ray Pratt, *Rhythm and Resistance*, New York : Prager, 1990; Ray Sakolsky and Fred Wei-Han Ho, eds., *Sounding Off!*, Brooklyn : Autonomedia, 1995; Mark LeVine, *Heavy Metal Islam*, New York : Three Rivers Press, 2008. 물론 제1장에서 시사한 바와 같이 유럽 고전음악도 부당한 정권에 저항하는 위치를 차지한 적이 있지만, 이런 점에서 일제강점기 조선은 극히 드문 사례였던 듯하다. 어쨌든 오페라가 정치에서 진보 기능을 했다는 주장은 Anthony Arblaster, *Viva la Libertà!* 참조. 단, 이 주장이 오페라가 아직 대중음악으로 기능하던 때와 관련해 나왔음은 덧붙여 둔다.

170 앞서 보았지만 어떤 형태든 음악은 이제 세계 거의 어디서나 누구나 쉽게 복제 가능한데, 최근까지만 해도 이런 상황은 특권층이나 부자만 누렸다. 몇몇 현대 소설가나 감독이 이 놀라운 상황, 즉 음악에서 거의 보편적인 접근과 감상이라는 상황을 묘사한다면 아마 루드비히 티크가 유럽 부르주아를 그린 모습처럼 묘사하겠다. Ludwig Tieck, "Phantasus", pt.1, orig.1812~16, in Tieck, *Schriften*, vol. 6, Berlin : Deutscher Klassiker Verlag, 1985 중 마지막 부분 참조

171 찰스 로젠은 "음악을 이해한다는 말은 음악 때문에 짜증이나 당황을 느끼지 않는다는 뜻이다. (…중략…) 더 좋게 보면 음악을 즐긴다는 사실은 극히 명확한 이해를 나타내며 우리가 그 음악을 이해한다는 증거이다"라고 했다. Charles Rosen, *Frontiers of Meaning*, p.3.

1　John Lie, "Why Didn't 'Gangnam Style' Go Viral in Japan? Gender Divide and Subcultural Heterogeneity in Contemporary Japan", *Cross Currents 9*, 2013, pp.44~67.

2　이 여성은 옥스퍼드 유니언에서 싸이가 한 연설을 생생하게 기억했을지도 모르겠다. www.youtube.com/watch?v=2f99cTgT5mg.

3　Roslyn Sulcas, "One Parody Away from China's Censors", *New York Times*, 26 November 2012.

4　전 세계에 퍼진 이 뮤직비디오를 다룬 흥미로운 내용은 수없이 많은데, 다음 기사는 〈반지의 제왕〉에 나오는 마법사와 싸이를 대결시키더니 〈강남 스타일〉이 승자라고 선언했다. Eric Spitznagel, "Gandalf vs. 'Gangnam Style'", *New York Times Sunday Magazine*, 9 December 2012, p.17.

5　William Butler Yeats, "The Scholars", orig. 1919, in Yeats, *The Collected Works of W. B. Yeats*, vol.1, 2nd ed., ed. Richard J. Finneran, New York : Scribner, 1997, p.141. Christopher Ricks, *Dylan's Vision of Sin*, Harmondsworth : Penguin, 2003; Sean Wilentz, *Bob Dylan's America*, New York : Doubleday, 2010도 참조할 것. 이 두 책 모두 지성과 학식이 넘치는 학자들이 썼고 두 권 다 아주 길다.

6　T. S. Eliot, *The Use of Poetry and the Use of Criticism*, London : Faber&Faber, 1933, p.17.

7　따라서 에밀 시오랑은 "눈물은 물리적 형태인 음악이다"라고 했다. E. M. Cioran, "Des larmes et des saints"(orig.1972), trans. Sanda Stolojan, in Cioran, *Oeuvres*, Paris : Gallimard, 1995, p.290.

8　Satō Gō, *Ue o muite arukō*, Tokyo : Iwanami Shoten, 2011, pp.12~13 · 278~284.

9　그래도 팝 음악 기억은 계속 살아 남는다. 예를 들어 사카모토 사망 뉴스는 어느 노르웨이 신문 머리기사를 장식했다. Kashiwagi Yukiko, *Ue o muite arukō*, Tokyo : Fuji Terebi Shuppan, 1986, p.11.

10　Sakamoto Kyū, "Ue o muite arukō", Tokyo : Nihon Tosho Sentā, 2001, pp.23~29. 사카모토가 한 기묘한 표현은 작곡가가 받았다는 인상을 참조할 것. Ei Rokusuke, *Roku-hachikyū no kyū*, Tokyo : Chūō Kōronsha, 1986, pp.51 · 191~193.

11　Satō Gō, *Ue o muite arukō*, pp.182~183. 이 노래 작곡가인 나카무라 하치다이(中村八大)는 놀라울 정도로 세계인다운 음악 교육 과정을 밟았다. 일제강점기 칭다오(靑島)에서 독일인 교사에게 고전음악을 배운 뒤 제2차 세계대전 이후 재즈로 전향했고, 재즈가 쇠퇴하자(일본에서 미군 인구가 감소했기 때문에) 대중가요 작곡에 뛰어들고 짧은 기간 뉴욕에서 영향을 받았는데, 이때 나카무라는 초기 로큰롤에 노출되었다. Satō Gō, *Ue o muite arukō*, pp.23~33 · 68~69 · 78~81 · 112~118.

12　제1장 주석 153번을 볼 것. 크게 인기몰이를 한 1960년 처비 체커(Chubby Checker) 곡

〈트위스트(The Twist)〉가 좋은 예이다. 20세기 전반 할리우드 영화 음악에서는 토착이나 원시, 이국풍을 포함하는 장면이 나오면 5음계를 자주 사용했다.

13 이 노래는 가수와 곡이 '귀엽고' 이국풍이며 신비롭다고 느낀 십대에게 주로 인기를 끌었고, 곡조 자체가 쉽게 흥얼거리고 좋아할 만하다. Sakamoto "Ue o muite arukō", pp.58~64; Satō Gō, *Ue o muite arukō*, pp.133~141 참조.

14 Satō Gō, *Ue o muite arukō*, pp.10~11.

15 Dave Dexter Jr., *Playback*, New York : Billboard Publications, 1976, pp.168~169. 사카모토가 〈스티브 앨런 쇼〉에 출연한 내용을 다룬 1998년 일본 다큐멘터리는 www.youtube.com/watch?v=iW3efimtboo 참조.

16 Ei Rokusuke, *Roku-hachi-kyū no kyū*, p.194.

17 Dexter, *Playback*, p.169.

18 Aristotle, "Magna Moralia", in Aristotle, *The Complete Works of Aristotle*, ed. Jonathan Barnes, Princeton : Princeton University Press, 1984, pp.1868~1921, 특히 p.1910. Leo Braudy, *The Frenzy of Renown*, New York : Oxford University Press, 1986에서는 명성을 독특하게 설명한다.

19 사카모토 출생증명서를 직접 찾아본 적이 없어 확실하지는 않으나, 사카모토가 한국계라는 소문은 1960년대 초 유명세를 얻을 때 이미 널리 퍼져 있었다. http://zainichi.sblo.jp/, Ei Rokusuke, *Roku-hachi-kyū no kyū*, p.42 참조. 일반론은 John Lie, *Zainichi(Koreans in Japan)*, Berkeley : University of California Press, 2008 참조.

종결부

1 Daniel Barenboim, *Music Quickens Time*, London : Verso, 2008, p.3.

2 이 역설, 즉 번역의 이론적 불가능성 또는 비개연성과 번역의 실질적 가능성이라는 모순은 예를 들어 다음 논의를 참조할 것. Barbara Cassin, ed., *Vocabularie européen des philosophies*, Paris : Seuil, 2004.

감수자 해설

 이번에 기획된 존 리John Lie 교수의 명저 6편을 번역하는 것은 그동안 오랫동안 숙원으로 여겨온 사업으로, 이번에 전권 출판이 순차적으로 기획되어 감개무량하기 그지없다. 이것이 가능하게 된 것은 우선 존 리 교수의 결단이 중요했었고, 이런 결단을 용감히 수락하고 출판을 허락하신 소명출판 박성모 대표의 혜량의 결실이다. 물론, 앞으로 차례대로 출판될 6편의 번역을 불철주야 노력하여 완벽에 가깝게 맺어주신 역자 선생님들의 노력이 가장 중요했던 것도 잊지 말아야 할 것이다. 감수자로서의 역할은 좋은 책을 올바른 문장으로 번역하여 독자들에게 쉽게 전달될 수 있도록 하는 길잡이의 노릇일 것이지만, 그에 아울러 번역된 책들에 적확한 해설을 함께 곁들어 줄 수 있어야 제법 그 격에 맞을 것이다.

존 리 교수의 연대기

 우선, 존 리 교수의 간단한 연대기적 설명이 필요할 것 같다. 내가 처음 리 교수와 만나게 된 것은 지금도 기억이 선명한 1990년 1월의 일이었다. 그는 1988년에 하버드대학교에서 사회학 박사를 받고, 원하던 아이비리그 대학의 사회학과 교수 자리를 얻지 못해, 결국 1년간의 휴가를 허용한 오레곤대학교University of Oregon의 사회학과 조교수로 부임하여, 1989년 가을학기부터 사회학 강의를 맡고 있었고, 나는 1990년 1월부터 동교 정치학과에서 박사 과정을 시작하고 있었다. 입학 전부터 그의 명성을 익히 들었던 나로서는 입학과 동시에 그의 수업에 등록했고, 과목명은 바로 '관료와 조직'이었다. 그는 1978년에 당시 미 대통령 지미 카터의 전액 장학금을 받고 하버드대학교에 입학하여, 학사학위와 박사학위를 10년에 걸쳐 수료한 한국이 낳은 몇 안 되는 사회과학계의 석학이었다(하버드 사회학과는 석사학위 과정이 없다). 그 10년 동안 그에게 영향을 준 교수들은 David Riesman, Judith Shklar, Michael Walker, Roberto Managerial Unget, Stephen Marlin, Harvey Cox, Michael Shifter, Michael Donnelly, Steve Retsina, Herbert Giants, Robert Paul Wolff, Stanley Tasmania, Daniel Bell, Harrison White, Orlando Patterson 등이었지만(Lie 2014 : 486), 그래도 그가 가장 지적 영감을 많이 받았던 교수는 로베르토 망가 베이라 웅거Roberto Managerial Unget였다. 그러므로 '관료와 조직' 수업에서 최고의 꽃은 당연히 웅거의 1987년 저서 『잘못된 당연성False Necessity』이었다. 웅거와 같이 존 리 교수의 사회과학적 방법론과 인식론의 근저에는 논리적 도덕적 '부정'이 있었다. 당연시되고 타당시되어 온 이론과 제도 그리고 사회과학적 진리에 대해 커다란 물음표를 던짐과 동시에 비판적 그리고 대안적 시각을 강조하는 것이 웅거와 리 교수의 공통된 학문적 자세이다. 또한, 웅거가 브라질의 정치에 활발히 참여하였을 뿐만 아니라, 그의 책에 바탕을 둔 급진적 민주주의의 새로운 제도를 건설하려고 했다면, 리 교수는 평생 자신이 몸담고 있는 고등교육기관 즉 대학의 교육 개혁을 위해 힘써 왔고, 전 세계의 여러 대학에서 대학 개혁과 대학의 새로운 지적 교육 방식의 개선에 대해서 강의와 컨설팅을 해왔다.

존 리 교수는 한국명 이제훈으로 1959년 서울에서 태어났다. 아버지 이관희Harry Lie 박사는 충남 남포가 고향으로 전통 지주 가문의 아들로 이승만 정권 시절에 행정고시를 통과하여, 군사 혁명 이후에는 경제기획원의 발족에 참여하였다. 어머니 제인 리Jane Lie 씨는 우리나라 신소설을 창시한 이해조 씨의 손녀로 전주 이씨 인평대군과의 일족이다. 형제로는 남동생과 여동생이 각각 한 명씩 있다. 리 교수의 가족은 그러나 1963년 당시 김종필 총리의 '자의 반, 타의 반'의 외유 때 총리를 수행했어야 했던 아버지와 같이 온 가족이 일본으로 이주하였다. 아버지는 주일 대사관에서 근무하고, 존 리는 일본의 초등학교에 입학하였으나, 한국식 이름을 쓰는 그는 다른 학급생들의 왕따 대상이 되어 여러 번 폭력을 당했던 기억이 아직도 생생하다고 했다. 일본에서의 생활은 전반적으로 윤택하고 행복한 것이었지만, 존 리의 인생에 중요한 기억으로 남았던 것은 여름방학 때 가족과 같이 서울에 귀국했던 경험들이다. 1960년대의 한국은 1964년 동경 올림픽을 개최했던 일본과 달리, 경제 성장을 막 시작한 지지리도 가난했던 군부 독재의 어두운 시기였다. 지금 젊은 세대들은 기억 못하는 가난과 암울의 시대를 존 리는 짧게나마 여름 방학 동안 한국에서 경험할 수 있었다. 서울의 외가는 잘 살았기 때문에 크나큰 불편은 없었지만, 충남 남포의 친가에 갈 때는 불편이 이만저만이 아니었다. 물론 한국말을 못하였기 때문에, 일본말로 외가 할아버지와 소통하면서 한국을 경험하였지만, 어린 존 리에게 한국은 충격적인 곳이었고, 이는『한 언바운드*Han Unbound*』라는 책에서도 자세히 설명되고 있다. 리 교수가 혹시라도 아버지 말을 안 들으면, 아버지는 으레 '남포로 보낼 거야'라는 말로 자식에게 공포감을 주었다.

일본에서 초등학교를 졸업한 존 리 교수는 아버지가 하와이로 이민 결정을 내려, 전 가족이 다시 도미하는 소위 '초국가적 디아스포라transnational diaspora'를 경험하게 되었다. 호놀룰루에 정착한 리 교수의 가족은 아버지의 주문대로 엄격한 자녀 교육이 시작되어, 우선적으로 집안에서 일본어의 사용을 금하고, 영어만 사용하기 시작하였다. 이에 반발한 리 교수는 일본에서 가져온 책들을 아버지 몰래 읽으면서, 일본어를 잊지 않으려고 노력했다. 반면, 남동생과 여동생은 일본어를 잊어버렸다. 보통 중학생이 되면 부모 몰래 포르노 잡지를 볼 때이지만, 존 리 교수는 몰래 일본책을 읽는 '아이러니한' 신세였다고 회고했다. 미국에 정착하면서, 아버지는 자신뿐만 아니라 모든 가족들에게 영어 이름을 지었는데, 자신은 1950년대에 미국에 유학하면서 당시 미국 대통령이었던 해리 트루먼 대통령의 해리Harry와 당시 유엔 사무총장이었던 트리베 리Trygve Lie의 리Lie를 따 자신의 영어 이름을 만든 후, 큰아들 이제훈에게는 존 리John Lie라고 명명했다.

영어와 일본어를 바탕으로 학문에 정진한 리 교수는 방대한 독서량을 자랑했다. 리 교수의 어머니도 살아생전 그렇게 책을 많이 읽은 아이들은 본 적이 없다고 했다. 리 교수는 돈이 생기면 무조건 책을 사는 소년이었다. 어린 시절부터 소장했던 책은 그 양이 너무 방대하여, 창고를 따로 빌려 보관할 정도였고, 하버드 시절 존 리 교수의 기숙사나 대학원생 대표로서 사용했던 연구실에는 책이 너무 많아 발을 딛고 들어갈 수도 없을 정도였다. 영어와 일본어로 학문에 정진하면서, 고교 시절에는 독일어, 프랑스어, 스페인어, 이태리어, 라틴어 등에 정진하여, 존 리 교수는 7~8개 이상의 외국어로 원전을 읽는다. 탁월한 언어 능력으로 무장한 리 교수는, 고교 시절에 수학과 과학에도 소홀히 하지 않았을 뿐 아니라, 고전음악에도 심취하여 오페라를 작곡하기도 하였다. 오바마 대통령이 다녔던 고등학교로 유명한 호놀룰루의 푸나호우 학교Punahou School를 졸업한 존 리 교수는 대입 시험에서 하와이 주 전체 수석을 차지하여, 각 주에서 두 명씩 뽑는 대통령 장학생에 선발되었던 것이다.

하버드에 진학해서 학부 시절에는 학제 간 프로그램이었던 사회과학부에서 공부하면서, 동아시아와 사회 이론 그리고 경제사에 심취했었다. 학부 졸업시 성적이 4.0 만점에 3.8 이상을 획득하여 Magna cum laude(2015년의 경우 3.772가 컷라인)를 수상했다. 졸업 후 하버드 대학교 사회학과 박사 과정에 진학하여, 사회 이론과 경제 발전 그리고 정치 경제에 대한 관심을 보이면서 당시 개도국의 비참한 경제 상황, 특히 한국의 경제 발전이 낳은 각종 부조리와 모순에 대해 연구하였으며, 또한 일본에도 수차례 방문하여, 도쿄대학과 게이오대학에서 연구하면서, 재일동포의 차별 문제, 특히 강제 지문 날인과 위안부 문제 등에 대해 연구 논문을 발표하기도 하였다(Lie 1987b, 1997).

박사 과정 시절에 리 교수는 일본 우노학파의 저명한 마르크스주의 경제학자 바바 히로지 도쿄대 교수와 『월간리뷰*Monthly Review*』지상에서 세 차례에 걸쳐 논쟁을 벌였다(Lie 1987a; Baba 1989; Lie 1989). 1987년에 발표한 논문에서 리 교수는 우노학파가 주장하는 경제 이론에서 사회주의 이데올로기의 배제가 어떠한 엄청난 오류를 야기시켰는가를 바바 교수의 저서 『부유화와 금융자본』을 근간으로 비판하였다. 바바의 저서는 1980년대 황금기를 맞이했던 일본 경제 상황을 놓고, 소위 "집단 부유화"를 전면에 내세워 일본의 경제를 최고의 자본주의로 평가하고, 자본주의하에서 서서히 모든 사람이 부유화되는 지상 천국을 이루어내고 있다고 주장한 것인데, 이에 대해 리 교수는 허무맹랑한 데이터를 가지고 경제 상황을 정확히 분석하지 못한 졸저로 평가한 것이다. 특히, 자본주의가 영구히 가지 못하고 위기를 맞이할 수도 있으며, 이런 예상은 1990년대부터 일본 전역에 불어 닥친 반영구적 경제 공황으로 입증되었다. 이러한 비판적 시각은 당시 군사독재하의 한국에 대해서도 리 교수로 하여금 가차 없이 일격을 가하게 했다. 당시 하버드대학교 사회학 박사 과정에는 임현진 교수(서울대), 이건 교수(서울시립대), 윤정로 교수(KAIST) 등이 공부하고 있었는데, 리 교수는 이 유학생들에게 "재벌 기업들이 당신들에게 주는 장학금으로 노동자들에게 월급을 더 주어야 한다"고 비판하여, 그들의 원망을 산 것은 유명한 일화이다.

리 교수의 박사 논문은 영국과 일본의 경제사를 비교하는 것으로 아담 스미스와 칼 폴라니의 경제사 이론을 정면으로 반박하는 것으로, 시장 경제의 발전이 원조 국가격인 영국이나 일본에서도 직선적으로 진화된 것이 아니라, 여러 형태의 자본 제도가 병행되거나 혼존했다는 것을 역사 자료를 근거로 증명한 것이다(Lie 1988, 1992). 불행히도 이 논문은 소련의 붕괴, 유럽과 일본의 자본주의 붕괴, 그리고 글로벌화 등의 새로운 시대적 상황과 맞물리지 못하여, 세인들의 기억에서 사라지고 말았고, 리 교수 자신도 이 논문의 내용을 더욱 더 발전시키지 않고 사장시켰다. 그러나 최근 동양의 경영 윤리가 계속적으로 문제가 되는 상황에서 동양의 경제 제도를 어떻게 발전시켜야 하느냐는 의문이 학계에서 지배적으로 대두되는 상황에서, 리 교수의 1988년 이론을 재조명해보려는 노력이 다시 고개를 들었다(Lie 2014; Oh 2014, 2016).

앞에서도 언급했지만 리 교수의 첫 직장은 오레곤대학교 University of Oregon 사회학과였고, 1989년 가을에 부임하였다. 1988년부터 1989년까지는 서울에 있는 연세대학교에서 강의를 하면서, 이번 시리즈에서 같이 기획된 『한 언바운드』의 집필도 같이 하였다. 동시에 당시 아버지가 부회장으로 있었던 쌍용그룹에서 6개월간 연구원으로 근무하기도 하였다. 일 년간의 한국 생활은 리 교수에게 한국의 경제 발전에 대해 상당히 부정적인 견해를 확고히 하는 계기가 되었다. 오레곤에서의 생활은 강의와 연구의 연속이었고, 정혼한 약혼자 낸시 애이

감수자 해설

블만Nancy Abelmann 교수가 오레곤 인류학과에 채용되지 못하고, 일리노이대학교University of Illinois에 취직하는 바람에 단신 부임할 수밖에 없었고, 이것은 결국 리 교수가 일리노이로 옮겨야 하는 계기가 되었다. 이런 상황에서 자신의 박사 논문을 요약한 글이 사회학의 최고 저널인 『미국 사회학 리뷰American Sociological Review』에 게재되는 쾌거를 얻었고, 3년간의 오레곤 생활을 접고, 1992년 가을 학기부터 일리노이로 전직하면서, 낸시 애이블만과 결혼도 그해 여름에 하였다.

일리노이에서 존 리는 애이블만 교수와 같이 동양학 센터를 이끌면서, 일리노이가 중서부에서 동양학 연구의 중심지로 성장하는 견인차 역할을 하였고, 지금 아시아 인스티튜트Asia Institute 원장으로 활약하는 이만열(미국명 Immanuel Pastreich) 씨도 이때 일리노이 동양학연구소의 조교수로 애이블만에 의해 임용되었었다. 일리노이 재직 시절 리 교수는 자신의 가장 중요한 연구 업적으로서 초기 작품인 『블루 드림즈Blue Dreams』와 『한 언바운드』를 출간했다. 원래 『한 언바운드』가 먼저 탈고된 것이었으나, 초기 원고가 너무나 비판적이고 반미적인 내용이 많다고 하여, 하버드대학교 출판부에서 출판 거부를 당하여, 결국 스탠포드대학교 출판부에서 『블루 드림즈』보다 3년이나 늦게 출판되었다. 『블루 드림즈』는 LA 흑인 폭동과 코리아타운을 다룬 민족지ethnography적 연구서로 애이블만과 공저한 책이다. 이 시기 리 교수는 한신갑 전 서울대 교수도 임용하여, 경제사회학 분야를 강화하였고, 사회학과 내의 정량적 방법론자들을 퇴임시키는 대신 톰슨과 같은 정성적 방법론자들을 다수 임용하였다. 1996년에는 「현대 일본 사회학Sociology of Contemporary Japan」이라는 트렌드 리포트를『당대사회학Current Sociology』지 한 호 전면을 할애받아 게재하였다. 이 특집호에서 리 교수는 일본에 대한 사회학적 이해가 현대 이론Modernization theory이나 마르크스 이론처럼 일본의 특수성을 간과한 오점과, 일본의 특수성 이론Japanese uniqueness theory은 일본의 단일 민족성을 믿는 오류와 일본 내의 계층 분화화 갈등을 무시하는 허점을 비판하였다. 또한 이러한 일반 이론과 특수 이론의 오류가 존재하는 한, 일본 사회학의 가능성은 희박하다고 결론지었다(Lie 1996). 일리노이 시절 마지막으로 출판한 책은『다민족 일본Multiethnic Japan』이었다. 그리고 2001년 가을 학기에 미시간대학교University of Michigan로 이직하게 되었다.

위의 세 책에서 알 수 있듯이, 리 교수는 사회학의 인식론적 차원을 개인의 경험과 사회의 문제, 그리고 역사적 현상으로 연장시키는 지적 노력을 실천하는 지식인이다. 한국인으로 태어나, 일본에서 유년 시절을 보냈고, 그리고 미국에서 대학자로 성장한 그는, 한국의 격동적인 정치 경제, 재일동포의 사회사, 그리고 재미동포에 대한 민족지적 연구를 통해, 자신의 경험을 사회과학적 이론으로 재구성한 디아스포라 학자이다.

미시간에서는 3년만 재직하였고, 두 번째 부인 톰슨 교수와 하버드대학교에서 객원 교수의 시간도 보내면서, 모교인 하버드에로의 이직을 시도하였으나, 역시 아이비리그 대학들은 리 교수의 비판적 사회학을 수용할 의도가 없었다. 미시간 시절 그의 최고 역작으로 손꼽히는『현대인족Modern Peoplehood』이 탈고되었고, 2003년 가을 학기에

UC버클리University of California, Berkeley로 부인과 함께 최종 이직하게 되었다. 버클리에서는 한국학 센터장 겸 사회학과 교수로 처음 임용되었으나, 2004년부터 한국인 후예로서는 최초로 버클리의 국제학대학 학장으로 추대되어, 5년간 학장 겸 한국학 센터장으로 활약하면서, 한국학의 발전과 한국 대학들과의 관계를 돈독히 하였다. 2009년 학장에서 사임한 뒤, 한국학 센터도 노라 넬슨Nora Nelson 교수에게 양보한 뒤, 현재는 전 세계의 여러 대학들을 순방하면서, 강의하고 집필하고 있다. 2008년에는 재일 동포를 역사적으로 분석한『자이니치 Zainichi』를 출판하였다. 특히, 2010년부터 '한류' 현상에 대해 관심을 갖고 연구를 시작하여, 2012년부터 4년간 연속 고려대-버클리 한류 워크숍을 개최하였고, 그 연구를 바탕으로 6부작의 마지막 책인『케이팝K-Pop』을 2015년 출간하였다.

『블루 드림즈』,『한 언바운드』,『다민족 일본』 ─ 디아스포라 사회학

이 세 권의 공통점은 위에서 잠시 언급한 대로 디아스포라 사회학을 전개하고 있다는 점이다. 사회학이 '사회학적 상상력'을 추구하는 학문이라면, 인식론적 방법론의 기저에 개인의 전대기-사회의 역사, 개인적 문제-사회적 문제, 그리고 개인적 동정-사회학적 상상력의 세 단계에 걸친 분석적 힘이 필요하다고 하겠다(Mills 1959). 디아스포라라는 개인적 전대기와 어려움을 겪은 리 교수로서 LA 폭동 사태

와, 한국의 경제 발전의 부산물인 노동 착취, 환경 파괴, 그리고 심각한 계층화, 그리고 일본이라는 거대 자본주의 국가 내에서 벌어지는 소수 민족에 대한 차별과 소외에 대한 거시적 문제에 대해 무감각할 수 없었고, 내리 세 권의 첫 시리즈를 써 내었다. 스스로 삼부작triology이라고 불렀던 이 세 권의 책은 LA, 한국(서울), 그리고 일본(도쿄)이라는 세 나라의 대형 도시를 배경으로 저술되었다. 그리고 리 교수는 이 세 나라에서 각각 개인적, 사회학적 경험과 상상력을 키워 왔다.

『블루 드림즈』의 이론적 진보성은 재미 동포를 단일 집단으로 보지 않고, 다민족적multiethnic 그리고 초국가적transnational인 다양한 집단으로 가정한다는 것이다. 이 가정이 사실이라면, 재미 한국인이나 동양인을 말없이 고분고분 백인들이 정한 규범과 법을 잘 따르며 열심히 일하거나 공부하면서, 미국의 꿈을 실현하는 모범적인 이민자들로만 판단하는 미국의 주류 대중매체의 미디어 프레이밍이 얼마나 잘못된 것인지 극명하게 보여주게 된다. 재미 한국인의 다양한 정체성에 더하여, 『블루 드림즈』가 설득하려는 또다른 중요한 이론적 진보성은 초국가적 이민 집단이 고국과 연결된 디아스포라적 이민 생활을 영위하고 있다는 점이다. 그러므로 미국의 주류 대중매체가 표현하려는 재미 한국인이나 동양인과는 달리, 로스엔젤레스의 코리아 타운은 미국적이지만 가장 한국적인 이유가 여기에 있는 것이고, 뉴욕이 가장 유럽적인 혹은 런던적인 도시인 이유가 또 여기에 있는 것이다. 미국의 백인들이 영국이나 유럽의 문화권과 단절하지 못하듯이, 코리아타운의 한국인들도 문화적으로 한국과 단절할 수 없는 것으로, 미국의 주류 이데올로기인 인종의 '녹는 솥melting pot'이 얼마나 허구인지 잘 알 수 있는 것이다. 즉, 백인들이 유럽의 문화를 지속적으로 향유하는 것은 당연하고, 한국의 이민자들이 한국 문화를 지속적으로 소비하는 것은 미국적이 아니라고 하는 논리 자체가 인종 차별적인 이데올로기가 되는 것이다. 그러므로 가장 성공적이라고 주장한 재미 한국인과 가장 저질스럽다고 인지되는 흑인들을 한 곳에 모아 두고, 미국의 꿈을 추구하는 것은 폭동으로 이어질 당연한 수순이었다. 한국인들이 흑인들에 대해 편견을 갖는 것은 오히려 미국의 주류 사회에서는 당연시된 것이고, 다만 이들이 LA 폭동의 희생자가 된 것을 두고 재미 한국인들이 인종 차별주의자들이라고 비평하는 것은 어불성설인 것이다.

『블루 드림즈』에서 보여준 명쾌하고 심도 깊은 한국 교민 사회의 분석은 존 리 교수와 낸시 애이블만 교수의 한국적 경험과 사회학적 상상력이 없었다면, 불가능했을 것이다. 리 교수는 『한 언바운드』에서도 통렬하게 한국의 경제 성장의 문제점과 이유를 분석한다. 겉으로 보기에 한국은 리 교수가 일본으로 건너갔던 1960년대 초나, 여름 방학 동안 방문했던 1960년대 말과 그가 다시 한국을 일 년간 방문했던 1980년대 말과는 하늘과 땅의 차이가 있었고, 그의 눈에도 분명히 한국은 일본에 이어 두 번째로 OECD 국가가 된 발전된 국가로 비추어졌을 것이다. 그러나 역사적 방법론에 바탕을 둔 리 교수의 분석은 기존 연구에서 등한시하였던 여성 노동력의 착취, 월남전이나 서독에서의 남성 노동력의 착취, 그리고 재벌과 국가 간의 유착을 통한 재벌의 노동 착취 등을 심도 있게 분석하고 있다. 그는 역사적 증거물을 하나하나 나열하면서, 한국의 경제 발전은 결국 그 구조적 모순으로 인해, 경제 발전의 산파라고 자만했던 군사 정권이 아래로부터의 혁명에 의해 무너지고, 자연 환경은 공해와 오염으로 파괴되고, 지옥 같은 교육열과 경쟁 사회 속에서 인간들은 고독과 소외, 그리고 구조적 가난으로 찌든 삶을 영위할 수밖에 없는 아무도 모방하고 싶지 않은 국가로 발전했다고 주장한다. 물론 그의 책이 1997년 환란 이후 지속적으로 발전한 한국의 경제력에 대한 예견은 없었다고는 하나, 지속적인 발전에도 불구하고, OECD 국가 중 자살률이 제일 높고, 노동 시간이 두 번째로 길며, 66세 이상 노인 인구의 가난률이 제일 높은 나라인 것은 리 교수의 예상대로다.

『다민족 일본』은 디아스포라 사회학과, 다음 절에서 논할 디아스포라 문화학의 경계선에 놓여 있는 책이다. 리 교수는 어릴 때부터 자란 일본에서 일본 국민은 단일 민족이라는 교육을 받고 자랐다. 자신을 비롯해 수많은 재일 동포가 살고 있었던 일본이 단일 민족이라는 허구를 통해 초등학생들마저 세뇌시키는 현실에 넌더리가 났던 것인데, 이번에는 하버드대학교 교수들이 일본학 수업에 일본은 단일 민족이라고 또 허구를 전파하고 있었던 것이다. 특히 하버드 에즈라 보겔 교수의 수업 시간 중에는 집중적으로 보겔 교수의 일본 사회론을 비판하였고, 일본은 단일 민족이지 않을 뿐더러, 세계 최고도 아니라고 보겔 교수의 오류를 바로잡으려고 노력하였다. 하버드에서 박사를 받고 리 교수의 목표 중의 하나는 일본이 단일 민족 국가가 아닌 다민족 국가라는 사실을 처음으로 전 세계에 밝히는 책을 쓰는 것이었고, 하버드 졸업 후 13년 만인 2001년에 드디어 출판이 되었다. 초기 계획과는 달리, 리 교수는 이 책을 쓸 때 이미 일본에는 여러 나라의 노동자들이 와서 공장에 취직하고 있는 상황이었고, 심지어 같은 일본 민족이면서도 브라질이나 남미에 이민 간 일본인의 후예라는 딱지 때문에 차별받고 있던 일본계 브라질인들도 많이 살고 있었다. 또한, 중국이나 한국에서 건너간 새로운 이민자들도 다수 존재하고 있었다. 이러한 새로운 변화를 다루면서, 또한 자신과 같이 과거에 일본으로 건너온 이민자들에 대해서도 역사적으로 분석해보는 새로운 시도를 하였다.

새로 이민 온 외국인 노동자나 일본계 브라질인들을 통해서 '단일민족론'이 외국인들뿐만 아니라 심지어는 자신들의 민족도 차별하는 특이한 상황을 설명하였고, 카레와 같이 자신들이 좋아하는 인도음식이 있으면서도 불구하고, 카레를 일본 음식으로 착각하고 오히려 인도의 문화나 인도인들을 차별하는 자가당착을 잘 지적하고 있다. 카레와 같이 일본의 다민족성을 음식과 여러 문화적 유산으로부터 풀어보는 새로운 시도를 통해 미국이나 유럽의 일본 전문가들이 모르는 새로운 일본에 대한 사실들을 열거하면서, 일본의 단일 민족성의 허구를 타파했던 것이 이 책의 획기적인 특색이며, 디아스포라 문화학에 처음으로 접근하는 리 교수의 학문적 변화라고 할 것이다.

『현대인족』, 『자이니치』, 『케이팝』 ― 디아스포라 문화학

리 교수의 첫 3부작은 자신이 속했던 집단, 즉 미국, 한국, 일본에 대한 연구였다면, 『현대인족』은 그런 민족 혹은 현대 국가 집단이 '인족Peoplehood'이라는 개념을 어떻게 현대 국가와 결합시켜서 제도화시켰는가를 이론적으로 그리고 역사적으로 분석한 디아스포라 문화학의 첫 시도였다. 인류를 동질적 혹은 단일 민족적 집단으로 보지 않고, 이종족이 서로 함께 살았던 역사적 사실을 통해, 현대인족이 강조하는 민족 정통성, 민족 정체성, 민족 언어, 그리고 민족 문화가 얼마나 허구적인 사회 개념인가를 호탕하게 보여주는 이 책은, 현대인족이라는 허구적 문화 공동체를 통해 우리 인류의 역사를 왜곡하는 일련의 현대 국가의 정책과 행동에 이론적 경고문을 보낸다. 즉, 한국민족이라는 현대의 허구적 개념을 가지고, 한반도에 살고 있는 사람들이 5천 년간 단일 민족이었고, 같은 언어를 썼고, 같은 문화를 영유해 왔다고 주장하는 것과 마찬가지로, 가령 신라나 고려 시대가 마치 지금의 한민족이 생각하는 단일 민족의 국가였다고 주장하는 오류에 대해 학문적 비판을 가차없이 가하는 것이다. 다른 민족과 마찬가지로, 한국도 여러 민족의 지리적 역사적 이동 즉, 디아스포라로 이루어진 현대인족의 국가 공동체임을 잊어서는 안 된다는 것이다.

『현대인족』의 탄생은 그러나 전쟁, 학살 등과 같은 인류의 험난한 역사적 비극을 탑재하고 있었다. 한 나라의 현대인족이 형성되는 과정에는 국민이라는 자격증을 받기 위한 여러 가지 표준화된 테스트들이 있었고, 이 테스트는 현대 국가의 인종주의와 깊이 관여되어 있었다. 이런 인종주의적 현대인족은 테스트에 떨어진 사람들을 가차 없이 국가의 경계 밖으로 밀어내든가, 인종 말살 정책을 펴든가, 아니면 잔인하게 학살하였다. 독일의 나치스에 의한 유태인 학살, 터키 군에 의한 아르메니아인 학살, 그리고 최근에는 유고슬라비아에서의 인종 청소, 루안다의 부족 학살 등이 현대 인류사의 끝없는 현대 인족주의에 의한 인종 학살의 예이다. 그렇다고 이런 인종 학살의 희생자들이 모여 반인종적 투쟁을 조직하고 자신들의 정체성에 대해서도 논의하는 과정이 인종주의를 피할 수도 없다. 새롭게 생성되는 또다른 소수자들의 인족과 그들의 소수자 정체성도 사실 별반 큰 차이 없이 주류 인족의 인종주의적인 개념으로 발전하고 마는 사실을 리 교수가 간과하지 않기 때문이다. 이런 가해자와 피해자들 간의 정체성 논리와 인종주의-반인종주의의 싸움에서도 학살을 계속되고 있다. 그렇다면 우리 인류에게 이런 국가의 학살을 정지시킬 지적 감정적 힘은 없는 것일까? 이런 물음에 대해 리 교수는 적어도 유럽에서 시작된 계몽주의와 이성주의 그리고 소리는 적지만 아직도 그 파음이 강하게 떨리고 있는 휴머니즘에 희망을 가지고 공부하고, 가르치고, 실행에 옮겨 보자고 결론짓는다.

『현대인족』이 제시한 역사적 문화학적 방법론과 이론적 시사성이 우리에게 도움이 된다면, 한국 민족이 처했던 현대사의 학살 현장의 역사적 증좌로 남아 있는 재일 조선인·한국인(자이니치)이라는 소수자들의 인족을 이해하는 데 바로 적용해 볼 필요가 있을 것이다. 즉,

『현대인족』을 읽은 독자들은 자이니치라는 일본에 사는 소수인족을 더 이상 한국의 민족주의나 한국의 현대적 국가 인족적 시점으로 파악해서는 안 되며, 대신에 그들의 인종적, 반인종적, 민족적, 반민족적 제 현상에 대해 그들의 관점에서 올바로 파악해 볼 필요가 있음을 직시해야 할 것이다. 『자이니치』라는 책에서 리 교수는 이들 소수 인족 집단이 더 이상 단일 민족적 한국인족으로 오해되는 오류를 범해서는 안 되며, 한국인들이 자이니치를 그렇게 이해하려고 하면 할수록, 그들의 비극은 더 악화된다는 주장을 편다. 즉 다른 모든 현대인족들과 같이, 자이니치들도 스스로 조선이 싫어서 일본으로 향했다는 사실을 한국의 역사가들이나 민족학자들은 이해하여야 한다. 특히 강제 동원령이 내려지기 전까지 과연 얼마나 많은 조선인들이 일본으로 이주할 수 있었을까? 21세기 현재에도 한국인이 미국 영주권을 따려면, 높은 학력과 재력이 있어야 함은 당연하듯이, 1910년대부터 1930년대까지 일본에 도항해서 정착하려면, 조선에서도 상당한 재력의 소유자가 아니면 불가능했었다. 또한 그들은 상당수가 일본을 동경해서, 혹은 일본에서 출세하려고 도항한 것은 당연지사이다.

문제는 이들 상층 재일 조선인들이 1940년대에 대규모로 강제 연행되어 온 노동자들과 합쳐진 것은 물론이요, 이들과 같이 난리통에 일본인들로부터 학살을 당하고, 제도적으로 그리고 집단적으로 차별을 받고 살아왔다는 것이다. 그러므로 이들의 민족주의적 디아스포라nationalistic diaspora는 이러한 학살과 차별에 의해서 생성된 피해자의 인종주의, 민족주의인 것으로 『현대인족』에서 다루었던 일반적 역사 현상과 일맥상통하는 지역적 예가 된다. 기본적으로 다양한 사회 경제 그리고 정치적 배경을 갖고 있던 자이니치들은 해방 후, 일본에 남느냐 귀국하느냐의 문제도 이런 자신들의 배경의 다양성과 상당한 관련이 있다. 『자이니치』에서 리 교수는 디아스포라 문화학의 방법론을 이용하여, 주요 재일 작가들의 수필이나 소설 등을 분석하여 그들의 디아스포라적 문화사를 재구성한다. 일본에 남아야 했던 이유 자체도 그들의 작품 속에 잘 드러나 있다. 가령, 해방된 한국에 돌아갔지만 말도 안 통하고, 직장도 없어 다시 일본으로 돌아간 경우도 있으며, 해방 전 일본에서 성취한 지위가 아쉬워 일본에 그냥 눌러앉은 경우도 있다. 그러나 『자이니치』에서 핵심적으로 다루어지고 있는 주요 재일 조선인 작가들은 소위 '유배'라는 멍에를 쓰고 사는 민족적 디아포라 그룹으로서, 고향인 한반도에 가고는 싶으나 가지 못하는 유배자의 신세이다. 우선, 북한에 돌아가지 못하는 현실은 1980년 이후 더 이상 북한에 대한 허상적 유토피아관이 통하지도 않았을 뿐만 아니라, 북송 사업 자체가 중단된 상황에서 거론할 필요도 없고, 그보다 1980년 이후 군사 정권하에서의 남한에도 돌아갈 수 없는, 현실도 가로막고 있어, 고국에 돌아가는 것 자체가 어려운 상황을 일컫는다. 이것은 북한도 남한도 돌아갈 수 없는 미국이나 유럽의 소수 한국인 이민자들의 운명과 같은 것이다(한국에서는 1960년부터 연재된 최인훈의 『광장』에서 처음 보고된 남한도 북한도 돌아갈 수 없고, 제3국에서 살려고 하다가 자살하는 주인공 이명준의 삶으로 알려져 있는 민족적 디아스포라의 운명을 말한다). 결국 자이니치들이 1990년대 이후 민주화된 한국에 방문을 하더라도, 결국 한국은 극복할 수 없는 외국에 지나지 않는다. 그러나 중요한 차이점은 이들의 다양성 때문에 임진왜란 때 건너온 조선일들과는 달리, 현대인족으로 사는 자이니치들은 완전한 주류 사회에의 동화는 힘들다. 더 많은 수의 재일 동포들이 한국에 와서 한국어를 배우고, 미국에 가서 한국 유학생들과 사귀고, 그리고 아무리 귀화하고 일본 이름을 쓴다고 해도, 한국 커뮤니티에 계속적으로 참가하면서 살 수밖에 없는 현대적 혹은 초국가적 세계 체제가 그들을 지배하고 있기 때문이다. 현대인족으로서의 자이니치는 그러므로 현대 동아시아사가 낳은 영원한 유배자들이거나 다국적 혹은 초국가적 디아스포라 그룹으로 이해되어야 한다. 이런 점에서 『자이니치』는 새로운 인식론적 해석이다.

『케이팝』은 앞에서도 잠시 언급했지만, 존 리 교수와 본 감수자가 4회에 걸쳐 준비했던 고려대-버클리 한류 워크숍의 결과이다. 리 교수는 드라마나 한국문학의 한류화 혹은 글로벌화 과정과 가능성에 대한 논문도 썼지만, 실질적으로 케이팝K-Pop이 한류의 유일한 글로벌 성공 장르로 인식하고 있다. 정치 경제와 인류의 정체성 문제에서 한국의 문화에 새롭게 도전장을 낸 리 교수는 디아스포라 문화학의 마지막 3부작으로 한국의 디아스포라 문화 현상으로서의 케이팝을 선택한 것이다. 그 이유는 간단하다. 『한 언바운드』를 집필할 당시에 그 누가 한국의 대중가요가 전 세계를 뒤흔들 것으로 상상이나 했을까? 리 교수는 이 책을 쓰게 된 이유를 프랑스 파리에서 목격한 케이팝 공연에 가서 유럽의 백인 소녀들이 한국의 대중가요에 푹 빠져 열광하는 모습을 보고서야 케이팝의 진가를 뼈저리게 느낄 수 있었고, 그 누가 한류나 케이팝을 폄하하려 해도 반박할 자신이 있다고 했다. 한류의 가공할 만한 힘은 국내외의 반 · 혐한류를 외치는 파렴치한 들이 제 아무리 하늘을 그들의 손바닥으로 가리려고 해도 안 되는 것 과 같다. 즉, 삼성전자는 못사는 개도국의 조그마한 기업에 불과하다 고 외치는 북한의 정치가들의 망언과 차이가 없는 것이다. 그러므로 케이팝은 리 교수로 하여금 한국에 대해 자신이 과거에 가졌던 이론 이나 설명을 보충해야 할 뿐만 아니라, 한 권의 책으로 마무리해야 할 크나큰 학문적 과제였던 것이다.

기존의 케이팝 개설서나 언론인들이 쓴 비전문적인 오류 투성이 의 책들과는 달리, 『케이팝』은 '대한민국 대중음악과 문화 기억상실 증과 경제 혁신'이라는 부제에서 보듯이, 음악학이나, 문화학이 아닌 문화사회학 혹은 문화경제학적 차원에서 쓰여진 것이다. 리 교수는 한국인들이 급격한 경제 발전과 현대화 때문에 자신의 전통문화를 '잊어버리고 살고 있는 것조차' 망각하고 산다고 규정 짓는다. 이것 은 중요한 문화사회학적 발견이다. 즉, 과거 한국인들이 서양이나 일 본의 문화를 어설프게 혹은 촌스럽게 모방하던 단계가 지나, 어느덧 그들이 서양인들이나 일본인들처럼 서구의 발전된 문화를 자신의 문화인 것처럼 전혀 거리낌 없이 재창조해 내고 있다는 새로운 발견 이기 때문이다. 이런 현상은 그러므로 한국인들이 이제 서양이나 일 본의 문화 창조자들과 다름 없이 서양이나 일본인들도 소비할 수 있 는 수준의 그들의 문화를 창조 혹은 재창조할 수 있다는 뜻이 되며,

한류나 케이팝의 성공이 절대 우연이나 기적이 아니라는 말이 된다. 또한 이것은 한류가 곧 사라질 것이라는 엉터리 문화비평가들의 헛된 기우가 정말로 기우에 불과하다는 것과 같다. 다시 말해 한강의 기적은 기적일 뿐이며, 곧 경제 발전은 끝나고 한국이 다시 가난하게 될 것이라는 생뚱맞은 억설과도 같다.

우리의 대중음악의 역사를 더듬으면서, 리 교수는 대중음악의 장르적, 예술적, 유흥적, 그리고 기술적 혁신innovation에 주목한다. 특히 여기서 리 교수의 관심을 끄는 것은 해외의 혁신을 여과 없이 받아들일 수 있었던 한국의 문화적 기억 상실을 중요한 사회적·조직적 조건으로 손꼽는다. 서태지의 춤과 음악적 혁신은 주류 유행가 시장에 구애받지 않던 그의 언더적 활동 영역이 서양의 랩 음악 혁신을 여과 없이 받아들일 수 있었던 것으로 분석한다. 특히 SM엔터테인먼트의 이수만 회장의 미국에서의 경험이 서양에서 개발된 뮤직비디오를 한국적으로 변환시키면서 드디어 전 세계를 정복하는 뮤직비디오로 승화시키는 과정도 놀랄 정도의 자세함과 실증적 자료를 가지고 분석한다(이 부분은 Lie and Oh 2014도 참조). 이러한 분석은 흔히 문화 혼종론이나 글로벌 문화론에서 다루는 편협한 한류의 이해와는 확연히 다른 차원에서의 설명이다.

결어

이제 한국의 독자들이 존 리 교수의 책을 한 권 한 권씩 정독해 가면서, 우리가 젊었을 때 그의 학생으로서 느꼈던 전율과 흥분을 되새겨 볼 차례이다. 그가 평생을 거쳐 연구한 미국, 한국, 일본, 그리고 이 세계는 아직도 건재하고 있다. 리 교수가 현대인족은 인종 학살을 필요로 하는 세계를 만들었다고 하였던 것처럼, 최근 전 세계는 IS라는 새로운 힘을 가진 적(마치 영화 <스타 워즈>의 다스 베이더처럼)과 전면전을 치루고 있고, 미국을 위주로 하는 백인인족의 국가들은 이들을 지구에서 아니면 적어도 중동에서 몰아내려고 하고 있다. 한국은 아직도 민족 국가를 이루지 못한 채 동족 간에 이념과 체제를 담보로 전쟁과 같은 상황을 이어가고 있고, 일본은 제2차 세계대전 당시 인종 학살을 기도했던 중국이나 한국에 대해 완전한 사과나 용서를 구하지 않은 상태에서, 다시 재군비를 꾀하고 있다. 이제 이런 상황을 경험하면서 공부하는 새로운 젊은 세대들이 세계와, 미국, 한국, 그리고 일본에 대해서 자신들의 경험을 바탕으로 사회과학적인 스토리텔링을 준비해야 할 때가 왔다. 세계와, 미국, 한국, 그리고 일본을 동시에 강타하고 있는 한류 즉 한국의 대중문화도 아직 건재하고 그 영향력을 더 키우고 있으니, 당연히 앞으로 새로운 젊은 세대가 직접 경험하면서 느낀 한류에 대해서도 새로운 이론을 정립해야 할 필요가 있을 것이다.

세계와 자신이 태어난 나라, 자신이 이동하면서 살아 본 나라들에

대해 글을 쓰는 작업이 존 리 교수가 꿈꾸던 디아스포라 문화학이며,
새로운 사회학적 인식론과 방법론이 아닐까 생각하면서, 언젠가 국
내의 사회학과에서 존 리 교수의 책들이 강의될 수 있는 꿈을 꾸어
본다.

2019년 1월 오사카

오인규

참고문헌

馬場宏二, 「富裕化と金融資本」, 東京 : ミネルヴァ書房, 1986.

C. Wright Mills, *The Sociological Imagination*, New York : Oxford University Press, 1959.

Hiroji Baba, "Revolution and Counterrevolution in Marxian Economics", *Monthly Review* 41(2), 1989.

Ingyu Oh, "Comparing State Economic Ideologies and Business Ethics in East Asia", *Korea Observer* 45(3), 2014.

Ingyu Oh and Youngran Koh, "The State as a Regulator of Business Ethics in Edo Japan : the Tokugawa Authority Structure and Private Interests", *Asia Pacific Business Review* DOI : 10.1080/13602381.2015.1129774, 2016.

John Lie, "Reactionary Marxism : The End of Ideology in Japan?" *Monthly Review* 38(11), 1987a.

_____, "The Discriminated Fingers : The Korean Minority in Japan", *Monthly Review* 38(8), 1987b.

_____, *Visualizing the Invisible Hand : From Market to Mode of Exchange*, Ph.D. Dissertation, Dept. of Sociology, Harvard University, 1988.

_____, "The Uno Schol : The Highest Stage of Marxism?" *Monthly Review* 41(2), 1989.

_____, "The Concept of Mode of Exchange", *American Sociological Review* 57(4), 1992.

감수자 해설

_____, "Sociology of Contemporary Japan", *Current Sociology* 44(1), 1996.

_____, "The State as Pimp : Prostitution and the Patriarchal State in Japan in the 1940s", *The Sociological Quarterly* 38(2), 1997.

_____, "The Concept of Mode of Exchange : An Auto-Critique", *Korea Observer* 45(3), 2014.

John Lie and Ingyu Oh, "SMEntertainment and Soo Man Lee" In Fu Lai Tony Yu and Ho don Yan eds., *Handbook in East AsianEntrepreneurship*, London : Routledge, 2014.

Roberto Mangabeira Unger, *False Necessity : Anti-Necessitarian Social Theory in the Service of Radical Democracy*, Cambridge : Cambridge University Press, 1987.

김혜진

　우리는 대체로 '케이팝'을 '아이돌' 음악이라고 느슨하게 인식한다. 최근 들어서는 '1세대 아이돌'이라는 말로 초창기 아이돌 그룹을 지칭하기는 하지만, 1세대라는 말은 1990년대 말에서 2000년대 초반에 나온 초기 아이돌 그룹이라는 모호한 시대 구분밖에 담지 않는다. 그런데 『케이팝－대한민국 대중음악과 문화 기억상실증과 경제 혁신』에서 저자가 보는 '케이팝'은 그런 '아이돌'과도 분명히 나뉘는 현상이다. 케이팝은 서태지와 아이들 이후의 현상이며, 21세기 첫 10년간 명확해진 음악 브랜드이자 양식이고, 대한민국 대중음악 장르·양식에서도 분리되어 있다.

　저자는 우리 모두 케이팝의 K를 한국Korea으로 인식하지만 사실 대한민국(남한) 대중음악은 한반도에 뿌리를 두지도 않았고 전통 한국과는 완전히 단절되었으며, 우리가 그 사실조차 잊었다고 주장한다. 제1장은 한국 '전통' 음악(국악)이 한반도에서 힘을 잃은 과정과, 일제강점기부터 서양음악이 한반도에 들어온 배경, 해방 이후부터 현대까지 대중음악이 부상한 배경과 시대별 현황을 설명한다. '간주곡' 장은 조선 시대부터 한국음악 또는 대중음악이 발전한 정치, 경제, 사회 배경을 개괄하는 시대 고찰이다. 제2장은 그러한 과정을 거쳐 어떻게 소위 케이팝이라 불리는, 철저히 수출 대상인 상품이 탄생했는지, 또 어떻게 한국인이 아닌 사람까지 이 음악을 소비하게 되었는지 탐구한다. 그리고 철저하게 '사업'으로 시작한 케이팝이 흥미롭게도 이 장르 또는 양식을 결국 초국가 현상이자 미학으로 끌어올렸다고 한다.

저자는 인기 있고 유명한 장르나 가수에 초점을 맞추어 대중음악사를 보지 않고, 조선 시대부터 한반도 역사와 사회 변화를 배경으로 두고 한국 대중음악이 어떻게 발생하고 진화했는지 탐구한다. 따라서 어떤 가수(예를 들어 서태지와 아이들)를 부각하더라도 철저히 대중음악에 영향을 끼친 '현상'으로 제시한다. 저자가 밝히듯, 그러므로 이 책은 케이팝이나 아이돌 그룹 세부 정보를 알려주는 책이 아니라 케이팝이 어디에서 생겼고, 대한민국을 어떻게 말하고 있으며, 어떻게 인기를 얻었는가 하는 세 가지 기본 질문에 답하려고 하는 책이다.

다만, 이 서사에서 최신에 속하는 시기가 <강남 스타일>이 전 세계에서 인기를 끌었을 때이므로, 그 기준 시점은 고려하면서 읽는 편이 좋다. 2019년 초 현재 케이팝이 세계에서 인기를 끈다며 매일 각종 매체가 떠들썩한데, 그러한 현재를 생각하며 책을 읽으면 다소 이질감이 들지도 모르기 때문이다. 이런저런 사정으로 한국어판 출간이 생각보다 늦어졌고, 케이팝 시장 변화가 워낙 빠르다 보니 시차 때문에 그런 이질감이 커져 무엇보다 아쉽다. 그래도 이 책에서 가장 흥미로운 점은 케이팝의 현황이 아니라 우리가 어떻게 여기까지 왔는가를 바라보는 새로운 시각이라 다행이다.

대한민국 언론은 으레 케이팝 가수들이 국위 선양에 앞장선 국가대표인 듯 다루는데, 우리가 소비하는 이 문화 상품에는 인기와 세계적 명성 외에도 알아야 할 이야기가 훨씬 많이 숨어 있다. 이 책이 던지는 세 가지 기본 질문과 답은 새로운 눈으로 그 다양한 이야기를 들여다보는 출발점을 만들어준다. 어쩌면 개별 가수가 인기와 명성을 얻는 지극히 사적인 일을 두고 왜 사람들이 그렇게 자연스레 '자랑스럽다'고 하는지 실마리를 찾게 될지도 모르겠다.

찾아보기